utb 5886

Eine Arbeitsgemeinschaft der Verlage

Brill | Schöningh – Fink · Paderborn
Brill | Vandenhoeck & Ruprecht · Göttingen – Böhlau · Wien · Köln
Verlag Barbara Budrich · Opladen · Toronto
facultas · Wien
Haupt Verlag · Bern
Verlag Julius Klinkhardt · Bad Heilbrunn
Mohr Siebeck · Tübingen
Narr Francke Attempto Verlag – expert verlag · Tübingen
Psychiatrie Verlag · Köln
Ernst Reinhardt Verlag · München
transcript Verlag · Bielefeld
Verlag Eugen Ulmer · Stuttgart
UVK Verlag · München
Waxmann · Münster · New York
wbv Publikation · Bielefeld
Wochenschau Verlag · Frankfurt am Main

Räume wahrnehmen – Räume schaffen

herausgegeben von Sascha Henninger

Ingo Liefner · Sebastian Losacker

Nachhaltige Wirtschaftsgeographie

BRILL | SCHÖNINGH

Die Autoren:
Dr. rer. nat. Ingo Liefner, geboren 1973 in Braunschweig, Studium der Geographie, Volks- und Betriebswirtschaftslehre sowie Politikwissenschaft an der Universität Hannover und der Wirtschaftsuniversität Wien: Promotion 2000 (Hannover), Habilitation 2006 (Hannover). Forschungs- und Lehrtätigkeit an den Universitäten Hannover und Gießen. Seit 2016 Professor für Wirtschaftsgeographie an der Leibniz Universität Hannover.

Dr. rer. nat. Sebastian Losacker, geboren 1994 in Wetzlar, Studium der Geographie an der Universität Gießen sowie Wirtschaftsgeographie an den Universitäten Hannover und Utrecht: Promotion 2022 (Hannover). Seit 2018 wissenschaftlicher Mitarbeiter an der Leibniz Universität Hannover mit Forschungs- und Lehrtätigkeit.

Umschlagabbildung: © Laure F, Adobe Stock #102602647

Online-Angebote oder elektronische Ausgaben sind erhältlich unter **www.utb.de**

Bibliografische Information der Deutschen Nationalbibliothek
Die Deutsche Nationalbibliothek verzeichnet diese Publikation in der Deutschen Nationalbibliografie; detaillierte bibliografische Daten sind im Internet über https://www.dnb.de abrufbar.

Internet: www.schoeningh.de

Printed in Germany.
Herstellung: Brill Deutschland GmbH, Paderborn
Einbandgestaltung: siegel konzeption | gestaltung

UTB-Band-Nr: 5886
ISBN 978-3-8252-5886-3
eISBN 978-3-8385-5886-8

Inhalt

Vorwort des Herausgebers

Die Geographie sowie die anverwandten Raumwissenschaften sind moderne und interdisziplinäre Forschungsrichtungen. Ihre Teildisziplinen sind nicht nur mit der theoretischen Analyse und deren methodischer Umsetzung beschäftigt, sondern arbeiten mit dem geographischen Raum – und ebendiese Raumforschung wirkt sich auf unterschiedlichste Maßstabsebenen aus. Das Ziel einer solchen Raumforschung ist die Erfassung, Beschreibung und Erklärung der Strukturen, Prozesse und Funktionsweisen raumbezogener Probleme (Räume wahrnehmen). Ihre Erkenntnisse dienen einer nachhaltigen Raumentwicklung (Räume schaffen). Hierdurch entsteht eine Gelenkstelle raumbezogener Fragestellungen zwischen dem Menschen und seiner Umwelt. Aufgrund der zweiteiligen Definition der Geographie, in einen naturwissenschaftlichen und einen gesellschaftswissenschaftlichen Bereich, können die Komponenten der Mensch-Umwelt-Beziehung interdisziplinär behandelt werden.

Das Lehrbuch „Nachhaltige Wirtschaftsgeographie" von Ingo Liefner und Sebastian Losacker ist das erste Werk in der neuen geographischen Reihe „Räume wahrnehmen – Räume schaffen" und thematisiert, wie sich die Rolle der Wirtschaftsgeographie gegenwärtig, vor allem aber zukünftig, dahingehend verändern wird, dass sich auch diese geographische Teildisziplin den neuen Herausforderungen des 21. Jahrhunderts stellen muss, indem sie einen Beitrag zur Bekämpfung der globalen ökologischen Krisen und der globalen Wohlstandsunterschiede leistet. Vor allem das wirtschaftsgeographische Forschungsinteresse wird sich mehr damit beschäftigen müssen, unter welchen Bedingungen und in welcher Weise u. a. eine Klimaneutralität, der Ressourcenschutz und die Schaffung angemessener Lebensumstände in unterschiedlichen Räumen vollzogen werden kann und zu welchen Ergebnissen dies in den nächsten Jahrzehnten führen wird. Hierfür rückt die nachhaltige Wirtschaftsgeographie inhaltlich deutlich näher an die Teildisziplinen der Physischen Geographie heran und unterstützt somit die Einheit der Geographie als integrative Raumwissenschaft, die sowohl Räume wahrnimmt, als auch auf unterschiedlichen Maßstabsebenen mit ihrem Verständnis zu einer nachhaltigen Raumentwicklung beiträgt – und somit neue Räume schafft.

Kaiserslautern, im November 2022

Sascha Henninger

Vorwort der Autoren

Dieses Lehrbuch ist eine Einführung in die Wirtschaftsgeographie aus dem Blickwinkel der Nachhaltigkeit. Es vermittelt die Grundlagen des Faches, die für ein umfassendes Verständnis der regionalwirtschaftlichen Aspekte der sozialen und ökologischen Nachhaltigkeit notwendig sind. Dazu gehören aktuelle empirische Fakten, grundlegende Theorien und Konzepte sowie Elemente einer auf Nachhaltigkeit ausgerichteten Politik.

Gleichzeitig ist das Lehrbuch als einführendes Grundlagenwerk der Wirtschaftsgeographie geeignet, da es alle wesentlichen theoretischen und konzeptionellen Grundzüge des Faches beinhaltet.

Die hier vorgelegte *Nachhaltige Wirtschaftsgeographie* richtet die Präsentation der Fachinhalte erstmals vollständig auf die Anforderungen der nachhaltigen Entwicklung aus. Angesichts der gravierenden regionalen Ungleichheiten im sozioökonomischen Entwicklungsstand und der sich rasant zuspitzenden ökologischen Krisen erscheint diese Ausrichtung den Verfassern notwendig und folgerichtig. Nachhaltigkeit als gedankliches Fundament der Wirtschaftsgeographie entspricht den aktuellen Anforderungen an das Fach und legt das Lehrbuch auch Studierenden der Nachbarwissenschaften nahe, die sich aus ihrer Perspektive dem Problemkreis der Nachhaltigkeit widmen.

Das Buch gliedert sich in fünf Kapitel. Das erste Kapitel stellt das Konzept des Lehrbuchs vor und diskutiert den Begriff der nachhaltigen Wirtschaftsgeographie. Die Kapitel 2 und 3 erörtern die sozioökonomische Dimension der Nachhaltigkeit. Die ökologische Nachhaltigkeit wird in Kapitel 4 behandelt. In Kapitel 5 werden offene Fragen und kritische Aspekte vertieft.

Für kritische Kommentare und Hinweise zum Manuskript danken wir *Jens Horbach, Jannika Mattes, Kerstin Nolte* und *Daniel Schiller*. Für redaktionelle Arbeiten danken wir *Lennart Grün*. Besonderer Dank gebührt *Stephan Pohl* für das Erstellen sämtlicher Karten und Abbildungen.

Hannover, im Juni 2022

Ingo Liefner
Sebastian Losacker

1 Einführung in die nachhaltige Wirtschaftsgeographie

1.1 Konzeption

Die Grundzüge der heutigen Wirtschaftsgeographie als Teildisziplin der Geographie und als Studienfach, das ökonomische Sachverhalte aus räumlicher Perspektive betrachtet, entwickelten sich innerhalb der vergangenen fünf Jahrzehnte. In den 1970er Jahren lösten theoriegeleitete Argumentationsmuster und die Verwendung eines analytischen Instrumentariums eine zuvor vorwiegend beschreibende Herangehensweise des Faches ab, wie sie z. B. in der sogenannten Länderkunde Anwendung fand. Seitdem wurden verschiedene Ansätze zur Strukturierung der Wirtschaftsgeographie entwickelt und in Lehrwerken zur Diskussion gestellt.

Diese Konzeptionen entwickeln die Struktur des wirtschaftsgeographischen Fachwissens aus bestimmten Eigenschaften des Untersuchungsgegenstands des Faches selbst. Zu diesen Eigenschaften gehören beispielsweise der systemische Charakter von Regionalwirtschaften (Schätzl 1978), die regionalwirtschaftlichen Eigenschaften der unterschiedlichen Wirtschaftssektoren (Kulke 2004), die Reichweiten der Interaktionen von Wirtschaftssubjekten (Bathelt und Glückler 2002) oder die thematische Vielgestaltigkeit des Faches einschließlich der Umweltthematik (Braun und Schulz 2012).

Dieses Lehrbuch ist anders strukturiert. Es wählt eine Konzeption, die sich nicht aus einer Eigenschaft der Wirtschaftsgeographie ergibt, sondern aus den Anforderungen, die an das Fach gestellt werden. Diese Anforderungen bestehen in der gegenwärtigen Zeit darin, aufzuzeigen, wie die Wirtschaftsgeographie einen Beitrag zur Bekämpfung der globalen ökologischen Krisen (Klimakrise und Verlust an Biodiversität) und der immensen globalen Wohlstandsunterschiede leisten kann.

Nach Überzeugung der Autoren werden die Herausforderungen durch ökologische Krisen und globale Wohlstandsunterschiede die Rolle der Wirtschaftsgeographie in den kommenden Jahrzehnten entscheidend prägen. Das Forschungsinteresse des Faches wird sich dahin verlagern müssen zu verstehen, unter welchen Bedingungen und in welcher Weise sich der notwendige Wandel in Richtung Klimaneutralität, Ressourcenschutz und der Schaffung angemessener Lebensumstände in unterschiedlichen Räumen vollzieht und zu welchen Ergebnissen er führt. Berufliche Anforderungen an Absolventinnen und Absolventen der Wirtschaftsgeographie werden in vielfältiger Weise mit der Organisation des Übergangs in eine ökologisch und sozial tragfähige Zukunft sowie mit den Begleiterscheinungen des Wandels zu tun haben, unabhängig davon, ob sie in Lehramtsberufen oder in anderen Berufsfeldern arbeiten. Vor diesem Hintergrund schlägt dieses Lehrbuch eine Ausrichtung der Wirtschaftsgeographie auf den Begriff der Nachhaltigkeit vor. Es strukturiert und gliedert den Wissenskanon der Wirtschaftsgeographie entlang von zwei Dimensionen der Nachhaltigkeit: der sozialen Dimension und der ökologischen Dimension. Somit ist die Konzeption dieses Lehrbuchs normativ geprägt.

In Anlehnung an Schätzl (1978) wird Wirtschaftsgeographie definiert als „Wissenschaft von der räumlichen Ordnung und der räumlichen Organisation der Wirtschaft". Die Nachhaltige Wirtschaftsgeographie stellt sich die Aufgabe, raumwirtschaftliche Aspekte der sozialen und der ökologischen Nachhaltigkeit zu erklären, zu beschreiben und zu bewerten. Zu diesem Zweck überträgt sie die Forderung nach sozialer Nachhaltigkeit auf die räumliche Ebene und untersucht die Entstehung und Bekämpfung regionaler Disparitäten im sozioökonomischen Entwicklungsstand. Die Forderung nach ökologischer Nachhaltigkeit überträgt sie in eine Analyse der Gründe für Umweltzerstörung und räumliche Ansätze zum Übergang in eine umwelterhaltende Wirtschaft.

Die nachhaltige Wirtschaftsgeographie behält die gleichrangige Betonung von *Theorie, Empirie* und *Politik* bei, die aus dem raumwirtschaftlichen Ansatz (Schätzl 1978) bekannt ist. Sie argumentiert, dass sich ein Verständnis für raumwirtschaftliche Prozesse, die Nachhaltigkeit fördern oder hemmen, nur aus dem Zusammenspiel von Theorie (Erklärung) und Empirie (Analyse) entwickeln kann. Im Sinne eines aktiven Beitrags zur nachhaltigen Umgestaltung von Wirtschaftsräumen ist die Politik (Gestaltung) als dritte Komponente ebenfalls unverzichtbar.

Die Konzeption der nachhaltigen Wirtschaftsgeographie schließt keine der bewährten Theorien, Methoden oder Politikansätze aus, die in älteren Konzeptionen des Faches enthalten waren. Eine intensive Beschäftigung mit dem Thema Nachhaltigkeit verdeutlicht, dass fast alle etablierten wirtschaftsgeographischen Begriffe und Theorieansätze sowie die darauf fußenden politischen Gestaltungsvorschläge einen Platz in einer nachhaltigen Wirtschaftsgeographie finden, sich jedoch anders als bisher in die Struktur des Faches einfügen. In diesem Sinne hält das vorliegende Lehrbuch umfassendes Grundlagenwissen für Studierende der Wirtschaftsgeographie bereit, selbst wenn sie sich dem Fach nicht aus der Nachhaltigkeitsperspektive nähern. Es deckt das breite Spektrum der fachlich einschlägigen Begriffe vollständig ab. Zudem dient es als Orientierung für Studierende aller Fächer, die das Problem des Übergangs in eine nachhaltige Wirtschaft untersuchen. Da es an Lehrbüchern zur Nachhaltigkeitstransitionsforschung mangelt, wendet sich das vorliegende Lehrwerk auch an Studierende verwandter sozialwissenschaftlicher Disziplinen, z. B. der Umweltökonomik und der Umweltpolitikwissenschaft.

Die konzeptionelle Ausrichtung der Wirtschaftsgeographie auf Nachhaltigkeit rückt sie inhaltlich näher an die übrigen Teildisziplinen der Geographie heran. Beispielsweise treten Berührungspunkte zur Physischen Geographie stärker in den Vordergrund, etwa wenn es um die Erfassung und den Erhalt von Ökosystemleistungen geht (Burkhard et al. 2012). Unbeschadet der Tatsache, dass eine nachhaltige Wirtschaftsgeographie in dieser Hinsicht die Einheit der Geographie als integrative Raumwissenschaft unterstützt, zielt sie jedoch primär auf die regionale Anwendung und Adaption wirtschaftswissenschaftlicher Theorien und Methoden. Sie überprüft die Übertragbarkeit und die Aussagekraft wirtschaftswissenschaftlicher Modelle auf der regionalen Maßstabsebene und trägt durch die Analyse kleinräumig beobachtbarer Prozesse zur weiteren wirtschaftswissenschaftlichen Theoriebildung bei. Obwohl sich die nachhaltige Wirtschaftsgeographie dem Verständnis räumlicher Strukturen und Prozesse zuwendet, und dabei häufig kleinräumige Phänomene untersucht, will sie doch einen entscheidenden Beitrag zur Beantwortung großer Fragen leisten: Wie geht die Gesellschaft weltweit mit der Anforderung um, alle derzeit lebenden Menschen in angemessener Weise am Wohlstand zu beteiligen, und wie stellt sie sicher, dass eine angemessene Lebensqualität auch für künftige Generationen erreichbar ist?

1.2 Entwicklung des Gegenstands der Wirtschaftsgeographie

Dieses Kapitel skizziert die Entwicklung des Gegenstands der nachhaltigen Wirtschaftsgeographie im Kontext langfristiger ökonomischer und technologischer Entwicklungen, um die Einordnung der im Verlauf des Buches vorgestellten Inhalte zu erleichtern.

Die Organisation der Wirtschaft in der vorindustriellen Gesellschaft war gekennzeichnet durch die räumliche Einheit von Produktion und Konsum in dörflichen Siedlungen. Die bäuerliche Erzeugung von Nahrungsmitteln und handwerklichen Produkten (Stoffe, Bekleidung, Werkzeuge, Gebäude) ging einher mit dem Konsum ebendieser Erzeugnisse von den Erzeugern selbst oder anderen Konsument*innen im unmittelbaren räumlichen Umfeld (Ellis 1993). Der Grad der wirtschaftsräumlichen Spezialisierung und Arbeitsteilung war daher insgesamt gering und die Raumstruktur durch eine disperse Verteilung von Siedlungen und Bevölkerung geprägt, deren Dichte und Größe von der Tragfähigkeit der landwirtschaftlichen Nutzfläche abhingen (Baldwin 2006). Es ist davon auszugehen, dass in dieser Zeit der Großteil der Bevölkerung in ländlichen Siedlungen weltweit nahe am Existenzminimum lebte und räumliche Disparitäten im sozioökonomischen Entwicklungstand von untergeordneter Bedeutung waren (Milanovic 2016). Umweltschädigungen sind jedoch auch in dieser vorindustriellen Gesellschaft aufgetreten, z. B. in Form von Entwaldung, Überweidung, Schädigung von Böden durch Übernutzung und das Vordringen menschlicher Nutzung in vormals natürliche Lebensräume.

Anders als in vorindustriellen Agrargesellschaften erfolgte mit der Industrialisierung eine organisatorische und räumliche Trennung von Produktion und Konsum. Der Produktionsprozess vieler Güter fand fortan organisatorisch und räumlich konzentriert in vertikal integrierten Betrieben statt, z. B. Bekleidungsfabriken oder Fabriken der Eisen- und Stahlindustrie, während die Produkte dieser Betriebe an verschiedensten Orten konsumiert wurden. Richard Baldwin (2006) nennt diese Trennung von Produktion (Wertschöpfung) und Konsum die erste Entflechtung („The First Unbundling"). Die Interaktionen zwischen Produktions- und Konsumstandorten erstreckten sich auf den Handel von Rohstoffen, Fertiggütern und ggf. Dienstleistungen sowie die Mobilität von Produktionsfaktoren. Zahlreiche Theorieansätze, die in der Zeit der Industriegesellschaft entwickelt wurden, erklären die Entstehung einer Raumstruktur oder setzen eine Raumstruktur voraus, in der wenige Industriestandorte oder -regionen den Bedarf der Konsument*innen größerer Raumeinheiten befriedigen. Mit der Industrialisierung entwickelten sich erstmals nennenswerte Disparitäten im sozioökonomischen Entwicklungsstand, nämlich zwischen Industriestandorten, die sich durch Bevölkerungszunahme und fortschreitende Verstädterung auszeichnen, und ländlichen Abwanderungsgebieten. Der ökonomische Erfolg der Industrieländer Europas und Nordamerikas in dieser Zeit begründete auch die erhebliche Zunahme der weltweiten Disparitäten (Milanovic 2016). Mit der Industrialisierung nahmen auch die Umweltbeeinträchtigungen durch wirtschaftliche Aktivitäten erheblich zu, vor allem in Form punktueller Schäden durch die Verschmutzung von Luft, Wasser und Böden im unmittelbaren Umfeld von Industrieanlagen. Die Industrialisierung führte zudem zu vermehrten Treibhausgasemissionen in die Atmosphäre durch die Nutzung fossiler Energieträger sowie zu Flächenverbrauch für rasch wachsende Siedlungen, Gewerbe und Transportwege. Die daraus resultierenden Belastungen wurden zunächst in den Industrieregionen Europas und Nordamerikas sowie in Japan sichtbar. Im Zuge der weltweiten Ausbreitung der industriellen Produktion werden sie ab Mitte des 20. Jahrhundert zu einem globalen Problem (s. Kap. 4.1).

Nachdem der Übergang von der Agrar- zur Industriegesellschaft mit einer organisatorischen und räumlichen Trennung von Produktion und Konsum einherging, hat der Übergang von der Industrie- zur Wissensgesellschaft zu einer weitgehenden organisatorischen und räumlichen Entflechtung der Produktionsprozesse selbst geführt („The Second Great Unbundling", Baldwin 2006). In der Wissensgesellschaft ist es der Normalfall, dass Unternehmen in ihren Betrieben nur bestimmte Teilschritte der Herstellung eines Produkts ausführen, während die übrigen Teilschritte von anderen Betrieben am gleichen oder an anderen Standorten ausgeführt werden. Die Aufteilung der für die Herstellung eines Produkts nötigen Aktivitäten auf mehrere Betriebe und Standorte verändert die Austauschbeziehungen zwischen den Standorten. In großem Umfang werden Zwischenprodukte und produktspezifische Dienstleistungen transferiert. Die gemeinsame ortsverteilte Arbeit an der Herstellung eines Produkts verlangt zudem nach räumlicher Mobilität von produktspezifischem Wissen. Langfristige regionale Wachstums- und Entwicklungsprozesse werden somit auch von Strukturen und Interaktionen in Netzwerken von Betrieben und Produktionsstandorten beeinflusst. In der Wissensgesellschaft liegen sozioökonomische Entwicklungsunterschiede eher in der räumlich unterschiedlichen Verteilung von Wissen und der darauf aufbauenden Fähigkeit begründet, die komplexen Austauschprozesse und Produktionsnetzwerke zu organisieren und zu steuern. Die im Zuge der Industrialisierung aufgetretenen ökologischen

Schäden setzen sich in die Wissensgesellschaft hinein fort. Zudem wächst der Bedarf an Verkehrsfläche und Transportinfrastruktur rasant an. Die räumlich verteilte Produktion führt auch zur weiträumigeren Verteilung der produktionsinduzierten Schäden und erschwert die Zuordnung von Schäden zum Konsum bestimmter Produkte: Der Konsum eines Produkts mag mit ökologischen Schäden durch die Herstellung von Zwischenprodukten an unterschiedlichsten Orten einhergehen. Die in der Wissensgesellschaft stark ausgeprägten sozioökonomischen Unterschiede zwischen Bevölkerungsgruppen führen auch dazu, dass der Beitrag zur Umweltzerstörung sehr stark zwischen Personen und Regionen variiert.

1.3 Nachhaltigkeit

Die nachhaltige Wirtschaftsgeographie leitet ihr Erkenntnissinteresse und ihre Struktur aus dem Begriff der Nachhaltigkeit ab. Nachhaltigkeit bezeichnet einen Zustand, in dem die heute lebenden Generationen ihre grundlegenden Bedürfnisse befriedigen können, ohne dabei die Befriedigung der Bedürfnisse künftiger Generationen zu gefährden. Der Zustand der Nachhaltigkeit ist gegenwärtig nicht erreicht. Viele der derzeit lebenden Menschen können ihre grundlegenden Bedürfnisse in den Bereichen Ernährung, Gesundheit, Bekleidung und Wohnraum nur unvollständig befriedigen. Ressourcenverbrauch, Verschuldung, und vor allem die Zerstörung der natürlichen Lebensgrundlagen gefährden absehbar die Chancen künftiger Generationen auf Verwirklichung ihrer Bedürfnisse. Nachhaltigkeit ist zum gegenwärtigen Zeitpunkt daher eine Forderung und Zielvorstellung. Diese wurde 1987 im Bericht der sogenannten Brundtland-Kommission erstmalig formuliert (World Commission on Environment and Development 1987). In Folge der „Konferenz der Vereinten Nationen über Umwelt und Entwicklung" 1992 (Rio-Konferenz) wurde die „Kommission der Vereinten Nationen für Nachhaltige Entwicklung" eingerichtet (1992–2013), 2013 abgelöst durch das „Hochrangige Politische Forum für Nachhaltige Entwicklung". Diese multilateralen Einrichtungen sollen den Fortschritt der Weltgemeinschaft auf dem Weg zu Nachhaltigkeit begleiten. Der Begriff Nachhaltigkeit ist damit auf multilateraler Ebene fest verankert und fungiert als offizielle Leitlinie für nationale Pläne und Anstrengungen in diesem Bereich.

Dennoch birgt der Begriff der Nachhaltigkeit verschiedene Schwierigkeiten. Beispielsweise ist es offenkundig äußerst schwierig zu bestimmen, welche Bedürfnisse heute oder zukünftig als grundlegend für alle Menschen anzusehen sind. Ungeachtet dieser Schwierigkeit haben die Vereinten Nationen in Bezug auf eine Reihe weltweit konsensfähiger Bedürfnisse 17 konkrete Nachhaltigkeitsziele formuliert (Sustainable Development Goals, SDG), für die der Nachhaltigkeitsfortschritt jährlich erhoben und dokumentiert wird. Entsprechend der Definition von Nachhaltigkeit konkretisiert jeweils etwa die Hälfte der Nachhaltigkeitsziele die soziale und die ökologische Dimension der Nachhaltigkeit. Da in den späten 1980er und frühen 1990er Jahren noch keine gravierenden Folgen der ökologischen Krisen spürbar waren, soziale Ungleichheit dagegen schon, wurde die soziale Dimension der Nachhaltigkeit weitgehend mit der Frage der Lebenschancen der jetzt lebenden Generation gleichgesetzt, also mit intragenerativer Gerechtigkeit. Da die zukünftigen Lebenschancen vor allem durch Umweltzerstörung gefährdet sind, wurde die ökologische Dimension der Nachhaltigkeit vorrangig mit intergenerativer Gerechtigkeit in Verbindung gebracht (World Commission on Environment and Development 1987). Diese Assoziationen lassen sich heute jedoch kaum mehr aufrechterhalten. Je stärker schon die derzeit lebende Generation von den Folgen der ökologischen Krisen betroffen ist, etwa durch die Folgen extremer Wetterereignisse, und je weniger Fortschritte beim Abbau sozioökonomischer Ungleichheit erreicht werden, desto weniger zielführend ist die starre Zuordnung von intragenerativer Gerechtigkeit und sozialer Dimension einerseits und intergenerativer Gerechtigkeit und ökologischer Dimension andererseits.

Das Schaubild in Abbildung 1.1 veranschaulicht die Forderung nach Nachhaltigkeit mit diesen zwei Dimensionen. In der Abbildung sind verschiedene Begriffe (wissenschaftliche Theorien und Konzepte, Denkschulen und politische Vor-

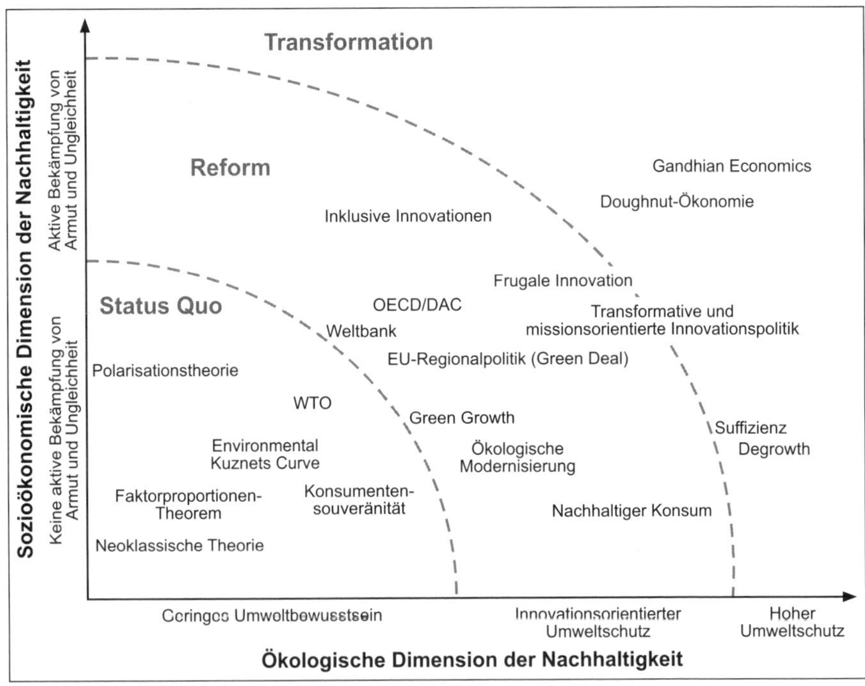

Abbildung 1.1: Positionierung unterschiedlicher Nachhaltigkeitsverständnisse (Eigene Darstellung nach Hopwood et al. 2005, Seite 41)

stellungen, aber auch supranationale Organisationen) dargestellt, deren Bedeutung für eine nachhaltige Wirtschaftsgeographie im weiteren Verlauf des Lehrbuchs näher erläutert wird. Abbildung 1.1 stellt einen (subjektiven) Versuch dar, die Begriffe in Abhängigkeit ihres Nachhaltigkeitsverständnisses entlang beider Dimensionen zu positionieren.

Die nachhaltige Wirtschaftsgeographie überträgt das politische Konzept der Nachhaltigkeit auf Raumwirtschaftssysteme. Unter Anwendung einer räumlichen Perspektive wird aus der Forderung nach intragenerativer Gerechtigkeit, also nach der Verringerung der Unterschiede in den Lebenschancen der heute lebenden Generation, eine Forderung nach der Verringerung von Unterschieden in den Lebenschancen, die zwischen verschiedenen Regionen bestehen. Die Verringerung dieser sogenannten regionalen Disparitäten im sozioökonomischen Entwicklungsstand ist die in den Erklärungsbereich der Wirtschaftsgeographie übertragene soziale Dimension der Nachhaltigkeit. Der ökologischen Dimension der Nachhaltigkeit entspricht in der Wirtschaftsgeographie das Anliegen zu erklären, wie regionale Wirtschaftssysteme klimaneutral und ressourcenschonend ausgestaltet werden können.

Im Anschluss an dieses kurze Einführungskapitel (Kapitel 1) behandeln die Kapitel 2 und 3 zunächst die soziale Dimension der Nachhaltigkeit. Die ökologische Dimension ist Gegenstand von Kapitel 4. Diese drei umfangreichen Kapitel 2, 3 und 4 sind jeweils gleich aufgebaut: Sie führen anhand wichtiger Kennzahlen in die Problemstellung ein (Empirie), stellen anschließend die wichtigsten Erklärungsansätze vor (Theorie) und diskutieren abschließend politische Maßnahmen (Politik). Dass die soziale Dimension der Nachhaltigkeit vor der ökologischen Dimension erörtert wird, hat folgenden Grund: Regionale Disparitäten beschäftigen die Wirtschaftsgeographie schon einige Jahrzehnte länger als ökologische Probleme. Einige wichtige Fachbegriffe und Definitionen, die für beide Perspektiven von Bedeutung sind, wurden relativ früh im Kontext der Diskussion von Disparitäten entwickelt, und es ist hilfreich, diese Begriffe in etwa in der Reihenfolge einzuführen, in der sie selbst entstanden sind. Das fünfte Kapitel dieses Lehrbuchs greift offene Fragen und Aspekte auf, die beide Perspektiven der Nachhaltigkeit gleichermaßen betreffen.

1.4 Begriffe und Begriffsverwendung

Die nachhaltige Wirtschaftsgeographie bedient sich einer Fülle von Fachbegriffen, die in unterschiedlichen Disziplinen, zu verschiedenen Zeiten, in verschiedenen Sprachräumen und mit unterschiedlichen Anliegen geprägt wurden. Nicht alle dieser Begriffe sind ohne weitere Erläuterung verständlich. Die Verwendung mancher Begriffe stößt auf Widerstand, da sie in anderen Kontexten anders verwendet werden oder negativ konnotiert sind. Dieses Teilkapitel versucht in der gebotenen Kürze, den Umgang mit Fachbegriffen in diesem Lehrbuch zu erklären und einige grundlegende Begriffe zu erläutern, deren spätere Erklärung den Argumentationsgang der betreffenden Teilkapitel stören würde.

Umgang mit verwendeten Quellen

Dieses Buch verweist unmittelbar im Text und in Abbildungen auf alle verwendeten Quellen, hauptsächlich Fachpublikationen und Statistiken. Eine Ausnahme bildet die Übernahme einiger Gedankengänge, Formulierungen und Abbildungen aus dem ebenfalls bei UTB erschienenen Werk „Theorien der Wirtschaftsgeographie" (Liefner und Schätzl 2012; 2017) bzw. dessen Vorläufer „Wirtschaftsgeographie 1 Theorie" (Schätzl 1978).

Vor allem aber nutzt das vorliegende Buch dieselbe Art der Präsentation von Theorien und teilweise auch von Politikansätzen und Sachinformationen, wie dies im Lehrwerk von Ludwig Schätzl (1978) der Fall ist: Die zentralen Begriffe und Aussagen werden so vorgestellt, wie sie in ersten wesentlichen Originalveröffentlichungen eingeführt und diskutiert wurden. Erst im Anschluss daran werden wichtige jüngere Erweiterungen, Kritikpunkte und die Positionierung des jeweiligen Beitrags aus der Perspektive der nachhaltigen Wirtschaftsgeographie aufgezeigt. Die Betonung der ursprünglichen theoretischen Beiträge und der dahinterstehenden Personen hat aus Sicht der Autoren folgende Vorteile: Sie verdeutlicht, dass die gedanklichen Grundlagen der Wirtschaftsgeographie kein geschlossenes Theoriegebäude bilden, sondern sich aus vielen, sehr unterschiedlichen und unterschiedlich motivierten Teilbeiträgen zusammensetzen. Das Vorgehen zeigt zudem auf, wie sich die Rolle von bestimmten Theorien und Politikansätzen aufgrund der Verschiebung des Erkenntnisinteresses des Faches verändert. Zudem ist es auf diese Weise möglich, die verschiedenen Positionen auch einzeln zu lesen und zu verstehen.

Umgang mit Fachbegriffen

Einige der hier verwendeten Begriffe werden aus unterschiedlichem und z. T. durchaus berechtigtem Interesse kritisch beurteilt und mitunter abgelehnt. Ein Beispiel ist die Einteilung von Staaten und Regionen der Welt nach ihrem Entwicklungsstand, ihrem Wohlstand oder ihrer Wirtschaftsstruktur. In der Fachliteratur unterschiedlicher Disziplinen finden sich hierfür unterschiedlichste Termini und Begriffspaare, darunter Entwicklungsländer und Industrieländer, Länder mit hohem Einkommen und Länder mit niedrigem Einkommen, frühindustrialisierte und spätindustrialisierte Regionen, technologisch fortgeschrittene und technologisch rückständige Regionen sowie globaler Norden und globaler Süden. Der explizit oder implizit enthaltene Aspekt der Entwicklung wird oftmals besonders kritisiert. Der Begriff „Entwicklungsländer" entstammt der Zeit der Entkolonialisierung Mitte des 20. Jahrhunderts. Er deutet die damals vorherrschende Erwartung an, die ehemaligen Kolonien würden den Entwicklungspfad der Industrieländer rasch und erfolgreich nachvollziehen. Diese Erwartung hat sich in vielen Fällen nicht erfüllt und die damalige Entwicklungserwartung besteht nicht mehr. Andererseits findet der Begriff „Entwicklungsland" nach wie vor Verwendung im aktuellen, offiziellen Sprachgebrauch, z. B. durch das Bundesministerium für wirtschaftliche Zusammenarbeit.

In diesem Lehrbuch werden die oben genannten Begriffe daher parallel, weitgehend bedeutungsgleich und ohne Wertung verwendet, und wenn möglich dem Sprachgebrauch in der Originalquelle angenähert. Ein weiteres Beispiel für kontrovers diskutierte Begriffe ist „Humankapital". Die Verwendung dieses Begriffs in der Volkswirtschaftslehre geschieht wertneutral, während er im Alltagsgebrauch als Herabsetzung des Menschen verstanden werden kann.

Zum Begriff der Institutionen

Institutionen stellen wichtige Rahmenbedingungen der regionalökonomischen Entwicklung dar. Sie lassen sich definieren als Regeln, Durchsetzungsmöglichkeiten für Regeln und Verhaltensnormen zur Strukturierung wiederholter menschlicher Interaktionen (North 1989). Das Spektrum der wirtschaftlich relevanten Institutionen reicht von formalisierten Regeln, z. B. Gesetzen und Verordnungen sowie Verträgen, bis zu informellen Gepflogenheiten und Praktiken. Aus ökonomischer Sicht sind nicht die Institutionen selbst von Interesse, sondern ihre Konsequenzen für das Verhalten der Wirtschaftssubjekte. In diesem Sinne setzen Institutionen den Rahmen, innerhalb dessen Wirtschaftssubjekte agieren und ihre Ziele verfolgen (North 1989). Tabelle 1.1 stellt Charakteristika von Institutionen zusammen, untergliedert nach (formalen) Regeln, Normen und kulturell-kognitiven Institutionen (Scott 2014).

Tabelle 1.1: Charakteristika von Institutionen (Eigene Darstellung nach Scott 2014, Seite 60)

	regulative Institutionen	**normative Institutionen**	**kulturell-kognitive Institutionen**
Grund der Regeleinhaltung	Zweckdienlichkeit	soziale Verpflichtung	verbreiteter Konsens
Art der Regel	Gesetze, Regularien	bindende Erwartungen	Vorbilder
Mechanismus	Zwang	Norm	Nachahmung
Logik	Zweck	Angemessenheit	Übereinstimmung, Dogma
Ausprägungen	Gesetze, Verordnungen, Sanktionen	Bescheinigungen, Zulassungen, Akzeptanz	gemeinsame Überzeugungen und Handlungsmuster
Affekt	Schuld / Unschuld	Schande / Anerkennung	Gewissheit / Verwirrung
Legitimierung	rechtliche Genehmigung	moralisch	Verständlichkeit, Nachvollziehbarkeit

Wirtschaftlich relevante Institutionen haben die Funktion, Bedingungen zu schaffen, die den Wirtschaftssubjekten das Eingehen von Austauschbeziehungen unterschiedlicher Art erlauben. Komplexere und längerfristige Interaktionen, Interaktionen über größere Distanzen und Interaktionen mehrerer Akteure setzen einen differenzierteren institutionellen Rahmen voraus als sehr einfache Interaktionen. Das Fehlen von Institutionen, die einen verlässlichen Rahmen für wirtschaftliche Aktivitäten bilden, verhindert dagegen die Spezialisierung von Individuen und Unternehmen und deren Investitionen in den Ausbau spezialisierter Fähigkeiten und Kapazitäten. Absehbare Folgen in der betreffenden Region sind Abwanderung qualifizierter Personen, Kapitalflucht, Verharren in einfachen Interaktionsmustern und die fehlende Fähigkeit, an der globalen Wirtschaft umfassend zu partizipieren.

Die institutionelle Wirtschaftsgeographie bedient sich der Begriffe des Institutionenraums (institutional space) und der Institutionendichte (institutional thickness) (Martin 2000). Der Institutionenraum bezeichnet die räumliche Maßstabsebene, innerhalb der eine Institution entsteht und effektiven Einfluss ausübt.

- Supranationale Institutionenräume gelten beispielsweise für das Regelwerk zum Außenhandel und zur monetären Außenwirtschaft (s. Kap. 2.4.2).
- Nationale Institutionenräume umfassen z. B. das Sozialsystem, das Steuer- und Finanzsystem, Regelungen zu Beschäftigung und Eigentum sowie Regelungen zu Gewerkschaften.
- Regionale und lokale Institutionenräume gelten dagegen beispielsweise für lokale politische Strukturen, lokal gültige Verordnungen und Vorschriften, lokale Verbände sowie lokale Wirtschaftskultur und Konventionen (Martin 2000).

Es ist offensichtlich, dass regionale und lokale Institutionenräume vorrangig normative und kulturell-kognitive Institutionen umfassen (s. Tab. 1.1), während regulative Institutionen eher dem nationalen und dem supranationalen Institutionenraum zuzuordnen sind.

Viele Theorien in diesem Lehrbuch setzen implizit die Existenz von Institutionen voraus, die komplexe marktwirtschaftliche Interaktionen zulassen, z. B. langfristig garantierte Eigentumsrechte und einen wettbewerbsrechtlichen Rahmen. Nur wenn diese Voraussetzungen bestehen, werden einige der in den folgenden Kapiteln behandelten ökonomischen Erfolgsdeterminanten wie Ersparnisse und Kapitalbildung, Transportkosten, Agglomerationsfaktoren, technologischer Wandel und Innovationen überhaupt relevant. Wirtschaftsräumliche Strukturen und Entwicklungsprozesse in Regionen mit weitgehend fehlenden oder völlig anders gearteten Institutionen, z. B. manche Regionen in Bürgerkriegsländern oder sogenannten Failed States, unterliegen oftmals anderen als den in diesem Lehrbuch vorgestellten Einflussfaktoren. Entsprechend beanspruchen die Aussagen der Wirtschaftsgeographie keine umfassende Gültigkeit für diese Regionen.

Volkswirtschaftliche Grundbegriffe

Zur Beschreibung der ökonomischen Situation von Marktwirtschaften verwendet die Wirtschaftswissenschaft ein differenziertes Begriffsspektrum. Die meisten der auch für die Wirtschaftsgeographie grundlegenden Begriffe werden in den passenden Teilkapiteln erläutert. Dieser Abschnitt dient jedoch der knappen Darstellung ausgewählter wirtschaftswissenschaftlicher Grundbegriffe, die vielfach Verwendung finden und deren Kenntnis bei Studierenden nicht sicher vorausgesetzt werden kann. In gebotener Kürze erläutert dieses Kapitel die Begriffe Produktionsfaktor, Wirtschaftssystem und Markt. Einen ausführlichen Überblick über wirtschaftswissenschaftliche Grundbegriffe und Prinzipien bieten die Standardlehrwerke von Mankiw und Taylor (2021) oder von Samuelson und Nordhaus (2016). Wichtige Grundlagen der Volkswirtschaftslehre für verwandte Sozialwissenschaften wie die übrigen Teilgebiete der Humangeographie oder die Soziologie erläutern Bossert und von Knorring (2017).

Produktionsfaktoren sind Inputfaktoren, die für die Produktion von Gütern benötigt werden. Güter sind in diesem Kontext Waren und Dienstleistungen, die konsumiert werden können. In der Volkswirtschaft wird zwischen drei grundlegenden Produktionsfaktoren unterschieden: Arbeit, Kapital und Boden. Diese Produktionsfaktoren sind aus ökonomischer Sicht knapp. Das bedeutet, dass ihnen ein Preis zugeschrieben werden kann. Für den Produktionsfaktor Arbeit ist dies der Lohn, für Kapital ist es der Zins (für Sach- und Geldkapital) und für Boden ist der Preis die Bodenrente. Um Güter zu produzieren, werden die drei Produktionsfaktoren in unterschiedlichem Ausmaß benötigt. Für die traditionelle Produktion landwirtschaftlicher Güter (z. B. Getreide, Obst) wird viel Ackerfläche (Boden) und viel Arbeitskraft (Arbeit) benötigt. Für die Produktion im verarbeitenden Gewerbe (z. B. Textilien) wird weniger Fläche benötigt (Boden), dafür jedoch viel Arbeitskraft (Arbeit) und der Einsatz von Anlagen und Maschinen (Kapital). Produktionsfaktoren sind teilweise substituierbar. Das bedeutet, dass ein Produktionsfaktor (z. B. Arbeit) durch einen anderen Produktionsfaktor (z. B. Kapital) ersetzt werden kann. In vielen klassischen Theorien und Modellen der Volkswirtschaft wurde angenommen, dass die Produktionsfaktoren im Raum homogen verteilt sind. In der jüngeren Theoriebildung besteht eher ein Interesse an der unterschiedlichen Ausstattung (z. B. von Ländern oder Regionen) mit Produktionsfaktoren. Darüber hinaus besteht mit dem Faktor Wissen ein vierter Produktionsfaktor, der insbesondere in der modernen Wissens- und Dienstleistungsgesellschaft von hoher Relevanz für die Produktion von Gütern ist.

Sowohl Produktionsfaktoren als auch Güter sind von Knappheit gekennzeichnet. Eine zentrale Fragestellung in den wirtschaftswissenschaftlichen Disziplinen ist es zu klären, wie eine Gesellschaft und ihre Wirtschaftsakteure (Haushalte, Unternehmen, ...) mit dieser Knappheit umgehen. In marktwirtschaftlichen Wirtschaftssystemen bestehen Eigentumsrechte an Produktionsfaktoren und Gütern. Darüber hinaus existieren in der Marktwirtschaft freie Produktions- und Konsumentscheidungen und damit entstehen Preise für knappe Güter (und Produktionsfaktoren) durch Marktmechanismen. Das bedeutet, das Wirtschaftsakteure frei entscheiden können, was sie produzieren und konsumieren und welchen Preis sie dafür jeweils auf dem Markt erwarten. Ein Markt besteht sehr einfach ausgedrückt aus Produzenten (Unternehmen) und Konsument*innen eines bestimmten Gutes. Die wichtigsten Kräfte, die auf Märkten wirken, sind Angebot und Nachfrage. Das Angebot wird durch die Gruppe der Produzenten bestimmt, während die Nachfrage durch die Gruppe der Konsument*innen bestimmt wird. Ist der Preis für ein Gut hoch, so steigt das Angebot, da die Produzenten einen höheren Gewinn erwarten. Bei einem hohen Preis sinkt jedoch auch die Nachfrage der Konsument*innen. Obwohl es einige systemische Unterschiede zwischen den Regionalwirtschaften der Welt gibt, z. B. in Bezug auf das Ausmaß staatlicher Eingriffe in den Marktmechanismus, sind fast alle Regionen der Welt als Marktwirtschaften aufzufassen. Auf sie beziehen sich die in diesem Lehrbuch vorgestellten Theorien und Politikansätze.

Ein Markt funktioniert effizient, wenn die Konsument*innen für ein Gut den Preis bezahlen, der den Nutzen des Gutes widerspiegelt und wenn die Produzenten den Preis für das Gut erhalten, unter welchem sich die weitere Produktion rentiert. In diesem Fall entsteht ein Marktgleichgewicht, in welchem die angebotene Menge eines Gutes der nachgefragten Menge entspricht. Der dabei entstehende Preis wird Gleichgewichtspreis genannt. Wenn Märkte funktionieren, bringt der Preis das Angebot und die Nachfrage ins Gleichgewicht (s. Abb. 1.2).

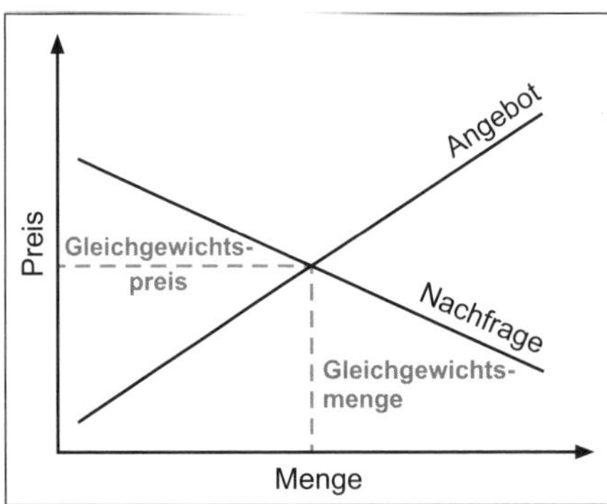

Abbildung 1.2: Angebot und Nachfrage im Marktgleichgewicht (Eigene Darstellung)

In der Realität kommt es jedoch auch zum Versagen von Märkten. Marktversagen bedeutet, dass die Marktmechanismen aus Angebot und Nachfrage nicht zu den gesellschaftlich wünschenswerten Ergebnissen führen. Dies liegt auch daran, dass die privaten Kosten-Nutzenkalkulationen von gesellschaftlichen Kosten und Nutzen abweichen können. Das Versagen von Märkten zeigt sich beispielsweise auch in den aktuellen Umweltkrisen, die hohe gesellschaftliche Kosten für die kommenden Generationen verursachen.

Volkswirtschaftliche Gesamtrechnung

Die volkswirtschaftliche Gesamtrechnung dient der Berechnung von Kennzahlen zur Leistung einer Volkswirtschaft oder Regionalwirtschaft (European Commission et al. 2009). Einige Kennzahlen aus der volkswirtschaftlichen Gesamtrechnung, v. a. das Pro-Kopf-Einkommen, finden als Wohlstandsmaß eine breite Verwendung in Wirtschaft, Wissenschaft, Politik und Medien. Die Kennzahlen der volkswirtschaftlichen Gesamtrechnung eignen sich generell für internationale oder interregionale Vergleiche und dienen u. a. zur Bestimmung der Förderfähigkeit von Regionen im Rahmen der Regionalpolitik (s. Kap. 2.4).

Im Kern der volkswirtschaftlichen Gesamtrechnung steht die Produktion von Gütern und Dienstleistungen in einem bestimmten Zeitraum. Die Berechnung der wichtigsten Kennzahlen der volkswirtschaftlichen Gesamtrechnung verdeutlicht Abbildung 1.3. Die Darstellung beschränkt sich auf die sogenannte Entstehungsrechnung. Darstellungen der Verwendungs- und Verteilungsrechnung finden sich in einschlägigen volkswirtschaftlichen Lehrbüchern.

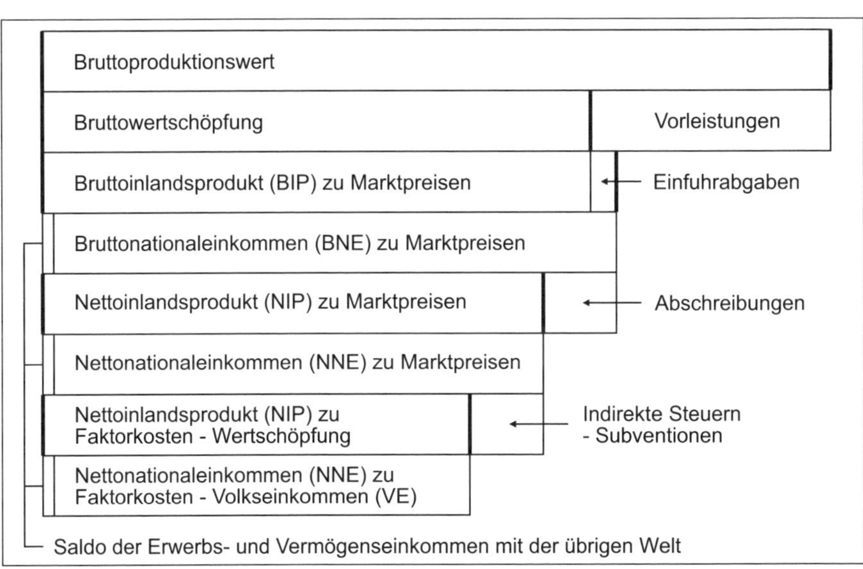

Abbildung 1.3: Volkswirtschaftliche Gesamtrechnung: Berechnungsschema (Eigene Darstellung nach Schätzl 2000)

Der Bruttoproduktionswert einer Regionalwirtschaft umfasst den Wert sämtlicher Güter und Dienstleistungen, die innerhalb des betrachteten Raumes und innerhalb einer bestimmten Zeitperiode produziert wurden.

Für ihre Produktion setzen Unternehmen in der Regel neben eigenen Leistungen auch Vor- und Zwischenprodukte ein, z. B. Rohstoffe, Wasser und Strom, angemietete Gebäude, Produktkomponenten usw. In die Berechnung des Bruttoproduktionswertes fließt der Wert dieser Vorleistungen mehrfach ein, da sie einerseits für sich erstellt und verkauft werden und andererseits einen Teil des Wertes derjenigen Produkte bilden, für deren Herstellung sie später verwendet werden. Zieht man den Wert der Vorleistungen, also aller Produkte und Dienstleistungen, die Unternehmen erwerben, um damit selbst zu produzieren, vom Bruttoproduktionswert ab, so erhält man die Bruttowertschöpfung. Da in die Bruttowertschöpfung einer Region sämtliche dort in einer Zeitperiode erstellten Güter und Dienstleistungen genau einmal einberechnet werden, ist sie das grundlegende Maß zur Erfassung der Wirtschaftsleistung.

Aus der Bruttowertschöpfung lässt sich das Bruttoinlandsprodukt (BIP) errechnen (englisch: Gross Domestic Product, GDP), das die gesamte Wirtschaftsleistung erfasst, die innerhalb einer Region erstellt wurde. Das Bruttoinlandsprodukt zu Marktpreisen entspricht der Bruttowertschöpfung vermindert um Einfuhrabgaben. Das Bruttoinlandsprodukt zu Faktorkosten entspricht der Bruttowertschöpfung zuzüglich produktbezogener Steuern und abzüglich Subventionen.

Während das Bruttoinlandsprodukt den Wert der Güter und Dienstleistungen bezeichnet, die innerhalb einer Region erstellt wurden, bezeichnet das Bruttonationaleinkommen (BNE (englisch: Gross National Income, GNI), vormals Bruttosozialprodukt (BSP)) den Wert der Güter und Dienstleistungen, die von der Bevölkerung dieser Region erstellt wurden. Für die gesamte Weltwirtschaft sind BIP und BNE identisch, für manche Regionen ergeben sich jedoch größere Unterschiede, z. B. wenn viele Einwohner*innen einer Region in Unternehmen außerhalb dieser Region arbeiten und dort zum BIP beitragen und Einkommen erzielen. Das Bruttonationaleinkommen errechnet sich aus dem Bruttoinlandsprodukt durch Einbeziehen der grenzüberschreitenden Transfers von Erwerbs- und Vermögenseinkommen.

Die volkswirtschaftliche Gesamtrechnung stellt diesen Bruttokennzahlen auch Nettokennzahlen zur Seite, die den jeweils berechneten Wert, z. B. das Bruttoinlandsprodukt einer Region, um einen Betrag vermindern, der die Abnutzung (den Verbrauch) des bei der Produktion eingesetzten Anlagekapitals ausdrückt. Das Ausmaß der Wertminderung des Anlagekapitals lässt sich nicht leicht bestimmen und wird durch den Wert der Abschreibungen nur ansatzweise widergespiegelt. Daher werden die erläuterten Bruttokennzahlen weitaus häufiger genutzt als die ihnen zugeordneten Nettokennzahlen.

2 Entstehung und Auswirkungen regionaler Disparitäten

Im Zentrum der sozialen Dimension der Nachhaltigkeit steht die Forderung nach einem Abbau von Ungleichheit (vgl. SDG 10). Diese Forderung lässt sich einerseits ethisch begründen, andererseits kann Ungleichheit Spannungen und Konflikte hervorrufen und die Verwirklichung ökologischer Ziele behindern. Beide Gründe rechtfertigen eine intensive Auseinandersetzung mit Ungleichheit. Zur Ungleichheit tragen viele Faktoren bei, z. B. Einkommen, Vermögen und Bildungsstand. Wie in Kapitel 1.3 ausgeführt, konzentriert sich die Wirtschaftsgeographie auf die Untersuchung von Ungleichheit in Form regionaler Disparitäten im sozioökonomischen Entwicklungsstand, d. h. auf Aspekte der Ungleichheit, die auf unterschiedlichen räumlichen Maßstabsebenen erkennbar und erklärbar sind. Die dabei ausgeklammerten Aspekte der sozialen Dimension der Nachhaltigkeit werden in Nachbarwissenschaften aufgegriffen. Zum Beispiel thematisiert die Entwicklungsökonomik auch Ungleichheit zwischen Individuen, und die Sozialgeographie betrachtet verstärkt nichtökonomische Ursachen und Folgen von Ungleichheit.

Unter dem Begriff der regionalen Disparitäten versteht die Wirtschaftsgeographie Unterschiede zwischen Regionen in ihrem sozioökonomischen Entwicklungsstand. Wenngleich regionale Disparitäten keine Auskunft über die Lebensbedingungen einzelner Personen geben, so drücken sie doch aus, wie sich die Lebensverhältnisse im Allgemeinen zwischen verschiedenen Wirtschaftsräumen unterscheiden. Aus raumwirtschaftlicher Perspektive bringen sie daher auch die soziale Dimension der Nachhaltigkeit zum Ausdruck.

Eine besonders deutliche Ausprägung regionaler Disparitäten stellen die Unterschiede zwischen den Industrieländern des globalen Nordens und den vielfach deutlich ärmeren Ländern des globalen Südens dar. Die Beschreibung und Erklärung globaler Entwicklungs- und Wohlstandsunterschiede bildet daher den Schwerpunkt der Ausführungen dieses Kapitels. Regionale Disparitäten bestehen jedoch auch auf anderen Maßstabsebenen, z. B. innerhalb von Kontinenten und Staaten, und auch auf dieser Ebene können sie sich beispielsweise als fundamentales Hindernis für einen Übergang zu ökologischer Nachhaltigkeit erweisen. Auch auf diese Unterschiede gehen die weiteren Ausführungen explizit ein. Zudem ist zu beachten, dass die in Kapitel 2.1 vorgestellten empirischen Kennzahlen und die in Kapitel 2.2 und 2.3 vorgestellten Theorien prinzipiell auf verschiedene Maßstabsebenen angewendet werden können.

2.1 Ausmaß und Messung regionaler Disparitäten

Historische Disparitätenentwicklung

Das Ausmaß der regionalen Disparitäten und ihre gesellschaftliche und politische Bedeutung haben sich in den letzten Jahrhunderten, vor allem seit Beginn der Industrialisierung, fundamental verändert. Dabei vollzogen sich diese Veränderungen in etwa analog zu der in Kapitel 1.2 skizzierten Entwicklung des Untersuchungsgegenstands der Wirtschaftsgeographie. Eine umfassende Darstellung der historischen Entwicklung der regionalen Disparitäten findet sich bei Milanovic (2016; s. Kap. 2.3.4).

Zur Zeit der agrarisch geprägten Gesellschaften vor Beginn der Industrialisierung war das Ausmaß regionaler Disparitäten im Entwicklungsstand verhältnismäßig gering. Die erheblichen Wohlstandsunterschiede gingen in dieser Zeit auf Klassen- oder Standesunterschiede zurück. So verfügten etwa Adlige oder wohlhabende Kaufleute über gehobenen materiellen Wohlstand im Gegensatz zur bäuerlichen Landbevölkerung, die weltweit am Subsistenzniveau lebte. Mit Einsetzen der Industrialisierung etablierte sich eine weltweite Arbeitsteilung zwischen industrialisierten Kolonialmächten und auf Rohstofflieferung ausgerichteten Kolonien. Mit dieser Arbeitsteilung wuchs das Ausmaß der regionalen Disparitäten stark an. Diese Entwicklung setzte sich auch unter den Bedingungen der weltweiten Arbeitsteilung fort, die sich mit dem Ende des Kolonialzeitalters etablierten, wozu gehörte, dass die wohlstandsfördernde Entwicklung und Herstellung hochwertiger Güter ebenso wie unternehmerische Steuerungsfunktionen in Industrieländern verortet waren. Im Ergebnis dieser Entwicklungen waren gegen Ende des 20. Jahrhunderts regionale Disparitäten für etwa 80 % der weltweiten Wohlstandunterschiede verantwortlich, während die verbleibenden 20 % auf Unterschiede zwischen wohlhabenden und ärmeren Bevölkerungsgruppen innerhalb von Staaten zurückgingen (Milanovic 2016). Erst die Etablierung der Wissensgesellschaft und die Globalisierung eröffnen ärmeren Ländern bessere Chancen, am globalen wirtschaftlichen Wohlstand zu partizipieren. Aktuell dürften die von der Pandemie verursachten Wirtschaftskrisen für eine weitere Verschärfung der regionalen Disparitäten sorgen.

Die zunehmende Konzentration von ökonomischer Aktivität und Wohlstand in den Industrieländern Europas, Nordamerikas und in Japan kommt auch in historischen Daten zur weltweiten Verteilung der wirtschaftlichen Leistungserstellung zum Ausdruck, wie sie etwa Angus Maddison zusammenstellte (Bolt und van Zanden 2014). Bei diesen Angaben handelt es sich um Schätzungen, die aus verschiedenen Quellen rekonstruiert und den unterschiedlichen Großregionen der Welt zugeordnet wurden.

Eine unmittelbare Aussage zum Ausmaß und zur Entwicklung regionaler Disparitäten im sozioökonomischen Entwicklungsstand lässt Abbildung 2.1.1 nicht zu, da dort die Anteile der Weltregionen an der Weltbruttoproduktion aufgeführt sind, nicht jedoch die Bevölkerungsanteile, auf die die erwirtschafteten Anteile entfallen. Klar erkennbar ist jedoch, dass die beiden nach der Bevölkerung größten

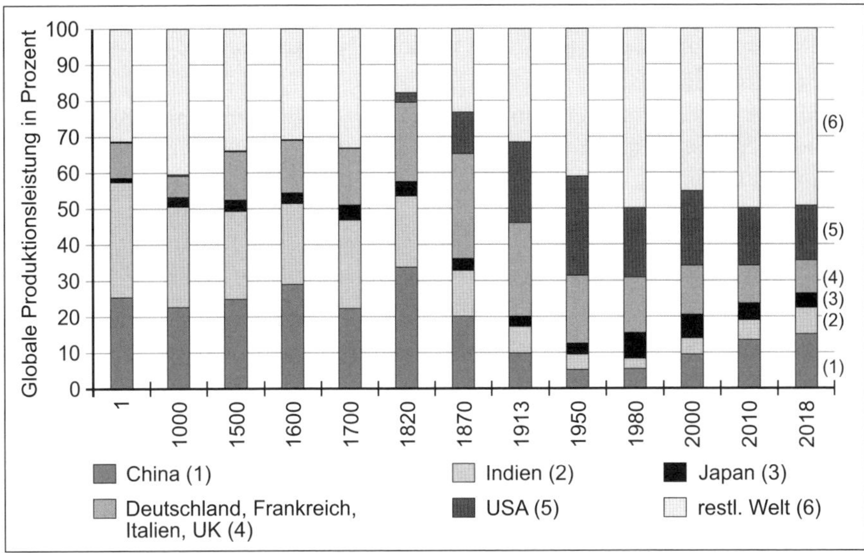

Abbildung 2.1.1: Räumliche Verteilung der globalen Produktionsleistung in historischer Perspektive (Eigene Darstellung nach Maddison 2010; Daten: Maddison 2020)

Weltregionen China und Indien, jeweils mit frühzeitig hochentwickelten Gesellschaftsstrukturen und Staatswesen, bis zum Beginn der Industrialisierung und Kolonialzeit die Schwergewichte der Weltwirtschaft darstellten. Mit einsetzender Industrialisierung wuchsen die Anteile Europas und später Nordamerikas sowie Japans an der Weltwirtschaft, zu Lasten aller anderen Weltregionen. Die jüngsten Daten deuten eine abnehmende Dominanz der westlichen Industrieländer an.

Wenngleich die historische Rekonstruktion weltwirtschaftlicher Schwerpunktverschiebungen die außerordentliche Bedeutung von Industrialisierung und Kolonialisierung sichtbar macht, so setzt eine fundierte Analyse der gegenwärtigen regionalen Disparitäten die Verwendung präziserer Messverfahren voraus. Da der sozioökonomische Entwicklungsstand von Regionen sich nicht unmittelbar erkennen lässt, sind für dessen Messung Indikatoren nötig, die ihn möglichst treffend abbilden. Um die Verwendung sowie Vor- und Nachteile einfacherer und komplexerer Messverfahren zu verdeutlichen, stellen die folgenden Abschnitte zwei der am häufigsten angewendeten Indikatoren vor: das Pro-Kopf-Einkommen und den Human Development Index (HDI).

Pro-Kopf-Einkommen

Der Wohlstandsindikator Pro-Kopf-Einkommen entsteht aus der volkswirtschaftlichen Gesamtrechnung (s. Kap. 1.4). Seine Berechnung, seine Anwendbarkeit als Wohlstandsmaß und seine konzeptionellen Schwächen werden im System of

National Accounts 2008 (European Commission et al. 2009) umfassend dargestellt. Soweit nicht anders angegeben, beziehen sich die folgenden Ausführungen auf diese Grundlage.

Teilt man das Bruttoinlandsprodukt oder das Bruttonationaleinkommen eines Staates oder einer Region durch die Einwohnerzahl, so erhält man das Pro-Kopf-Einkommen (korrekt: Bruttoinlandsprodukt (BIP) pro Kopf, englisch: gross domestic product per capita (GDP p. c.) bzw. Bruttonationaleinkommen (BNE) pro Kopf, englisch: gross national income per capita (GNI p. c.)). Bei interregionalen Vergleichen wirken sich die Unterschiede zwischen BIP und BNE ebenso wie die Berechnungsunterschiede nur graduell auf die Werte des Pro-Kopf-Einkommens der betrachteten Länder oder Regionen aus.

Bei internationalen Vergleichen ist zudem zu beachten, wie die Werte für unterschiedliche Länder durch Umrechnung vergleichbar gemacht werden. Werden die Werte für einzelne Länder anhand von aktuellen oder historischen Wechselkursen in eine bestimmte Währung umgerechnet, z. B. in US$, so drücken sich in den Werten auch die zugrunde gelegten Wechselkurse aus, die das mit dem jeweiligen Einkommen erzielbare Konsumniveau nicht immer korrekt abbilden. Die Alternative besteht darin, die Kaufkraft des Pro-Kopf-Einkommens aller Länder in Bezug auf einen standardisierten Warenkorb zu berechnen. Die auf diese Weise berechneten Werte werden z. B. als Pro-Kopf-Einkommen zu Kaufkraftparitäten (englisch: purchasing power parities, PPP) bezeichnet.

Abbildung 2.1.2 gibt anhand des Pro-Kopf-Einkommens einen groben Überblick über die weltweite Wohlstandsverteilung. Zu den einkommensstarken Ländern zählen weite Teile Europas, die USA, Kanada, Japan, Südkorea, Australien und Neuseeland sowie wenige Staaten Südamerikas und einige ölproduzierende Staaten in Arabien. Fast alle der ärmsten Länder finden sich in Afrika südlich der Sahara; hinzu kommen Syrien, Jemen, Afghanistan und Nordkorea. Zieht man auch die Gruppe der „Lower Middle Income Countries“ hinzu, so befinden sich auch viele Länder Süd-, Südost- und Zentralasiens unter den armen Staaten.

Die in Abbildung 2.1.2 gewählte Klasseneinteilung ist geeignet, um einen Überblick über die globale Einkommensverteilung und damit das räumliche Disparitätenmuster zu geben. Sie ermöglicht es allerdings nicht, das Ausmaß der Disparitäten zu erkennen. Dies lässt sich aus dem Datenmaterial der Weltbank jedoch direkt ablesen. Auszüge aus den Daten finden sich in Tabelle 2.1.1.

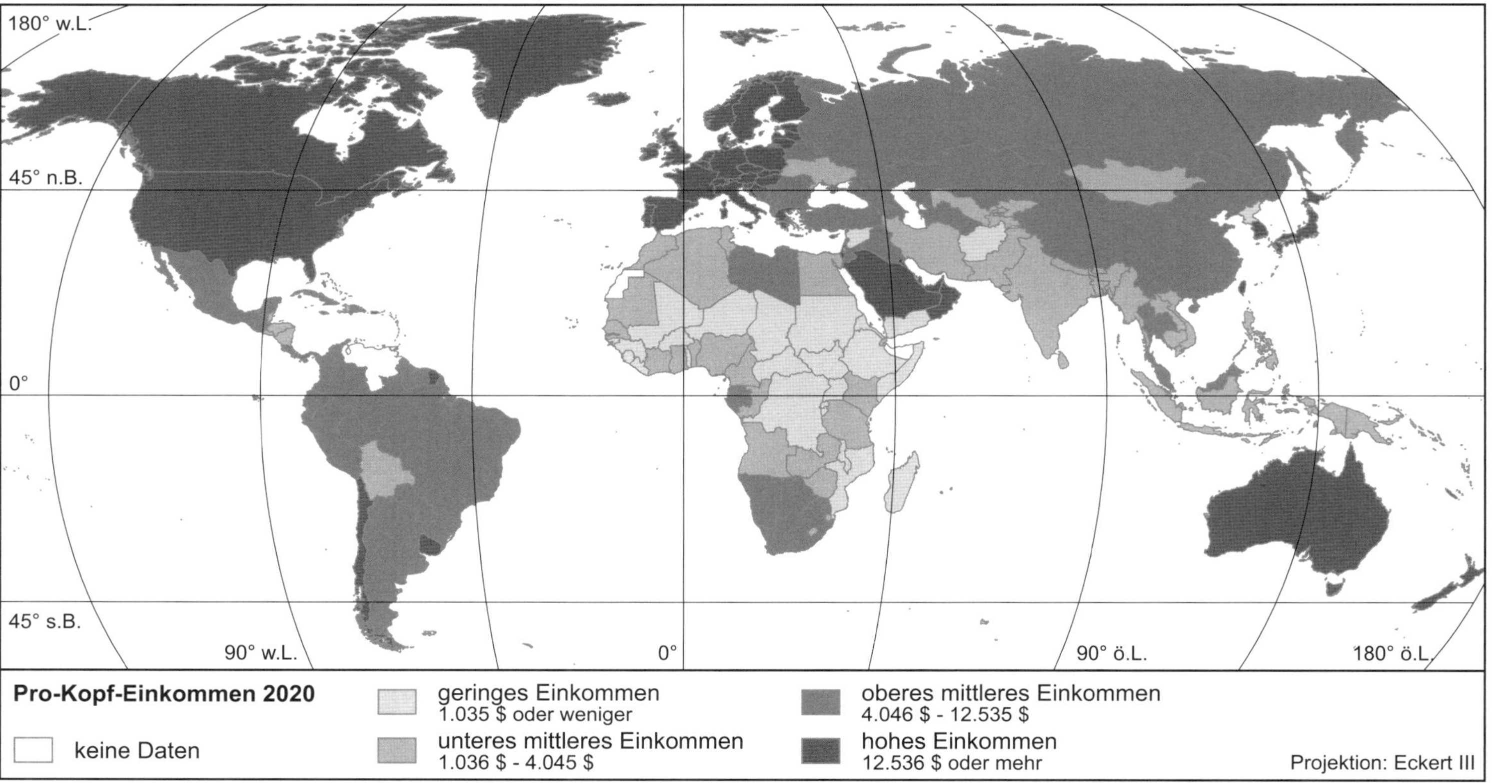

Abbildung 2.1.2: Pro-Kopf-Einkommen weltweit, 2020 (Eigene Darstellung; Daten: The World Bank 2021a)

Tabelle 2.1.1: Ökonomische Kennzahlen für Weltregionen (Eigene Darstellung; Daten: The World Bank 2022)

Region	Bevölkerung	Bruttonationaleinkommen, Atlas Methode	Bruttonationaleinkommen pro Kopf, Atlas Methode	Bruttonationaleinkommen zu Kaufkraftparitäten	Bruttonationaleinkommen pro Kopf zu Kaufkraftparitäten
	Millionen	Milliarden US$	US$	Milliarden US$	US$
	2019	2019	2019	2019	2019
Welt	7.683,4	88.777,6	11.554	134.157,8	17.461
Ostasien und Pazifik	2.350,8	27.470,6	11.686	42.965,4	18.277
Europa und Zentralasien	920,8	23.362,8	25.372	33.568,8	36.456
Lateinamerika und Karibik	646,4	5.649,8	8.740	10.363,5	16.032
Mittlerer Osten und Nordafrika	456,7	3.412,3	7.471	7.573,7	16.583
Nordamerika	366,0	23.416,5	63.980	23.544,1	64.329
Südasien	1.835,8	3.664,5	1.996	11.863,3	6.462
Subsahara Afrika	1.107,0	1.759,6	1.590	4.336,5	3.918
Geringes Einkommen	647,9	442,6	683	1.305,1	2.014
Geringeres mittleres Einkommen	3.285,4	7.760,1	2.362	24.067,6	7.326
Höheres mittleres Einkommen	2.510,8	24.250,7	9.659	44.773,4	17.833
Hohes Einkommen	1.210,9	56.017,7	46.263	63.641,3	52.559

Tabelle 2.1.1 verdeutlicht das Ausmaß der regionalen Disparitäten zwischen den Weltregionen. Gemäß Spalte 4 liegt (2019) das Pro-Kopf-Einkommen in der einkommensstärksten Weltregion (Nordamerika) mit über 63.000 US$ pro Jahr etwa 40-mal so hoch wie in der einkommensschwächsten Weltregion Subsahara-Afrika mit 1.590 US$. Beachtet man die Klassifizierung nach Einkommensklassen, sind die Unterschiede noch ausgeprägter.

Das Pro-Kopf-Einkommen findet breite Anwendung als Wohlfahrtsindikator. Hierfür verantwortlich sind die Vorteile der intuitiv verständlichen und relativ großen Aussagekraft, der guten Datenverfügbarkeit und weltweiten Vergleichbarkeit. Die Kritik am Indikator Pro-Kopf-Einkommen richtet sich auf Unzulänglichkeiten seiner Bestimmung und Berechnung und auf Probleme bei der Interpretation des Wertes als Wohlstandsmaß. Einige wichtige Kritikpunkte fassen European Commission et al. (2009) folgendermaßen zusammen. Weitere, hier nicht einzeln aufgeführte Aspekte diskutiert z. B. Schätzl (2000).

1. Mit einem Zuwachs beim Bruttoinlandsprodukt, also vermehrter Produktion von Gütern und Dienstleistungen in einer Region, geht bei sonst gleichen Bedingungen ein Zuwachs an Konsummöglichkeiten einher, und wachsende Konsummöglichkeiten dürften generell eine wohlfahrtsteigernde Wirkung entfalten. Damit ist jedoch weder geklärt, ob Wohlfahrt proportional zu Konsummöglichkeiten anwächst, noch welche Haushalte in den Genuss wachsender Konsummöglichkeiten kommen. Beide Aspekte hängen miteinander zusammen. So ist beispielsweise zu erwarten, dass eine Ausweitung der Nahrungsmittelverfügbarkeit auf arme Haushalte sehr viel stärker positiv wirkt als auf wohlhabende Haushalte. Wenn jedoch eine Situation eintritt, in der ein regionaler Einkommenszuwachs ausschließlich auf wohlhabende Haushalte entfällt, so mag ein Zuwachs an Konsummöglichkeiten bei Nahrungsmitteln kaum wohlfahrtsteigernde Effekte haben.
2. Bei der Ermittlung des Bruttoproduktionswertes werden manche Güter und Dienstleistungen nicht berücksichtigt. Zu diesen Gütern und Dienstleistungen gehören vorrangig solche, die innerhalb von Haushalten oder innerhalb von engen Gemeinschaften produziert und konsumiert werden. Beispiele sind innerfamiliäre Betreuung von Kindern, Alten und Kranken, innerhalb von Haushalten durchgeführte Tätigkeiten wie Kochen, Reinigung, Instandhaltung und Reparatur, diesbezügliche Nachbarschaftshilfe und Gemeinschaftsarbeit, der Anbau von Gemüse oder Obst für die Eigenversorgung usw. Der Umfang und der Anteil dieser Produktion unterscheidet sich zwischen Regionen und verändert sich im Zeitverlauf.
3. Wohlfahrtseffekte von Krisen und Schocks bleiben ebenfalls unberücksichtigt. Ereignen sich Krisen oder Schocks, z. B. in Form von Überflutung mit Flutschäden oder Epidemien mit großem Einfluss auf das öffentliche Leben, so werden Regionen die Produktion von solchen Gütern und Dienstleistungen aufbauen, die die Auswirkungen der Krisen und Schocks vermindern, z. B. Wiederaufbau von Gebäuden und materieller Infrastruktur sowie Produktion von Impfstoffen und Medikamenten. Dieser Zuwachs an Produktion steigert die Kennzahlen der volkswirtschaftlichen Gesamtrechnung. Darin drückt sich jedoch lediglich aus, dass die Beseitigung von Schäden oder die Vermeidung von Infektionen höheren Wohlstand bietet als der Verzicht hierauf; ein Vergleich mit dem Wohlstandniveau vor dem Eintritt der Schocks ist jedoch nicht möglich.
4. Der Indikator Pro-Kopf-Einkommen kann externe Kosten nicht vollumfänglich berücksichtigen. Geht eine neu aufgebaute industrielle Produktion beispielsweise mit Lärmbelastung oder Luftverschmutzung einher, beeinträchtigt

dies das Wohlergehen der ansässigen Bevölkerung und mindert deren Wohlfahrt. (Eine ausführliche Diskussion dieses Problems erfolgt in Kap. 4.2.1). Werden daraufhin technische Maßnahmen zur teilweisen Emissionsvermeidung getroffen, so vergrößern diese das Pro-Kopf-Einkommen. Es wird ein Wohlfahrtszuwachs gemessen, obwohl die durch Emissionen entstehende Beeinträchtigung möglicherweise nicht vollständig unterbleibt.

Human Development Index

Der Kritik am Indikator Pro-Kopf-Einkommen lässt sich durch den Versuch begegnen, Wohlfahrt umfassender zu messen als es der Indikator Pro-Kopf-Einkommen leistet. Das prominenteste Messkonzept zur mehrdimensionalen Erfassung der Wohlfahrt ist der Index der menschlichen Entwicklung (Human Development Index, HDI). Der HDI wurde vom United Nations Development Programme (UNDP) entwickelt und ist eng verbunden mit dem von Amartya Sen geprägten umfassenden Entwicklungsbegriff, der Entwicklung als Erweiterung von Fähigkeiten und Möglichkeiten ansieht (Klasen 2011). Durch das UNDP erfolgt auch eine fortlaufende Berechnung und Beobachtung der durch den HDI sichtbar gemachten Disparitäten.

Der HDI setzt sich aus drei Teilindizes zusammen, deren Kombination den abstrakten Begriff der menschlichen Entwicklung wiedergeben soll (s. Abb. 2.1.3). Die Teilindizes sind bezeichnet als „langes und gesundes Leben", „Wissen" und „angemessener Lebensstandard". Sie decken die wesentlichen menschlichen Grundbedürfnisse in den Bereichen Gesundheit, Bildung und materielle Versorgung ab. Die drei Teilindizes werden aus jeweils einem oder mehreren Indikatoren erstellt. Für jeden Indikator liegen dem UNDP Daten der Mitgliedsländer der Vereinten Nationen vor, deren genaue Quelle ebenso wie die Berechnung des HDI laufend aktualisiert und veröffentlicht werden (UNDP 2021). Dem Teilindex „langes und gesundes Leben" liegen Werte aller betrachteten Länder (oder Regionen) für den Indikator „Lebenserwartung bei Geburt" zugrunde. Der untere Referenzwert von 20 Jahren ist der niedrigste historisch dokumentierte Wert, der obere Referenzwert von 85 Jahren ist der aktuell von keinem Land erreichte aber erreichbar erscheinende Wert. Der Teilindex „Wissen" setzt sich aus zwei Indikatoren zusammen, dem Indikator „erwartete Schuljahre" und dem Indikator „mittlere Anzahl an Schuljahren". Der erste der beiden Indikatoren bezieht sich auf die Anzahl der Schuljahre, die Schulkinder im Einschulungsalter erwarten können. Der obere Referenzwert von 18 Jahren bezeichnet die übliche Dauer bis zum Erreichen eines akademischen Masterabschlusses. Der zweite Indikator erfasst die Anzahl an Jahren, in denen die über 25-jährigen Erwachsenen im Durchschnitt tatsächlich eine Schule besucht haben. Hier bilden 15 Jahre den oberen Referenzwert, da dieser Wert bislang von keinem Land erreicht wird, gleichwohl aber in Reichweite scheint. Der Teilindex „angemessener Lebensstandard" wird aus dem Pro-Kopf Einkommen (BNE pro Kopf in Kaufkraftparitäten) errechnet. Der untere Referenzwert wird bei 100 US$ pro Jahr angesetzt, was der Schätzung des monetären Gegenwerts des „Einkommens“ aus reiner Subsistenzwirtschaft entspricht. Der obere Referenzwert wird bei 75.000 US$ pro Jahr angesetzt, da man oberhalb dieses Wertes keinerlei Wohlfahrtszuwachs durch Einkommenssteigerung für möglich hält.

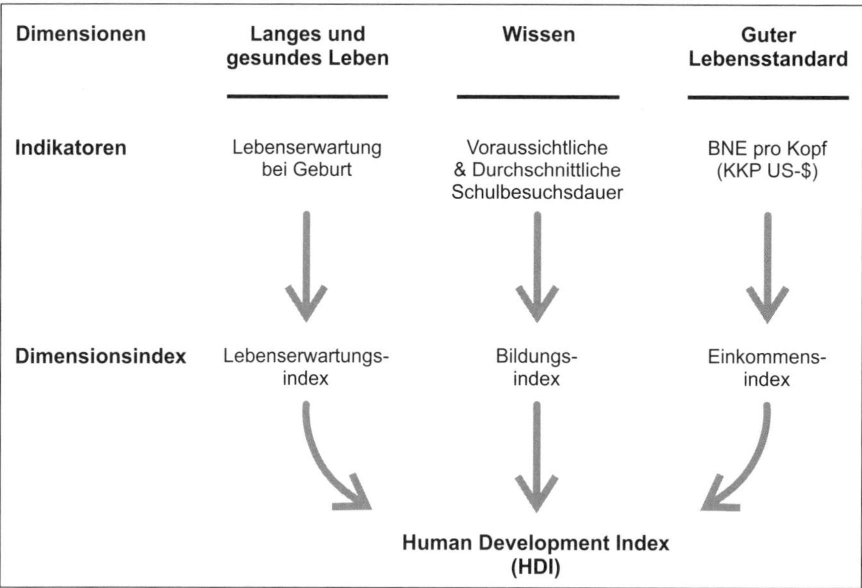

Abbildung 2.1.3: Zusammensetzung des HDI (Eigene Darstellung)

Die Berechnung der Teilindizes vollzieht sich folgendermaßen:

$$Teilindex = \frac{(aktueller\ Wert - Minimalwert)}{(Maximalwert - Minimalwert)}$$

Mithilfe der obigen Berechnungsformel und der im Text genannten Referenzwerte werden die Indikatorwerte aller Länder in dimensionslose Werte (Indizes) transformiert. Beträgt der Wert des Indikators „Lebenserwartung bei Geburt“ in einem Land beispielsweise 70 Jahre, so beträgt der Wert des Teilindex: (70 Jahre – 20 Jahre) / (85 Jahre – 20 Jahre) = 0,769. Da sich der Teilindex „Wissen“ aus den Werten zweier Indikatoren zusammensetzt, werden hierfür zwei Teilindizes berechnet und deren Summe anschließend durch zwei geteilt. Eine Besonderheit gilt für den Teilindex „angemessener Lebensstandard“. Man geht davon aus, dass der Wohlfahrtszuwachs durch eine Einkommenserhöhung bei sehr hohen Einkommen geringer ausfällt als bei niedrigen. Eine Einkommenserhöhung um 1000 US$ pro Jahr würde gemäß dieser Annahme den Lebensstandard einer Bevölkerung mit einem Durchschnittseinkommen von 3.000 US$ stärker anheben als den Lebensstandard einer Bevölkerung mit einem Durchschnittseinkommen von 30.000 US$.

Um diesen Zusammenhang abzubilden, gehen die Werte des Indikators BNE pro Kopf als logarithmierte Werte in die Berechnung des Teilindex ein, ebenso wie die verwendeten Referenzwerte. Verwendet wird der natürliche Logarithmus.

Der Gesamtindex entsteht als geometrisches Mittel der Teilindizes, da das geometrische Mittel weniger stark auf Ausreißer bei den Teilindizes reagiert als z. B. das arithmetische Mittel.

$$HDI = (Teilindex_{\text{langes und gesundes Leben}} \times Teilindex_{\text{Wissen}} \times Teilindex_{\text{Lebensstandard}})^{1/3}$$

Aufgrund der Berechnungsart nehmen die Teilindizes Werte zwischen 0 und 1 an, und folglich gilt dasselbe für den Gesamtindex. Abbildung 2.1.4 zeigt die weltweite Verteilung der HDI-Werte für alle berichtenden Länder.

Das in Abbildung 2.1.4 erkennbare globale Muster regionaler Disparitäten weist auffallende Parallelen zu dem Befund aus Abbildung 2.1.2. auf. Dies gilt sowohl für Großregionen wie z. B. Subsahara-Afrika als auch für einzelne Staaten. Vor diesem Hintergrund ist es plausibel anzunehmen, dass Gesundheit und Bildung in engem Zusammenhang mit der Wirtschaftsleistung stehen. Differenziertere Aussagen lassen sich durch eine Berücksichtigung der tatsächlichen Werte für die Teilindikatoren gewinnen (s. Tab. 2.1.2).

Tabelle 2.1.2: HDI und Werte der Teilindizes für ausgewählte Länder (Eigene Darstellung; Daten: UNDP 2022a)

Rang	**Land**	**HDI**	**SDG3**	**SDG4.3**	**SDG4.4**	**SDG8.5**
			Lebenserwartung bei Geburt	Voraussichtliche Schuljahre	Durchschnittliche Schuljahre	Bruttonationaleinkommen pro Kopf
		Wert	(Jahre)	(Jahre)	(Jahre)	(2017 US$ KKP)
		2019	2019	2019	2019	2019
Sehr hohe menschliche Entwicklung						
1	Norwegen	0,957	82,4	18,1	12,9	66.494
7	Schweden	0,945	82,8	19,5	12,5	54.508
17	USA	0,926	78,9	16,3	13,4	63.826
Hohe menschliche Entwicklung						
74	Mexiko	0,779	75,1	14,8	8,8	19.160
84	Brasilien	0,765	75,9	15,4	8,0	14.263
85	China	0,761	76,9	14,0	8,1	16.057
Niedrige menschliche Entwicklung						
161	Nigeria	0,539	54,7	10,0	6,7	4.910
173	Äthiopien	0,485	66,6	8,8	2,9	2.207
185	Südsudan	0,433	57,9	5,3	4,8	2.003

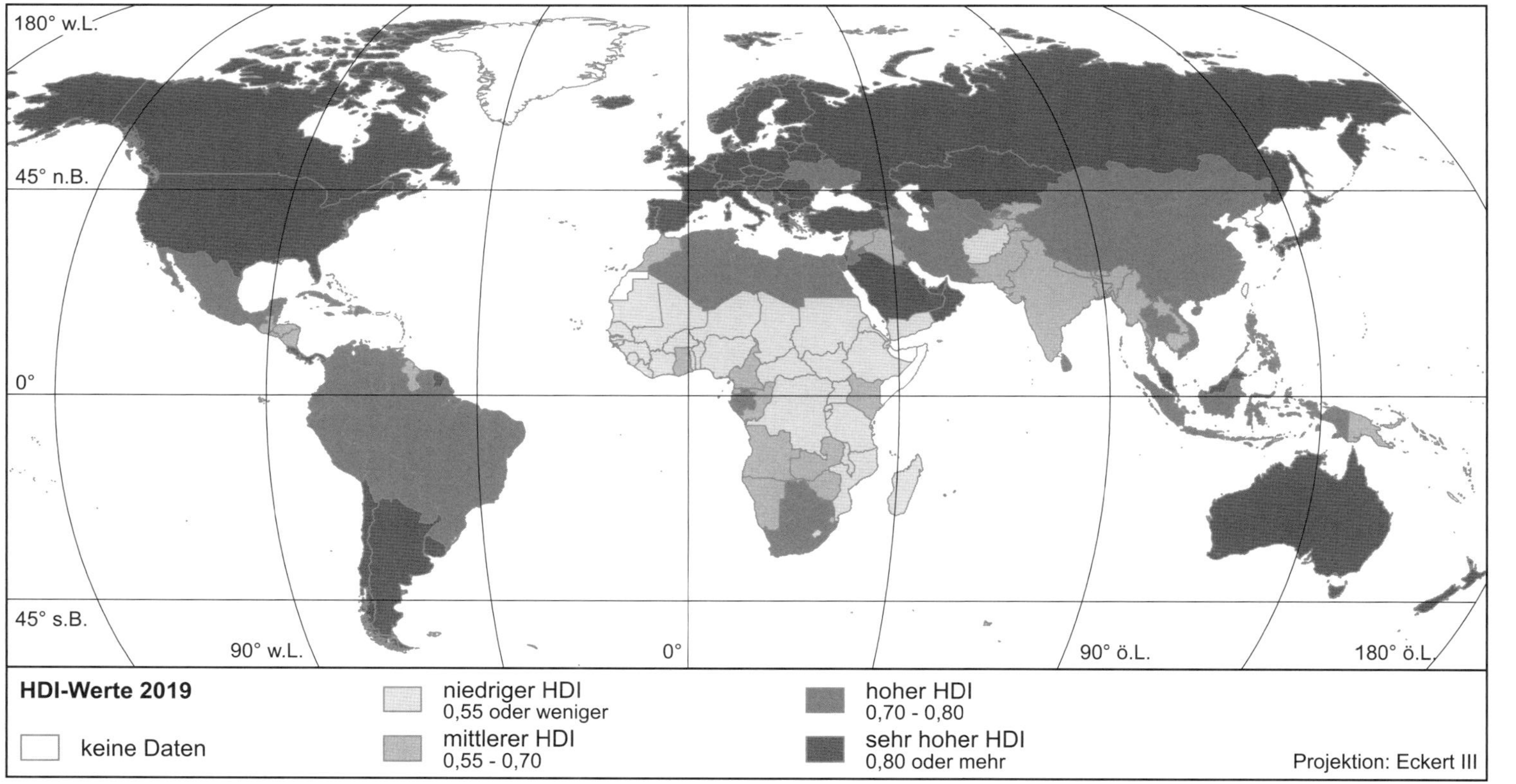

Abbildung 2.1.4: HDI weltweit, 2019 (Eigene Darstellung; Daten: UNDP 2020)

Der HDI hat sich zu einem anerkannten und vielfach genutzten Wohlfahrtsmaß entwickelt. Die Kritik am HDI richtet sich u. a. auf folgende Schwächen (Neuenfeldt et al. 2012; Schätzl 2000): Die Teilindizes beeinflussen sich wechselseitig. Der aggregierte Wert verdeckt Unterschiede in den Teilindizes, und damit differenzierte Ausprägungen dessen, was menschliche Entwicklung ausmacht. Gleiches geschieht durch die Verwendung des Mittelwerts der Teilindizes. Der HDI vernachlässigt andere Ausprägungen von Ungleichheit z.B. zwischen Gesellschaftsschichten oder zwischen Geschlechtern. Der Teilindex Lebensstandard beinhaltet die im vorigen Kapitel aufgelisteten Schwächen des Indikators Pro-Kopf-Einkommen. Letztlich ist darauf hinzuweisen, dass auch der HDI die menschliche Entwicklung nicht vollständig erfasst. Hierfür wären noch weitere Dimensionen zu berücksichtigen, z. B. individuelle Freiheiten oder die Qualität der Lebensumwelt. Daher entwickelt das UNDP auch erweiterte Indizes, den IHDI (inequality adjusted HDI), der gesellschaftliche Disparitäten berücksichtigt, den PHDI (planetary pressures-adjusted HDI), der Umweltbeeinträchtigungen beinhaltet (s. Kap. 4.1), und den Gender Development Index.

Entwicklung der regionalen Disparitäten in globalem Maßstab

Die Werte des HDI geben ebenso wie die Einkommensdaten einen Einblick in die jüngere historische Entwicklung der regionalen Disparitäten, wobei jede historische Betrachtung aufgrund der sich im Zeitablauf verändernden Rahmenbedingungen vorsichtig zu interpretieren ist. Tabelle 2.1.3 stellt auf Basis des Pro-Kopf-Einkommens einen Vergleich von Weltregionen für den Zeitraum der letzten drei Jahrzehnte zusammen.

Tabelle 2.1.3: Entwicklung der Disparitäten in globalem Maßstab, 1990 – 2019 (Eigene Darstellung; Daten: The World Bank 2021b)

Land / Region	**Bevölkerung 2019 (Mio.)**	**Pro-Kopf-Einkommen 1990 (lfd. US$)**	**Pro-Kopf-Einkommen 2019 (lfd. US$)**	**Jährliches Wachstum (%)**
Welt	7.674	4.213	11.517	3,5
Ostasien & Pazifik	2.341	2.756	11.734	5,1
dar. China	1.398	330	10.410	12,6
Europa & Zentralasien	921	9.847	25.205	3,3
dar. Deutschland	83	21.300	48.580	2,9
Lateinamerika & Karibik	646	2.342	8.794	4,7
Naher Osten & Nordafrika	457	..	7.880	..
Nordamerika	366	23.724	63.861	3,5

Land / Region	Bevölkerung 2019 (Mio.)	Pro-Kopf-Einkommen 1990 (lfd. US$)	Pro-Kopf-Einkommen 2019 (lfd. US$)	Jährliches Wachstum (%)
Südasien	1.836	375	1.994	5,9
Subsahara-Afrika	1.107	628	1.555	3,2
Aufgrund von laufenden Überarbeitungen und Aktualisierungen kommt es selbst bei Angaben aus einer Quelle, hier der Weltbank, immer wieder zu geringfügigen Abweichungen der Werte in verschiedenen Tabellen, hier sichtbar in Tab. 2.1.1 und 2.1.3.				

Die Angaben zur Größe der Bevölkerung der unterschiedenen Großregionen in Tabelle 2.1.3 dienen ebenso wie die Angaben zum Welt-Pro-Kopf-Einkommen als Referenzgrößen. Die Daten zum Pro-Kopf-Einkommen 2019 zeigen – analog zu Tabelle 2.1.1 – ein Ausmaß der Einkommensdisparitäten von bis zu 40 : 1 (zwischen Nordamerika und Sub-Sahara Afrika). Dieses extreme Wohlstandsgefälle hat sich seit 1990 (38 : 1) kaum verändert. Die mittlere jährliche Wachstumsrate des Pro-Kopf-Einkommens zeigt dennoch erhebliche Verschiebungen der relativen Positionen der Großregionen im Beobachtungszeitraum. Diese betreffen vor allem das im weltweiten Vergleich überdurchschnittliche Wachstum in Lateinamerika sowie Ost- und Südasien. Diese Weltregionen konnten ihren z. T. erheblichen Wohlstandsrückstand verringern und im Fall Ostasiens zum Niveau des mittleren weltweiten Pro-Kopf-Einkommens aufschließen. Der Einkommenszuwachs Chinas ist dabei besonders beeindruckend. Südasien, das 1990 als Großregion noch den letzten Platz der Einkommensrangliste belegte, dabei aber vor dem Pro-Kopf-Einkommen Chinas lag, ist trotz hoher Wachstumsraten gemeinsam mit den relativ wachstumsschwachen Ländern Sub-Sahara-Afrikas durch sehr niedrige Pro-Kopf-Einkommen gekennzeichnet.

Regionale Disparitäten auf kontinentaler Maßstabsebene

Das Ausmaß regionaler Disparitäten ist abhängig von der räumlichen Maßstabsebene, auf der sie beschrieben werden. So existieren neben den bisher genannten Disparitäten auf globalem Maßstab, also zwischen Nationen, auch sozioökonomische Unterschiede innerhalb von Nationen. Die Messung und Erklärung solcher interregionalen Disparitäten ist Kernaufgabe der Wirtschaftsgeographie und der Ausgleich der Disparitäten durch geeignete politische Instrumente ist Aufgabe der Regionalpolitik. Eine solche Regionalpolitik zum Ausgleich regionaler Unterschiede wird etwa durch die Europäische Union im Rahmen ihrer Kohäsions- und Strukturpolitik betrieben. In Deutschland existieren zusätzlich weitere regionalpolitische Programme wie die Gemeinschaftsaufgabe Verbesserung der regionalen Wirtschaftsstruktur (GRW).

Das Ausmaß der sozioökonomischen Disparitäten zwischen subnationalen Regionen in Europa wird in Abbildung 2.1.5 deutlich. In der Abbildung wird das BIP pro Kopf indexiert in Bezug zum EU-Durchschnitt dargestellt, wobei die Karte auch Regionen in ausgewählten Nicht-EU-Ländern zeigt (Norwegen, Schweiz). Werte >100 bedeuten entsprechend, dass es sich um Regionen handelt, deren Pro-

Kopf-Einkommen höher ist als der EU-Durchschnitt, Werte <100 bedeuten, dass die Regionen ärmer sind als der EU-Durchschnitt. Dieser Indikator wird unter anderem auch von der EU genutzt, um die Förderfähigkeit von Regionen durch europäische Struktur- und Investitionsfonds zu bewerten (s. Kap. 2.4.3). Die Abbildung verdeutlicht, dass in Europa, bzw. in der EU, ein starkes West-Ost Gefälle herrscht, d. h. dass Regionen in West- und Mitteleuropa wohlhabender sind als Regionen in Osteuropa. Ein ähnliches Gefälle ergibt sich von Nord nach Süd. Gleichzeitig existieren teils starke Unterschiede zwischen Hauptstadt- bzw. Metropolregionen und ländlicheren Regionen. So liegt das Pro-Kopf-Einkommen in den Hauptstadtregionen einiger europäischer Länder wie Polen oder Rumänien teilweise über dem EU-Durchschnitt, ihre peripheren Regionen weisen jedoch ein signifikant unterdurchschnittliches Pro-Kopf-Einkommen auf.

Je stärker sich das Erkenntnisinteresse der Wirtschaftsgeographie nicht auf einzelne Teilregionen richtet, sondern auf das aggregierte Maß an Ungleichheit in einem Gesamtraum, desto eher bietet sich die Verwendung spezieller statistischer Maße an, z. B. des Gini-Koeffizienten (Gini 1912; Schätzl 2000).

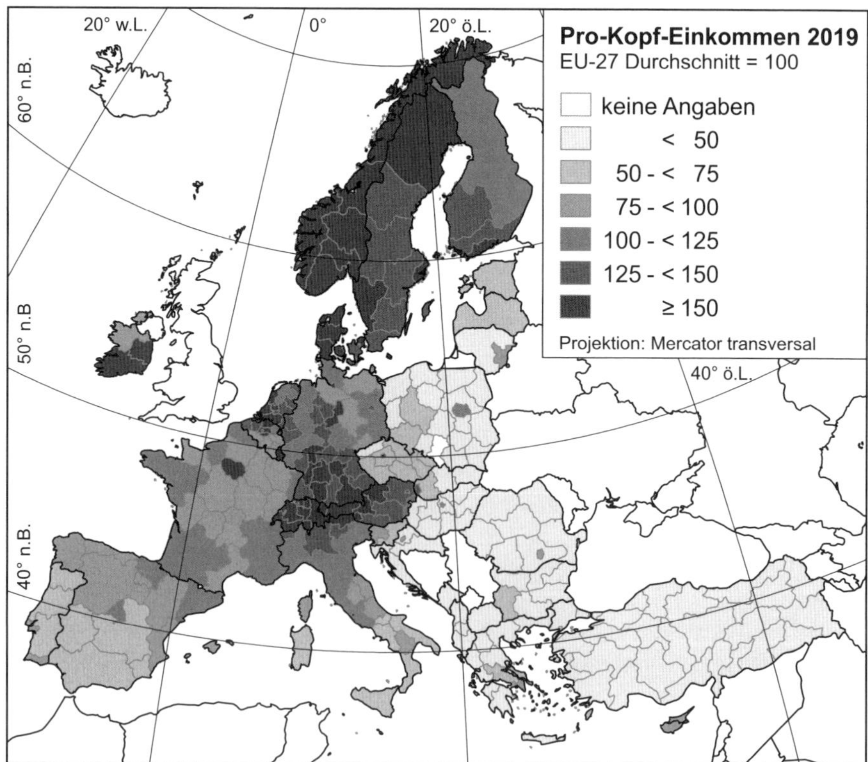

Abbildung 2.1.5: Pro-Kopf-Einkommen in Europa in Bezug zum EU-27 Durchschnitt, 2019 (Eigene Darstellung; Daten: Eurostat 2022)

2.2 Struktur, Wachstum und Entwicklung eines Wirtschaftsraums

Die Kapitel 2.2 und 2.3 dieses Lehrbuchs stellen einige grundlegende Theorien vor, die die Entstehung von regionalen Disparitäten und deren Wirkungen erklären. Die Entstehung regionaler Disparitäten setzt voraus, dass Regionen unterschiedliche räumliche Wirtschaftsstrukturen ausbilden, mit unterschiedlicher Geschwindigkeit wachsen oder sich in unterschiedlicher Richtung entwickeln. Kapitel 2.2. greift verschiedene Theorien auf, die diese Vorbedingungen der Entstehung regionaler Disparitäten erklären. Es stellt zunächst (2.2.1) die beiden wichtigsten Standortstrukturtheorien der Wirtschaftsgeographie vor und erläutert im Anschluss daran (2.2.2) den Begriff der Agglomerationsfaktoren. Teilkapitel 2.2.3 erläutert die grundlegende Bedeutung von Investitionen für regionales Wirtschaftswachstum. Es folgen bedeutende alternative Erklärungsansätze aus evolutionärer (2.2.4) und institutioneller (2.2.5) Perspektive, die unterschiedliche Entwicklungsverläufe und -richtungen begründen. Gemeinsam ist diesen Ansätzen, dass sie Strukturen, Wachstumsprozesse und Entwicklungsrichtungen aus der Perspektive einer Region erklären, und daher nur indirekt Erklärungen für regionale Disparitäten liefern. Deutlicher sichtbar ist der Beitrag zur Erklärung der Entstehung und der Auswirkungen regionaler Disparitäten bei Theorien, die die wechselseitigen Abhängigkeiten der Entwicklung zweier oder mehrerer Regionen behandeln. Diese werden in Kapitel 2.3 vorgestellt.

2.2.1 Standortstrukturtheorien

Theorie der Landnutzung

Die Theorie der Landnutzung ist der prominenteste Beitrag des Nationalökonomen Johann Heinrich von Thünen zur Entwicklung des wirtschaftsgeographischen Theoriekanons. In seinem 1826 erschienenen Werk „Der isolierte Staat in Beziehung auf Landwirtschaft und Nationalökonomie“ und in den später hinzugefügten Erweiterungen bearbeitet von Thünen (1875) zusätzlich zur Frage der Landnutzung eine Reihe weiterer wirtschaftsgeographischer Probleme. Aufgrund der Originalität und Komplexität seines Werkes gilt er als einer der wichtigsten Vordenker der heutigen Regionalökonomie (Fujita 2012).

Die Theorie der Landnutzung begründet, auf welche Weise ökonomische Gesetzmäßigkeiten zur Herausbildung räumlicher Strukturen der Bodennutzung führen.

Die Theorie verwendet eine Reihe restriktiver Annahmen:

- Unter dem „isolierten Staat“ ist ein Wirtschaftsraum zu verstehen, der von der übrigen Welt getrennt ist.
- Bei diesem Wirtschaftsraum handelt es sich um eine „fruchtbare Ebene“, die keinerlei bedeutende physische Landschaftsmerkmale oder Differenzierung

der Bodenbeschaffenheit aufweist, und daher bezogen auf Landwirtschaft und Transport völlig homogen ist.

- Der isolierte Staat verfügt über eine einzige Stadt, die sich in der Mitte des Raumes befindet, den gesamten Wirtschaftsraum mit Industriegütern versorgt und ihrerseits vom umgebenden Land mit Agrargütern versorgt wird. Sie ist der einzige Markt für Agrarprodukte.
- Der Transport der Agrargüter in die Stadt erfolgt auf einheitliche Weise, da die Fläche homogen ist.
- Die Transportkosten für Agrargüter sind direkt proportional zur Entfernung des landwirtschaftlichen Produktionsstandortes von der Stadt und dem Gewicht der Agrarprodukte; zusätzlich beeinflussen noch Volumen und Verderblichkeit der landwirtschaftlichen Produkte die Höhe der Transportkosten.
- Die Landwirte streben die Maximierung ihres Gewinns („Reinertrag“) an und richten ihre Produktion automatisch auf die Nachfrage des zentralen städtischen Marktes aus.

Das Kernelement in der Theorie von Thünens ist die Differentialrente der Lage der landwirtschaftlich genutzten Flächen, d. h. der auf jeder Flächeneinheit maximal zu erzielende Nettoertrag. Ausgehend von den oben genannten Restriktionen nimmt diese Lagerente („Landrente“) mit zunehmender Entfernung der Anbauflächen von der Stadt ab. Es kommt zu einer räumlichen Differenzierung der Anbauprodukte und der Art der Bodennutzung. Die folgende formale und graphische Darstellung der Berechnung der Lagerente orientiert sich an Edgar S. Dunn jr. (1954, S. 7–16; Liefner und Schätzl 2017, S. 41–47):

$$R = E\,(p - a) - Efk$$

wobei gilt:

R = Lagerente pro Flächeneinheit (abhängige Variable)
k = Entfernung des Produktionsstandorts zum Konsumzentrum (unabhängige Variable)
E = Produktionsmenge pro Flächeneinheit (Konstante bzw. Schätzparameter)
p = Marktpreis pro Produkteinheit (Konstante bzw. Schätzparameter)
a = Produktionskosten pro Produkteinheit (Konstante bzw. Schätzparameter)
f = Transportkosten pro Distanzeinheit für jedes Produkt (Konstante bzw. Schätzparameter)

Den in obiger Gleichung beinhalteten Zusammenhang stellt Abbildung 2.2.1 graphisch dar.

Die Lagerente einer Produktionsfläche ergibt sich aus dem Marktpreis für die dort erzeugte Produktmenge abzüglich der Produktions- und Transportkosten. Der in der Stadt zu erzielende Marktpreis (Ep) gilt als gegeben. Die Produktionskosten sind annahmegemäß an allen Produktionsstandorten des Gesamtraums

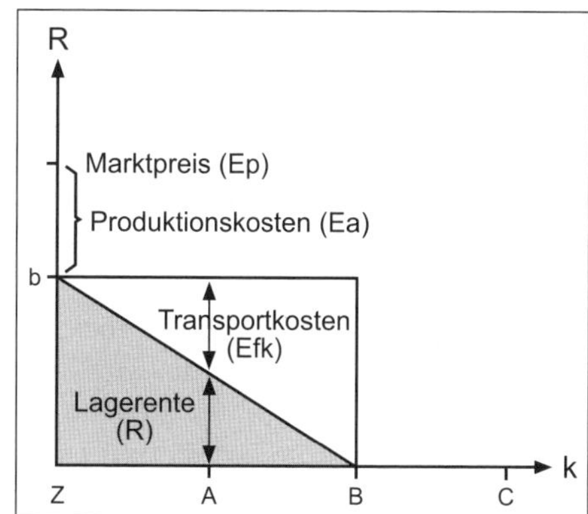

Abbildung 2.2.1: Lagerente bei einem Anbauprodukt (Eigene Darstellung) nach Liefner und Schätzl 2017, Seite 42

gleich. Aus Abbildung 2.2.1 ist zu ersehen, dass mit zunehmender Entfernung der Produktionsflächen vom Konsumzentrum Stadt (Z) die Transportkosten linear ansteigen und dadurch die Lagerente vermindern. Auf der Produktionsfläche im Zentrum (Z) entspricht die Lagerente der Differenz von Marktpreis und Produktionskosten (Punkt b), da keine Transportkosten anfallen. Mit zunehmender Entfernung und damit zunehmenden Transportkosten sinkt die Lagerente bis auf null (Punkt B). Für die Produktionsfläche am Ort B gilt, dass die Produktions- und Transportkosten gerade durch den Marktpreis gedeckt werden. Ein Landwirt auf der Fläche B ist somit Grenzproduzent. Ein Anbau in noch größerer Entfernung zur Stadt, etwa im Punkt C, wäre nicht kostendeckend.

Existiert ein Markt für Anbauflächen, z. B. in Form von Pachtverträgen, so lässt sich die Lagerente als Preis für die Nutzung des Bodens interpretieren. Die räumlich differenzierte Lagerente bewirkt dann eine räumliche Differenzierung der Bodenpreise.

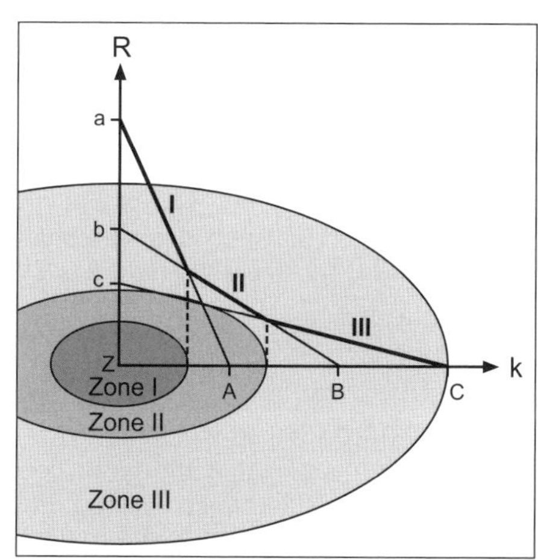

Abbildung 2.2.2: Lagerente und Art der Bodennutzung bei drei Anbauprodukten (Eigene Darstellung)nach Liefner und Schätzl 2017, Seite 44

Abbildung 2.2.2 veranschaulicht eine räumliche Differenzierung der Landnutzung, wenn drei Anbauprodukte (I, II, III) zur Alternative stehen. Ihnen sind die Rentenlinien (aA, bB, cC) zugeordnet. Die Lage der Rentenlinien entsteht, wie in Abbildung 2.2.1, aus den produktspezifischen Preisen und Transportkosten. Die Ordinatenschnittpunkte ergeben sich aus der Differenz von Marktpreis und Produktionskosten, die Steigungen entsprechen der Höhe der Transportkosten. Je höher die Transportkosten eines Produkts pro Distanzeinheit sind, desto steiler verläuft die Rentenlinie dieses Produkts.

Da die Landwirte annahmegemäß Gewinnmaximierung anstreben, werden sie auf ihrer Fläche das Produkt anbauen, mit dem sie die höchste Lagerente erzielen. Bezogen auf die drei in Abbildung 2.2.2 gewählten Anbauprodukte bedeutet dies, dass im stadtnahen Bereich bis zum auf die Abszisse projizierten Schnittpunkt der Rentenlinien aA und bB das Produkt I, in weiterer Entfernung bis zum auf die Abszisse projizierten Schnittpunkt der Rentenlinien bB und cC das Produkt II und in noch größerer Entfernung vom Konsumzentrum bis zum Punkt C das Produkt III angebaut wird. Da sich die Stadt in der Mitte des homogenen Raumes befindet, und ausgehend von ihr in alle Richtungen die gleichen Produktions- und Transportbedingungen anzutreffen sind, kann man die Abszisse und die auf ihr abgetragenen Punkte um die Stadt rotieren. Dadurch ergeben sich als Muster der Landnutzung konzentrische Ringe. Um die jeweils höchstmögliche Lagerente zu erzielen, wird in den Zonen I, II und III jeweils dem Anbau desjenigen Produkts der Vorzug gegeben, dessen Rentenlinie oberhalb der anderen Rentenlinien verläuft. Die entstehende Zonierung stellt das gewinnmaximale System der Bodennutzung dar.

Die Kritik an der von J. H. von Thünen erstellten Theorie der Landnutzung konzentriert sich zum einen auf die restriktiven Annahmen seines deduktiven Modells, und zum anderen auf die Frage, ob die Annahme einer Zonierung der Landnutzung auch empirisch belegbar ist (Liefner und Schätzl 2017). Selbstverständlich hat die Aufhebung der vereinfachenden Annahmen der Theorie der Landnutzung Konsequenzen für deren Aussagen. Nähert man die Untersuchung an tatsächliche Gegebenheiten an, z. B. durch die Berücksichtigung von schiffbaren Flüssen, Unterschieden der Bodenqualität, der Existenz mehrerer Städte usw., ergibt sich eine Zonierung von Lagerente und Bodennutzung, die von konzentrischen Kreisen abweicht. Unbeschadet dieser Kritik gilt die Grundaussage, dass die Lagerente zu einer räumlichen Differenzierung der Art der Bodennutzung führt, als generell akzeptiert. Sie ist ein wichtiger Baustein der wirtschaftswissenschaftlichen Theorieentwicklung und der Raumforschung (Fujita 2012). Über die Differenzierung der Landnutzung im Agrarraum hinaus stellt McCann (2001, S. 100–115) weitere Anwendungsfelder der Theorie der Landnutzung vor. Dazu gehört zum Beispiel die bereits früher diskutierte Übertragung der Theorie auf den urbanen Raum (Alonso 1960).

Aussagen über die Ursachen der Entstehung regionaler Disparitäten deutet von Thünen in seinem Werk lediglich an. So stellt er fest, dass das Prinzip der Lagerente den Besitzern stadtnaher Flächen einen andauernden und jährlich wiederkehrenden Reingewinn beschert, der den Besitzern stadtferner Flächen nicht zufließt.

Theorie der zentralen Orte

Eine weitere Standortstrukturtheorie mit großer Bedeutung für die Wirtschaftsgeographie ist die von Walter Christaller (1933) begründete Theorie der zentralen Orte. Sie stellt einen Versuch dar, die räumliche Ordnung der Wirtschaft und wichtige Merkmale der Siedlungsstruktur aus ökonomischen Gesetzmäßigkeiten heraus zu begründen. In seinem Werk „Die zentralen Orte in Süddeutschland" (1933) nimmt W. Christaller auch eine empirische Untersuchung der von ihm erarbeiteten Zusammenhänge vor.

Der Theorie der zentralen Orte liegen, ähnlich der Theorie der Landnutzung, verschiedene vereinfachende Annahmen zugrunde. Zu den wichtigsten Restriktionen zählen die folgenden:

- Der Raum ist als unbegrenzte Fläche anzunehmen, in der Siedlungen unterschiedlicher Größe existieren. Einkommen, Kaufkraft und Bedürfnisse aller Konsument*innen sind gleich. Die Verkehrsverbindungen sind homogen, die Transportkosten proportional zur Entfernung.
- In den generell polypolistischen Märkten sind alle Preise gegeben. Märkte werden jedoch bewusst als räumliche Märkte betrachtet, für deren Ausdehnung Transportkosten eine Rolle spielen. Das System der zentralen Orte minimiert die Zahl der Angebotsstandorte. Eine Spezialisierung der Standorte auf einzelne Angebote wird ausgeschlossen.

Ausgehend von diesen vereinfachenden Annahmen ist es das Anliegen der Theorie der zentralen Orte zu erklären, weshalb im Raum eine hierarchische Struktur der Zentralität der Siedlungen entsteht. Zentralität ist dabei die Eigenschaft eines Ortes, Versorgungsmittelpunkt eines größeren Gebiets zu sein. Je höher die Zentralität eines Ortes, desto größer ist das Gebiet, das von diesem Ort mit bestimmten Angeboten versorgt wird.

Die Größe des Gebiets, das von einem Angebotsstandort aus versorgt wird, ergibt sich laut Christaller aus der räumlichen Reichweite des betrachteten Angebots. Die „obere Grenze der Reichweite" bezeichnet die maximale Entfernung zwischen dem Angebotsstandort und den Standorten der Nachfrager. Die Existenz einer solchen oberen Grenze ergibt sich aus den anfallenden Transportkosten. Diejenigen Nachfrager eines Angebots, z. B. einer Theatervorstellung, die nicht im Angebotsstandort selbst ansässig sind, sondern zur Veranstaltung anreisen müssen, haben Transportkosten zu tragen. Mit zunehmender Entfernung zum Angebotsstandort nehmen diese Kosten zu. Ab einer gewissen Distanz wird das Angebot nicht mehr nachgefragt, da die Transportkosten zu hoch sind. Diese peripheren Siedlungen befinden sich entweder außerhalb des Gebiets irgendeines Angebotsstandortes, in diesem Beispiel für Theatervorstellungen, oder sie befinden sich im Einzugsgebiet anderer Orte mit Theater.

Die „untere Grenze der Reichweite" ergibt sich aus der Zahl der Nachfrager, die benötigt wird, um ein Angebot kostendeckend anbieten zu können. Wenn die obere und die untere Grenze der Nachfrage Gebiete von identischer Größe umfassen, so lässt sich am betrachteten Standort ein bestimmtes Angebot kostendeckend bereitstellen. Umfasst die obere Grenze der Nachfrage ein größeres Gebiet als die untere Grenze der Nachfrage, und treten somit mehr Konsument*innen als Nachfrager auf als mindestens benötigt werden, so entstehen dem Anbieter zusätzliche Gewinne. Überschreitet dagegen die untere Grenze der Nachfrage die obere Grenze, so kommt am betrachteten Standort für das Gut kein Angebot zustande.

Unterschiedliche Güter zeichnen sich durch unterschiedliche Reichweiten aus. Ein Gut 1, das Christaller als „zentrales Gut" bezeichnet, mag eine Reichweite von 20 Kilometern oder auch deutlich mehr haben, weniger zentrale Güter haben geringere Reichweiten. Zentrale Orte, die ein großes Gebiet mit zentralen Gütern versorgen und in Abbildung 2.2.3 als A-Orte bezeichnet werden, übernehmen auch die Versorgung mit weniger zentralen Gütern. Sind die Reichweiten der weniger zentralen Güter jedoch so gering, dass zwischen den Marktgebieten der A-Orte unversorgte Gebiete bestehen, so übernehmen weniger zentrale Orte (B-Orte) deren Versorgung. Diese B-Orte befinden sich in maximaler Entfernung zwischen benachbarten A-Orten. Güter von noch geringerer Reichweite werden zusätzlich an C-Orten angeboten, die sich zwischen B-Orten befinden, usw.

Zentrale Orte übernehmen somit die Versorgung eines Raums mit Gütern großer Reichweite, z. B. mit den bereits genannten Theatervorstellungen, und auch mit Gütern von geringerer Reichweite. Mit abnehmender Reichweite kommen jedoch zusätzliche Angebotsstandorte mit geringerer Zentralität hinzu, sodass schließlich Güter geringster Reichweite, z. B. Lebensmittel und Haushaltswaren des täglichen Bedarfs, auch an kleinen Orten geringster Zentralität verfügbar sind. Aufgrund der Homogenitätsannahmen entstehen für alle Güter und Standorte

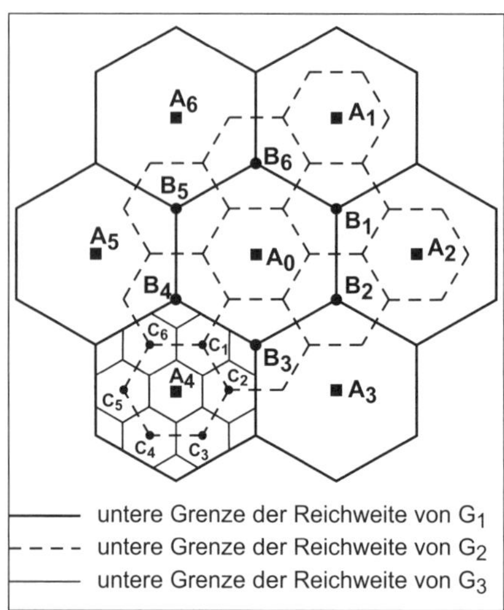

Abbildung 2.2.3: System der zentralen Orte (Eigene Darstellung nach Christaller 1933, Seite 71)

kreisförmige Marktgebiete. Da sich Kreise jedoch nicht flächendeckend im Raum anordnen lassen, nimmt die Theorie der zentralen Orte das Entstehen flächendeckender sechseckiger Marktgebiete an. Abbildung 2.2.3 veranschaulicht die hierarchische Raumstruktur mit hexagonalen Marktgebieten im System zentraler Orte.

Das in Abbildung 2.2.3 schematisch skizzierte Raumsystem gilt vor allem für die Versorgung mit Dienstleistungen. Seine grundlegende Erkenntnis, dass für die flächendeckende Versorgung eines Raumes mit Dienstleistungen ein hierarchisches zentralörtliches System geeignet ist, beeinflusst die Regionalplanung bis heute grundlegend (Blotevogel 1996).

Die Kritik an der Theorie der zentralen Orte richtet sich u. a. auf Unzulänglichkeiten und Widersprüche beim Versuch der empirischen Überprüfung, die sich aus der Verwendung restriktiver Annahmen ergeben. Ferner diskutiert Christaller selbst die Notwendigkeit, das System der zentralen Orte als dynamisch veränderlich zu betrachten, und zu verstehen, wie sich beispielsweise Bevölkerungsveränderung, technischer Fortschritt oder Agglomerationsfaktoren auswirken. Mulligan et al. (2012) weisen auf Defizite bei der Erklärung einer stabilen Raumstruktur für Güter unterschiedlichster Reichweiten hin.

Die Theorie der zentralen Orte leistet nur einen begrenzten Beitrag zur Erklärung räumlicher Disparitäten. Einerseits beinhaltet die Theorie Elemente, die auf strukturelle räumliche Wohlfahrtsunterschiede hinweisen. Dies sind die Extragewinne der Anbieter mancher Güter, die sich in Orten hoher oder zumindest nicht niedrigster Zentralität befinden. Die in peripheren Orten ansässige Bevölkerung erfährt Einschränkungen beim Zugang zu hochzentralen Gütern. Diese Einschränkungen als Ausdruck regionaler Disparitäten aufzufassen, wäre jedoch nicht ganz zutreffend, denn zentrale und periphere Konsument*innen entwickeln zwar unterschiedliche, jedoch nicht unbedingt unterschiedlich wertige Konsummuster. Andererseits ist die Theorie der zentralen Orte insgesamt darauf ausgerichtet zu zeigen, wie eine flächendeckende Versorgung eines Raumes bewerkstelligt werden kann, und dieses Anliegen dient eher der Vermeidung regionaler Wohlfahrtsunterschiede. Empirische Analysen des Zusammenhangs zwischen zentralörtlicher Raumstruktur und regionalen Disparitäten kommen entsprechend selten zu eindeutigen Ergebnissen (Malý 2016).

2.2.2 Agglomerationsfaktoren und Industriedistrikte

Die beiden im vorigen Kapitel vorgestellten Theorien verfolgen das Ziel, Standortstrukturen und Raumnutzungsstrukturen zu erklären. Sowohl die Theorie der Landnutzung als auch die Theorie der zentralen Orte setzen dabei voraus, dass Bevölkerung und wirtschaftliche Aktivitäten an bestimmten Standorten (Städten) konzentriert sind, ohne zu erklären, weshalb sich ökonomische Aktivität überhaupt räumlich konzentriert. Die in diesem und den folgenden Kapiteln (2.2.2 – 2.2.4) vorgestellten Begriffe und Theorien liefern Begründungen für ein anhaltendes, räumlich differenziertes Wirtschaftswachstum, und damit für die Veränderung der Größe von Standorten bzw. Städten.

Agglomerationsfaktoren sind ein zentraler Begriff der Wirtschaftsgeographie, der in vielen Überlegungen zur Erklärung des räumlichen Differenzierungsprozesses eine wichtige Rolle spielt. Agglomerationsfaktoren erklären, weshalb aus der räumlichen Konzentration wirtschaftlicher Aktivitäten für Unternehmen Vorteile (oder Nachteile) entstehen.

Der etablierte Begriff der Agglomerationsvorteile orientiert sich an Edgar M. Hoover jr. (1937, S. 89–111). Hoover unterteilt Agglomerationsvorteile in die drei Gruppen (1) firmeninterne Größenvorteile (Large-scale economies within a firm), (2) Vorteile durch die Konzentration vieler Unternehmen derselben Branche an einem Standort (Localization economies) und (3) Vorteile durch die Größe des Standorts bezogen auf Bevölkerung, Einkommen, Produktion oder Wohlstand (Urbanization economies). In der einschlägigen Literatur werden firmeninterne Größenvorteile auch als interne Ersparnisse bezeichnet und die Vorteile, die aus der Konzentration einer Branche oder aus der Größe eines Standorts resultieren, als externe Ersparnisse, unterteilt in Lokalisationsvorteile und Urbanisationsvorteile (Liefner und Schätzl 2017, S. 23). Mit Vorteilen bzw. Ersparnissen sind Kostenvorteile gemeint, die den betrachteten Unternehmen einen Wettbewerbsvorteil gegenüber Unternehmen der gleichen Branche an anderen Standorten verschaffen.

- Firmeninterne Größenvorteile bestehen, wenn Unternehmen mit großen Produktionsanlagen ein bestimmtes Produkt zu einem niedrigeren Stückpreis herstellen können als mit kleinen Produktionsanlagen. Hoover gibt als Beispiel die Automobilindustrie an, deren Stückkosten durch die Automatisierung von repetitiven Fertigungsschritten bei Massenproduktion sinken. In solchen Fällen führt eine bestimmte, durch die verfügbaren Fertigungstechnologien vorgegebene Betriebsgröße zur Konzentration von Kapital (Anlagen und Ausrüstungen) und Arbeitskräften an einem Ort.
- Vorteile durch die Konzentration vieler Unternehmen derselben Branche an einem Ort (Lokalisationsvorteile) in Form von Kostensenkungen kommen laut Hoover u. a. dann zustande, wenn die Konzentration Einfluss auf die örtliche Lohnhöhe oder die Höhe der Transportkosten ausübt, wenn die lokale Nachfrage dadurch zunimmt oder wenn lokale Steuern gesenkt werden.
- Vorteile durch die Größe eines Standorts (Urbanisationsvorteile) ergeben sich durch einen großen lokalen Arbeitsmarkt, durch flexiblen Zugang zu verschiedenen Qualifikationen sowie durch den Zugang zu wichtigen lokal ansässigen Zuliefererbetrieben oder Abnehmern.

Hoover weist darauf hin, dass die räumliche Konzentration der Wirtschaft nicht unbedingt vorteilhaft sein muss. Agglomerationsnachteile, z. B. in Form steigender Grundstückspreise oder einer Überlastung der Infrastruktur, können die Attraktivität eines Agglomerationsraums deutlich vermindern. Eine häufig geäußerte Kritik an Hoovers Ausführungen zu Agglomerationsvorteilen lautet, dass die Zusammenstellung dieser drei Faktoren unvollständig sei. So schlägt u. a. Parr (2002) die Verwendung einer systematischeren und differenzierteren Untergliederung von Agglomerationsvorteilen vor.

Trotz dieser Kritik findet die Unterteilung in interne Ersparnisse, Lokalisationsvorteile und Urbanisationsvorteile bis heute vielfach Verwendung. Grundsätzlich gilt, dass von Agglomerationsvorteilen eine zentralisierende Wirkung ausgeht, denn positive interne Ersparnisse begünstigen die einzelbetriebliche und positive externe Ersparnisse die gesamtwirtschaftliche Konzentration. Eine wesentliche Erweiterung dieser Erkenntnis gelang mit der Erbringung des empirischen Nachweises, dass die räumliche Konzentration selbst einen positiven, in die Zukunft gerichteten Wachstumsbeitrag leistet. So zeigt beispielweise Henderson (1997), dass zunehmende Lokalisations- und Urbanisationsraten einen über mehrere Jahre anhaltenden regionalen Beschäftigungszuwachs nach sich ziehen. Jüngere Forschungsarbeiten, die vor allem diese dynamischen Wachstumsbeiträge untersuchen, verwenden häufig die Bezeichnung „Marshall-Arrow-Romer-Externalitäten" für dynamische Lokalisationsvorteile und „Jacobs-Externalitäten" für dynamische Urbanisationsvorteile (Henderson 1997; Farhauer und Kröll 2013).

Die Bedeutung des Begriffs der Lokalisationsvorteile in der Wirtschaftsgeographie ist zusätzlich mit den Überlegungen Alfred Marshalls verbunden. In seinem Lehrbuch „Principles of Economics", das erstmals 1890 veröffentlicht wurde, erläutert er den Begriff des Industriedistrikts, worunter er eine räumliche Konzentration spezialisierter Unternehmen des gleichen Industriezweigs versteht (Marshall 1961, S. 222–231). Marshall geht davon aus, dass die ursprüngliche Standortwahl dieses Industriezweigs auf physisch-geographische Merkmale des Standorts oder auf das Ausüben einer administrativen Funktion durch diesen

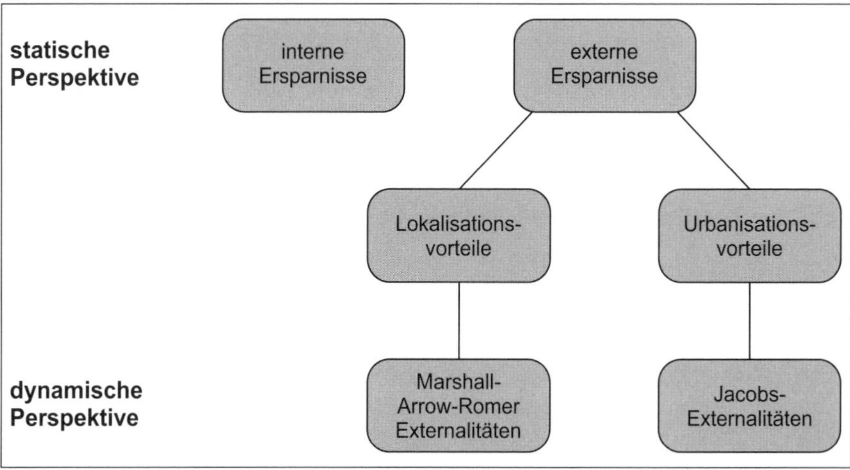

Abbildung 2.2.4: Agglomerationsvorteile (Eigene Darstellung)

Standort zurückzuführen ist. Dass sich aus diesen frühen Anfängen im Laufe der Zeit Industriedistrikte entwickeln, ist jedoch den Vorteilen der Nachbarschaft von Betrieben der gleichen Branche zu verdanken (Marshall 1961, S. 225). Die von Marshall beschriebenen Lokalisationsvorteile, die nicht identisch mit den Überlegungen Hoovers sind, bestehen in den folgenden drei Bereichen:

- Existenz eines Marktes für spezialisierte Arbeitskräfte: Unternehmen der gleichen Branche benötigen Arbeitskräfte mit bestimmten Qualifikationen. Die Konzentration der Unternehmen einer Branche an einem Ort schafft einen stabilen Markt für diese Qualifikationen und damit Vorteile für Unternehmen und Arbeitskräfte. Entsprechend qualifizierte Arbeitskräfte haben einen Anreiz zuzuwandern, da innerhalb des Industriedistrikts eine große und auf verschiedene potentielle Arbeitgeber verteilte Nachfrage nach ihrer Qualifikation besteht. Arbeitgeber finden innerhalb des Industriedistrikts leichter die von ihnen benötigten Arbeitskräfte.
- Bedingungen für die Ansiedlung spezialisierter Zuliefer- und Dienstleistungsbranchen: Die räumliche Konzentration einer bestimmten Branche schafft eine räumlich konzentrierte Nachfrage nach Vorprodukten (z. B. Rohmaterialien) und spezialisierten Dienstleistungen (z. B. Transport und Logistik). Daher gibt es im Industriedistrikt die Voraussetzungen für das lokale Entstehen unterstützender Branchen.
- Verortetes, langfristig weitergegebenes Wissen: Das technische und organisatorische Wissen, das für die konzentrierte Branche grundlegend ist, wird im Industriedistrikt über Generationen gepflegt und weiterentwickelt. Es drückt sich unter anderem in Qualitätsstandards und Maßstäben für gute Arbeit aus, die zum gedanklichen Gemeingut werden. Erfindungen und Verbesserungsvorschläge verbreiten sich rasch und bilden in Kombination mit dem Wissen benachbarter Unternehmen im Industriedistrikt die Grundlage für kontinuierliche Innovationen.

Die drei genannten Lokalisationsvorteile verschaffen allen Unternehmen im Industriedistrikt einerseits Kostenersparnisse und andererseits verbesserte Bedingungen für die Weiterentwicklung ihrer Produkte und Produktionsprozesse. Für den gesamten Industriedistrikt resultiert hieraus ein sich langfristig verstärkender Wettbewerbsvorteil gegenüber Regionen, die keine Lokalisationsvorteile generieren können.

Diese von Marshall entwickelten Überlegungen spiegeln die Realität der industriellen Organisation im ausgehenden 19. und beginnenden 20. Jahrhundert wider. Ann Markusen (1996) erweitert das Konzept um eine Typisierung von Industriedistrikten. Neben Industriedistrikten, die durch die von Marshall beschriebenen Lokalisationsvorteile gekennzeichnet sind, oder die auf Kooperation beruhen, unterscheidet sie drei weitere Typen (Markusen 1996, S. 302–307). Industriedistrikte können erstens von einem oder mehreren vertikal integrierten Großunternehmen geprägt sein, während kleinere Firmen den Großunternehmen zuarbeiten (Hub-

and-Spoke-Distrikte). Handelt es sich zweitens um sogenannte Satellitendistrikte, so sind diese von Tochterfirmen geprägt, deren Mutterunternehmen sich außerhalb der betrachteten Region befinden. Satellitendistrikte zeichnen sich durch minimale Interaktionen zwischen den Unternehmen aus. Drittens können Industriedistrikte auch im Umfeld großer staatlicher Einrichtungen (Militärbasen, Forschungslaboratorien, Universitäten, Behörden) entstehen. In solchen staatsbezogenen (state-anchored) Industriedistrikten kann sich eine Vielzahl unterstützender oder von den staatlichen Einrichtungen profitierender Unternehmen ansiedeln. Die verschiedenen Typen von Industriedistrikten zeichnen sich durch charakteristische Formen der internen Organisation und unterschiedliche Entwicklungsperspektiven aus.

Sowohl der Begriff der Agglomerationsfaktoren als auch das Konzept der Industriedistrikte beschreiben Faktoren, die innerhalb eines Agglomerationsraums wirken, dort die räumliche Konzentration von Wirtschaftsaktivitäten fördern, und damit verbundene Wachstumsprozesse auslösen. Räumlich differenzierte Wachstumsprozesse begünstigen wiederum langfristig die Ausbildung regionaler Disparitäten. Aus einer Zwei-Regionen-Perspektive wird dieser Zusammenhang in den Kapiteln 2.3.2 und 2.3.3 dargestellt.

2.2.3 Investitionen und Wirtschaftswachstum

Regionalökonomische Effekte einer Nettoinvestition

Unter einer Nettoinvestition ist der Aufbau einer neuen Produktionsstätte einschließlich ihrer Ausstattung mit Maschinen, Werkzeugen usw. zu verstehen. Die Erklärung der volkswirtschaftlichen Effekte einer Nettoinvestition ist Gegenstand zahlreicher Lehrbücher (Mankiw und Taylor 2021), die sich in diesem Zusammenhang auf die von John M. Keynes 1936 veröffentlichte „General Theory of Employment, Interest and Money" beziehen. Die aus wirtschaftsgeographischer Sicht entscheidende Frage nach den räumlichen Wirkungen einer Nettoinvestition wird im Folgenden anhand der Überlegungen von Herbert Schmidt (1966) vorgestellt. Im Kontext des keynesianisch und postkeyesianisch geprägten Verständnisses der Wirtschaft haben Nettoinvestitionen drei Effekte, einen Kapazitätseffekt, einen Einkommenseffekt und einen Komplementäreffekt.

1) Als Kapazitätseffekt wird die Wirkung einer Nettoinvestition auf Produktionskapazität und Kapitalstock bezeichnet: Jede Nettoinvestition vermehrt den Realkapitalbestand einer Volkswirtschaft bzw. Regionalwirtschaft.

2) Die Wirkung zusätzlicher Investitionen (I) auf Volkseinkommen und Gesamtnachfrage (Y) wird als Einkommenseffekt bezeichnet. Der Einkommenseffekt einer Nettoinvestition ist bestimmt als

$$Y' = (1/(1-C')) * I',$$

mit dem Investitionsmultiplikator (1/(1-C')), wobei C' die marginale Konsumneigung angibt. Aufgrund der Multiplikatorwirkung einer zusätzlichen Investition kann das im Zeitablauf eintretende Einkommenswachstum den Investitionsbetrag weit übersteigen (Keynes 1936, S. 115; Mankiw und Taylor 2021). Dieser Multiplikatoreffekt kommt zustande, da die Nettoinvestition zu einem Einkommenszuwachs bei einigen Wirtschaftssubjekten führt, die ihrerseits ihre Verbrauchsausgaben erhöhen und dadurch wiederum Einkommen schaffen. Die Höhe des Multiplikators ist von der marginalen Konsumneigung abhängig.

3) Als Komplementäreffekt bezeichnet man Folgeinvestitionen in anderen Unternehmen und Branchen. Entstehen diese Folgeinvestitionen in nachgelagerten Branchen, die beispielsweise die Weiterverarbeitung oder den Vertrieb von Produkten des ursprünglich investierenden Unternehmens übernehmen, so werden sie nach Hirschman (1958) als Vorwärtskopplungseffekt (forward linkage effects) bezeichnet. Entstehen die Folgeinvestitionen in vorgelagerten Zulieferindustrien, beispielsweise bei Herstellern von Rohstoffen oder Vorprodukten, so nennt man sie Rückwärtskopplungseffekt (backward linkage effects).

Bei der Übertragung dieser volkswirtschaftlichen Begriffe auf die räumliche Ebene stellen sich die Fragen, wo Kapazitäts-, Einkommens- und Komplementäreffekt entstehen und wie sie sich verbreiten.

1. Laut Schmidt (1966) ist der Kapazitätseffekt an den Standort der Investition gebunden. Der Kapazitätseffekt ist als Auslöser langfristiger Wachstumsprozesse am Standort der Investition anzusehen, in deren Folge sich spezifische Standortstrukturen etablieren und Industrielandschaften entwickeln. Als Standorte für eine ursprüngliche erste Investition, d. h. die Errichtung einer ersten Produktionsanlage einer bestimmten Branche an einem bestimmten Standort, kommen verschiedene Bestimmungsfaktoren in Frage. Dazu zählen zum Beispiel lokalisierte Rohstoffvorkommen oder eine günstige Lage zu Verkehrswegen oder aber die Nähe zu bzw. Entfernung von anderen Standorten (Weber 1922).
2. Der Einkommenseffekt breitet sich räumlich und zeitlich aus. Seine wachstums- und wohlfahrtssteigernde Wirkung konzentriert sich am stärksten am Investitionsstandort und schwächt sich mit zunehmender Entfernung von diesem ab. Die räumliche und zeitliche Ausdehnung des Einkommenseffekts hängt vorrangig vom Pendlereinzugsbereich eines Standorts ab: Berufspendler*innen erzielen ihre Einkommen am Investitionsort, induzieren jedoch weitere Einkommenszuwächse an ihrem Konsumort, der zumeist ihr Wohnstandort ist. Die Größe des Pendlereinzugsbereichs ist wiederum vom bestehenden Verkehrssystem abhängig.
3. Die Komplementäreffekte einer Nettoinvestition diffundieren ebenfalls; ihr räumliches, zeitliches und sektorales Diffusionsmuster variiert unter anderem in Abhängigkeit von Wirtschaftsstruktur, Verflechtungsgrad der Unternehmen, Verkehrserschließung und räumlicher Standortstruktur. Komplementäreffekte treten daher am Investitionsstandort oder in anderen Gebieten auf,

zum Investitionszeitpunkt oder zeitlich vor- oder nachgelagert, im Investitionssektor oder in anderen Wirtschaftssektoren. Schmidt (1966, S. 142) erkennt eine langfristige Tendenz, nach der Komplementäreffekte entfernt von den Orten der induzierenden Investition wirken.

Die räumliche Ausdehnung der Effekte einer Nettoinvestition hängt vom Entwicklungsstand einer Volkswirtschaft ab (Schmidt 1966, S. 171). Ein niedriges Entwicklungsniveau, das u. a. durch ein wenig leistungsfähiges Verkehrssystem gekennzeichnet ist, bedingt das Zusammenfallen von Kapazitäts-, Einkommens- und Komplementäreffekt an einem Standort. Bei einem hohen Entwicklungsniveau ist die räumliche Ausstrahlung von Einkommens- und Komplementäreffekt erheblich größer.

Schmidts Überlegungen zur räumlichen Verteilung von Investitionen und ihren Folgewirkungen gehen letztlich weit über die Perspektive einer Region hinaus. Mit der differenzierten Betrachtung der Effekte von Nettoinvestitionen erfassen sie einen wichtigen Mechanismus der Entwicklung eines komplexen Raumsystems.

Zahlreiche empirische Untersuchungen nutzen wirkungsanalytische Methoden zur Quantifizierung der räumlichen Effekte. Ein Beispiel liefern Sternberg et al. (1990) mit der Analyse der regionalökonomischen Wirkungen einer durch Messen ausgelösten regionalen und temporären Erhöhung der Endnachfrage. Im Zuge der Versuche, räumliche Multiplikatoreffekte zu berechnen, werden jedoch auch konzeptionelle und methodische Schwächen des Ansatzes deutlich, z. B. bei der Definition geeigneter Variablen und geeigneter Gebietsabgrenzungen für Komplementäreffekte (Domanski und Gwosdz 2010). Auch die Überlegungen zur Standortwahl von Einzelunternehmen, die mit Investitionen, Kapazitätseffekten und der anschließenden Entstehung von Branchenkonzentrationen verbunden sind, wurden in späteren wirtschaftsgeographischen Arbeiten erheblich erweitert. So erklärt die Theorie der geographischen Industrialisierung von Michael Storper und Richard Walker (1989) die Standortwahl und das Wachstum neuer Industrien, die nicht von bestehenden Lokalisationsvorteilen profitieren. Storper und Walker gehen davon aus, dass diese Industrien solche Standorte präferieren, die nicht bereits durch andere Branchen geprägt wurden.

Unbeschadet dieser Erweiterungen und der darin zum Ausdruck kommenden Kritik eröffnet die Betrachtung der räumlichen Effekte von Nettoinvestitionen eine wichtige Perspektive auf die Ursachen räumlich differenzierten Wirtschaftswachstums. Zudem ist klar erkennbar, wie Unterschiede in der räumlichen Verteilung von Nettoinvestitionen zur Entstehung regionaler Disparitäten führen.

Theorie der Wirtschaftsstufen

Die von Keynes ausgehende Betonung der Bedeutung von Investitionen wurde auch in Theorien und Modellen der langfristigen Wirtschaftsentwicklung übernommen. Das wohl bekannteste Beispiel für einen solchen Ansatz ist die Wirtschaftsstufentheorie von Walt W. Rostow (1960). Sie untergliedert den historischen Verlauf von Wachstum und Entwicklung einer Volkswirtschaft in fünf Stadien und postuliert, dass sich alle Staaten und Regionen einem dieser Stadien zuordnen lassen. Nach den Vorstellungen Rostows durchlaufen die Länder einen Einkommenspfad in Form einer S-Kurve (s. Abb. 2.2.5). Das wirtschaftliche Wachstum beginnt langsam, beschleunigt sich allmählich, wächst überproportional und verlangsamt sich wieder, bis es bei einer bestimmten Einkommenshöhe asymptotisch verläuft. Zusätzliche ökonomische Stimuli mögen das Abflachen des Wachstumspfads verhindern oder verschieben.

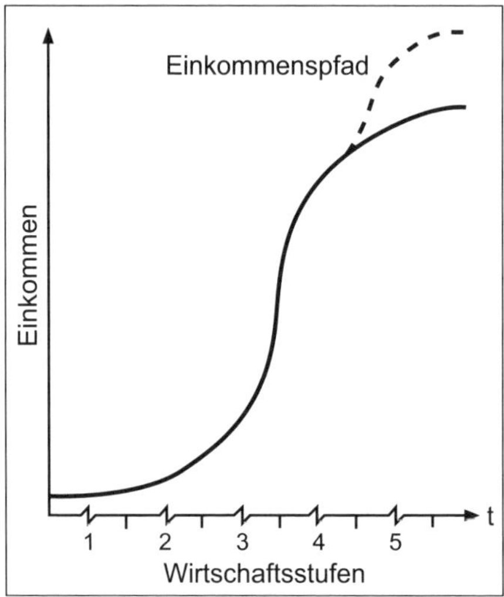

Abbildung 2.2.5: Wirtschaftsstufen (Eigene Darstellung nach Rostow 1960)

Das erste Stadium bezeichnet Rostow als „traditionelle Gesellschaft". Es handelt sich um eine Agrargesellschaft mit Einkommen auf Subsistenzniveau. Das zweite Stadium, die „Gesellschaft im Übergang", zeichnet sich durch beginnende Veränderungen im ökonomischen, technischen, sozialen, psychologischen und politischen Bereich aus. Die Investitionsrate steigt allmählich. Im dritten Stadium, dem sogenannten „Take off", steigt die Investitionsrate deutlich an. Die Investitionen führen zu einem hohen Wirtschaftswachstum, das von mehreren führenden Industriezweigen getragen und von geeigneten politischen, sozialen und institutionellen Rahmenbedingungen flankiert wird. Das vierte Stadium bezeichnet Rostow als „Entwicklung zur Reife". Hohe Investitionsraten bleiben bestehen, das Pro-Kopf-Einkommen steigt und Technologien werden zu einem wichtigen Produktionsfaktor. Im fünften Stadium, dem „Zeitalter des Massenkonsums", besteht die Möglichkeit zum Aufbau eines Wohlfahrtsstaats.

Rostows Wirtschaftsstufentheorie gilt als sogenannte Modernisierungstheorie, da sie unterstellt, alle Regionen der Welt würden und sollten den von westlichen Industrieländern vorgezeichneten Entwicklungsverlauf durchlaufen. Damit hat diese Theorie vehemente Kritik ausgelöst (z. B. Wallerstein 1974). Diese bezieht sich beispielsweise auf ihre einseitig westliche Perspektive, auf das Ausblenden der Eigenständigkeit der Entwicklungsziele und -verläufe der nicht-westlichen Länder und auf das Ausblenden systemischer Abhängigkeiten im Welthandel, die die Entwicklungsverläufe stark beeinflussen. Selbst das Ziel der von Rostow postulierten Entwicklung, der Massenkonsum, kann angesichts der derzeitigen ökologischen Krisen nicht ohne Weiteres als erstrebenswert angesehen werden. Trotz dieser fundamentalen Kritik prägt das in dieser Theorie zum Ausdruck kommende Entwicklungsverständnis die westliche Sicht auf ehemalige Kolonien und korrespondiert mit der Betonung von Investitionen als Schlüssel zu Wachstum und Wohlergehen.

Sektor-Theorie

Eine zweite und ebenso bedeutende Theorie zur langfristigen Wirtschaftsentwicklung stellt die Sektor-Theorie dar, die im Folgenden anhand der Überlegungen von Jean Fourastié (1954) skizziert wird. Die Sektor-Theorie besagt, dass sich das Schwergewicht der Wirtschaftstätigkeit im Entwicklungsprozess vom primären über den sekundären zum tertiären Sektor verlagert. Ablauf und Geschwindigkeit dieser Strukturverschiebungen stehen in engem Zusammenhang mit dem Anstieg des Volkseinkommens bzw. dem gesamtwirtschaftlichen Wachstumsprozess, denn der sektorale Strukturwandel wird durch Veränderungen der Einkommenselastizität der Nachfrage und durch Unterschiede in den sektoralen Zuwachsraten der Produktivität erklärt. Die Einkommenselastizität der Nachfrage nach Industriegütern und Dienstleistungen ist höher als nach Agrarprodukten (Engel 2021, S. 133). Eine Zunahme des Einkommens führt folglich zu einer Verschiebung der Nachfrage von Gütern des primären Bereichs zu Industriegütern und schließlich zu Dienstleistungen. Zudem weisen der sekundäre und tertiäre Sektor laut Fourastié höhere Produktivitätszuwächse als die Landwirtschaft auf, was einen Transfer der Produktionsfaktoren Arbeit und Kapital in die Bereiche höherer Produktivität und damit eine Verschiebung in der Wirtschaftstätigkeit bewirkt.

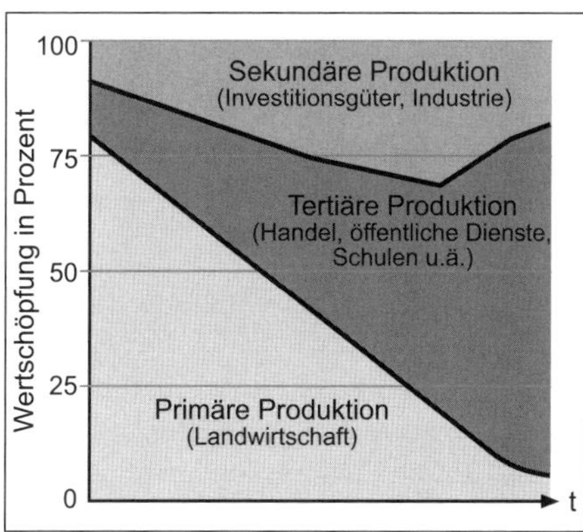

Abbildung 2.2.6: Veränderung der Sektoralstruktur im Entwicklungsprozess (Eigene Darstellung nach Fourastié 1954, Seite 101)

Für zahlreiche Volkswirtschaften wurde der in Abbildung 2.2.6 dargestellte langfristige Wandel des Schwergewichts der Produktions- und Beschäftigungsstruktur vom primären über den sekundären zum tertiären Sektor empirisch nachgewiesen. Abgesehen von offenkundigen Ausnahmen, z. B. Regionen mit signifikanten Rohstoffvorkommen oder Metropolregionen, wird die postulierte Veränderung der Sektoralstruktur als Regelfall angenommen. Damit wird die Sektoralstruktur eines Landes oder einer Region zu einem Merkmal, von dem sich z. B. auf den Entwicklungsstand oder die Position im internationalen Güterhandel schließen lässt. So weist auch die Weltbank die Sektoralstruktur in ihren Datenbeständen aus. Des Weiteren deuten die Aussagen der Sektor-Theorie an, dass etwa mit einem hohen Bestand an Erwerbstätigen in der Landwirtschaft in der Regel ein künftiger Bedarf einhergeht, Erwerbstätigkeit in Sektoren mit höherer Nachfrage, höherer Produktivität und höheren Einkommen zu verlagern.

2.2.4 Regionalwirtschaftliche Resilienz

Die Wirtschaftsstufentheorien und die Sektor-Theorie erwarten, dass sich in allen Regionen ähnliche Entwicklungsprozesse vollziehen, lediglich zeitlich versetzt. Die im Folgenden skizzierten Überlegungen zu regionalwirtschaftlicher Resilienz lenken den Blick auf Unterschiede zwischen den regionalen Entwicklungspfaden. Das Konzept der regionalen Resilienz gehört zum Feld der evolutionären Theorieansätze, die Analogien zwischen ökologischen Systemen und ökonomischen Systemen herstellen. Diese Richtung der Theorieentwicklung wurde in den Wirtschaftswissenschaften verstärkt seit den 1980er Jahren verfolgt.

Der Begriff der Resilienz bezeichnet die Fähigkeit einer Regionalwirtschaft, die Folgen eines Schocks oder einer Krise, die eine Störung der langfristigen regionalökonomischen Entwicklungsdynamik hervorruft, zu überwinden. Zu Schocks oder Krisen zählen beispielsweise wirtschaftliche Rezessionen, radikaler technischer Wandel, das Entstehen von Wettbewerbern außerhalb der betrachteten Region sowie unerwartete Schließungen von Betrieben (Simmie und Martin 2010). Die Resilienz eines ökonomischen Raumsystems zeigt sich im Verlauf der regionalökonomischen Entwicklung nach dem Eintritt des Schocks mit dem Wiedererreichen des alten oder eines höheren Wachstumspfades. Die Vertreter einer evolutionären Perspektive sehen die regionale Wirtschaftsentwicklung als Abfolge von unterschiedlichen Wachstumsmodellen oder -pfaden an, die durch wirtschaftliche Einbrüche voneinander getrennt sind (Simmie und Martin 2010). Abbildung 2.2.7 illustriert vier typische Entwicklungsverläufe.

Die in Abbildung 2.2.7 mit (a) und (b) bezeichneten Entwicklungsverläufe weisen auf eine niedrige Resilienz der Regionalwirtschaften hin. In beiden Fällen gelingt kein vollständiger Ausgleich der negativen Auswirkungen eines Schocks. Im ersten Fall wird ein niedrigerer als der vormals bestehende Wachstumspfad erreicht, im zweiten Fall stellt sich dauerhaft ein langsameres Wachstum ein. Laut

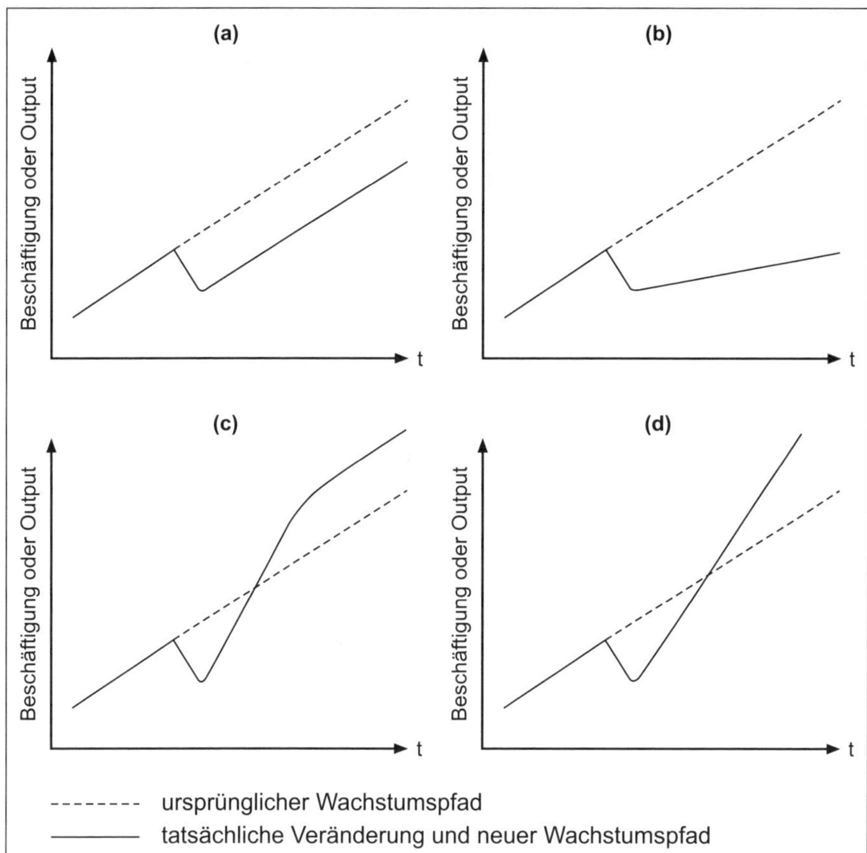

Abbildung 2.2.7: Schocks und regionales Wirtschaftswachstum (Eigene Darstellung nach Martin 2012, Seite 9 und 10)

Martin (2012) lässt sich das Einschwenken auf einen deutlich niedrigeren Wachstumspfad (Fall b) mit negativen, zirkulär verursachten, kumulativen Effekten erklären, wie sie von den Polarisationstheorien (s. Kap. 2.3.2) thematisiert werden. Die mit (c) und (d) bezeichneten Typen weisen auf hohe Resilienz der Regionalwirtschaften hin. In beiden Fällen tragen Schocks mittelfristig zum Erreichen höherer oder steilerer Wachstumspfade bei. Dies ist offensichtlich verbunden mit dem Verschwinden relativ unproduktiver Betriebe und Aktivitäten sowie mit der Freisetzung von Arbeitskräften und regionalen Ressourcen, die später in produktiveren Unternehmen und Tätigkeiten eingesetzt werden (Martin und Sunley 2015).

In der einschlägigen Literatur besteht ein breiter Konsens in Bezug auf die Definition von Resilienz, die unterschiedlichen Typen von Entwicklungsverläufen und die Bedeutung des Konzepts für die langfristige regionale Wirtschaftsentwicklung. Die Frage nach den Determinanten der regionalen Resilienz ist bislang jedoch nicht zufriedenstellend geklärt. Aktuelle wissenschaftliche Beiträge beschränken sich vornehmlich auf das Sammeln potenzieller Einflussfaktoren. So sehen Martin und Sunley (2015) in der räumlichen Resilienz das Ergebnis des Zusammenspiels von kompositionellen, kollektiven und kontextuellen Faktoren. Zu den kompositionellen Faktoren zählt z. B. der Grad der sektoralen Diversifizierung der Wirtschaft, zu den kollektiven Faktoren das Ausmaß regionsinterner und -externer Vernetzung und zu den kontextuellen Faktoren z. B. die Wirtschaftspolitik. Die Diskussion der Einflussrichtungen dieser Faktoren ist jedoch keineswegs abgeschlossen. Beispielsweise weisen Martin und Sunley selbst (2015) auf die Unklarheit hin, ob sich im Kontext der Wirkungen von Schocks konzentrierte Wirtschaftsstrukturen mit starken Lokalisationsvorteilen oder diversifizierte Wirtschaftsstrukturen mit starken Urbanisationsvorteilen als günstiger erweisen.

Andere Arbeiten heben die Bedeutung einer ausgeprägten Anpassungsfähigkeit (adaptability) bei sich verändernden Rahmenbedingungen als zentrales Merkmal resilienter ökonomischer Raumsysteme hervor (Christopherson et al. 2010; Hassink 2010; Martin 2012; Simmie und Martin 2010). Die Anpassungsfähigkeit selbst ist jedoch wiederum als das Ergebnis einer Fülle von Einflussfaktoren anzusehen, zu denen u. a. Innovationskapazität, Gründungsverhalten, institutionelle Wandlungsfähigkeit sowie individuelle Bereitschaft zum Wandel zählen (Simmie und Martin 2010).

Vor dem Hintergrund der globalen Finanzkrise, der Covid-Pandemie sowie der Notwendigkeit der ökologischen Transformation der Wirtschaft stößt das Konzept der räumlichen Resilienz auf großes Interesse. Bewährte Erklärungen für räumliche Resilienz und dafür geeignete Analyseverfahren wären offenkundig von großer raumwirtschaftspolitischer Relevanz.

2.2.5 Institutionen und regionale Wirtschaftsentwicklung

Unter Institutionen sind die formellen und informellen Regeln zu verstehen, die regionalökonomische Aktivitäten koordinieren (s. Kap. 1.4). Dazu gehören Gesetze und Verordnungen ebenso wie Konventionen oder unbewusste Verhaltensweisen. Die Überlegungen zur regionalen Resilienz deuten bereits an, dass für die räumliche Wirtschaftsentwicklung ein ganzes Bündel von Einflussfaktoren relevant ist. Da Institutionen eine koordinative Funktion haben, und damit das Zusammenwirken von unterschiedlichen ökonomischen Aktivitäten und Prozessen beeinflussen, sind sie ein wichtiger Faktor der regionalen Wirtschaftsentwicklung, der in der jüngeren Theorieentwicklung zunehmend beachtet wird.

Institutionelle Ansätze argumentieren, dass räumliche Unterschiede in Bezug auf Wachstum, Beschäftigung und Wohlstand das Ergebnis von Unterschieden in der räumlichen Ausstattung mit Institutionen sein können, und dass die ökonomischen Größen ihrerseits einen Einfluss auf die Entwicklung der Institutionen ausüben. Man geht also davon aus, dass eine Regionalwirtschaft mit ihren spezifischen Merkmalen im Zeitverlauf auch regionsspezifische Institutionen hervorbringt (Martin 2000). Die theoretisch erwarteten Wirkungen lokaler Institutionen auf die regionale Wirtschaftsentwicklung fasst Andrés Rodríguez-Pose (2013) folgendermaßen zusammen:

- Lokale Institutionen sind an der Schaffung günstiger Investitions- und Interaktionsbedingungen beteiligt und reduzieren Instabilität und Konfliktpotenzial.
- Sie erleichtern den Wissensaustausch und befördern Innovation und Wachstum.
- Sie schaffen Anreize, die die Wirtschaftssubjekte zu einem ausbalancierten Wettbewerbs- und Kooperationsverhalten veranlassen und dadurch interaktives Lernen ermöglichen.
- Sie schaffen die Basis für regionale Reaktionen auf veränderte Marktbedingungen und die Entwicklung gemeinsamer Problemlösungen.
- Sie bilden eine Grundlage für regionale Innovationen, Kreativität und Lernkapazität.

Mit dem Begriff der Institutionendichte charakterisieren diese Ansätze die Qualität eines regionalen institutionellen Umfelds. Institutionendichte setzt sich aus folgenden vier Elementen zusammen (Martin 2000):

- Eine starke lokale Präsenz verschiedener Organisationen, z. B. Unternehmen, Kammern und Verbände, Banken, Wirtschaftsförderungseinrichtungen, Gewerkschaften und Forschungseinrichtungen
- Ein hohes Maß an Interaktion zwischen den lokalen Organisationen, das lokale Vernetzung, Kooperation und Austausch fördert und damit gleichartiges Verhalten der Organisationen hervorbringt
- Die Existenz funktionierender lokaler Austausch- und Entscheidungsprozesse, die Partikularinteressen bremsen und Konflikte vermeiden
- Als Ergebnis daraus ein hohes Maß an regionalem Gemeinsinn und Interesse am gemeinsamen Verfolgen lokaler Ziele und Entwicklungsprojekte

Der Begriff der Institutionendichte betont die Bedeutung von reibungslos funktionierenden und zielgerichteten Interaktionen in einer Region für deren positive Wirtschaftsentwicklung (Martin 2000). Daher werden auch die hier vorgestellten Überlegungen zu lokalen Institutionen häufig mit der Erklärung des Erfolgs prominenter Beispielregionen, z. B. des Silicon Valley, in Verbindung gebracht (Gertler 2010).

Der Einfluss von Institutionen auf regionale Disparitäten und die Entwicklungsperspektiven einzelner Regionen wird in zahlreichen Beiträgen deutlich. Beispielsweise analysieren Acemoglu et al. (2001) die langfristigen Auswirkungen von solchen Institutionen, die einzelnen Wirtschaftssubjekten Vorteile zu Lasten der Gesellschaft verschaffen. Sie zeigen, dass einige ehemals britische Kolonien von der Einführung rechtsstaatlicher Prinzipien (rule of law) profitierten, während andere fortwährend von Institutionen gehemmt wurden, die der raschen Aneignung von Bodenschätzen und anderen Ressourcen durch wenige, sozial hochprivilegierte Wirtschaftssubjekte dienten. Diese institutionellen Ausstattungsunterschiede zwischen Staaten erweisen sich als sehr persistent und bestehen z. T. bis in die heutige Zeit (Acemoglu et al. 2001). Wood und Gough (2006) verdichten die institutionellen Merkmale vieler Staaten zu drei Typen von sozio-institutionellen Regimen, bezeichnet als „Welfare State Regime", „Informal Security Regime" und „Insecurity Regime". Die beiden letztgenannten Typen charakterisieren viele Entwicklungsländer. In einem unsicheren institutionellen Umfeld richtet sich das Entscheidungsverhalten von Personen und Unternehmen auf kurzfristig erreichbare Ziele aus, und langfristige Entwicklungsimpulse unterbleiben. Anhand lokaler Beispiele von Landerwerb in Afrika zeigen Nolte und Väth (2015), wie Schwächen im institutionellen regionalen Gefüge von einzelnen Akteuren genutzt werden, und wie sich Institutionen ihrerseits wandeln können.

Die Kritik an den institutionellen Ansätzen und vor allem an ihrer Verwendung in der Wirtschaftsgeographie richtet sich auf das Fehlen einer allgemein akzeptierten und präzisen Definitionen der verschiedenen Arten und Wirkungsformen von Institutionen (Gertler 2010). Hinzu kommt das Problem, dass der Begriff der Institution im Kontext der Institutionenökonomie ausschließlich für Regeln und Normen verwendet werden sollte, während er umgangssprachlich und auch in zahlreichen Fachtexten auch für bestimmte Organisationen (z. B. Universitäten) verwendet wird (Amin 2001). Ferner nimmt die wirtschaftsgeographische Fachliteratur Institutionen nur selten als eigenständigen Forschungsgegenstand wahr. Institutionen werden stattdessen überwiegend in Verbindung mit anderen Forschungsgegenständen betrachtet, v. a. der Evolution von Raumwirtschaftssystemen (MacKinnon et al. 2009), was das präzise Herausstellen der Leistungen von Institutionen erschwert.

Unbeschadet dieser Kritik lenken institutionelle Ansätze ebenso wie Überlegungen zur regionalökonomischen Resilienz den Blick auf die vielfältigen Einflussfaktoren der regionalen Wirtschaftsentwicklung, auf deren komplexes Zusammenwirken, und auf ihren Beitrag zur Erklärung der Differenzierung regionaler Entwicklungsverläufe und dadurch entstehender Disparitäten.

2.3 Regionale Polarisation und regionaler Ausgleich

Die in diesem Kapitel vorgestellten Theorien erklären, welchen Einfluss die Interaktionen zwischen zwei oder mehr Regionen auf die regionalökonomische Entwicklung dieser Regionen ausüben. Sie verwenden unterschiedliche Restriktionen und Argumentationsgänge, und kommen zu unterschiedlichen Ergebnissen. Die Auswahl der Theorien orientiert sich an ihrer Bedeutung für den wirtschaftsgeographischen Theoriekanon und an ihrem Beitrag zum Verständnis der

Entstehung und Entwicklung regionaler Disparitäten. Die Mehrzahl dieser Theorien untersucht den Zwei-Regionen-Fall, denn dies ist ausreichend, um wesentliche wirksame Entwicklungsmechanismen zu identifizieren. Die Theorien können prinzipiell auf vielfältige regionale Konstellationen und Maßstabsebenen angewendet werden. Sie lassen sich mit globalen Wachstums- und Wohlfahrtsunterschieden (Nord-Süd-Unterschiede) ebenso in Verbindung bringen wie mit Entwicklungsunterschieden auf kontinentaler, nationaler oder subnationaler Ebene (z. B. zwischen West- und Ostdeutschland), oder auf kleinräumiger Maßstabsebene (z. B. zwischen Stadt und Umland).

Abbildung 2.3.1 stellt die Gesamtheit der Einflussfaktoren der regionalökonomischen Entwicklung schematisch dar, untergliedert in interne und externe Wachstumsdeterminanten. Als interne Wachstumsdeterminanten werden die regionalen Angebots- und Nachfragebedingungen verstanden. Die externen Wachstumsdeterminanten bestehen im Handel von Gütern und Dienstleistungen und in der Mobilität von Produktionsfaktoren, zum Beispiel Arbeitskräfte und Kapital. Die Tatsache, dass alle Determinanten als veränderlich aufzufassen sind, kommt in den über allen Einflussgrößen eingezeichneten Punkten zum Ausdruck.

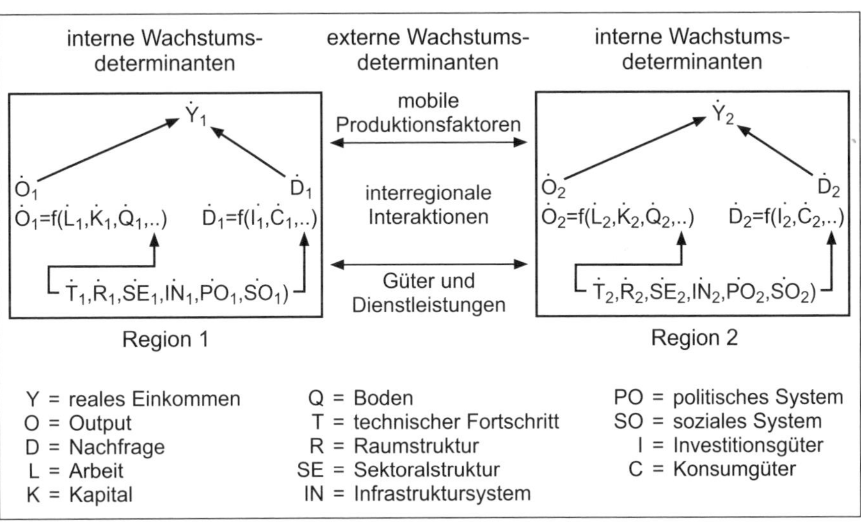

Abbildung 2.3.1: Interne und externe Einflussfaktoren des regionalen Wirtschaftswachstums (Eigene Darstellung nach Liefner und Schätzl 2017, Seite 57)

2.3.1 Neoklassische Theorien

Neoklassische Theorien bilden einen der wichtigsten Bausteine des volkswirtschaftlichen Theoriegebäudes. Eine Gemeinsamkeit der vielen neoklassischen Theorieansätze und Modelle besteht in der Nutzung einer ähnlichen Methode der

Theorieentwicklung. Dazu gehören u. a. die Verwendung vereinfachender Annahmen (z. B. Rationalverhalten), die Betonung von Grenznutzen und Grenzkosten sowie das Formulieren von Gleichgewichtslösungen. Die Neoklassik prägte und prägt weite Bereiche der Wirtschaftswissenschaften und der Regionalpolitik, sie wird aber gerade aus der Perspektive der Nachhaltigkeit stark kritisiert. Von der Vielzahl neoklassischer Theorien und Modelle machen nur wenige explizit räumliche Aussagen.

Räumlicher Ausgleich durch Faktormobilität

Die im Folgenden vorgestellten Überlegungen zum Zusammenhang von interregionaler Faktormobilität und Konvergenz, formuliert von Harry W. Richardson (1969, S. 350–357) unter Verwendung von Arbeiten von Borts und Stein (1964), sind eine gleichermaßen anschauliche wie grundlegende Anwendung der neoklassischen Theoriebildung auf ein System aus zwei Regionen. Die Grundaussage der Theorie lautet, dass interregionale Unterschiede der Faktorentgelte, also Unterschiede in der Höhe der Löhne und der Kapitalverzinsung in zwei Regionen, durch Faktorwanderungen ausgeglichen werden, d. h. durch die Wanderung von Arbeitskräften und/oder Kapital. Der Marktmechanismus tendiert auf diese Weise zu einem Ausgleich regionaler Unterschiede des Pro-Kopf-Einkommens.

Die Theorie verwendet folgende Restriktionen:

- Das Arbeitsangebot in beiden Regionen ist gegeben.
- Beide Regionen produzieren ein homogenes Gut. Dieses Gut kann ohne weitere Kosten als Kapitalgut eingesetzt werden.
- Die Transportkosten sind null, sodass der Preis des Guts überall gleich ist.
- Beide Regionen verfügen über identische Produktionsfunktionen der Form $Y = f(K, L)$ bei konstanten Skalenerträgen.
- Es herrscht vollkommene Konkurrenz.

Unter diesen Bedingungen werden die Produktionsfaktoren nach ihrem Wertgrenzprodukt entlohnt, d. h. das Grenzprodukt des Kapitals ($\Delta Y/\Delta K$) ist gleich dem Kapitalzins (r) und das Grenzprodukt der Arbeit ($\Delta Y/\Delta L$) ist gleich dem Reallohn (w). Lohnniveau und Kapitalverzinsung hängen von der Höhe des Einsatzes der Faktoren in der Produktionsfunktion ab. Abbildung 2.3.2 verdeutlicht, dass mit ansteigender Kapitalintensität (K/L) das Grenzprodukt des Kapitals ($\Delta Y/\Delta K$) sinkt und das Grenzprodukt der Arbeit ($\Delta Y/\Delta L$) ansteigt.

Unter den gegebenen Prämissen weist die Region mit der höheren Kapitalintensität (R1) höhere Reallöhne (w1), aber eine niedrigere Kapitalverzinsung (r1) auf, und die Region mit der niedrigeren Kapitalintensität (R2) hat niedrigere Reallöhne (w2), aber höhere Kapitalzinsen (r2). Um zu einem Gleichgewicht im Zwei-Regionen-System zu gelangen, fließt so lange Kapital von der Region mit niedrigeren Kapitalzinsen (R1) in die Region mit höheren Kapitalzinsen (R2), und Arbeit wandert in umgekehrter Richtung von der Region niedrigerer Reallöhne

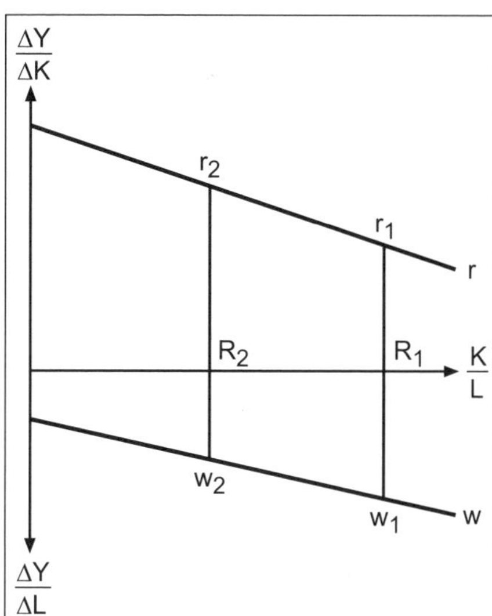

Abbildung 2.3.2: Kapitalintensität, Faktorentlohnung und Faktormobilität im 2-Regionen-Modell (Eigene Darstellung nach Richardson 1969, Seite 351)

(R2) in die Region höherer Reallöhne (R1), bis sich die regionalen Unterschiede der Faktorentgelte ausgeglichen haben. Dass die Region niedriger Reallöhne somit eine höhere Wachstumsrate des Kapitals und einen größeren Anstieg der Löhne erfährt, wird als Hinweis für die Konvergenz des regionalen Pro-Kopf-Einkommens gedeutet. Die interregionale Mobilität der Produktionsfaktoren sorgt in der Theorie für einen vollständigen Ausgleich der Entlohnungsunterschiede. Auf diese Weise erklärt die Neoklassik, dass sich Entwicklungsunterschiede zwischen Regionen bzw. vorhandene regionale Disparitäten langfristig abbauen. So wäre in dieser Theorie beispielsweise zu erwarten, dass sich die hohen Löhne der relativ kapitalreichen Länder Europas und die niedrigen Löhne der kapitalarmen Länder Afrikas durch Arbeitskräftewanderung und Kapitalwanderung angleichen. In der Realität ist dieser Effekt bekanntermaßen nicht zu beobachten.

Richardson (1969) weist darauf hin, dass das Ergebnis regionaler Konvergenz nur zustande kommt, solange die stark vereinfachenden Annahmen gelten. Werden die Restriktionen gelockert und realitätsnähere Bedingungen berücksichtigt, ist ein regionaler Ausgleich weit weniger wahrscheinlich. Als Beispiele nennt er unter anderem,

- dass ein natürlicher Bevölkerungszuwachs den lohnsteigernden Effekt der Abwanderung unterbinden kann,
- dass Institutionen, Mobilitätskosten und räumliche Präferenzen die Wanderung der Arbeitskräfte behindern und damit den Lohnausgleich verhindern können,
- dass Regionen normalerweise keine identischen Technologien und Wissensbestände anwenden und damit auch nicht über identische Produktionsfunktionen verfügen,

- und dass Unterschiede in den verwendeten Technologien u. a. auf Skalenerträge und Grenzprodukte wirken.

Diese Liste ließe sich um zahlreiche weitere Punkte verlängern, z. B. um die Wirkung der in Kapitel 2.2.2 erläuterten Agglomerationsvorteile. Auch die Erklärung interregionaler Mobilität der Arbeit allein aus Lohndifferenzen ist zumindest unvollständig. Diesen Aspekt greift das weiter unten vorgestellte Todaro-Modell explizit auf. Der räumliche Differenzierungsprozess der Wirtschaft wird in der Realität gerade von interregionalen Ausstattungsunterschieden und deren Folgen sowie von Mobilitätshemmnissen bestimmt. Theorien, deren Aussagen nur bei starken Restriktionen gelten, sind daher für die Erklärung realer Entwicklungsunterschiede und räumlicher Disparitäten keine hinreichende Grundlage.

Trotz dieser grundlegenden Einwände ist die Auseinandersetzung mit der regionalen neoklassischen Wachstumstheorie für die nachhaltige Wirtschaftsgeographie von Bedeutung, denn Elemente der neoklassischen Theorien finden sich in zahlreichen anderen Theorieansätzen. Zudem hat das neoklassische Denken die Regionalpolitik der Bundesrepublik Deutschland und vieler anderer marktwirtschaftlich orientierter Staaten über lange Zeiträume stark beeinflusst.

Räumlicher Ausgleich durch Gütermobilität (Faktorproportionentheorem)

Die Tendenz vieler neoklassischer Theorieansätze, Mechanismen herauszuarbeiten, die für einen langfristigen Ausgleich von Ungleichgewichten sorgen, wird auch im Faktorproportionentheorem sichtbar. Dieser Erklärungsansatz findet den Ausgleichsmechanismus nicht in der interregionalen Faktormobilität, sondern im Außenhandel. Der Außenhandel kommt laut Hesse (1988, S. 364–388) sowie Rose und Sauernheimer (2006, S. 349–353) hauptsächlich aus den drei folgenden Gründen zustande.

1. Nicht-Verfügbarkeit: Regionale Nicht-Verfügbarkeit besteht z. B. bei Rohstoffen, deren Vorkommen an bestimmte Orte gebunden oder an bestimmte Produktionsbedingungen (z. B. passende klimatische Bedingungen) geknüpft ist.
2. Preisunterschiede: Preisunterschiede entstehen beispielsweise aus der unterschiedlichen regionalen Ausstattung mit Produktionsfaktoren, wenn diese für unterschiedliche Güter unterschiedlich stark eingesetzt werden.
3. Marktüberschneidungen bei heterogener Konkurrenz: Marktüberschneidungen bei heterogener Konkurrenz ergeben sich dort, wo ähnliche Produkte gehandelt werden, die sich jedoch durch bestimmte Eigenschaften (z. B. Marken) voneinander unterscheiden.

Das Faktorproportionentheorem behandelt den Fall der Preisunterscheide. Es wurde von den schwedischen Nationalökonomen Eli F. Heckscher (1919) und Bertil Ohlin (1933) entwickelt und wird daher auch als Heckscher-Ohlin-Theorem bezeichnet. Es erklärt, auf welche Weise Güterhandel zum Ausgleich regionaler

Disparitäten führen kann, wenn er aus Preisunterschieden resultiert, die ihrerseits Ausdruck unterschiedlicher Faktorausstattungen sind. Wie andere neoklassische Erklärungsansätze basiert das Faktorproportionentheorem auf einer Reihe von vereinfachenden Annahmen:

- Betrachtet werden zwei Regionen, die sich in den Faktorrelationen unterscheiden. Region R1 besitzt einen relativ hohen Anteil des Produktionsfaktors Kapital, Region R2 ist dagegen reichlich mit Arbeitskräften ausgestattet ist, d. h. (K/L) R1 > (K/L) R2.
- Die Produktionsfaktoren Arbeit und Kapital sind innerhalb jeder Region mobil, interregional jedoch immobil.
- Im Güterhandel entstehen dagegen keinerlei Transportkosten oder sonstige Kosten.
- Es bestehen Vollbeschäftigung und vollständige Konkurrenz.
- Es werden zwei Güter hergestellt, die sich durch einen unterschiedlich gewichteten Einsatz der Produktionsfaktoren Arbeit und Kapital auszeichnen. Ein Gut erfordert einen verhältnismäßig hohen Kapitaleinsatz, ist also kapitalintensiv, das andere wird arbeitsintensiv hergestellt.

Die Auswirkung des Außenhandels auf die Faktorpreise wird folgendermaßen erklärt. Da die Produktionsfaktoren nach ihrem Grenzprodukt entlohnt werden, ist vor Eröffnung des Außenhandels der Kapitalzins der kapitalreichen Region R1 niedrig und die arbeitsreiche Region R2 verzeichnet einen niedrigen Lohn. Daher kann Region R1 das kapitalintensiv herzustellende Gut kostengünstiger herstellen als Region R2. Umgekehrt gilt für das arbeitsintensive Gut, dass es in der arbeitsreichen und von einem niedrigen Lohn gekennzeichneten Region R2 zu einem niedrigeren Preis hergestellt wird.

Mit Aufnahme des Außenhandels tritt eine Spezialisierung der Regionen auf die Produktion jenes Gutes ein, dessen Faktorintensität der regionsspezifischen Faktorausstattung entspricht, und bei dem sie einen Preisvorteil haben. Beide Regionen werden jeweils das Gut vermehrt herstellen und exportieren, bei dessen Herstellung der regional relativ reichlich vorhandene Faktor besonders intensiv genutzt wird. Die Region R1 exportiert demnach das kapitalintensive Gut und importiert das arbeitsintensive Produkt aus der Region R2, und umgekehrt führt R2 das arbeitsintensive Gut aus und das kapitalintensive ein.

Solange konstante Skalenerträge vorliegen, führt die Spezialisierung in beiden Regionen zu steigenden Preisen (Lohn bzw. Zins) für den relativ reichlich vorhandenen Faktor und zu fallenden Preisen für den relativ knapp vorhandenen Faktor. Damit bewirkt der interregionale Handel eine tendenzielle Angleichung der ursprünglich bestehenden Faktorpreisunterschiede, obwohl keine interregionalen Faktorbewegungen stattfinden. Die Gütermobilität ersetzt zum Teil die fehlende Faktormobilität. Damit erklärt auch das Faktorportionentheorem den Abbau von regionalen Unterschieden bei Lohn und Zins und damit einen Ausgleich bestehender Wohlfahrtsunterschiede.

Allerdings fußt die Theorie vom Ausgleich der Faktorpreise durch Außenhandel auf ganz ähnlichen Restriktionen wie das zuvor diskutierte neoklassische Modell. Bei Berücksichtigung realitätsnäherer Annahmen, wie unvollständige Konkurrenz, Transportkosten sowie ungleiche Produktionsfunktionen, wird die Tendenz zum Faktorpreisausgleich abgeschwächt und eine vollständige Angleichung der Preise der Produktionsfaktoren verhindert (Rose und Sauernheimer 2006, S. 407).

Land-Stadt-Migration im Todaro-Modell

Den beiden bisher vorgestellten neoklassischen Theorien gelingt es, die Funktionsweise von regionalökonomischen Ausgleichsmechanismen zu erklären. Sie erreichen einen hohen Grad der Präzision und Formalisierung ihrer Aussagen. Dies erfordert jedoch die Verwendung restriktiver Annahmen, was die unmittelbare Übertragung der Theorien auf konkrete räumliche Probleme stark einschränkt. Dass neoklassische Theorien jedoch auch dazu beitragen können, real beobachtete und räumlich relevante Probleme zu verstehen, zeigt das Beispiel des Todaro-Modells. Dieses Modell liefert eine Erklärung für die in vielen Niedrigeinkommensländern zu beobachtende Abwanderung ländlicher Bevölkerung in die großen Städte und die rasante Zunahme des Anteils der Stadtbevölkerung, verbunden mit der Entstehung von illegalen städtischen Siedlungen und Slums sowie mit städtischer Arbeitslosigkeit und informeller Beschäftigung.

Das Modell wurde 1969 von Michael P. Todaro entwickelt (Todaro 1969). Da an der weiteren Ausformulierung der Theorie auch John R. Harris beteiligt war (Harris und Todaro 1970), wird die Theorie auch als Harris-Todaro-Modell bezeichnet. Das Modell nutzt eine Reihe von vereinfachenden Annahmen:

- Die Arbeitskräfte eines Landes arbeiten entweder im Agrarsektor oder im Industriesektor. Industriearbeitsplätze gibt es nur in der Stadt. Der Wechsel zwischen landwirtschaftlicher Beschäftigung und städtischer Beschäftigung ist möglich.
- Grenzproduktivität und Löhne im Agrarsektor folgen den üblichen Annahmen; je höher der Anteil der Arbeitskräfte, die im Agrarsektor arbeiten, desto niedriger deren Grenzproduktivität und Entlohnung.
- Gleiches gilt für den städtischen Industriesektor. Hier gilt jedoch zusätzlich, dass der städtische Industriesektor für neu hinzukommende Agrararbeitskräfte nicht ohne weiteres zugänglich ist.
- Für die Entscheidung der Arbeitskräfte, in die Stadt zu migrieren und im städtischen Sektor Arbeit zu suchen, ist deren langfristige Einkommenserwartung entscheidend.

Abbildung 2.3.3 verdeutlicht diese Situation. Auf beiden Ordinaten sind Grenzproduktivität bzw. Lohnhöhe abgetragen. Auf der Abszisse ist die Aufteilung der Arbeitskräfte zwischen Agrarsektor und städtischem Industriesektor zu erkennen, wobei der Anteil der Agrarbeschäftigung von O_A nach rechts zunimmt und der der Industriebeschäftigung entsprechend abnimmt. Insgesamt ist auf der Abszisse die gesamte Erwerbsbevölkerung abgetragen. Die Kurve AA‘ zeigt Grenzproduktivität und Löhne im Agrarsektor, die Kurve MM‘ im Industriesektor. Bei den üblichen neoklassischen Annahmen, d. h. ohne Berücksichtigung der Zugangsbeschränkung im Industriesektor, würde sich im Punkt E ein Gleichgewichtslohn $W_A^* = W_M^*$ einstellen, mit einer entsprechenden Aufteilung der Erwerbsbevölkerung auf beide Sektoren (L_A^* und L_M^*).

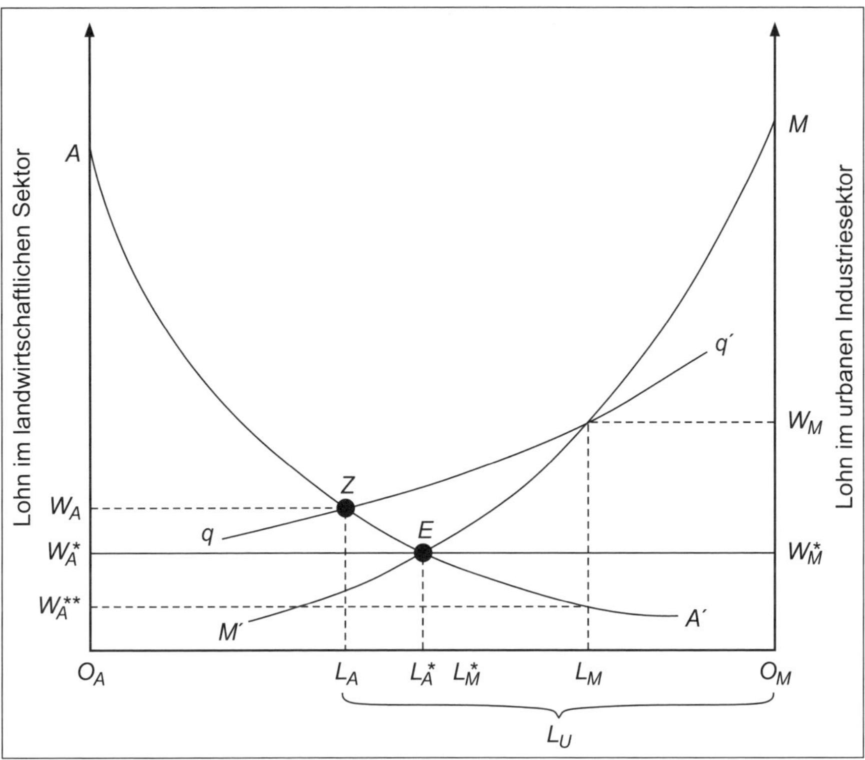

Abbildung 2.3.3: Wanderung und Einkommen im Todaro-Modell (Eigene Darstellung nach Todaro und Smith 2015)

Die oben aufgeführte Annahme einer Zugangsbeschränkung zum urbanen Industriesektor wird von Todaro und Smith (2015, S. 325–341) ausführlich erläutert. Viele Länder mit niedrigen Einkommen zeichnen sich durch eine Privilegierung der Hauptstadt bzw. der größten Städte aus („Urban Bias“/„First City Bias“). Hier konzentrieren sich öffentliche Investitionen, Infrastruktur und Einrichtungen der öffentlichen Verwaltung. In der Hauptstadt besteht Zugang zu staatlichen Entscheidungsträgern, den auch Unternehmen suchen. Gerade instabile Regierungen und Diktaturen tendieren dazu, die Bedürfnisse der Hauptstadtbevölkerung überproportional zu berücksichtigen. Aufgrund einer insgesamt sehr viel besseren Erwerbs- und Lebensperspektive ist es daher für weite Teile der Bevölkerung ausgesprochen attraktiv, in die Hauptstadt bzw. in die größten Städte zu wandern. Die Arbeitsplätze in den Bereichen der städtischen Verwaltung und Industrie sind jedoch für zuwandernde Arbeitskräfte aus der Landwirtschaft nicht unmittelbar zugänglich. Sie erfordern oftmals bestimmte Bildungsabschlüsse oder passende Berufsqualifikationen und in vielen Fällen existieren weitere Einstiegshürden wie z. B. die Notwendigkeit persönlicher Bekanntschaft mit Personen, die über die Vergabe von Arbeitsplätzen entscheiden. In der Summe führen diese Barrieren dazu, dass eine Beschäftigung im städtischen Sektor nur Personen offensteht, die für eine gewisse Zeit in der Stadt leben und dort Kontakte aufbauen.

Auf Grundlage dieser Vorüberlegung zeigt das Todaro-Modell, dass eine Zuwanderung ländlicher Bevölkerung in die großen Städte rational begründet sein kann, selbst wenn sie zunächst mit Arbeitslosigkeit oder informeller Beschäftigung einhergeht.

Dieser Zusammenhang erschließt sich folgendermaßen. Aufgrund der Zugangsbeschränkungen zum städtischen Industriesektor ist der Anteil der Personen begrenzt, die in diesem Sektor Arbeit finden. Die Begrenzung führt dort zu einem hohen und nach unten inflexiblen Lohn. In Abbildung 2.3.3 ist der Anteil der urbanen Industriebeschäftigung mit L_M angegeben, der dort erzielte Lohn mit W_M. Gäbe es keine Möglichkeit des Zuzugs in die Städte, müsste der ländliche Agrarsektor die gesamte übrige Erwerbsbevölkerung aufnehmen. Dort würde sich ein Lohn W_A^{**} einstellen, einhergehend mit einem erheblichen Stadt-Land-Lohngefälle. Todaro argumentiert jedoch, dass ländliche Arbeitskräfte die Aussicht auf Arbeit im städtischen Industriesektor mit in ihre Wanderungsentscheidung einbeziehen. Für ihre Wanderung ist der erwartete Lohn entscheidend. Die Höhe des erwarteten Lohns hängt wiederum davon ab, wie viele arbeitende und arbeitssuchende Personen sich insgesamt in der Stadt befinden. Der Erwartungslohn q‘ entspricht daher im Fall, dass noch niemand vom Land in die Stadt gewandert ist, genau dem urbanen Lohnsatz W_M. Mit zunehmendem Anteil zugewanderter Bevölkerung nimmt er jedoch ab, bis er in Punkt Z die Entlohnungsfunktion der landwirtschaftlichen Erwerbsbevölkerung schneidet.

Die gesamte Erwerbsbevölkerung teilt sich daher in drei Gruppen auf. Es gibt die landwirtschaftliche Erwerbsbevölkerung, ihr Anteil ist L_A und sie erzielt den Lohn W_A. Die urbane Industrie beschäftigt L_M Personen zum Lohn W_M. Die dritte Gruppe sind die in die Stadt gewanderten, aber (noch) nicht im urbanen Sektor beschäftigten Personen. Ihr Anteil entspricht der Strecke $L_U - L_M$. Sie bilden die in vielen armen Ländern durchaus umfangreiche Gruppe der informell beschäftigten. Sie bieten häufig mit einfachsten Mitteln Dienstleistungen an, wie z. B. Handel, Reparaturen, Transporte, Müllentsorgung usw. Eine umfangreiche Diskussion des Themas der Informalität in Megastädten findet sich in Kraas et al. (2019).

Im Ergebnis verdeutlicht das Todaro-Modell, dass die Existenz eines urbanen informellen Sektors aus den sektoralen Beschäftigungsstrukturen sowie den restriktiven Zugangsbedingungen zu urbanen Beschäftigungsverhältnissen in vielen Niedrigeinkommensländern resultiert. Die Annahme eines hohen Beschäftigungsstands im Agrarsektor, bei relativ niedriger Produktivität und damit einhergehendem Abwanderungsdruck, entspricht den Aussagen der Sektorhypothese (s. Kap. 2.2.3). Zusätzlich verdeutlicht das Todaro-Modell, dass auch eine Wanderung in die Arbeitslosigkeit oder informelle Beschäftigung nicht das Ergebnis von Fehlinformationen oder Fehleinschätzungen sein muss, sondern rational begründet sein kann. Letztere Erkenntnis deutet an, dass das Todaro-Modell auch zum Verständnis von Wanderungsbewegungen in anderen räumlichen Konstellationen beitragen kann. Beispielsweise zeichnen sich auch die wohlhabenden Staaten Europas und Nordamerikas durch Arbeitsmärkte mit hoher Entlohnung und hohen Zugangshürden für viele potenzielle Zuwanderer aus Ländern mit niedrigen Einkommen aus. Anwendungen des Todaro-Modells auf Migration innerhalb von Industrieländern diskutieren u. a. Suits (1985) sowie Mitze und Reinkowski (2011).

Insgesamt gelingt der Theorie somit ein wesentlicher Beitrag zum Verständnis des Zusammenhangs von regionalökonomischen Entwicklungen, räumlichen Disparitäten und Wanderungsentscheidungen. Jedoch erfordert das neoklassische Vorgehen, ausgerichtet auf wenige präzise und formalisierte Aussagen, das Ausblenden zahlreicher weiterer Wanderungsgründe (Klasen und Waibel 2013) sowie das Festhalten an wesentlichen vereinfachenden Annahmen.

2.3.2 Regionale Polarisationstheorien

Zirkuläre und kumulative Verursachung

Polarisationstheorien unterscheiden sich in ihrem Aufbau und ihren Aussagen fundamental von neoklassischen Theorien. Exemplarisch wird dies im grundlegenden Werk von Gunnar Myrdal, „Economic Theory and Underdeveloped Regions" (1957) deutlich. Es ist Myrdals Anliegen, „die Theorie realistischer zu machen" (Myrdal 1974, Vorwort), indem er von zwei Kernelementen der neoklassischen Theoriebildung abweicht. Seine Polarisationstheorie verzichtet auf Gleichgewichtsannahmen und beschränkt ihre Argumentation nicht auf wenige ökonomische Einflussfaktoren, sondern bezieht auch außer-ökonomische Einflüsse ein.

Die Gleichgewichtsmodelle neoklassischen Typs kommen durch die Verwendung bestimmter Annahmen zu dem Ergebnis, dass die Störung eines bestehenden Gleichgewichts Gegenkräfte hervorruft, die ein erneutes Gleichgewicht hervorbringen. Laut Myrdal beschreibt die gegenteilige Annahme das tatsächliche Wirtschaftsgeschehen weitaus treffender: Sobald Ungleichgewichte auftreten, setzen sie einen zirkulär verursachten kumulativen Entwicklungsprozess in Gang

(Circulus Vitiosus, Teufelskreis). Aufgrund dessen tendieren Marktkräfte dazu, Ungleichheit und Konflikt hervorzurufen und zu verstärken.

Da Myrdal von der Verwendung restriktiver Annahmen ebenso Abstand nimmt wie vom Ausblenden nicht-ökonomischer Faktoren, nutzt er auch eine andere Art, seine theoretischen Überlegungen zu präsentieren. An die Stelle von Restriktionen, Formeln und Grafiken treten ausführliche verbale Argumentationsgänge und die Verwendung von Beispielen. So erläutert Myrdal (1974, S. 35–48) seine zentrale Hypothese anhand des folgenden Gedankengangs:

In einer Region brennt eine Fabrik ab, die einen größeren Teil der Bevölkerung beschäftigte. Aus unbestimmten Gründen wird die Fabrik nicht mehr am ursprünglichen Standort, sondern in einer anderen Region neu errichtet. Damit werden die Beschäftigten der Fabrik arbeitslos, verlieren ihre Einkommen und reduzieren ihre Nachfrage. Zusätzlich entfällt die Nachfrage der Fabrik nach lokal erzeugten Vorprodukten. Bei den Zulieferbetrieben führt dies ebenfalls zu Entlassungen, verminderten Einkommen und verringerter Nachfrage. Ein Teil der Bevölkerung wird die betroffene Region verlassen, was erneut eine Nachfrageminderung nach sich zieht. Für Zuwanderung ist die Region unattraktiv. Da sich die Abwanderung selektiv vollzieht und vornehmlich jüngere, mobile und gut ausgebildete Arbeitskräfte die Region verlassen, verschlechtert sich die regionale Altersstruktur.

Der so beschriebene, sich selbst verstärkende Schrumpfungsprozess wird von weiteren Faktoren zusätzlich angetrieben. Aufgrund von zunehmender Arbeitslosigkeit sinken die regionalen Einnahmen aus der Einkommensteuer. Um die Steuerausfälle zu kompensieren, ist eine Erhöhung der Steuersätze notwendig. Die Erhöhung der Steuersätze veranlasst Betriebsverlagerungen in Regionen mit niedrigerer Steuerlast. Dieser Prozess bringt erneut sinkende Beschäftigung, Einkommen und Nachfrage sowie abermals sinkendes Steueraufkommen mit sich. Die zunehmend ungünstige demographische Struktur mit einem hohen Anteil älterer Personen vergrößert zudem die Notwendigkeit und den Umfang öffentlicher Wohlfahrtsausgaben. Die Strategie, anstelle einer Steuererhöhung die öffentlichen Ausgaben zu vermindern, würde die Attraktivität der Region ebenfalls beeinträchtigen. Die fortwährenden Einkommensverluste der lokalen Bevölkerung mindern die Ersparnisse und schmälern die lokalen Investitionen. Auch der interregionale Handel wird den zirkulär verursachten Schrumpfungsprozess verstärken. Die immer weiter sinkende lokale Nachfrage vermindert die kostensenkende Wirkung von Agglomerationsvorteilen und verteuert damit die Exporte der schrumpfenden Region, sodass ihre Exporterlöse sinken.

Dem zirkulär verursachten kumulativen Schrumpfungsprozess steht ein ebenfalls selbstverstärkter Wachstumsprozess in anderen Regionen gegenüber. Wird die zu Anfang betrachtete Fabrik in einer anderen Region angesiedelt und beschäftigt dort ehemals arbeitslose Personen, so stellen sich die Folgewirkungen mit ihren Rückkopplungen in positiver Richtung ein. Die gegenläufigen Veränderungen in schrumpfenden und wachsenden Regionen bedingen einander. Myrdal betont, dass für die beschriebenen Schrumpfungs- und Wachstumsprozesse unterschiedlichste Auslöser in Betracht kommen.

Die regionale Polarisationstheorie erklärt somit die Entstehung und Verstärkung regionaler Disparitäten im sozioökonomischen Entwicklungsstand und lässt sich auf verschiedene räumliche Maßstabsebenen (global bis kleinräumig) anwenden. Dabei beschreibt sie u. a. die kumulative Wirkung regionsinterner Entwicklungsprozesse, die schon aus Kapitel 2.2.2 und 2.2.3 bekannt sind, nämlich Agglomerationsvorteile sowie Kapazitäts-, Einkommens- und Komplementäreffekte. Hinzu kommt jedoch die Wirkung interregionaler Austauschprozesse. Das wirtschaftliche Wachstum des Zentrums löst zentripetale Entzugseffekte (backwash effects) auf die schrumpfende Peripherie aus. Entzugseffekte sind alle oben erläuterten negativen Veränderungen, vor allem verschiedene Abwanderungsprozesse, von denen die schrumpfende Region betroffen ist. Diesen Entzugseffekten stehen zentrifugale Ausbreitungseffekte (spread effects) gegenüber. Ausbreitungseffekte sind positive Veränderungen, die durch das Wachstum der Zentren in anderen Regionen hervorgerufen werden. Ein Beispiel ist die Ausbreitung städtischer Verhaltensweisen. Laut Myrdal übertreffen die Entzugseffekte die Ausbreitungseffekte und die Reduzierung der ständig anwachsenden regionalen Einkommensdisparitäten erfordert staatliche Eingriffe in den Marktmechanismus.

Andere Vertreter der Polarisationstheorien bedienen sich anderer Begriffe. Beispielsweise bezeichnet Hirschman (1958) die Entzugseffekte als Polarisationseffekte (polarization effects) und die Ausbreitungseffekte als Sickereffekte (trickling down effects). Während Myrdal erwartet, dass die Polarisation nur durch politische Maßnahmen beschränkt werden kann, betont Hirschman zusätzlich die Wirkung von ökonomischen Gegenkräften, wie z. B. Agglomerationsnachteilen in Form steigender Bodenkosten oder starker Umweltverschmutzung in der wachsenden Region.

Als Kritik an Myrdals Polarisationstheorie ist zu nennen, dass der erste Auslöser kumulativer Prozesse nicht erklärt wird. Daher gelingt auch keine Erklärung der räumlichen Verteilung von schrumpfenden und wachsenden Regionen. Des Weiteren besteht keine Möglichkeit, die Stärke der zentrifugalen und zentripetalen Kräfte zu bestimmen.

Außenhandel und Ungleichheit im Zentrum-Peripherie-Modell

Aus neoklassischer Perspektive kommt das in Kapitel 2.3.1 dargestellte Heckscher-Ohlin-Modell zur Erkenntnis, dass Außenhandel räumliche Disparitäten im sozioökonomischen Entwicklungsstand verringern kann. Aus polarisationstheoretischer Perspektive lässt sich dagegen begründen, dass Außenhandel zur Vergrößerung von räumlichen Disparitäten führt. Dies zeigt das im Folgenden erläuterte Zentrum-Peripherie-Modell. Es wurde 1959 von Raúl Prebisch entwickelt, der im Modell die konkrete Situation der Länder Lateinamerikas im Handel mit Nordamerika und Europa abbildet. Die Staaten des Zentrums, d. h. Nordamerikas und Europas, bezeichnet Prebisch als „Industrieländer“ (industrial countries). Ihnen stehen die „peripheren Entwicklungsländer" (peripheral countries, underdeveloped countries) gegenüber.

Prebisch erörtert ein Zweiregionen- und Zweisektoren-Modell, in dem die Industrieländer vorwiegend Industrieerzeugnisse produzieren und die Entwicklungsländer vorwiegend Rohstoffe. Dieser Unterschied bildet reale Merkmale ab, die sich hauptsächlich während der Kolonialzeit entwickelt haben und auch nach dem Erreichen der Unabhängigkeit der ehemaligen Kolonien in vielen Fällen Bestand hatten, nicht nur in Lateinamerika. Bis heute finden sich unter den Ländern mit niedrigen Einkommen viele, deren Wirtschaft einseitig auf Rohstoffproduktion und -export (z. B. Kaffee, Kakao, Rohöl, Erze) ausgerichtet ist (UNDP 2011).

Es wird ferner angenommen, dass die Arbeitsproduktivität im Industriesektor der Industrieländer bis zu dreimal so hoch ist wie die Arbeitsproduktivität des Industriesektors in der Peripherie. Umgekehrt sei die Arbeitsproduktivität im primären Sektor der peripheren Länder dreimal so hoch wie im primären Sektor der Industrieländer. Abgesehen von diesen sektorspezifischen Produktivitätsunterschieden gleichen sich die Ausgangsbedingungen von Zentrum und Peripherie. Sie weisen zunächst die gleiche Gesamtproduktivität und das gleiche Lohnniveau auf, ihre Handelsbilanzen sind ausgeglichen und sie verzeichnen die gleichen Zuwachsraten von Bevölkerung und Pro-Kopf-Einkommen. Wenn sich die Gesamtnachfrage von Zentrum und Peripherie zu gleichen Teilen auf Industrieerzeugnisse und Rohstoffe verteilt, entwickeln sich Zentrum und Peripherie unter diesen Bedingungen gleich.

Den Grund dafür, dass der Handel zwischen Zentrum und Peripherie dennoch Ungleichheit hervorbringt, liefert das 1857 von Ernst Engel formulierte Engelsche Gesetz (Engel 2021; s. Kap. 2.2.3), nach dem bei zunehmendem Wohlstand ein immer geringerer Anteil des Einkommens auf die Grundbedarfsdeckung verwendet wird. Prebisch erwartet, dass die Einkommenselastizität für Industriegüter höher ist als für Rohstoffe. Mit steigendem Einkommen wächst die Nachfrage nach Rohstoffen unterproportional, da sich z. B. der Nahrungsmittelverbrauch pro Kopf nicht unendlich steigern lässt. Industriegüter werden entsprechend überproportional nachgefragt.

Wenn die Einkommen in Zentrum und Peripherie wachsen, die dadurch entstehende zusätzliche Nachfrage aber hauptsächlich auf Industriegüter entfällt, müssen in der Peripherie Arbeitskräfte vom Rohstoffsektor in den Industriesektor wechseln. Das bedeutet aber, dass Arbeitskräfte vom Sektor mit hoher Produktivität in den Sektor mit niedriger Produktivität wechseln. In der Folge sinken die Gesamtproduktivität und damit die Löhne in der Peripherie. Auch die Exportgüterpreise der Peripherie sinken, was laut Prebisch (1959) einem Einkommenstransfer von der Peripherie ins Zentrum entspricht. Die steigende Nachfrage nach Industriegütern führt auch im Zentrum dazu, dass (noch mehr) Arbeitskräfte vom Rohstoffsektor in den Industriesektor wechseln. Anders als in der Peripherie ist der Industriesektor in den Industrieländern jedoch der Sektor mit der höheren Produktivität und den höheren Löhnen.

Unterschiede in der Einkommenselastizität der Nachfrage führen somit zu einer Verlagerung von Produktion und Beschäftigung vom primären Sektor zum sekundären Sektor. Auch wenn der Produktivitätszuwachs in den beiden Sektoren und den beiden Regionen gleich ist, verbessert sich dadurch das Gesamtproduktivitätsverhältnis und entsprechend das Lohnniveau der Industrieländer gegenüber dem der Entwicklungsländer.

Die unterschiedlichen Einkommenselastizitäten der Nachfrage nach Rohstoffen und Industriegütern führen im Ergebnis dazu, dass Preise der Exportgüter der Peripherie fallen, während die Preise der Exporte der Industrieländer steigen. Das Verhältnis von Exportgüterpreisen zu Importgüterpreisen wird als „Terms of Trade" bezeichnet. Die Verschlechterung der Terms of Trade der rohstoffexportierenden Länder bedeutet einen Wohlstandstransfer in die Industrieländer (Prebisch 1959).

Prebisch (1959) erweitert das Modell um die Auswirkungen von Importbeschränkungen für Rohstoffe seitens der Industrieländer. Derartiges protektionistisches Verhalten, v. a. die Anwendung von Einfuhrzöllen und anderen Handelsbeschränkungen für Rohstoffeinfuhren sowie Subventionen für die heimische Landwirtschaft und Rohstoffproduktion, ist in Industrieländern bis heute eine weit verbreitete Praxis (Laaser und Rosenschon 2019). Ohne protektionistische Maßnahmen werden im Zentrum die ohnehin nicht besonders umfangreichen Aktivitäten im Rohstoffsektor durch die immer preiswerteren Rohstoffe verdrängt, die aus der Peripherie importiert werden. Wenn die Industrieländer jedoch ihren primären Sektor durch Handelsbeschränkungen vor der Konkurrenz aus den Entwicklungsländern schützen, können diese keine oder zumindest weniger Rohstoffe exportieren. Entsprechend müssen dort mehr Arbeitskräfte im vergleichsweise unproduktiven Industriesektor Beschäftigung finden. Dies verschlechtertet die Terms of Trade für die Peripherie weiter. Unter bestimmten Bedingungen verstärken auch Unterschiede in der Höhe und der Zusammensetzung des technischen Fortschritts diese Tendenz .

Laut Prebisch sollte diesem Prozess durch einen aktiven politischen Eingriff in die Marktkräfte begegnet werden. Er empfiehlt den Einsatz von Exportzöllen seitens der Peripherie, um das Sinken ihrer Exportgüterpreise zu verhindern. Zudem befürwortet er gewerkschaftliche Bemühungen um eine Erhöhung der Löhne im rohstoffexportierenden Sektor der Peripherie sowie den Verzicht der Industrieländer auf Importbeschränkungen für Rohstoffe, damit dieser in der Peripherie sehr produktive Sektor durch Exporte seine Beschäftigung ausdehnen kann.

Die Argumentation der beiden in diesem Kapitel vorgestellten Polarisationstheorien offenbart wichtige Gemeinsamkeiten. Sowohl Myrdal als auch Prebisch sehen die Ursache für zunehmende Ungleichheit in den Austauschbeziehungen zwischen Wachstumsregionen (Zentrum) und Schrumpfungsregionen (Peripherie). Und beide Theorien erwarten einen selbstverstärkenden Prozess, sodass letztlich dem Staat die Aufgabe zufällt, das unerwünschte Ergebnis des Marktmechanismus zu korrigieren. Die Fähigkeit des Staates, effektiv einzugreifen, kann jedoch nicht vorausgesetzt werden. Prebisch (1959) verweist darauf, dass sich Staaten bezüglich der Wirkungen ihrer Politik verschätzen und falsche oder zu weitgehende Maßnahmen ergreifen, die ihrerseits erheblichen wirtschaftlichen Schaden anrichten.

Aufbauend auf den verschiedenen polarisationstheoretischen Arbeiten hat sich eine umfangreiche wissenschaftliche Diskussion zur Erklärung und Veränderung der Position von Entwicklungsländern im Weltwirtschaftssystem entwickelt. Wichtige Beiträge aus dieser Diskussion sind u. a. dependenztheoretische Arbeiten (Senghaas 1975) und Weltsystemtheorie-Ansätze (Wallerstein 1974). Diese Konzepte sehen regionale Disparitäten im globalen Maßstab (Nord-Süd-Disparitäten) primär als das Ergebnis von ungleichen Austauschbeziehungen an.

2.3.3 New Economic Geography

Das Theoriegebäude der New Economic Geography integriert Überlegungen aus neoklassischer und polarisationstheoretischer Perspektive unter Verwendung neu entwickelter Verfahren der volkswirtschaftlichen Modellbildung. Es wurde von Paul Krugman entwickelt (Krugman 1991a; 1991b; 1998; Fujita et al. 1999). Die folgenden Ausführungen dienen dazu, unter Ausblenden der vielfältigen Restriktionen und methodischen Voraussetzungen ein intuitives Verständnis für die Theorie zu entwickeln. Die umfassende mathematische Formulierung des Modells erläutern Krugman (1991a) sowie Brakman et al. (2001).

Laut Krugman (1991a, S. 36–54; 1998) ist die räumliche Struktur der Wirtschaft das Ergebnis zentrifugaler und zentripetaler Kräfte. Zu den zentrifugalen Kräften, die zu einer räumlichen Dispersion wirtschaftlicher Aktivitäten beitragen, gehören beispielsweise räumlich immobile Produktionsfaktoren, räumlich differenzierte Bodenpreise und Agglomerationsnachteile. Zu den zentripetalen Kräften, die konzentrationsfördernd wirken, zählen Lokalisationsvorteile (s. Kap. 2.2.2). Ob sich eher die zentripetalen oder die zentrifugalen Kräfte durchsetzen, hängt ursächlich mit der Höhe der Transportkosten zusammen, denn die Konzentration wirtschaftlicher Aktivitäten setzt voraus, dass entfernte Gebiete zu vertretbaren Kosten mit den Gütern des Agglomerationsraums versorgt werden können. Vereinfachend nimmt Krugman an, dass sich Industrieunternehmen auf zwei Regionen Ost und West verteilen können, oder aber sich in Ost oder West konzentrieren. Wenn sich die Industrieunternehmen in einer Region konzentrieren, so muss die Peripherie durch Handel und Gütertransport von diesem Konzentrationsraum mit Industriegütern versorgt werden. Die Raumstruktur – konzentriert oder dispers – resultiert aus folgenden Prozessen (Krugman 1998):

Sind die Transportkosten sehr hoch, ist die Versorgung der Peripherie durch interregionalen Industriegüterhandel teuer. Das Vermeiden von Transportkosten führt somit zu einer dispersen Verteilung der Industrie. Verteilt sich die Industrie gleichermaßen auf Ost und West, besteht in keiner der beiden Regionen eine nennenswerte Konzentration von Industrieunternehmen. Die Löhne der Industriearbeiter hängen unter diesen Bedingungen von regionsinterner Konkurrenz ab und sinken daher mit steigender Zahl der Arbeitskräfte in der Region. Bei hohen Transportkosten tendiert die Raumstruktur daher immer zur Dispersion des Industriesektors, denn jede Erhöhung des Industrieanteils von Ost (West) senkt den Industrielohn in Ost (West) und induziert Wanderungen, die den Industrieanteil in Ost (West) wieder absenken.

Bei niedrigen Transportkosten verkauft ein Unternehmen seine Industrieprodukte dagegen typischerweise in beiden Regionen. Wenn es jedoch in der Region mit dem größeren Absatzmarkt ansässig ist, von Lokalisationsvorteilen profitiert und damit Kostenersparnisse realisiert, kann es höhere Löhne zahlen. Zudem steigt die Kaufkraft der Löhne im Konzentrationsraum, da die Arbeitskräfte einen besseren Zugang zu Industrieprodukten haben. Die Realeinkommen steigen daher mit der Zunahme der Bevölkerung einer Region. Wenn die mobilen Industriearbeitskräfte in die Region der höheren Reallöhne wandern, stärken sie die vorherrschende Konzentration bis hin zur vollständigen Ansiedlung des kompletten Industriesektors in dieser Region. Bei niedrigen Transportkosten tendiert die Raumstruktur daher immer zur Konzentration, da jede Abweichung vom Gleichgewicht sofort einen kumulativen Prozess bis hin zur vollständigen Konzentration in Ost oder West bewirkt.

Bei mittleren Transportkostenniveaus halten sich zentrifugale und zentripetale Kräfte in etwa die Waage. Abbildung 2.3.4 illustriert diese Zusammenhänge.

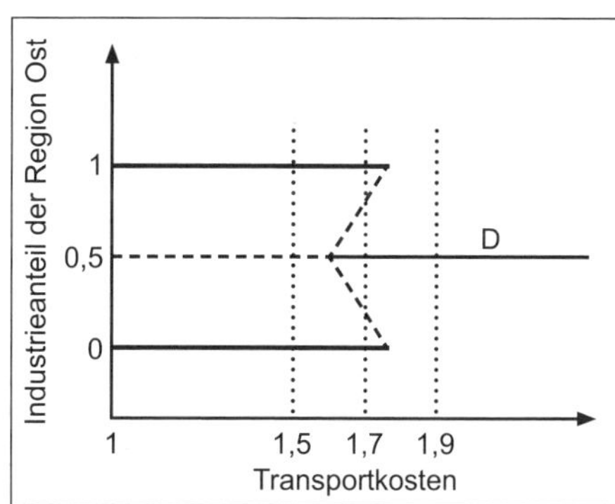

Abbildung 2.3.4: Multiple Gleichgewichte in Abhängigkeit vom Transportkostenniveau (Eigene Darstellung nach Krugman 1998, Seite 12)

Abbildung 2.3.4 verdeutlicht die Abhängigkeit der Raumstruktur vom Transportkostenniveau, das zwischen T = 1 und unendlich liegen kann. Eine durch hohe Transportkosten (T >1,9) geprägte Raumwirtschaft ist dispers strukturiert, symbolisiert durch das Gleichgewicht D für Industrieanteile von 0,5 für Ost und West. Sinken die Transportkosten, so bleibt die disperse Struktur bis zu einem Transportkostenniveau von knapp unter T = 1,7 erhalten, denn laut Abbildung 2.3.4 lässt auch dieses Transportkostenniveau den Bestand des Gleichgewichts bei verteilter Industrie zu. Das Transportkostenniveau, an dem die Raumstruktur in Richtung

Konzentration kippt, liegt unterhalb von T = 1,7 aber oberhalb von T = 1,5, bei dem es sicher zur Konzentration kommt. Dieses Transportkostenniveau nennen Fujita et al. (1999, S. 10) „Break Point“. Umgekehrt ist eine durch niedrige Transportkosten gekennzeichnete Raumwirtschaft (T <1,5) durch Konzentration geprägt, mit einem Industrieanteil der Region Ost von 1 oder 0. Steigen hier die Transportkosten, bleibt die Konzentration bis zu einem Transportkostenniveau knapp oberhalb von T = 1,7 erhalten und kippt erst dann in Richtung Dispersion. Diesen Punkt nennen Fujita et al. (1999, S. 10) „Sustain Point“.

Damit verdeutlicht Abbildung 2.3.4 wesentliche Charakteristika der New Economic Geography, darunter multiple Gleichgewichte und abrupte Veränderungen der Raumstruktur als das Ergebnis gradueller Veränderungen der zugrundeliegenden Einflussgrößen (Krugman 1998). Die Theorie zeigt mithilfe von Gleichgewichtsmodellen, dass in Marktwirtschaften sowohl räumliche Polarisation als auch räumlicher Ausgleich möglich sind und dass sich Raumstrukturen schlagartig verändern können. Eine Senkung der Transportkosten führt dabei nicht zum Ausgleich, sondern zur Konzentration. Als Resultat von Kostensenkungen und Lohnsteigerungen geht räumliche Konzentration mit hoher Wohlfahrt einher.

Die New Economic Geography ist nicht auf den hier vorgestellten Zwei-Regionen-Fall beschränkt, sondern lässt sich auf die Entwicklung räumlicher Konzentrationen in beliebig vielen Regionen ausdehnen (Fujita et al. 1999; Brakman et al. 2001). Die komplexe Modellstruktur setzt Annäherungen des Modells an die Realität jedoch enge Grenzen (Krugman 1998). Die vielfältige Kritik an diesem Theoriegebäude (Martin 1999) zielt zudem auf die Verwendung vereinfachender Annahmen, und die damit einhergehende Nichtberücksichtigung zahlreicher Einflussfaktoren und der Individualität von Räumen.

2.3.4 Dynamik regionaler Disparitäten

Einen völlig anderen Weg als die New Economic Geography gehen Theorieansätze, die ausgehend von realen Beobachtung versuchen, die regionale Wirtschaftsentwicklung aus dem Zusammenwirken ausgleichender und polarisierender Faktoren zu erklären. Da diese Ansätze mit sich verbessernder Datenbasis immer differenziertere Erklärungen liefern, nehmen sie eine Position zwischen Theorie und Empirie ein.

Eine Gruppe dieser Ansätze bilden theoretische Beiträge, die in der zweiten Hälfte des 20. Jahrhunderts im Kontext der Diskussion über den Verlauf des Entwicklungsprozesses vom „unterentwickelten“ Agrarland zum „entwickelten“ Industrieland entstanden sind. Sie betrachten die Veränderung der Disparitäten innerhalb desselben Zeitraums, den auch die in Kapitel 2.2.3 vorgestellten Stufentheorien behandeln. Simon Smith Kuznets (1955) erwartet, dass sich das Ausmaß der interpersonalen Einkommensdisparitäten im Entwicklungsverlauf als umgekehrt u-förmige Kurve darstellen lässt (Kuznetskurve). Er argumentiert, dass mit beginnender Industrialisierung die Einkommen zunächst nur selektiv in wenigen Branchen und für wenige Personen stark ansteigen, während die Einkommen im Agrarsektor und bei gering qualifizierten Arbeitskräften niedrig bleiben, sodass die Ungleichheit zunimmt. Sobald die Beschäftigten jedoch weit überwiegend im gewerkschaftlich organisierten Industrie- oder Dienstleistungssektor arbeiten, verringert sich die Einkommensungleichheit. Harry W. Richardson (1977; 1980) betrachtet hingegen regionale Disparitäten und argumentiert mit der Veränderung konkreter räumlicher Standortstrukturen. Er erwartet, dass sich die frühe Wirtschaftsentwicklung eines Landes auf eine Region konzentriert, die über infrastrukturelle Vorteile, administrative Vorteile und Größenvorteile verfügt. Es mag sich um die Hauptstadt eines ehemals kolonial abhängigen Landes handeln, die sich auf Basis dieser Vorteile entwickelt und dem übrigen Land mobile Produktionsfaktoren entzieht. Diese Phase der Polarisation endet jedoch, sobald Agglomerationsnachteile in der Hauptstadtregion entstehen und ein höheres gesamtwirtschaftliches Einkommensniveau die eigenständige Wirtschaftsdynamik entfernter Standorte fördert. Infolge dieses „Polarization Reversal" nehmen die zwischenzeitlich angewachsenen Disparitäten erneut ab und es entsteht eine ausgeglichene Raumstruktur.

Das wesentlich aktuellere Konzept der Kuznets-Wellen, erstellt von Branko Milanovic (2016), greift den Ansatz der Kuznets-Kurve (Kuznets 1955) auf. Darüber hinaus speist es sich aus verschiedenen Vorarbeiten (Piketty 2014) und einer umfassenden Analyse historischer und aktueller Wirtschafts- und Einkommensdaten, die durch statistische Bearbeitung international und intertemporal vergleichbar gemacht werden. Das Konzept der Kuznets-Wellen besagt, dass Einkommensdisparitäten systematischen, zyklischen Schwankungen von Zu- und Abnahme unterworfen sind. Abbildung 2.3.5 veranschaulicht die Grundidee der Kuznets-Wellen. Sie zeigt den idealtypischen Zusammenhang zwischen zeitlicher Entwicklung bzw. ökonomischem Entwicklungsniveau und dem Ausmaß der interpersonalen Disparitäten.

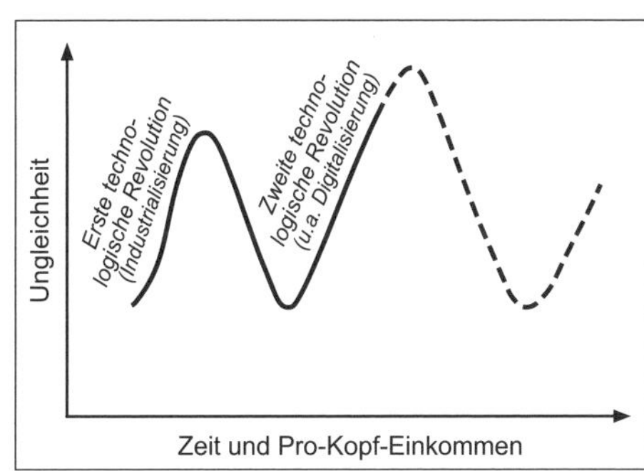

Abbildung 2.3.5: Kuznets-Wellen (Eigene Darstellung nach Milanovic 2016, Seite 57 und 58)

Auf- und Abschwung der Kuznets-Wellen sind an konkrete historisch-ökonomische Bedingungen und technologische Entwicklungen gebunden. Daher unterscheiden sich unterschiedliche Ländergruppen im Hinblick auf den zeitlichen Beginn und das Ende der jeweiligen Zyklen sowie in der Dauer der Phasen von Zu- und Abnahme. Für westliche Industrieländer gilt, dass der in Abbildung 2.3.5 dargestellte Aufschwung der ersten Welle mit dem Beginn der Industrialisierung zusammenfällt. Milanovic präferiert den Begriff der „ersten technologischen Revolution". Den Höhepunkt der Disparitäten bzw. Einkommensungleichheit erreichen diese Länder in der zweiten Hälfte des 19. oder zu Beginn des 20. Jahrhunderts. Es schließt sich der Abschwung des ersten Zyklus an, der spätestens in den 1970er Jahren auf einem niedrigen Disparitätenniveau endet. In den 1980er Jahren beginnt für diese Länder der Aufschwung des zweiten Zyklus, d. h. eine Phase der erneuten Zunahme der Einkommensungleichheit, die an die „zweite technologische Revolution" (u. a. Digitalisierung) und die beginnende Globalisierung geknüpft ist. Die technologische und ökonomische Entwicklung anderer Ländergruppen – unter anderem der Beginn ihrer Industrialisierung – weicht z. T. erheblich von der der westlichen Industrieländer ab. Daher ist es vorzuziehen, die Abfolge der Kuznets-Wellen nicht an die Zeit, sondern an das mittlere erreichte Einkommensniveau der betrachteten Länder zu knüpfen und damit allgemeingültig zu machen (aus diesem Grund hat die Abszisse in Abbildung 2.3.5 zwei Bezeichnungen).

Für die Zu- und Abnahme der Disparitäten sind in beiden Wellen charakteristische Bündel von Faktoren aus den drei Bereichen Technologie, Offenheit für internationalen Austausch und Politik verantwortlich (Milanovic 2016, S. 53–110).

- Aufschwung der ersten Welle:
  Vor der Industrialisierung ist das Ausmaß der Einkommensungleichheit dadurch limitiert, dass ein Großteil der vorwiegend ländlichen Bevölkerung nahe am Subsistenzniveau lebt. Zwar können einzelne Personengruppen auch in vorindustrieller Zeit sehr wohlhabend sein, das gesamte Ausmaß der Disparitäten ist jedoch aufgrund der quantitativen Dominanz der armen Landbevölkerung gering. Mit der Industrialisierung setzt ein Transfer von Arbeitskräften vom Agrarsektor in den Industriesektor ein. Dieser Prozess ist unmittelbar verbunden mit der Wanderung der Bevölkerung vom Land in die Städte (Urbanisierung). Die in der Industrie bzw. in den Städten zu erzielenden Einkommen weisen weitaus größere Unterschiede auf, als in der Landwirtschaft, da sich ein Nebeneinander von hochproduktiven und hochentlohnten sowie gering produktiven und gering entlohnten Tätigkeiten herausbildet. Daraus resultieren zunehmende Disparitäten. Mit der Industrialisierung nimmt auch die Kapitalintensität der Wirtschaft zu. Die Konzentration des Eigentums an Kapitalgütern und an erwirtschafteten Kapitalerträgen auf relativ wenige Personen verstärkt die Einkommensdisparitäten zusätzlich.
- Abschwung der ersten Welle:
  Der Abschwung der ersten Kuznets-Welle (in den Industrieländern im 20. Jahrhundert) ist das Resultat verschiedener Ausgleichsmechanismen. Dazu gehört erstens die Verlangsamung von Industrialisierungs- und Urbanisierungspro-

zessen. Nachdem der weit überwiegende Teil der ländlichen Bevölkerung in die Städte gewandert ist, dominiert die urbane Industriebeschäftigung. Der ausbleibende Zustrom niedrig qualifizierter Arbeitskräfte aus dem ländlichen Raum, die bereit wären, zu niedrigsten Löhnen zu arbeiten, ermöglicht den Anstieg und die Nivellierung des urban-industriellen Entlohnungsniveaus. Zweitens steigt das Bildungs- und Qualifikationsniveau, was ebenfalls das Angebot an unqualifizierter Arbeit limitiert und das Angebot an qualifizierter Arbeit vergrößert, und somit zur Annäherung der Entlohnung beider Qualifikationsgruppen beiträgt. Weitere Einflüsse gehen von sozialpolitischen Maßnahmen aus (z. B. Altersversorgung, Gesundheitsversorgung), deren Finanzierung durch progressive Besteuerung erreicht wird. Gewerkschaften und Interessenvertretungen der Arbeitnehmer*innen gewinnen erheblich an Bedeutung.

- Aufschwung der zweiten Welle:
  Mit der zweiten technologischen Revolution, in den Industrieländern gegen Ende des 20. Jahrhunderts, gewinnen konzentrationsfördernde Kräfte erneut an Bedeutung. Der Arbeitskräftetransfer vom Industrie- in den Dienstleistungssektor geht – ähnlich wie der Transfer vom Agrarsektor zum Industriesektor mehr als ein Jahrhundert zuvor – mit zunehmenden Einkommensunterschieden einher, denn Löhne und Gehälter im Dienstleistungssektor variieren stärker als in der Industrie (Milanovic 2016, S. 104). Der Wandel von Technologie und Arbeitsmarkt begünstigt hochqualifizierte Bevölkerungsgruppen, die beispielsweise über gehobene Managementkenntnisse oder digitale Kompetenzen verfügen, und schmälert die Einkommenschancen gering qualifizierter Personen. Auch zeichnet sich der Dienstleistungssektor insgesamt durch einen geringeren Organisationsgrad der Arbeitnehmer*innen aus und reduziert implizit den gewerkschaftlichen Einfluss. Parallel dazu nehmen die Einkommen aus Kapitalerträgen erneut zu, denn die neuen Technologien, v. a. die Digitalisierung, eröffnen neue Geschäftsfelder, und Innovationen in diesen Geschäftsfeldern erzielen vielfach hohe Renditen. Die Verlagerung arbeitsintensiver industrieller Produktionsschritte in Niedriglohnländer verstärkt die Einkommensungleichheit in westlichen Industrieländern ebenfalls. So verhindert oder bremst die Vergrößerung des weltweit zur Verfügung stehenden Arbeitskräftepools die Lohnzuwächse im Bereich niedrig qualifizierter Arbeitskräfte in westlichen Industrieländern, trägt damit zur Lohnspreizung bei und vergrößert gleichzeitig die in diesen Sektoren zu erzielenden Kapitalerträge.

Diese Befunde verdeutlichen das Ineinandergreifen von technologischen Veränderungen, Industrialisierung, sektoralem Strukturwandel, Außenhandel und Kapitalverkehr sowie politischen und sozialen Veränderungen (Milanovic 2016, S. 110). Bei nationaler Betrachtung der Kuznets-Wellen für westliche Industrieländer ergibt sich theoretisch und empirisch ein konsistenter Befund. Mit Beginn der zweiten Kuznets-Welle verstärken sich bestehende Disparitäten, die Einkommen der einkommensstärksten Bevölkerungsschichten wachsen überproportional während die Einkommen der einkommensschwachen, zumeist niedrig qualifizierten Arbeitnehmer*innen real stagnieren. In den Entwicklungs- und Schwellenländern zeigen sich dagegen differenziertere Befunde, da diese sich z. T. in anderen technologischen Entwicklungsphasen befinden, insgesamt niedrigere, aber stark differenzierte Einkommensniveaus aufweisen und in unterschiedlichem Maß in die Weltwirtschaft integriert sind. Unbeschadet der Vielfalt in dieser Ländergruppe gilt jedoch, dass die von der Globalisierung der industriellen Produktion profitierenden Industriearbeitnehmer*innen der Länder mittleren Einkommens überproportionale Einkommenszuwächse verzeichnen. Abbildung 2.3.6 weist sie als Gewinner*innen der gegenwärtigen Veränderungsdynamik aus, ebenso wie die einkommensstärksten Schichten der Industrieländer. Die Abbildung zeigt den kumulierten realen Einkommenszuwachs aller Einkommensgruppen weltweit für den Zeitraum 1988 – 2008.

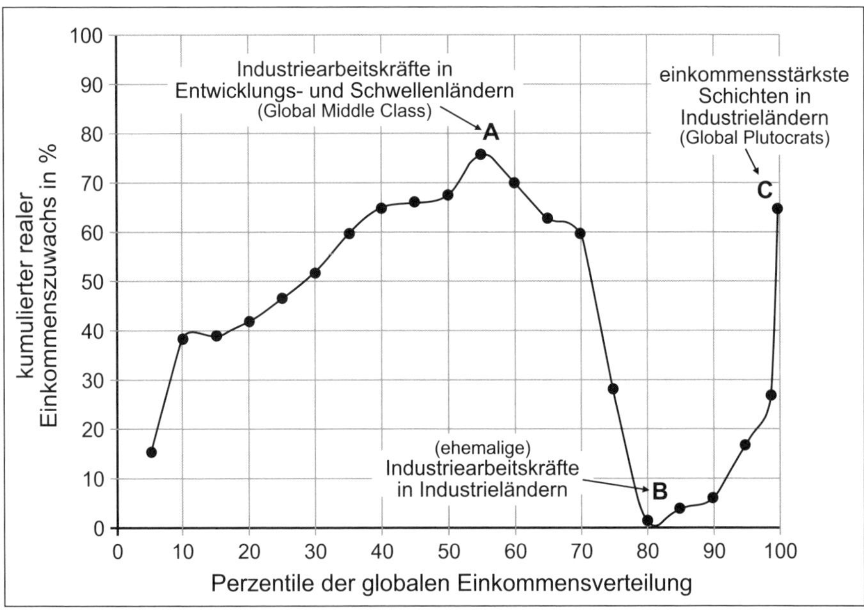

Abbildung 2.3.6: Globale Disparitäten (Eigene Darstellung nach Milanovic 2016, Seite 11)

Mit dem Konzept der Kuznets-Wellen lässt sich die Veränderungsdynamik der globalen Disparitäten im Zuge der Globalisierung erklären. Als globale Disparitäten definiert Milanovic die Summe aus den interpersonalen Einkommensungleichheiten, also den Einkommensunterschieden armer und reicher Bevölkerungsschichten innerhalb aller Länder der Welt, und den Unterschieden der durchschnittlichen Pro-Kopf-Einkommen aller Länder (Milanovic 2016, S. 3 und S. 126). Die globalen Disparitäten nahmen zwischen 1820 und 1970 kontinuierlich zu. Laut Milanovic (2016, S. 128) sind die Einkommensunterschiede zwischen reichen und armen Ländern derzeit für 80 % des Gesamtumfangs globaler Disparitäten verantwortlich, während die verbleibenden 20 % auf Einkommensunterschiede zwischen reichen und armen Bevölkerungsschichten innerhalb der einzelnen Länder zurückzuführen sind. Der dominierende Einfluss der unterschiedlichen Mittelwerte der Pro-Kopf-Einkommen der Länder ist das Ergebnis der weltwirtschaftlichen Entwicklung der vergangenen zwei Jahrhunderte, denn vor der Industrialisierung waren diese Unterschiede gering und die globalen Disparitäten resultierten stattdessen aus den Einkommensunterschieden armer und reicher Bevölkerungsschichten. Derzeit tendieren die globalen Disparitäten – ausgehend von sehr hohem Niveau – leicht zur Abnahme. Diese Tendenz ist vor allem auf die in Abbildung 2.3.6 sichtbaren Einkommenszuwächse der Gruppe der Industriearbeitnehmer*innen in Entwicklungs- und Schwellenländern zurückzuführen.

Im Zuge der Erläuterung der Kuznets-Wellen weist Milanovic (2016) auf charakteristische Verläufe sektoraler und regionaler Disparitäten hin. Diese vereinzelten Aussagen lassen sich folgendermaßen zusammenfassen.

- Sektorale Ebene:
  Die zweite technologische Revolution hat eigene Wirtschaftszweige hervorgebracht, vor allem die Hardware- und Softwareindustrie, und andere Sektoren in ihrer Entwicklung stark gefördert, z. B. die Telekommunikationsindustrie. In diesen neuen bzw. stark begünstigten Sektoren entstehen hohe relative und absolute Zuwächse an Arbeits- und Kapitaleinkommen. Die Digitalisierung beeinflusst jedoch auch etablierte Industriezweige und bewirkt dort neben selektiven Einkommenszuwächsen und -abnahmen auch sektorale Wachstums- und Schrumpfungsprozesse in Bezug auf Unternehmensbestand und Beschäftigung. Gleiches gilt für diejenigen Industrie- und Dienstleistungszweige, die den grenzüberschreitenden Güter- und Dienstleistungshandel organisieren und somit von außenwirtschaftlicher Offenheit profitieren, vor allem die Finanzbranche.
- Regionale Ebene:
  Überdurchschnittlich hohes Wirtschaftswachstum charakterisiert solche Regionen, die sich durch eine hohe Konzentration von Arbeitnehmer*innen und Kapitaleigner*innen in den oben genannten Wirtschaftszweigen auszeichnen. So vollzieht sich auch auf regionaler, subnationaler Maßstabsebene eine parallel zur Kuznets-Welle verlaufende Zu- und Abnahme von Disparitäten (Milanovic 2016, S. 115). Milanovic (2016) illustriert die Bedeutung sektoral-regionaler Konzentration für den Aufschwung der zweiten Kuznets-Kurve mit einem von J. Galbraith (2012) übernommenen Zahlenbeispiel. Danach ist die Hälfte des Zuwachses an interpersonaler Einkommensungleichheit in den USA im Zeitraum 1994–2006 auf außergewöhnlich große Einkommenszuwächse in lediglich fünf von insgesamt 3000 Counties (Gebietseinheiten) der USA zurückzuführen. Es handelt sich um New York County mit wichtigen Unternehmen der

Finanzwirtschaft, um San Francisco County, Santa Clara County und San Mateo County, die gemeinsam das Silicon Valley mit seinen IT-Unternehmen umfassen, und um King County im Bundestaat Washington, wo sich u. a. der Hauptsitz von Microsoft befindet. Ein zweiter räumlicher Befund betrifft die Auswirkungen der Verlagerung von Industriearbeitsplätzen von Industrieländern in Schwellenländer. Dieser Prozess führt zum Wachstum von Industrieregionen in Schwellenländern (z. B. Chinas Perlflussdelta oder Bengaluru in Südindien) und zur Stagnation vieler Industrieregionen in Industrieländern.

Es gehört zu den Verdiensten des Konzepts der Kuznets-Wellen, für unterschiedliche räumliche Maßstabsebenen die Wirkung vielfältiger Einflussfaktoren auf die Entwicklung der Disparitäten zu erklären und prognostizierbarer zu machen. Ebenso hervorzuheben ist die Leistung, interpersonale, intersektorale und interregionale Disparitäten in einem Argumentationszusammenhang zu verbinden. Die Unterlegung des Konzepts durch eine umfassende empirische Datenanalyse ist ein weiterer Vorteil.

Aus Sicht der Wirtschaftsgeographie ist kritisch einzuwenden, dass das Konzept nicht eindeutig klärt, wie sich Disparitäten in Ländern entwickeln, bei denen sich technologische und gesellschaftliche Entwicklungsprozesse überlagern, die eigentlich zu unterschiedlichen Zyklusphasen gehören. Ein Beispiel dafür wäre China, das derzeit durch Industrialisierung und Urbanisierung und gleichzeitig durch einen Bedeutungsgewinn der Dienstleistungen sowie eine verstärkte Digitalisierung gekennzeichnet ist.

2.4 Regionalpolitik

Regionalpolitik ist die gezielte staatliche Beeinflussung regionaler ökonomischer Strukturen und Prozesse (Schätzl 1991, Maier et al. 2006). Regionalpolitik verfolgt unterschiedliche Ziele (s. u.), wobei eine Politik, die Disparitäten im sozioökonomischen Entwicklungsstand verringern möchte und damit der sozioökonomischen Dimension der Nachhaltigkeit entspricht, als regionale Ausgleichspolitik bezeichnet wird. Das folgende Kapitel stellt Elemente der globalen Ausgleichspolitik (2.4.2) sowie die Ausgleichspolitik der Europäischen Union vor (2.4.3). Zuvor gilt es, wichtige Begriffe der Regionalpolitik zu klären (2.4.1).

2.4.1 Grundbegriffe der Regionalpolitik

Mit differenzierten Begründungen für die Notwendigkeit der Durchführung von Regionalpolitik beschäftigen sich zahlreiche wissenschaftliche Arbeiten (Peck 2008, Holtzmann 1997). Im Rahmen dieses Lehrbuches ist jedoch ein Verweis auf die Ergebnisse der vorangehenden Kapitel 2.1 – 2.3 hinreichend: Weltweit bestehen auf unterschiedlichen räumlichen Maßstabsebenen erhebliche regionale Disparitäten im sozioökonomischen Entwicklungsstand, und das freie Spiel der Marktkräfte bewirkt unter den realen Rahmenbedingungen keinen vollständigen Ausgleich der Disparitäten, im Gegenteil, es wirkt oftmals verstärkend.

Über ihre Regionalpolitik entscheiden die Regierungen souveräner Staaten. Anders als viele andere Politikbereiche hat die Regionalpolitik jedoch immer einen unmittelbaren Raumbezug, wobei die jeweils relevante räumliche Maßstabsebene mit dem konkreten Gegenstand der Politik zwischen großräumig-global und kleinräumig-lokal variiert. Die Bedeutung unterschiedlicher räumlicher Maßstabsebenen legt es nahe, die Beschaffung relevanter Informationen und die Diskussion politischer Handlungsalternativen auf die jeweils passende Maßstabsebene zu verlagern. So dienen multilaterale Organisationen, beispielsweise die Vereinten Nationen (UN), der internationalen Koordinierung nationaler politischer Maßnahmen für global relevante Problemfelder (Morse und Keohane 2014). Supranationale Zusammenschlüsse, z. B. die Europäische Union, dienen ebenfalls der Koordination regionalpolitischer Maßnahmen mehrerer Staaten, jedoch auf kontinentaler Maßstabsebene. Die Kompetenz für kleinräumig relevante wirtschaftspolitische Maßnahmen und lokale Problemlösungen wird in vielen Staaten von der nationalen Ebene auf die subnationale Ebene übertragen. Im Fall Deutschlands betrifft dies z. B. die Kompetenz der Bundesländer für regionale Wirtschaftsförderung und die der kreisfreien Städte und Landkreise (lokale Gebietskörperschaften) bei der Ausweisung von Gewerbegebieten. Das Vorgehen, die Entscheidungskompetenz auf eine dem Sachproblem angemessene Entscheidungsebene unterhalb der nationalen Regierung zu verlagern, bezeichnet man als Subsidiaritätsprinzip.

Regionalpolitik lässt sich nach ihren Zielen, Strategien und Instrumenten untergliedern (Schätzl 1991). Als Ziele der Regionalpolitik gelten Wachstumsziel (Maximierung des gesamtwirtschaftlichen Wachstums), Ausgleichsziel (Abbau von Disparitäten), Stabilitätsziel (Vermeidung wirtschaftlicher Risiken durch extreme Spezialisierung auf wenige Industrien/ Sektoren) und Ökologieziel (Verringerung von Umweltbeeinträchtigungen). In den beiden folgenden Teilkapiteln und in Kapitel 3.4 steht das Ausgleichsziel im Vordergrund. Maßnahmen zum Ökologieziel diskutiert Kapitel 4.4.

Eine Regionalpolitik, die dem Ausgleichsziel folgt (Ausgleichspolitik), strebt einen Abbau regionaler Disparitäten und die Schaffung als ausreichend empfundener Lebensbedingungen in allen Teilräumen eines Gesamtgebiets an. Wie dieses Ziel zu erreichen ist, also die Frage nach der strategischen Ausrichtung der Politik, hängt von den theoretischen Vorstellungen der handelnden politischen Akteure ab. Eine wichtige strategische Entscheidung ist, ob der Ausgleich von Disparitäten eher den Markkräften oder aber einem staatlichen Eingriff in die Marktkräfte zugetraut wird. Neigen politische Entscheidungsträger*innen zur erstgenannten Ansicht, orientieren sie sich also tendenziell an neoklassischen Theorien, so werden sie die Notwendigkeit von funktionierenden Märkten, Privateigentum sowie übersichtlicher und insgesamt moderater staatlicher Regulierungsdichte betonen und Maßnahmen favorisieren, die benachteiligte Regionen verstärkt in den interregionalen Austausch und Wettbewerb integrieren. Diese marktorientierte Sichtweise prägt die regionale Wirtschaftspolitik der meisten Staaten sowie der multilateralen und supranationalen Organisationen. Sie wurde von J. Williamson (1990) prägnant im sogenannten Washington Consensus zusammengefasst. Die Kritik am Washington Consensus, und vor allem an einem zu wenig reflektierten Vertrauen auf Marktkräfte bei der Bekämpfung sozioökonomischer Problemlagen, ist vielfältig. Ein aktueller und expliziter Gegenentwurf ist der sogenannte Beijing Consensus (Ramo 2004), der das Wachstumsmodell der sehr viel stärker staatlich gelenkten Marktwirtschaften Ostasiens, und vor allem China, dem liberalen westlichen Modell gegenüberstellt (Ferchen 2013).

Mit der strategischen Ausrichtung der Regionalpolitik korrespondiert die Wahl der Instrumente. Grundsätzlich kann der Staat auf regionsinterne Angebots- und Nachfragebedingungen einwirken, die interregionale Mobilität von Gütern und mobilen Produktionsfaktoren beeinflussen, und die regionalen Rahmenbedingungen verändern, v. a. Infrastruktur und Institutionen (Maier et al. 2006; s. Abb. 2.3.1).

2.4.2 Elemente der globalen Ausgleichspolitik

Eine einheitliche globale Politik zum Ausgleich von sozioökonomischen Disparitäten zwischen Industrie- und Entwicklungsländern (Nord und Süd) existiert nicht. Stattdessen versuchen viele Staaten, durch ihre nationale Politik (unilateral), durch Vereinbarungen mit einzelnen Partnerländern (bilateral) oder durch Abstimmung mit möglichst allen Staaten (multilateral) auf eine Verringerung der Disparitäten hinzuwirken. Hierbei sind zwei Ansatzpunkte zu unterscheiden: Erstens kann globale Ausgleichspolitik die Regeln des Weltwirtschaftssystems so gestalten, dass das System die armen Staaten des Südens nicht benachteiligt. Der zweite Ansatzpunkt ist Entwicklungshilfe, die entweder über multilaterale Organisationen oder bilateral geleistet wird.

Multilaterale Zusammenarbeit schafft laut Woods (2008) die Möglichkeit, bestehenden ökonomischen Problemen durch koordiniertes kollektives Handeln effektiver zu begegnen, als dies möglich wäre, wenn alle Staaten allein ihren individuellen Zielen folgten. Fast alle Staaten der Welt beteiligen sich an multilateralen Organisationen, Vereinbarungen und Maßnahmen. Ein Beispiel sind die Vereinten Nationen (United Nations, UN) mit ihren Unterorganisationen, z. B. dem Entwicklungsprogramm der Vereinten Nationen UNDP (s. Kap. 2.1). Die drei weltwirtschaftlich bedeutendsten multilateralen Organisationen sind jedoch die Welthandelsorganisation, der Internationale Währungsfonds und die Weltbank (Woods 2008). Sie wurden nach dem Zweiten Weltkrieg unter maßgeblicher Beteiligung der USA gebildet und haben die weltwirtschaftliche Entwicklung seitdem stark beeinflusst. Derzeit wird ihnen jedoch häufig eine zu geringe Effektivität bei der Steuerung der durch Globalisierung veränderten Weltwirtschaft attestiert (Woods 2008).

Welthandelsorganisation

Die Welthandelsorganisation (World Trade Organization, WTO) mit Sitz in Genf wurde 1994 als Nachfolgeorganisation des 1948 eingesetzten General Agreement on Tariffs and Trade (GATT) gegründet und hat dessen Arbeit fortgesetzt. Die WTO hat mehr als 160 Mitgliedsstaaten. Ihr Anliegen ist die Förderung des Welthandels durch den Abbau von Handelshemmnissen wie z. B. Zöllen, im Vertrauen auf eine insgesamt wohlfahrtssteigernde und ausgleichende Wirkung des Handels (s. Kap. 2.3.1). In den ersten Jahrzehnen nach Abschluss des GATT wurden weltweit erhebliche stufenweise Zollsenkungen vereinbart, die einen starken Anstieg des Welthandelsvolumens zur Folge hatten und einen wichtigen Schritt in Richtung Globalisierung darstellten. Seit Mitte der 1990er Jahre ist es zu keinen weiteren Zollsenkungsrunden gekommen und die WTO wird derzeit vorrangig für ihre Rolle bei der Schlichtung von Handelskonflikten wahrgenommen. Die wichtigste Leitlinie für die Politik von GATT und WTO ist das Prinzip der Meistbegünstigung (most favored nation principle). Es besagt, dass Erleichterungen im Außenhandel, die ein Staat einem anderen Staat gewährt, auch allen anderen Staaten gewährt werden müssen (Horn und Mavroidis 2001). Das Prinzip der Meistbegünstigung unterstreicht den multilateralen Ansatz der WTO. Es hilft vor allem ärmeren Staaten, die ihre handelspolitischen Vorstellungen in bilateralen Verhandlungen gegenüber wohlhabenden Staaten kaum würden durchsetzen können.

Der aktuelle Beitrag der Welthandelsorganisation zur Stärkung armer Staaten im Welthandel und zum Abbau von Disparitäten ist jedoch umstritten. In der bislang letzten Verhandlungsrunde des GATT (abgeschlossen 1994) wurden laut Woods (2008) primär die Vorstellungen der Industrieländer umgesetzt, während wichtige Anliegen der Entwicklungsländer unberücksichtigt blieben. Zu Letzteren gehören z. B. ein Abbau der Marktzugangsbeschränkungen wohlhabender Staaten für Agrarprodukte aus armen Staaten und die Anerkennung der Notwendigkeit des Einsatzes industriepolitischer Fördermaßnahmen in den Entwicklungsländern.

Internationaler Währungsfonds

Der internationale Währungsfonds (International Monetary Fund, IMF) mit Sitz in Washington D.C. ist in die Organisationsstruktur der UN integriert und hat derzeit 190 Mitgliedsstaaten. Seine Hauptaufgabe besteht in der Stabilisierung des globalen Währungssystems durch die Unterstützung von Staaten, die sich in Währungs- und Finanzierungskrisen befinden. Die Bedingungen der Kreditvergabe richten sich u. a. nach der Situation der kreditnehmenden Staaten. Im Fall armer Entwicklungsländer vergibt der IMF seine Kredite zu konzessionären Bedingungen, z. B. als zinslose Kredite mit langer Laufzeit für arme und ökonomisch fragile Staaten. Der IMF verlangt von allen kreditnehmenden Staaten eine Anpassung ihrer Politik, die die Ursachen der bestehenden ökonomischen Krise beseitigen soll. Dazu gehört – als Ausdruck des oben erwähnten Washington Consensus – oftmals eine Reduktion staatlicher Ausgaben und eine Steigerung staatlicher Einnahmen, eine Deregulierung interner Wirtschaftsprozesse und eine Privatisierung staatlicher Unternehmen. Die teils fehlende Effektivität der geforderten Strukturanpassungsmaßnahmen und ihre sozialen Kosten werden mitunter scharf kritisiert (Collier und Gunning 1999, Dreher 2009). Woods (2008) argumentiert, dass der hohe Stimmenanteil europäischer Staaten und der USA in den Entscheidungsgremien des IMF die Kritik aus den Schwellen- und Entwicklungsländern zusätzlich verstärkt.

Weltbank

Die Weltbank (World Bank) mit Hauptsitz in Washington D.C. hat derzeit 189 Mitgliedsstaaten und gilt als der Kern des multilateralen Entwicklungshilfesystems (Woods 2008), denn der Zweck der Weltbank besteht in der Armutsreduktion und Wohlfahrtssteigerung in Entwicklungsländern. Das Hauptaufgabengebiet der Weltbank ist die Finanzierung entwicklungsrelevanter Investitionen in den Bereichen Bildung, Gesundheit, öffentliche Verwaltung und Infrastruktur, gewerbliche Wirtschaft, Landwirtschaft sowie Umweltschutz- und Naturschutzmanagement. Auch die Weltbank nutzt konzessionäre Kreditvergabe und bindet ihre Kredite an Auflagen für die kreditnehmenden Staaten. Cormier und Manger (2022) zeigen jedoch, dass die Auflagen der Weltbank in jüngerer Zeit immer weniger dem Washington Consensus entsprechen und sich stattdessen fortlaufend der entwicklungsökonomischen Diskussion anpassen. Dennoch empfiehlt beispielsweise Woods (2008), die Weltbank sollte stärker als bisher eine erfahrungsbasierte Maßnahmengestaltung verfolgen und das Übergewicht US-amerikanischer und europäischer Interessen in ihrer Leitungsstruktur verringern.

Neue multilaterale Organisationen

Die Kritik an den drei vorgestellten Organisationen, ihre zum Teil eingeschränkte Handlungsfähigkeit, die Eigeninteressen wichtiger Mitgliedsstaaten und Gewichtsverschiebungen in der Weltwirtschaft begünstigen den Aufstieg komplementärer oder konkurrierender Organisationen (Morse und Keohane 2014). Den größten Anteil an dieser Entwicklung hat der Bedeutungsgewinn großer Schwellenländer (u. a. Indien, Brasilien, Türkei, Südafrika und vor allem China) sowie der Großregion Ost- und Südostasien. Die genannten Schwellenländer haben in der jüngeren Vergangenheit politische Initiativen gestartet und multilaterale Organisationen aufgebaut, die ähnliche Aufgaben übernehmen wie WTO, IMF und Weltbank, dabei jedoch nicht von westlichen Staaten gelenkt werden. Ein derzeit besonders intensiv diskutiertes Vorhaben ist Chinas 2013 gestartete Belt-and-Road-Initiative (BRI, auch „Neue Seidenstraße" genannt). Laut Dunford und Liu

(2019) handelt es sich dabei um einen chinesischen Gegenentwurf zum bestehenden System der Steuerung der Weltwirtschaft, an dem sich Ende 2018 bereits 130 Staaten und internationale Organisationen beteiligten. BRI dient primär dem Ausbau von Transportinfrastruktur in den ärmeren Staaten Eurasiens, Afrikas und Lateinamerikas, wobei China zumeist Finanzierung, Planung und Umsetzung der Vorhaben koordiniert und in vielen Fällen auch durch chinesische Unternehmen ausführt. Die Finanzierung der Infrastrukturinvestitionen im Rahmen der BRI wird oftmals von der 2015 gegründeten Asian Infrastructure Investment Bank (AIIB) übernommen (de Jonge 2017). Die AIIB hat ihren Hauptsitz in Beijing, und China verfügt über das größte Gewicht in den Entscheidungsgremien der Bank. Zu den derzeit knapp 100 Mitgliedstaaten der AIIB zählt auch die Bundesrepublik Deutschland. Die Weltbank ist ebenfalls in die Entscheidungen der AIIB eingebunden (de Jonge 2017). In ihrer Arbeit konzentriert sich die AIIB auf die Finanzierung von Infrastrukturinvestitionen in den Bereichen Verkehr und Nachhaltigkeit. Vielfach wird die AIIB ebenso wie BRI trotz der Beteiligung westlicher Staaten als von chinesischen Interessen dominiert kritisiert. Andere multilaterale Organisationen mit vergleichbaren Aufgaben sind z. B. die 1966 gegründete und in Manila ansässige Asian Development Bank (ADB), die traditionell japanisch beeinflusst ist, und die 2014 von Brasilien, Russland, Indien, China und Südafrika gegründete und in Shanghai ansässige New Development Bank (NDB). Der Aufstieg dieser neueren multilateralen Organisationen mag einen Bedeutungsverlust westlicher Ideen und Steuerungskapazität im Weltwirtschaftssystem andeuten. In jedem Fall zeigt er eine Anpassung der Lenkungsstrukturen im Weltwirtschaftssystem an aktuelle weltwirtschaftliche Gewichtsverschiebungen.

Das System der bilateralen Entwicklungshilfe

Neben ihrem multilateralen Engagement betreiben viele wohlhabende Staaten eine nationale Entwicklungshilfepolitik, auch Entwicklungszusammenarbeit genannt, mit der sie ausgewählten Empfängerländern bilateral gegenübertreten, um dort Wirtschaftsentwicklung und Wohlfahrt zu fördern. In den meisten Fällen wird sogenannte Projekthilfe geleistet, z. B. Finanzierung, Planung und Aufbau von Energie- oder Wassergewinnungsanlagen, von anderen Einrichtungen der Ver- und Entsorgungsinfrastruktur, von Verkehrsinfrastruktur, von Einrichtungen des Gesundheits- und Bildungswesens usw. Andere Formen der Hilfe sind breiter angelegte sektorale Fördermaßnahmen oder Schuldenerlasse (Schätzl 1991). Im Fall Deutschlands ist staatliche Entwicklungshilfe (Official Development Assistance, ODA) eine Aufgabe des Bundesministeriums für wirtschaftliche Zusammenarbeit (BMZ). Sie wird von Organisationen durchgeführt, die dem BMZ nachgeordnet sind oder von diesem mit bestimmten Entwicklungsarbeiten beauftragt werden. Ein Beispiel ist die Deutsche Gesellschaft für Internationale Zusammenarbeit (GIZ) GmbH. Deutschland gehört zusammen mit weiteren knapp 40 Staaten (Stand 2022) zum Entwicklungshilfeausschuss der OECD (Development Assistance Committee, DAC), der Maßstäbe für Entwicklungshilfe und gemeinsame Berichtsstandards festlegt. Aus den DAC-Staaten stammen derzeit knapp 90 % der weltweit geleisteten Hilfe. Das DAC strebt eine hohe Qualität der Entwicklungshilfe seiner Mitgliedsstaaten an und orientiert sich hierbei an folgenden vier Kriterien: DAC-Staaten sollen mindestens 0,7 % ihres Bruttonationaleinkommens für Entwicklungshilfe aufwenden, mindestens 0,15 % des BNE sollen den ärmsten Entwicklungsländern (Least Developed Countries LDC) zukommen, der Zuschussanteil der Hilfen und der Anteil, der nicht mit Kaufverpflichtungen verbunden ist, sollen hoch sein. Das Ziel, 0,7 % vom BNE in Form von Entwicklungshilfe zu vergeben, erreichten 2020 nur wenige Staaten (Schweden, Norwegen, Luxemburg, Dänemark, Deutschland, Großbritannien) (OECD 2021). Trotz der Bemühungen des DAC um die Qualität und Dokumentation der Hilfe ist die Kritik vielfältig und bemängelt u. a., ODA unterstütze repressive Regierungen, privilegiere strategische Verbündete und verwende zu große Summen auf die Verwaltung der Hilfen (Hook und Rumsey 2016).

Vergleichbar mit dem Aufkommen neuer multilateraler Organisationen leisten in den letzten 20 Jahren zunehmend nicht westliche (nicht-DAC) Staaten bilaterale Entwicklungshilfe, die die Nord-Süd-Hilfe um eine Süd-Süd-Hilfe ergänzen (Kragelund 2008). Besondere Aufmerksamkeit erfahren die Leistungen der arabischen OPEC-Staaten, die vorrangig an andere Staaten Arabiens und Nordafrikas fließen, und die Leistungen Chinas. Chinesische Entwicklungshilfe betont beidseitige Vorteile für Geber und Empfänger, stellt keine politischen Bedingungen an Empfängerstaaten und fokussiert sich stärker auf den Erfolg von Einzelmaßnahmen als auf übergeordnete Hilfsziele (Kragelund 2008). Eine Vergleichbarkeit mit der Hilfe der DAC-Staaten ist kaum gegeben, denn weder folgt China den Dokumentationsstandards des DAC noch wendet es ähnliche Qualitätsmaßstäbe an. Beispielsweise erfolgt keine Trennung von staatlicher und privater Hilfe, und wechselseitige Leistungen sind die Regel, z. B. Rohstofflieferungen als Gegenleistung für Investitionsfinanzierungen (Hook und Rumsey 2016).

Insgesamt zeigt sich die globale Ausgleichspolitik stark fragmentiert und angesichts des Ausmaßes bestehender Entwicklungs- und Wohlfahrtsunterschiede sind ihre Erfolge sehr begrenzt. Entsprechend deutlich werden Reformen dieser Politik angemahnt (Woods 2008). Zudem befasst sich die globale Ausgleichspolitik nur mit einigen ökonomischen Teilprozessen, v. a. Handel und Investitionen, während für andere Teilprozesse, z. B. für die internationale Migration von Arbeitskräften, keine multilateral vereinbarten Regelungen bestehen.

Unter anderem als Reaktion auf die Defizite der staatlichen Maßnahmen sind die vielfältigen Entwicklungshilfeaktivitäten von Nichtregierungsorganisationen (Non-Governmental Organizations, NGO) zu verstehen. NGOs verfolgen häufig enger definierte Entwicklungs- oder Hilfsziele und finanzieren sich u. a. durch Spenden und durch Einnahmen für die Übernahme von Hilfsaufträgen.

2.4.3 Regionalpolitik in der Europäischen Union und Deutschland

Die Europäische Union (EU) ist ein supranationaler Zusammenschluss von derzeit 27 Staaten (Stand 2022), die ökonomisch einen gemeinsamen Binnenmarkt bilden. Innerhalb dieses Binnenmarkts gelten die sogenannten „vier Freiheiten", freier Güterverkehr, freier Dienstleistungshandel, freier Kapitalverkehr und Freizügigkeit (d. h. freie Wahl von Wohn- und Arbeitsort). Als supranationaler Zusammenschluss ist die EU vom Meistbegünstigungsprinzip der WTO ausgenommen, d. h. der vollständig freie Warenaustausch zwischen den Staaten der EU gilt als WTO-konform.

Die EU geht davon aus, dass der Binnenmarkt zusätzliche Wachstumsimpulse auslöst, von denen jedoch nicht alle Regionen der EU gleichermaßen profitieren (Holtzmann 1997). Theoretische Überlegungen zu Transportkosten und Lagerente (s. 2.2.1), zu Agglomerationsvorteilen (s. 2.2.2) und zu den Kapazitätseffekten von Investitionen (s. 2.2.3) begründen die Annahme, dass zentral gelegene und frühzeitig hochentwickelte Regionen der EU im Vorteil sind. Dieser Befund steht zumindest optisch im Einklang mit dem räumlichen Muster der regionalen Disparitäten im sozioökonomischen Entwicklungsstand der Regionen der EU (s. Abb. 2.1.6). In jüngerer Zeit wird verstärkt diskutiert, dass sich regionale Disparitäten auch auf die Wahrnehmung der begrenzten Entwicklungschancen benachteiligter Regionen durch die lokale Bevölkerung auswirken und zum Beispiel zur Unterstützung populistischer Bewegungen und Parteien führen können. Diese als „Geographies of Discontent" bezeichnete Forschungsrichtung (de Ruyter et al. 2021; Dijkstra et al. 2018) zeigt, dass sich regionale Disparitäten auch in wohlhabenden Ländern auf gesellschaftliche Prozesse auswirken und z. B. die Verwirklichungschancen der ökologischen Neuorientierung der Wirtschaft beeinflussen.

Die Regionalpolitik der EU orientiert sich vorrangig am Ausgleichziel (European Commission 2008; Liefner 2010). Bei der Verfolgung dieses Ziels im Rahmen marktwirtschaftlicher Politikansätze stehen prinzipiell verschiedene Instrumente zur Verfügung, die unterschiedlich stark in die Autonomie der Wirtschaftssubjekte eingreifen (Schätzl 1991; Maier et al. 2006). Informationsmittel dienen der Verbesserung der Kenntnisse über die wirtschaftlichen Vorzüge benachteiligter Regionen. Anreizmittel verschaffen Investoren in benachteiligten Regionen Preisvorteile und greifen damit stärker in den Markt ein. Zwangsmittel setzen Verbote und Gebote zum Nutzen benachteiligter Regionen ein. Sie setzen den Marktmechanismus außer Kraft und kommen daher in Marktwirtschaften i. d. R. nicht zum Einsatz. Die regionale Wirtschaftspolitik der EU nutzt Anreizmittel und zielt auf eine regional differenzierte Steigerung der Investitionstätigkeit, um Multiplikatoreffekte auszulösen, einen Einkommenszufluss aus anderen Regionen zu generieren und die regionale Kapitalbasis zu verbessern.

Die folgenden Ausführungen beschränken sich auf die Darstellung der regionalen Wirtschaftspolitik in der Förderperiode 2021–2027 (European Commission 2022), für die insgesamt etwa 400 Mrd. € vorgesehen sind. Das wichtigste Instrument dieser Politik ist die Bezuschussung privatwirtschaftlicher und öffentlicher Investitionen, z. B. die Erweiterung von Produktionsanlagen oder der Aufbau wirtschaftsnaher Infrastruktur. Die Investitionen sollen dem Ideal einer wettbewerbsfähigen, grünen und sozialen EU zuträglich sein. Die Finanzierung geschieht durch mehrere Förderfonds, von denen der Europäische Fonds für regionale Entwicklung (EFRE) und der Europäische Sozialfonds (ESF) die wichtigsten sind. Aus diesen Fonds vergibt die EU Zuschüsse in unterschiedlicher Höhe, d. h. sie beteiligt sich zu unterschiedlich hohen Prozentsätzen an den Investitionskosten und erwartet die Ko-Finanzierung der übrigen Kosten durch die privaten oder öffentlichen Investoren selbst.

Im Rahmen der regionalen Wirtschaftspolitik bezuschusst die EU Investitionen in allen Regionen der Union, unabhängig von ihrem sozioökonomischen Entwicklungsstand. Die ausgleichspolitische Zielsetzung kommt darin zum Ausdruck, dass die EU bei geförderten Investitionen in ärmeren Regionen erheblich größere Anteile der Investitionen übernimmt als in wohlhabenden Regionen. Zu diesem Zweck werden die Regionen der EU nach ihrem Entwicklungsstand in drei Gruppen eingeteilt. Stärker entwickelte Regionen (More Developed Regions) sind solche, deren mittleres Pro-Kopf-Einkommen oberhalb des EU-Durchschnittswertes liegt. In diesen Regionen werden geförderte Investitionen mit 40 % oder 50 % bezuschusst. Als Übergangsregionen (Transition Regions) bezeichnet die EU Regionen mit einem durchschnittlichen Pro-Kopf-Einkommen zwischen 75 % und 100 % des EU Durchschnitts. Für sie beträgt der Zuschussanteil 60 % oder 70 %. Regionen mit einem durchschnittlichen Pro-Kopf-Einkommen unterhalb von 75 % des EU-Durchschnitts werden als weniger entwickelt bezeichnet (Less Developed Regions). Bei ihnen betragen die Investitionszuschüsse 85 % der Investitionssummen. Neben diesen drei Hauptkategorien fließen weitere regionale Merkmale in die Ermittlung der Ko-Finanzierungssätze ein, z. B. das Merkmal „dünn besiedelt und peripher". Zusammen mit den Charakteristika der zu fördernden Projekte erklären sich auf diese Weise die feineren Abstufungen der Ko-Finanzierungssätze. Zusätzlich variieren Grundsätze der Auswahl der förderfähigen Vorhaben. Beispielsweise muss der Großteil der Fördervorhaben in entwickelten Regionen der Wettbewerbsfähigkeit und/ oder dem Übergang in eine grüne bzw. emissionsarme Zukunft dienen. In Übergangsregionen und weniger entwickelten Regionen sind in größerem Maße Investitionen förderfähig, die diese Merkmale nicht aufweisen. Auf dieser Basis hat die EU ein Zieltableau entwickelt, das aufzeigt, in welchem Mitgliedsland und in welche Fördergebietskategorien wie viele Mittel fließen sollen. In Deutschland sollen beispielsweise knapp 10 Mrd. € in Übergangsregionen fließen, die sich vorwiegend in Ostdeutschland befinden, und knapp 8 Mrd. € in entwickelte Regionen. Weniger entwickelte Regionen gibt es in Deutschland nicht. In die ost- und südeuropäischen Länder, in denen weitaus mehr Regionen als weniger entwickelt eingestuft sind, fließen dem Ausgleichsziel entsprechend relativ höhere Summen. Beispielsweise ist vorgesehen, dass in Polen als größtem Empfängerland knapp 58 Mrd. € in weniger entwickelte Regionen zufließen. Die Verteilung der drei Regionskategorien auf NUTS-2-Ebene zeigt Abbildung 2.4.1.

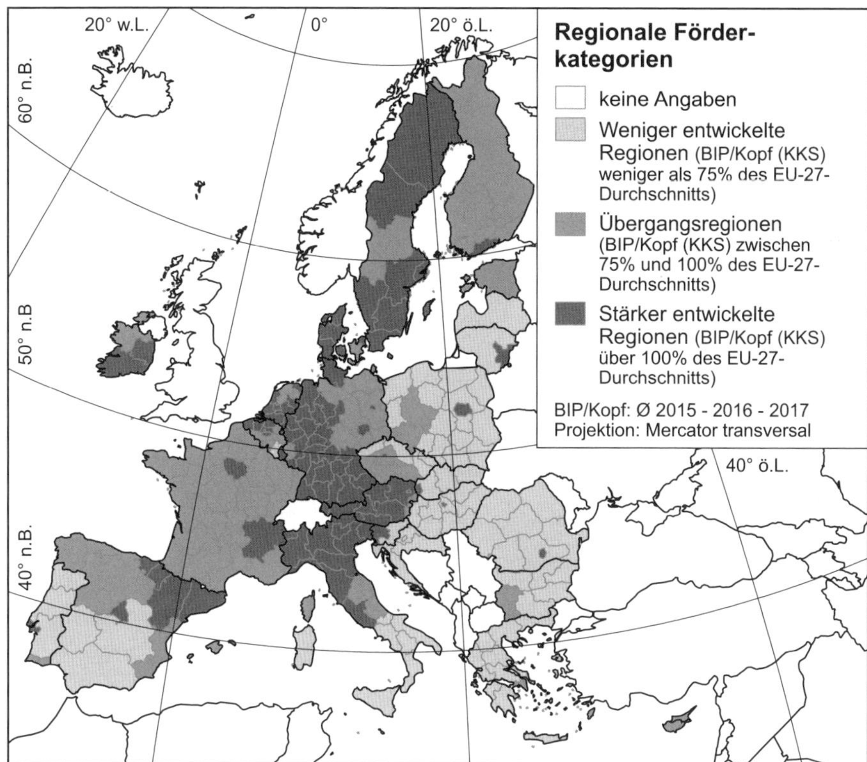

Abbildung 2.4.1: Regionale Förderkategorien der EU, Förderperiode 2021–2027 (Eigene Darstellung nach EuroGeographics Association 2021)

Deutschland verfolgt seit 1969 unter der Bezeichnung „Gemeinschaftsaufgabe Verbesserung der regionalen Wirtschaftsstruktur" (GRW) eine eigenständige Regionalpolitik. Der Bund wirkt an der Erstellung und Einhaltung des Koordinierungsrahmens der GRW mit und trägt die Hälfte der Kosten. Die Länder tragen die andere Hälfte der Kosten, sie wählen die zu fördernden Vorhaben aus, bewilligen die Förderung und kontrollieren die Einhaltung der Förderbestimmungen. Bund und Länder stellen im Rahmen der GRW gemeinsam jedoch deutlich weniger Mittel für die regionale Wirtschaftspolitik in deutschen Regionen zur Verfügung als die EU.

Die Ziele von GRW und EU-Ausgleichspolitik sind weitgehend identisch und das Verfahren der GRW wird fortlaufend auf die Vorgaben der EU-Ausgleichspolitik abgestimmt. Der Koordinierungsrahmen der GRW (2022) betont die Bedeutung gleichwertiger Lebensverhältnisse in allen Regionen Deutschlands als Voraussetzung für soziale Stabilität, Wohlstand und ökonomischen Fortschritt. Ähnlich zur Politik der EU fördert die GRW gewerbliche Investitionen, Investitionen in die kommunale wirtschaftsnahe Infrastruktur und ausgewählte nichtinvestive Aktivitäten. Investitionsvorhaben gelten als förderfähig, wenn sie einen möglichst großen regionalen Kapazitäts- und Einkommenseffekt erwarten lassen (s. Kap. 2.2.3).

Die in diesem Abschnitt vorgestellte Regionalpolitik der EU und die deutsche Variante dieser Politik verdeutlichen den Ansatz einer marktwirtschaftlich ausgerichteten Politik, die den Investitionsmultiplikator zur Stärkung weniger wohlhabender Regionen einsetzen möchte. Andere Ansatzpunkte für Regionalpolitik, die sich z. B. aus Theorien zu Resilienz (s. Kap. 2.2.4) und Institutionen (s. Kap. 2.2.5) ergeben könnten, finden keine vergleichbare Berücksichtigung. Die Effektivität einer solchen Politik ist aufgrund der Komplexität regionalökonomischer Entwicklungsprozesse generell schwierig zu messen und zu beurteilen (McCann und Ortega-Argilés 2013b). Insgesamt sollte die Wirkung der regionalen Wirtschaftspolitik nicht überschätzt werden, denn sie setzt vergleichsweise geringere Mittel ein als viele sektorbezogene Politikinstrumente (z. B. Agrarpolitik, Energiepolitik, Verkehrspolitik). Auch diese Sektoralpolitik hat nicht-intendierte regionale Auswirkungen, die möglicherweise größer und völlig anders ausfallen können als die intendierten Wirkungen der regionalen Ausgleichpolitik (Liefner 2010).

3 Die Wirkung von Technologie und Innovation auf regionale Disparitäten

Kapitel 2 diskutierte räumlich differenzierte Entwicklungsprozesse, dadurch entstehende regionale Disparitäten im sozioökonomischen Entwicklungsstand sowie räumliche Ausgleichspolitik. Die Ursachen für regionale Disparitäten und den Ansatzpunkt für politische Gegenmaßnahmen bildeten die Verteilung und das Wachstum der Produktionsfaktoren Arbeit und Kapital, deren interregionale Mobilität und ihr dynamisches Zusammenspiel mit Standortstrukturen. Die Wirkung des Produktionsfaktors Technologie (Wissen) und seiner Anwendung in Innovationen hat das Kapitel weitgehend ausgeklammert. Nur in wenigen der dort behandelten Theorien kommt diesem Produktionsfaktor eine gewisse Bedeutung zu. Beispiele sind die Rolle von Wissen für die Entstehung von Lokalisationsvorteilen und Industriedistrikten, die Annahmen homogener oder unterschiedlicher Produktionsfunktionen in neoklassischen Theorien und Polarisationstheorien sowie der Faktor Technologie im Konzept der Kuznets-Wellen. Bei Technologie handelt es sich um technisches Wissen. Der Begriff „Wissen" schließt weitere Ausprägungen von Wissen ein, z. B. Marktwissen. Der Begriff „Technologie" bezeichnet daher einen Ausschnitt aus der Bedeutung des Begriffs „Wissen". In manchen Arbeiten werden die Begriffe dennoch synonym verwendet.

Tatsächlich gelten der Produktionsfaktor Technologie (bzw. ein noch umfassender verstandener Produktionsfaktor Wissen) sowie die auf Technologie fußende Entstehung von Innovation als die wichtigsten Einflussfaktoren der regionalen Wirtschaftsentwicklung. Aufgrund ihrer enormen Bedeutung für eine nachhaltige Wirtschaftsgeographie fasst dieses Lehrbuch die Auswirkungen von Technologie und Innovation auf regionale Disparitäten in einem eigenständigen dritten Kapitel zusammen.

3.1 Entstehung und Bedeutung von Technologie und Innovation

Die folgenden Ausführungen dienen der Definition und Einführung zentraler Begriffe und Konzepte. Es schließt sich ein Überblick über die räumliche Verteilung von Innovationskapazität an.

3.1.1 Wirtschaftsentwicklung durch Technologie und Innovation

Innovation als entscheidender Faktor der Wirtschaftsentwicklung

Die Bedeutung des Begriffs „Innovation" in der Wissenschaft geht auf den Ökonomen Joseph Schumpeter zurück. Schumpeter argumentiert in seinem Hauptwerk „Theorie der wirtschaftlichen Entwicklung", erstmals erschienen 1911, in überarbeiteter Fassung 1926 und 1934, dass Innovationen die Triebkraft der wesentlichen wirtschaftlichen Veränderungen sind, und nicht etwa Sparen und Investitionen oder Bevölkerungswachstum.

Schumpeter (1934) definiert Innovationen als die Durchsetzung grundlegender Neukombinationen der Produktionsmittel. Er unterscheidet fünf Fälle:

1. Herstellung eines neuen (d. h. neuartigen oder mit einer neuen Qualität versehenen) Gutes
2. Einführung einer neuen Produktionsmethode
3. Erschließung eines neuen Absatzmarktes
4. Erschließung neuer Bezugsquellen für Rohstoffe oder Vorprodukte
5. Durchführung einer Neuorganisation des Produktionsprozesses

Aus diesen fünf Fällen folgt eine heute gebräuchliche Unterscheidung in Produktinnovationen (Einführung neuer Produkte), Prozessinnovationen (Einführung neuer Produktionsverfahren) und Organisationsinnovationen.

Für Schumpeters Verständnis von Innovationen ist jedoch nicht nur die Eigenschaft der Neuheit wichtig, sondern vor allem die erfolgreiche Markteinführung. Er diskutiert die Fragen, wer Innovationen durchsetzt, aus welchem Grund und mit welchem Ergebnis. Innovationen werden laut Schumpeter selten von denjenigen Personen (Unternehmenseigentümer*innen, Manager*innen, Produktentwickler*innen) durchgesetzt, die mit den vorher schon etablierten Produkten und Prozessen (den etablierten Kombinationen der Produktionsmittel) vertraut sind, und mit diesen ihr Einkommen erwirtschaften. Innovationen werden stattdessen von Unternehmer*innen durchgesetzt, die neu in einen Produktionszweig kommen und die alten Kombinationen niederkonkurrieren. Diese Personen finden sich in unterschiedlichen Berufen und Funktionen, u. a. in den Bereichen Management, Finanzierung oder Forschung und Entwicklung. Entscheidend ist, dass sie die Einführung der Innovation aktiv vorantreiben. Diese Personen erzielen mit der erfolgreichen Innovation ein Einkommen, d. h. ihnen fällt sogenannter Unternehmergewinn zu. In der jüngeren Literatur wird der Begriff „Unternehmer" oftmals mit dem Begriff „Entrepreneur" gleichgesetzt.

Im Unternehmergewinn ist das Motiv zu sehen, das für das Hervorbringen von Innovationen verantwortlich ist. Die Innovation verschafft dem Unternehmen, für das die Unternehmer*innen tätig sind, ein zeitweilig bestehendes Monopol auf das neue Produkt, bzw. den neuen Prozess. Solange die konkurrierenden Unternehmen keine ähnlichen Produkte oder Verfahren auf den Markt bringen, kann das innovierende Unternehmen die Freiheiten der Preisgestaltung im Monopol genießen und hohe Gewinne erzielen. Diese Gewinne sind an die Zeitperiode des Bestehens eines Monopols gebunden und werden durch aufkommende Konkurrenzprodukte verringert. Dadurch entsteht ein Anreiz, immer wieder neue Innovationen hervorzubringen, um wiederkehrende Unternehmergewinne zu beziehen. „Ohne Entwicklung kein Unternehmergewinn, ohne Unternehmergewinn keine Entwicklung" (Schumpeter 1934, S. 236). Der Unternehmergewinn ist dabei nicht nur ein Motiv der Hervorbringung von Innovationen, sondern gleichzeitig eine wichtige Wirkung, denn er ist laut Schumpeter entscheidend für die Vermögensbildung in der Marktwirtschaft.

Die Tatsache, dass mit der erfolgreichen Durchsetzung der Innovation auch das Verschwinden älterer Produkte, Produktionsverfahren, Unternehmen und ggf. ganzer Branchen verbunden ist, bezeichnet Schumpeter als schöpferische Zerstörung.

Die Vorstellung, dass Innovationen die primäre Triebkraft der Wirtschaftsentwicklung sind, hat sich erst Jahrzehnte nach den Arbeiten Schumpeters durchgesetzt, und das wissenschaftliche Interesse an den Wirkungen von Ersparnissen und Investitionen ergänzt und in Teilen verdrängt. Auf die in den 1980er Jahren beginnende Diskussion zu nationalen und regionalen Innovationssystemen geht Kapitel 3.2.2 ein. Ein anderes Beispiel für zunehmendes Interesse an der Bedeutung von Innovation liefert die neue Wachstumstheorie von Paul Romer (1990). Die wesentlichen Überlegungen Schumpeters sind in der heutigen Innovationsforschung präsent: Nicht die Erfindung eines Produkts oder Prozesses, sondern dessen Markteinführung ist eine Innovation. Eine Innovation muss daher nicht unbedingt auf ehemals völlig unbekannten Grundlagen fußen, sie kann z. B. auch bekannte Techniken in neue Produktsegmente oder Industrien oder regionale Märkte einführen, für die sie dann neu sind. Innovationen werden aktiv betrieben, um temporäre Monopole zu schaffen und Monopolgewinne zu erzielen.

Die wissenschaftliche Beschäftigung mit Innovationen hat in den letzten Jahrzehnten vielfältigste Unterscheidungen von Innovationsarten, Einflussfaktoren und Wirkungen hervorgebracht, von denen einige in den Kapiteln 3 und 4 dieses Lehrbuchs aufgegriffen werden.

Langfristige Technologieentwicklung und dominante Designs

Technologie bezeichnet den Stand des technischen Wissens, und technischer Fortschritt ist die Veränderung dieses Bestands. Der technische Fortschritt bzw. die Entstehung neuer Technologie ist das Ergebnis wissenschaftlicher oder unternehmerischer Forschung und Entwicklung (kurz: F&E oder FuE). Die Technologieentwicklung hängt jedoch nicht nur von FuE in Universitäten, Forschungseinrichtungen oder forschenden Unternehmen ab, sondern auch von Innovationen, denn diese zeigen an, welche Technologien für Produkte und Verfahren sinnvoll verwendbar sind, und in welche Richtung sich die zukünftige Technologieentwicklung bewegen sollte.

Der wechselseitige Zusammenhang zwischen Innovationen und Technologieentwicklung und die Einbettung dieses Zusammenspiels in wirtschaftliche und gesellschaftliche Zusammenhänge verdeutlicht das Konzept des Technologiezyklus. Die im Folgenden skizzierte Variante dieses Konzepts wurde von Philip Anderson und Michael L. Tushman (1990) vorgestellt. Es fußt auf zahlreichen Vorarbeiten, neben der Arbeit von Schumpeter (1934) z. B. von Utterback und Abernathy (1975), Nelson und Winter (1982), Bijker et al. (1987), Cohen und Levintal (1990), Henderson und Clark (1990). Das Konzept verwendet zwei wichtige Begriffe: den Begriff der dominanten Designs (dominant design) und den Begriff des technologischen Regimes. Ein dominantes Design bezeichnet das technisch-funktionale Prinzip, nach dem die Produkte einer bestimmten Produktklasse gestaltet sind. Beispiele sind das vierrädrige Auto mit Zylinder-Verbrennungsmotor, das mehrlagige und mehrfach gefaltete Einweg-Papiertaschentuch oder das multifunktionale Smartphone mit standardisierten Schnittstellen für Apps. Unabhängig von konkreten Herstellern oder Marken verwenden die meisten Produkte einer bestimmte Produktklasse ein und dasselbe technisch-funktionale Prinzip. Um diese dominanten Designs herum entsteht das zugehörige technologische Regime. Es besteht aus den Kenntnissen und Gewohnheiten der Produzenten und Anwender*innen sowie aus spezifischer Infrastruktur (Straßen, Mobilfunknetze, ...), technologischen Standards, zugehörigen Gesetzen und Verordnungen usw., die auf die Nutzung des dominanten Designs ausgerichtet sind. Der Begriff des Regimes wird in Kapitel 4.3.4 erneut aufgegriffen, da er auch für Erklärungsansätze der Nachhaltigkeitstransition von grundlegender Bedeutung ist.

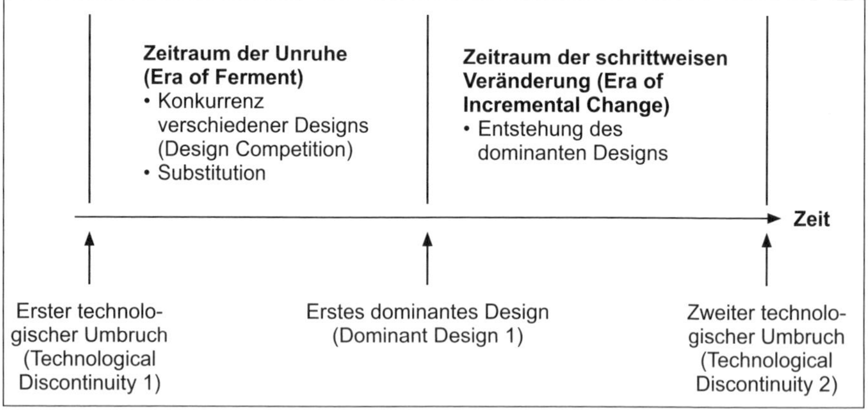

Abbildung 3.1.1: Der Technologiezyklus (Eigene Darstellung nach Anderson und Tushman 1990, Seite 606)

Der in Abbildung 3.1.1 gezeigte Technologiezyklus erklärt den langfristigen Verlauf der Technologieentwicklung, der zu verstehen ist als Etablierung und Ablösung unterschiedlicher dominanter Designs und ihrer technologischen Regime (Anderson und Tushman 1990). Der Technologiezyklus beginnt mit einem technologischen Umbruch (technological discontinuity), der z. B. durch eine bahnbrechende und technisch umsetzbare wissenschaftliche Entdeckung ausgelöst wird. Ein Beispiel wäre die digitale Kommunikation, also eine Neuerung, die nicht viel mit der Technik der zuvor etablierten analogen Telefone zu tun hat. Ein derartig radikaler Fortschritt führt zunächst zu einer Phase der Unruhe (era of ferment), in der verschiedene Akteure (Unternehmen, Forschungseinrichtungen, staatliche Einrichtungen usw.) versuchen, mit den neuen, unbekannten und nicht ausgereiften Möglichkeiten umzugehen. In dieser Phase entstehen zahlreiche Anwendungen und Produktalternativen (Varianten) und konkurrieren miteinander. Mit der Zeit etabliert sich eine dieser Varianten, verdrängt die übrigen, und entwickelt sich zum dominanten Design. Für diese Selektion sind verschiedene Ursachen verantwortlich, u. a. interne Kostenreduktionen (Skalenerträge) durch einen früheren Beginn der Massenproduktion dieser Variante, die Marktmacht des Unternehmens, das diese Variante entwickelt hat, eine dominierende Patentposition dieses Unternehmens, Vereinbarungen zur Standardisierung auf industrieller Ebene oder staatliche Vorgaben. Sobald ein Design als dominant etabliert ist, kann es kaum noch verdrängt werden, denn alle an der Herstellung und Nutzung beteiligten Akteure stellen sich darauf ein, und Massenproduktion und Standardisierung senken die Kosten erheblich. Die alternativen Designs sind im Wettbewerb unterlegen, selbst wenn sie die technisch effizienteren oder leistungsstärkeren Lösungen beinhalten.

Mit der Etablierung des dominanten Designs beginnt eine zweite Phase des Technologiezyklus, die Phase der schrittweisen Veränderung (era of incremental change). Der technische Fortschritt bezieht sich in dieser Phase auf die Weiterentwicklung des dominanten Designs, ohne jedoch von dessen technisch-funktionalem Prinzip abzuweichen. Die Innovationen betreffen dann z. B. Größe, Form oder Nutzungskomfort der Produkte. Sie werden als inkrementelle Innovationen bezeichnet. Diese Phase endet, wenn radikale technische Neuerungen einen neuen Technologiezyklus einleiten.

Das Konzept des Technologiezyklus und der Begriff des dominanten Designs sind auch für die aktuelle Forschung in hohem Maße relevant. Eine Übersicht über einschlägige Studien und konzeptionelle Weiterentwicklungen geben Murmann und Frenken (2006). Wichtige Ergänzungen aus soziologischer Sicht liefern beispielsweise Bijker et al. (1984; 1987), die auf die gesellschaftlichen Einflüsse auf das Entstehen dominanter Designs eingehen. Für die Frage, welche Innovationen mit welchen Phasen des Technologiezyklus einhergehen, sind Überlegungen von Henderson und Clark (1990) relevant.

3.1.2 Der Innovationsprozess und seine räumlichen Implikationen

Während der Begriff der Innovation die wirtschaftliche Bedeutung von Neuerungen erklärt und der Begriff des Technologiezyklus sehr langfristige und übergeordnete Entwicklungen skizziert, verwendet die detailliertere Forschung zur Entstehung und Bedeutung einzelner Produkte und Verfahren den Begriff des Innovationsprozesses. Im Einklang mit Schumpeters (1934) Überlegungen können Innovationen eine neue Technologie in ein neues Produkt umsetzen, sie können aber auch mit bekannten Technologien auf ein bisher unbefriedigtes Konsumbedürfnis eingehen. Im ersten Fall spricht man von technologiegetriebenen (technology push) Innovationen, im zweiten Fall von nachfragegetriebenen (demand pull) oder kundenorientierten Innovationen (Pavitt 1984, von Hippel 1988). In den meisten Fällen sind Innovationen Kombinationen aus beiden Antrieben. Sie entstehen in einem sogenannten Innovationsprozess. Eine Abfolge aus Erfindung (Invention), Durchsetzung der Neuerung (Innovation) und Verbreitung der Neuerung (Diffusion) wird als linearer Innovationsprozess bezeichnet. Werden dagegen Rückkopplungen im Innovationsprozess betont, zum Beispiel in Form von Feedback, dass Nutzer*innen an die Entwickler*innen des Prototyps eines Produkts geben, und das daraufhin in das neue Produkt einfließt, spricht man von einem interaktiven oder rückgekoppelten (chain-linked) Innovationsprozess (Kline und Rosenberg 1986). Solche Rückkopplungen entstehen zwischen den einzelnen Aktivitäten des Innovationsprozesses, also Ideenfindung, Konzept, Prototyp, Pilotanwendung und Markteinführung. Die beiden Modelle werden in Abbildung 3.1.2 dargestellt.

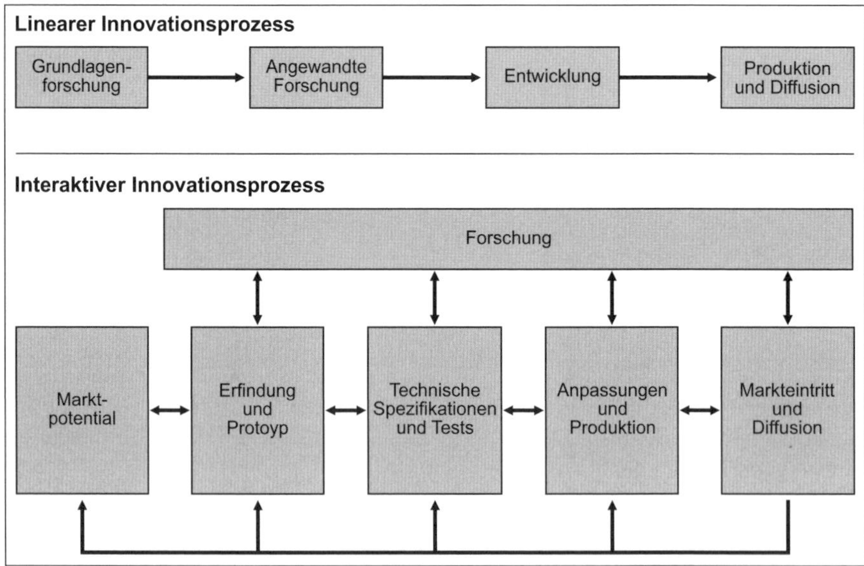

Abbildung 3.1.2: Der Innovationsprozess (Eigene Darstellung nach Kline und Rosenberg 1986, Seite 290)

Die vielfältigen Aussagen der umfangreichen theoretischen und empirisch ausgerichteten Literatur zum Innovationsprozess fasst Dosi (1988) in Form von fünf Sätzen (stylized facts) zusammen:

1. Innovation ist in hohem Maß mit Unsicherheit verbunden.
2. Innovation fußt zunehmend auf wissenschaftlichem Erkenntnisgewinn.
3. Aufgrund der zunehmenden Komplexität von Forschung und Innovation bringen vor allem Organisationen (Unternehmen) Innovationen hervor und nicht Einzelpersonen.
4. Innovationen entstehen zunehmend durch Learning-by-Doing.
5. Technischer Fortschritt ist ein kumulativer Prozess.

Eine breitgefächerte Literatur befasst sich mit den Zusammenhängen von Innovationsprozess und Region (für einen etwas älteren Überblick siehe Koschatzky 2001). Wesentliche Aspekte dieser Überlegungen kommen in den folgenden drei Konzepten zum Ausdruck.

Theorie der Langen Wellen

Die Theorie der Langen Wellen wurde 1939 von Joseph Schumpeter vorgestellt und verstärkt seit den 1980er Jahren in der Wirtschaftsgeographie diskutiert (u. a. Dicken 1998; Liefner und Schätzl 2017). Sie besagt, dass radikale Innovationen, bezeichnet als Basisinnovationen, am Beginn langer technologischer Entwicklungsschübe stehen und langfristige, zyklische Auf- und Abschwünge wirtschaftlicher Aktivitäten auslösen. Diese Langen Wellen wirtschaftlicher Aktivität, auch als Kondratieff-Zyklen bezeichnet, entstehen am Ort der Basisinnovationen und führen dort zum Aufstieg derjenigen Industriezweige, die die Basisinnovation hervorbringt. Die Regionen der Basisinnovation entwickeln sich zu führenden industriellen Zentren. Beispiele sind die Textil- und Eisenindustrie in Manchester und Liverpool um das Jahr 1800, die Autoindustrie in Detroit und Südwestdeutschland im frühen 20. Jahrhundert oder die Mikroelektronik im Silicon Valley in der zweiten Hälfte des 20. Jahrhunderts (Dicken 1998). Die Theorie der Langen Wellen postuliert, dass neue Basisinnnovationen nicht am Ort früherer Basisinnovationen entstehen, sondern an anderen Orten. Die Orte früherer Basisinnovationen sind für neue ungeeignet, da sie eine spezialisierte, auf die alte Technologie ausgerichtete Industrie- und Infrastruktur aufweisen. Sie stemmen sich erfolglos gegen den Wandel, der durch neue Basisinnovationen ausgelöst wird, und verlieren an Bedeutung.

Die Aussagen der Theorie der Langen Wellen lassen sich an historischen Beispielregionen nachzeichnen, z. B. anhand der Entwicklung des Ruhrgebiets zur Altindustrieregion (Schrader 1993). Aufgrund ihrer leicht verständlichen und intuitiv eingängigen Argumentation hat diese Theorie dazu beigetragen, den Zusammenhang von Innovationen und Regionalentwicklung in die regionale Wirtschaftspolitik einzubringen.

Zu den Schwächen der Theorie der Langen Wellen zählt, dass sie keine präzisen Vorhersagen über neue Basisinnovationen und die Orte ihrer Entstehung gibt. Aus heutiger Sicht noch gravierender ist die Tatsache, dass sie unterstellt, die zu einer Basisinnovation gehörenden Innovations- und Produktionsaktivitäten würden räumlich konzentriert an einem Ort auftreten.

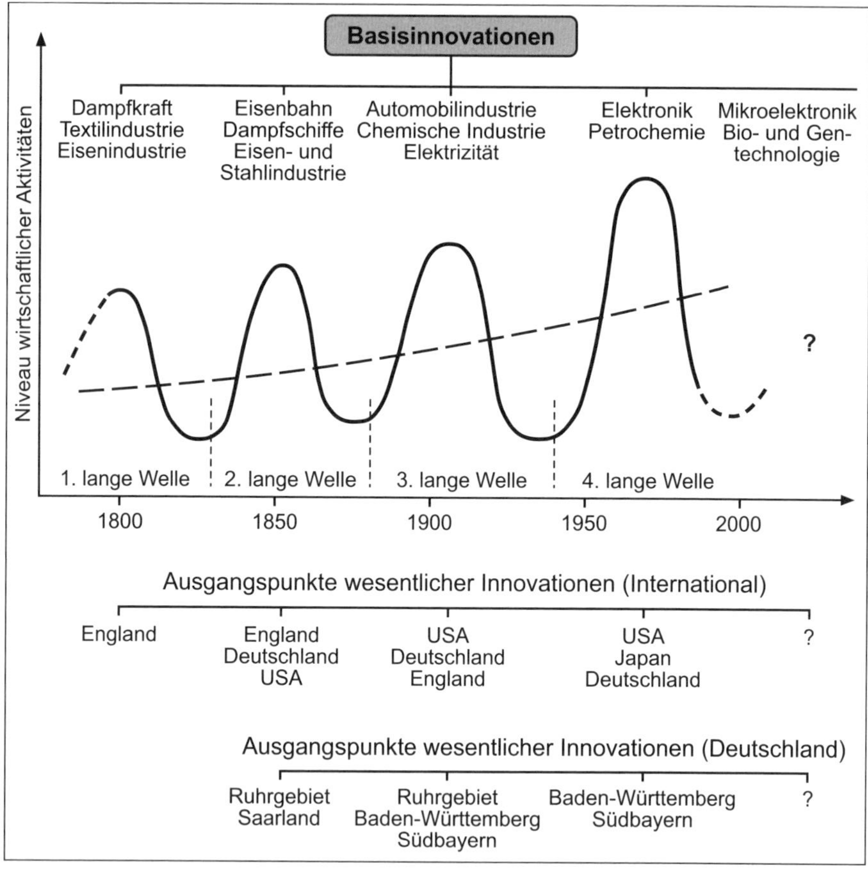

Abbildung 3.1.3: Modell der wirtschaftlichen Entwicklung in langen Wellen (Eigene Darstellung nach Dicken 1998, Seite 148)

Produktzyklushypothese

Die Produktzyklushypothese wurde in der hier relevanten Form 1966 von Raymond Vernon formuliert. Sie besagt, dass Produkte zwischen ihrer Einführung in den Markt und ihrer endgültigen Verdrängung durch konkurrierende Produkte einen Lebenszyklus aus Einführungsphase, Wachstumsphase, Reifephase und

Schrumpfungsphase durchlaufen (Vernon 1966). Im Zuge dieses Zyklus steigen Produktion und Absatzzahlen zunächst an und sinken wieder. Andere Parameter, z. B. Merkmale der Produktion, Marktstellung, Art der Investitionen und erzielbare Gewinne, ändern sich ebenfalls.

Generell überwiegen in der Einführungsphase Produktinnovationen. In der Reifephase, in der es auf eine kostengünstige Massenproduktion ankommt, überwiegen Prozessinnovationen. Aus wirtschaftsgeographischer Sicht ist entscheidend, dass sich im Verlauf des Produktzyklus der optimale Produktionsstandort ändert. In der Einführungsphase erfolgt die Produktion in den führenden Agglomerationsräumen der Industrieländer, denn dort befinden sich die qualifiziertesten Ingenieur*innen und Techniker*innen, Universitäten und außeruniversitäre Forschungseinrichtungen sowie experimentierfreudige und kaufkräftige Konsument*innen. Mit der Wachstumsphase und dem Aufbau einer Massenproduktion müssen Standorte am Rand der Agglomerationen bevorzugt werden, denn zur Notwendigkeit der Kontakte zu den Entwickler*innen der Produkte kommt ein großer Flächenbedarf hinzu, der im Zentrum der Agglomerationen nicht befriedigt werden kann. Ist das betrachtete Produkt schließlich standardisiert und ausgereift, gewinnen ein niedriger Preis und geringe Produktionskosten an Bedeutung. Dann verlagert sich der optimale Produktionsstandort in Länder mit mittlerem oder niedrigem Einkommen, denn dort fallen geringe Lohnkosten an und zudem sind auch die übrigen standortbezogenen Kosten, z. B. für das Einhalten von Umweltstandards oder Standards der Arbeitssicherheit, deutlich niedriger (siehe auch das Konzept des Pollution Haven in Kap. 4.2.3). Die räumlichen Implikationen der Produktzyklustheorie sind daher andere als die der Theorie der Langen Wellen. In der Gedankenwelt der Produktzyklushypothese bringen die Agglomerationsräume der Industrieländer immer wieder neue Produkte hervor, deren Produktion mit zunehmender Ausreifung von Ländern mit niedrigerem Einkommen übernommen wird.

Ein wichtiges Verdienst dieser Theorie ist es, einen Teil des weltweiten wirtschaftlichen Strukturwandels zu erklären, vor allem die Verlagerung der Produktion reifer, standardisierter Güter in Entwicklungs- und Schwellenländer in der zweiten Hälfte des 20. Jahrhunderts. Beispiele sind Bekleidung, Autoreifen und einfache elektronische Geräte. Wirtschaftsgeographie und räumliche Wirtschaftspolitik haben gleichermaßen die Notwendigkeit des permanenten Strukturwandels betont, verstanden als die Bereitschaft, Standortverlagerungen zuzulassen und nicht zu verhindern. In der heutigen globalisierten Wirtschaft finden sich jedoch auch Beispiele neuster Produkte, die schon mit ihrer Einführung in Ländern mittleren Einkommens hergestellt werden, z. B. das Apple iphone. Die Produktzyklushypothese hat in einer globalisierten und intensiv vernetzten Weltwirtschaft daher stark an Aussagekraft verloren.

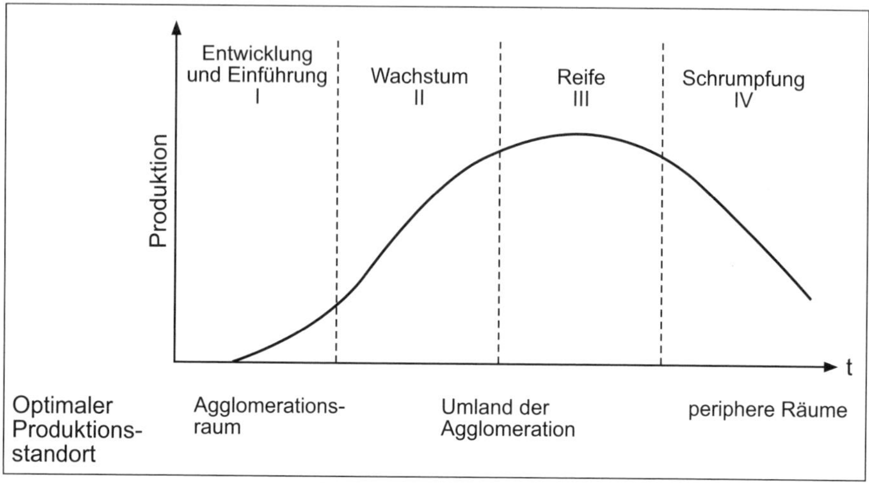

Abbildung 3.1.4: Phasen des Produktzyklus (Eigene Darstellung)

Tacit Knowledge, Sticky Knowledge und Verortung der Innovation

Grundlegende Erkenntnisse zum Zusammenhang von Innovation und Raum lassen sich aus der Reflexion der Bedeutung von Tacit Knowledge und Sticky Knowledge gewinnen. Diese Erkenntnisse sind sehr viel allgemeiner als die Aussagen der Theorie der Langen Wellen und der Produktzyklushypothese und daher nicht an bestimmte historische Bedingungen gebunden.

Innovationen bauen einerseits auf vorhandener Technologie auf und beeinflussen andererseits den technischen Fortschritt. Die Technologieentwicklung ist daher ein kumulativer Prozess, allerdings mit diskontinuierlich auftretenden Umbrüchen. In diesem Prozess spielen unterschiedliche Arten von Wissen eine Rolle. Der Begriff Tacit Knowledge wurde von Michael Polanyi (1967) geprägt und von zahlreichen Wissenschaftler*innen aufgegriffen und weiterentwickelt (u. a. Howells 1996). Er wird zumeist als implizites Wissen übersetzt. Bei Tacit Knowledge handelt es sich um Wissen, das weder in der Konstruktion von Maschinen, Anlagen, Gebäuden usw. verkörpert ist (embodied knowledge) noch in kodifizierter Form in Texten, Formeln, Anleitungen, Tutorials, Datenbanken, Softwarecodes usw. vorliegt (codified knowledge). Tacit Knowledge ist stattdessen das erfahrungsbasierte, intuitive Wissen von einzelnen Personen oder kleinen Gruppen von Personen. Dieses Wissen hat die Eigenschaft, selbst derjenigen Person, die darüber verfügt, nicht so vollständig bewusst zu sein, dass sie es in kodifizierter Form (z. B. sprachlich oder in Zeichnungen) zum Ausdruck bringen könnte. Man denke beispielsweise an das Beherrschen eines Musikinstruments, Bewegungsabläufe beim Sport, handwerkliches Geschick, oder an die Fähigkeit, ein Gedicht zu verfassen. Während kodifiziertes Wissen (Fachtexte, Datenbanken usw.) durch das

Internet weltweit verfügbar und nutzbar ist, kann Tacit Knowledge nur im direkten Kontakt von Person zu Person weitergegeben werden, durch wiederholtes Demonstrieren, gemeinsames Üben und Erarbeiten. Das Lernen von Tacit Knowledge erfolgt dabei zu großen Teilen unbewusst.

Innovationsprozesse benötigen Tacit Knowlegde, zum Beispiel in Form von wissenschaftlicher Intuition und Kreativität; neue Entdeckungen und Entwicklungen erfordern erfahrungsbezogenes Lernen unter Einbeziehung von Tacit Knowledge (Howells 1996). Daher entstehen Innovationen durch gemeinsame Entwicklungsarbeit und kollektive Lernprozesse des FuE-Personals innerhalb eines Unternehmens und, im Fall interaktiver Innovationsprozesse, zum Beispiel durch Zusammenarbeit der Entwickler*innen von Zulieferunternehmen und Abnehmern in gemeinsam betriebenen Forschungslaboren oder Pilotanlagen.

Die Konsequenzen für die Frage, in welchen Regionen Innovationen entstehen, erörtert Eric von Hippel (1994). Da Tacit Knowledge nicht einfach in kodifizierter Form über große Distanzen transferiert werden kann, sondern von Person zu Person weitergegeben wird, ist es an den Aufenthaltsort dieser wissenden Person gebunden. Es „klebt" an diesem Ort, ist Sticky Knowledge. Würde man dieses Wissen zum Zweck der Innovationsgenerierung von einem Ort an einen anderen transferieren wollen, entstünden hohe Kosten, denn man müsste die wissenden Personen für die Dauer der Innovations- bzw. Lernprozesse an diesen neuen Ort bringen. Daher argumentiert von Hippel folgendermaßen: Je größer der Anteil von Tacit Knowledge (Sticky Knowledge) in einem Innovationsprozess ist, desto größer ist die Notwendigkeit, diesen Innovationsprozess an dem Ort durchzuführen, an dem das Wissen vorhanden ist (von Hippel 1994). Innovationen entstehen daher nicht an zufälligen Orten, sondern ausschließlich dort, wo sich das innovationsspezifische Sticky Knowledge befindet.

Diesen theoretischen Überlegungen entsprechen empirische Beobachtungen. Kapitel 3.1.3 zeigt, dass sich Innovationsaktivitäten räumlich stark konzentrieren. Innovationen entstehen an den Standorten der FuE-Abteilungen forschender Unternehmen sowie im unmittelbaren Umfeld von Universitäten und öffentlichen Forschungseinrichtungen. Prominente Beispiele sind das Silicon Valley, europäische Regionen wie München und Cambridge, und asiatische Regionen wie Seoul und Shenzhen. Aktuelle Forschungen zeigen, dass multinationale Unternehmen ihre Forschung dort ansiedeln, wo sie höchstqualifiziertes Fachpersonal finden (Schaefer 2020). Andererseits finden sich selbst an Orten, die nicht über herausragende Ballungen an technischem Wissen und Tacit Knowledge verfügen, innovationsrelevante Wissensressourcen. Diese beziehen sich dann beispielsweise auf adaptionsrelevantes Wissen, dass dafür nötig ist, Produkte an die Gegebenheiten, Konsumgewohnheiten und Einkommensverhältnisse vor Ort anzupassen (Liefner et al. 2013).

3.1.3 Räumliche Verteilung von Technologie und Innovationen

Die bisherigen Erläuterungen lassen erwarten, dass technologisches Wissen sowie die Entstehung von Innovationen räumlich ungleich verteilt sind. Gleiches gilt für die Orte des Markteintritts von Innovationen und den Diffusionsprozess. In diesem Kapitel wird erläutert, wie technologisches Wissen und Innovationen empirisch gemessen werden können und wie sie sich räumlich verteilen. Aufgrund der Relevanz von Innovationen für die Wirtschaftsentwicklung und der daraus entstehenden Notwendigkeit, Innovationsprozesse statistisch zu erheben, veröffentlicht die OECD gemeinsam mit Eurostat das sogenannte Oslo Manual zur Messung von Innovationen. Das erste Oslo Manual wurde 1992 veröffentlicht, die jüngste überarbeitete Auflage erschien 2018, auf welche sich dieses Kapitel überwiegend bezieht.

Innovationsprozesse sind komplex, daher ist es sinnvoll, bei der Erhebung von Innovationen zwischen verschiedenen Phasen und Indikatoren zu unterscheiden. Entlang des linearen Innovationsmodells lassen sich drei Kategorien von Innovationsindikatoren unterscheiden: Indikatoren für den Input, den Throughput und den Output. Erstere sollen messen, welche Faktoren für die Entstehung von Innovationen relevant sind. Hierzu eignen sich beispielsweise Daten zu Forschungsaktivitäten von Unternehmen und anderen Innovatoren oder Daten zur Qualifikation von Erwerbstätigen.

In Abbildung 3.1.5 wird der Anteil der Beschäftigten in Forschung und Entwicklung in deutschen Regionen (NUTS-2) als Indikator für den Input von Innovationsprozessen dargestellt. Die Karte verdeutlicht, wie sich das Potential zum Hervorbringen von Innovationen innerhalb Deutschlands verteilt und teilweise konzentriert. So wird deutlich, dass urbane Regionen einen höheren Anteil an Beschäftigten in Forschung und Entwicklung aufweisen als ländliche Regionen. Gleichzeitig konzentriert sich das Innovationspotential regional, etwa in Baden-Württemberg.

Indikatoren für den Throughput sollen messen, welche Prozessfortschritte bei der Entwicklung einer Innovation entstehen. Hierbei geht es also um das entstandene technologische Wissen aus Forschung und Entwicklung (Input), das in eine Erfindung mündet. Klassische Indikatoren für den Throughput einer Innovation sind Patente oder wissenschaftliche Publikationen, die neues (technologisches) Wissen enthalten, jedoch noch nicht als Produkte oder Prozesse auf dem Markt sind. Patente gewähren der anmeldenden Organisation (z. B. Unternehmen, Universitäten) Schutzrechte auf eine Erfindung, sodass Dritte nicht von der Erfindung Gebrauch machen können. Sie sind für den Rechtsraum des zuständigen nationalen Patentamts gültig und haben in der Regel eine Laufzeit von 20 Jahren. Patente sind daher aus innovationsökonomischer Perspektive eine geeignete Maßnahme, um den externen Effekten der Innovationsentstehung (Wissensspillover) entgegenzuwirken und Innovatoren dazu anzuregen, in Forschung und Entwicklung zu investieren (s. Kap. 3.4.1).

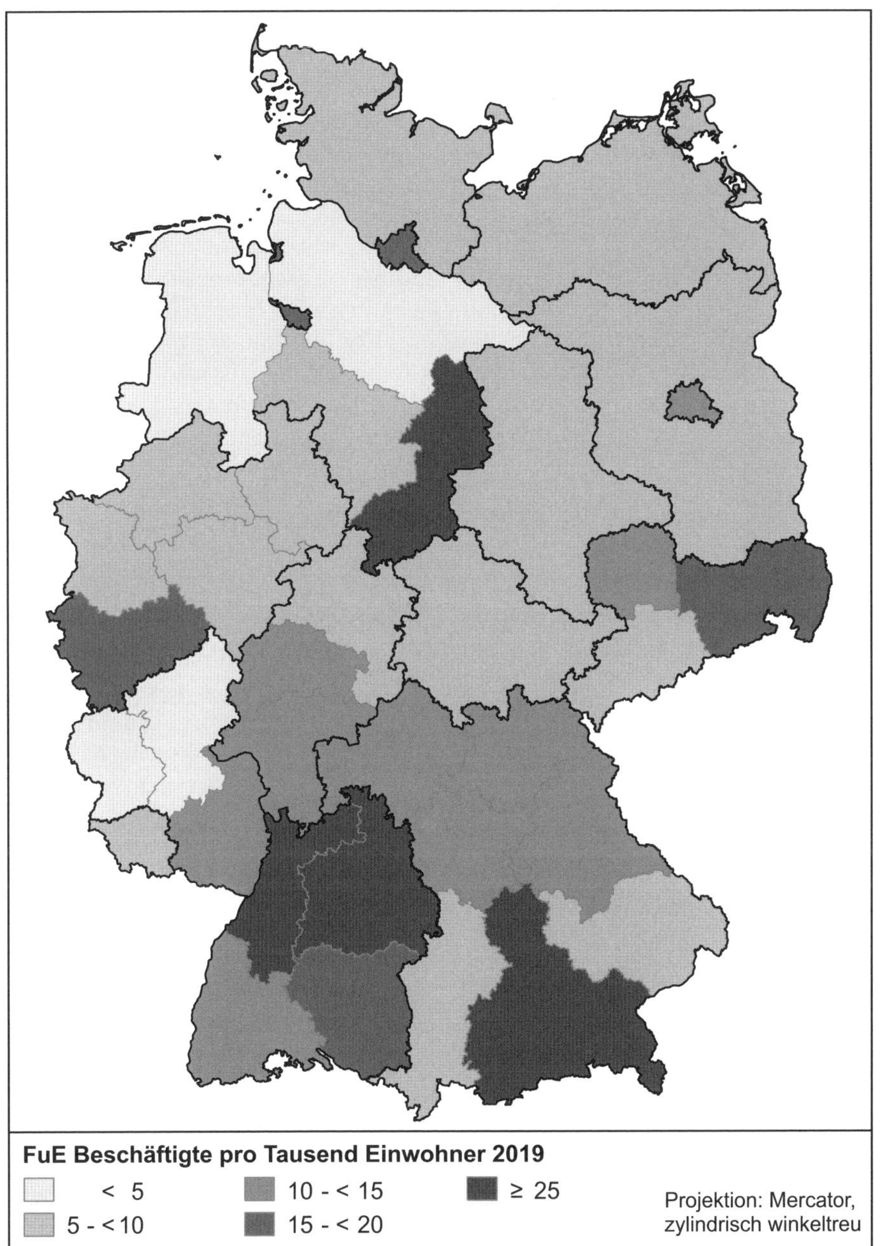

Abbildung 3.1.5: Beschäftigte in Forschung und Entwicklung in deutschen Regionen (NUTS-2), 2019 (Eigene Darstellung; Daten: Eurostat 2021a und 2021b)

Patente sind einer der meistgenutzten Indikatoren zur Messung von Innovationen, da sie frei verfügbar sind und zahlreiche Informationen enthalten. Dazu zählen etwa Angaben zu den Erfinder*innen und zur anmeldenden Organisation, Angaben zu technologischen Inhalten und Technologiezweigen und Angaben zum Wissensbestand, der für die Erfindung notwendig war, etwa durch den Verweis auf ältere Patente und Publikationen. Obgleich Patente häufig als Outputindikator interpretiert werden, messen sie de facto den Throughput und nicht die marktfähige Innovation (Archibugi 1992; Kleinknecht et al. 2002). Indikatoren für den Output des Innovationsprozesses sind beispielsweise neue Produkte oder neue Dienstleistungen. Die Diffusion einer Innovation lässt sich folglich durch die raumzeitliche Entwicklung des Konsums bzw. der Nutzung einer Innovation abbilden. Die statistische Erhebung von Outputindikatoren ist jedoch äußerst aufwendig und in vielen Bereich nicht möglich. Daher wird in der Praxis meistens auf Patente als Indikator für Innovationen zurückgegriffen.

Abbildung 3.1.6 zeigt, analog zu Abbildung 3.1.5, wie sich das Hervorbringen technischer Neuerungen in Deutschland verteilt und konzentriert. Abgebildet sind die Patentanmeldungen beim Europäischen Patentamt (EPA, engl. EPO) nach der Wohnsitzregion (NUTS-2) der Erfinder*innen für das aktuellste Jahr 2012. Jüngere Daten auf regionaler Ebene liegen zumeist nur nach der Region des anmeldenden Unternehmens bzw. der anmeldenden Organisation vor. Hierbei werden jedoch häufig zu viele Patente der Unternehmenszentrale zugeordnet obwohl die Entwicklungstätigkeiten womöglich in einem Betrieb dieses Unternehmens in einer anderen Region stattgefunden haben. Eine Verortung der regionalen Patente auf Basis der Adressen der Erfinder*innen misst in diesem Fall häufig besser, wo die Innovationsaktivität stattfindet. Tendenziell zeigt sich in Abbildung 3.1.6 ein ähnliches Bild wie zuvor für Abbildung 3.1.5 diskutiert. Gleichwohl werden einige Unterschiede erkennbar. Ein verstärkter Input im Innovationsprozess in Form von Forschung und Entwicklung kann dementsprechend nur einen Teil des späteren Innovationsprozesses (Through- bzw. Output) erklären. Dies lässt sich auf der einen Seite auf die Komplexität und Interaktivität von Innovationsprozessen zurückführen (s. Kap. 3.1.2). Auf der anderen Seite verdeutlicht dieses Muster, dass sich Forschungs- und Entwicklungsaktivitäten nicht zwingend im Patentoutput einer Region widerspiegeln. Abbildung 3.1.6 berücksichtigt beispielsweise auch nicht, wie sich die Qualität von Patenten unterscheidet. Des Weiteren variiert die Neigung von Unternehmen und anderen Organisationen, Patente anzumelden, stark zwischen Branchen bzw. Technologiezweigen. Innovationen in Dienstleistungsbereichen werden außerdem gar nicht patentiert und die Forschung an neuen Dienstleistungen wird nicht als solche ausgewiesen. Entsprechend werden Regionen mit einer Spezialisierung auf hochkomplexe, kreative oder innovative Dienstleistungen (z. B. Hamburg, Köln, New York) bei diesen Daten nicht hinreichend berücksichtigt.

Auf globaler Ebene zeigen sich ebenfalls deutliche Unterschiede zwischen Nationen bei der Anmeldung von Patenten (s. Abb. 3.1.7). Dargestellt sind sogenann-

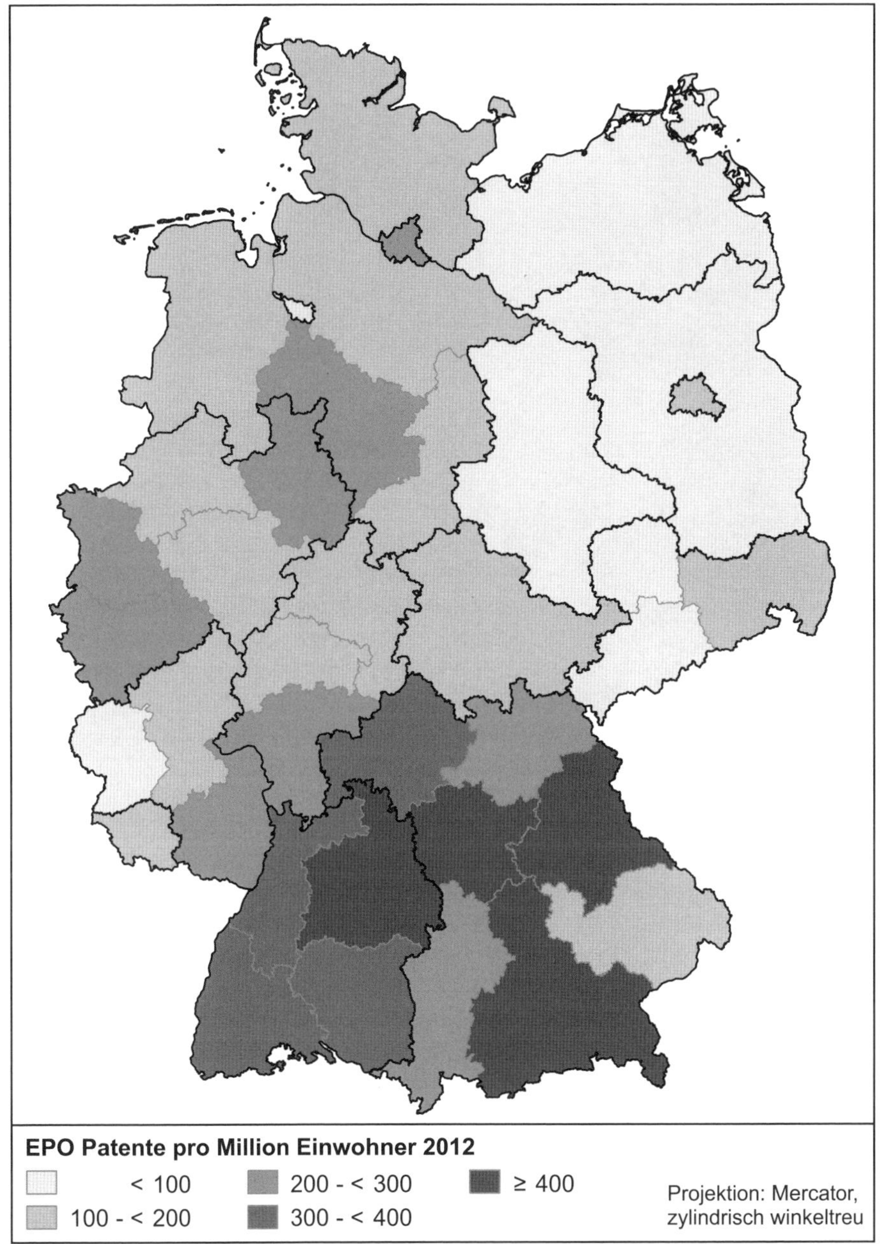

Abbildung 3.1.6: Patente (EPO) in deutschen Regionen (NUTS-2), 2012 (Eigene Darstellung; Daten: Eurostat 2016 und 2021a)

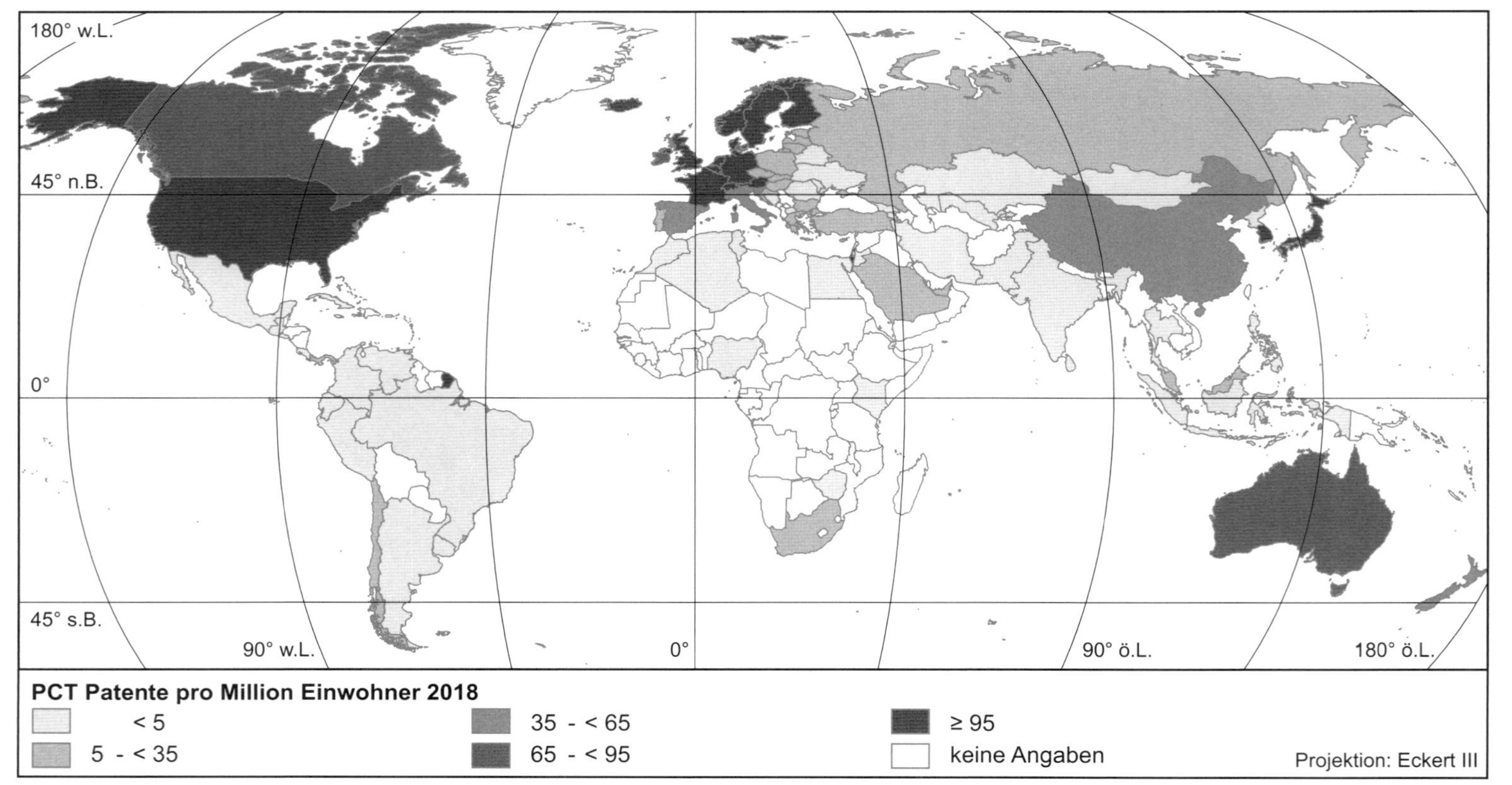

Abbildung 3.1.7: Patente (PCT) auf globaler Ebene, 2018 (Eigene Darstellung; Daten OECD 2022 & The World Bank 2022e)

te Patent Cooperation Treaty (PCT) Patente. Hierbei handelt es sich um Patente, für welche ein internationales Schutzrecht angemeldet wird, also ein Patentschutz bei mehreren nationalen Patentämtern. PCT Patente eignen sich zur Messung von Erfindungen auf internationaler Ebene, da lediglich solche Patente gelistet sind, für welche die anmeldende Organisation eine globale Marktnachfrage erwartet. Die Karte verdeutlicht die Konzentration von Innovationsaktivitäten im globalen Norden, insbesondere in West- und Nordeuropa sowie in Japan und Nordamerika. Die Darstellung der Patentanmeldungen als relative Werte in Bezug zur Bevölkerung verzerrt jedoch die Innovationskapazitäten einiger Schwellenländer mit hoher Bevölkerungszahl, die in den vergangenen Jahren zunehmend eine Schlüsselposition in der globalen Patentlandschaft eingenommen haben. Insbesondere China hat sich in den vergangenen zwei Dekaden zu einer Innovationsnation entwickelt, die seither einen Großteil der weltweiten Patente anmeldet.

Aus den einführenden Begriffskonzepten und der Darstellung der weltweiten Verteilung von Technologie und Innovation lassen sich einige fundamentale Eigenschaften der Wirtschaft in der heutigen Zeit ableiten:

1. Technologie und Innovationskapazität sind räumlich extrem ungleich verteilt, und damit ist auch die Fähigkeit ungleich verteilt, wirtschaftliche Aktivitäten auszuführen, die auf technologischen Fähigkeiten und Innovationskapazität beruhen. Ökonomisch bedeutsame Erfindungen und Produktentwicklungen, kreative Produktentwürfe und -gestaltungen, ebenso wie die Umsetzung dieser Neuerungen in eine Produktionsorganisation kommen fast ausschließlich aus den Regionen, die in Abbildung 3.1.7 als führend herausgehoben sind.
2. Alle anderen Regionen der Welt konzentrieren sich auf andere wirtschaftliche Aktivitäten. Dazu gehören sämtliche industrielle Aktivitäten, die nicht unmittelbar auf Innovationskapazität beruhen, v. a. die Fertigung neuer und älterer Produkte. Dazu gehören aber auch Dienstleistungen aller Art, personenbezogen und unternehmensbezogen, räumlich verteilt oder konzentriert (u. a. Tourismus, Medien, Finanzdienstleistungen), einfach und standardisiert, oder kreativ und hochkomplex, sowie die Leistungen von primärem Sektor, Landwirtschaft und Bergbau.

3.2 Vernetzungsintensität, Regionalisierung und Globalisierung

Die Karten im vorigen Kapitel zeigen die aktuelle räumliche Verteilung von technologischen Potenzialen und Innovationen. Die weltweit zunehmende Fokussierung von Wirtschaft und Gesellschaft auf Wissen und Innovationen ist eng verbunden mit dem Übergang von der Industriegesellschaft in die Wissensgesellschaft, mit der organisatorischen und räumlichen Entflechtung der Produktion, und mit der Vernetzung von Unternehmen (s. Kap. 3.2.1; Baldwin 2006; Cooke 1998; de Man 2008; Piore und Sabel 1989; Storper 1997). Aus diesen Veränderungen folgen Regionalisierung (s. Kap. 3.2.2) und Globalisierung (s. Kap. 3.2.3).

3.2.1 Raumbezogene Transaktionskosten

Die wichtigste Ursache für diese tiefgreifenden Veränderungen ist das fortlaufende Sinken der sogenannten Transaktionskosten. Transaktionskosten sind die Kosten der Zusammenarbeit von Unternehmen (Coase 1937; McCann 2008). Dazu gehören die Kosten für die Suche und Auswahl von geeigneten Zulieferern und Vertriebspartnern, für den Abschluss und das Durchsetzen von Verträgen einschließlich aller Details zu vereinbarten Leistungen (Produkte, Komponenten, Materialien, Produktspezifikationen, Schnittstellen, Steuerung, ...), für die Kommunikation mit Zulieferern, und im weiteren Sinne für Transport, Lagerung und Versicherung von allen zu liefernden Teilen. Sind diese Transaktionskosten hoch, so ist es für Unternehmen günstiger, viele verschiedene Tätigkeiten unter dem Dach der eigenen Firma durchzuführen (O. E. Williamson 1990). Daher ist die Existenz von Transaktionskosten laut Coase (1937) eine wichtige Begründung dafür, dass Unternehmen überhaupt existieren.

Bis weit in das 20. Jahrhundert hinein lagen die Transaktionskosten relativ stabil auf einem hohen Niveau. Beispielsweise erforderte die Kommunikation zwischen Unternehmen persönliche Besuche und das Schreiben und Versenden von Briefen. Der Fortschritt der Informations- und Kommunikationstechnologie hat diesen Zustand fundamental verändert, durch eine sukzessive Ausweitung der Kommunikationsmöglichkeiten und eine dramatische Senkung der Kommunikationskosten (Harvey 1990; McCann 2008). Die dafür verantwortlichen Technologien sind allgemein bekannt (Telefon, Fax, Mobiltelefon, Internet mit Email, Kommunikationsdienste, VPN, Videokonferenzen, remote access, digital twins etc.). Im Ergebnis können vertragsrelevante Unterlagen rechtlich bindend und weltweit ausgetauscht werden, fast ohne dabei Kosten zu verursachen. Mit der immer kostengünstigeren Zusammenarbeit von Unternehmen geht eine erhebliche Ausweitung der Möglichkeit einher, Leistungen anderer Unternehmen in den eigenen Produktionsprozess einzubauen, z. B. durch Kauf und Verkauf von Komponenten und Material sowie Dienstleistungen aller Art (Sturgeon 2002; Manning et al. 2008). Wann immer eine Tätigkeit von anderen Unternehmen effizienter und damit kostengünstiger ausgeführt werden kann, bietet sich eine Fremdvergabe dieser Tätigkeit an (Venkatesan 1992). Entscheidend ist, dass die Summe aus den Transaktionskosten und dem Preis, den das Fremdunternehmen für das Erbringen der Tätigkeit verlangt, niedriger ist als die Kosten der internen Erbringung dieser Leistung.

Wenn Transaktionskosten sinken, und Unternehmen sich daher entscheiden, eine selbst erstellte Leistung künftig von anderen Firmen einzukaufen, spricht man von Outsourcing (Quinn und Hilmer 1994; Venkatesan 1992). Outsourcing verkleinert das Tätigkeitsspektrum des handelnden Unternehmens, verstärkt seine Spezialisierung auf hochproduktive Kernaktivitäten und erhöht die Effizienz des Ressourceneinsatzes und damit die prozentuale Rendite. Das Gewinnstreben eines Unternehmens führt dazu, dass die Möglichkeit zum Outsourcing genutzt wird (Kogut und Zander 1992). Dabei ist klar, dass die Zulieferer ihre Leistungen in vielen Fällen tatsächlich günstiger anbieten können (Venkatesan 1992). Da Zulieferer ihre Leistungen normalerweise vielen Firmen anbieten, realisieren sie interne Kostenersparnisse durch Größenvorteile (Skalenerträge). Sie haben einen Anreiz, ihre Unternehmensstruktur auf ihre Tätigkeit zu spezialisieren und in diesem Bereich hohe Qualitätsstandards zu setzen und Innovationen hervorzubringen.

Das Absinken der Transaktionskosten führt im Ergebnis dazu, dass viele hochspezialisierte und in ihrem jeweiligen Kernbereich leistungsstarke und innovative Unternehmen miteinander kooperieren und gemeinsam Produkte und Dienstleistungen erstellen. Jedes einzelne Unternehmen konzentriert sich auf die Nutzung seiner Kernkompetenz (Prahalad und Hamel 1990). Outsourcing, Spezialisierung, Innovation und Vernetzung gehen miteinander einher, die firmeninterne Produktion wird entflochten und auf viele miteinander vernetzte Firmen aufgeteilt. Empirische Beispiele für die vernetzte Produktion sind zahlreich (Schamp 2000). Gebäudereinigung, Buchführung, Kundendienst und Call Center sowie Speditionsgewerbe sind typische zuliefernde Dienstleister; ähnliches gilt für die Anbieter industrieller Komponenten, z. B. Bremsanlagen, Beleuchtung oder Sitze beim Auto. Die industrielle Wertschöpfungstiefe, also der Anteil der Wertschöpfung, den ein Industrieunternehmen tatsächlich selbst erbringt, sinkt dadurch erheblich. Dieser Wert liegt in Deutschland derzeit im Durchschnitt bei etwa 23 % (Deutsche Bundesbank 2016). Im Umkehrschluss bedeutet dieser Wert, dass 77% der Wertschöpfung eines Produkts von Zulieferern und Dienstleistern erbracht werden. Ein Beispiel für ein komplexes Produkt ist ein Windrad, das laut Dedrick und Kraemer (2011) sowie Nahm und Steinfeld (2014) aus mehr als 8.000 Komponenten von durchschnittlich mehr als 1.000 Herstellern besteht.

Wie bereits erwähnt geht die Spezialisierung bei allen Unternehmen, egal ob Dienstleister, Komponentenhersteller oder Endproduzent, mit verstärkten Innovationsbemühungen einher. Der Begriff der Wissensgesellschaft, die viel stärker als die Industriegesellschaft auf der Nutzung von Wissen basiert, wird aus diesem Blickwinkel verständlich.

Wie im Folgenden gezeigt wird, sind die regionalwirtschaftlichen Folgen dieser Entwicklung die Prozesse der Globalisierung und der Regionalisierung. Zeitgleich mit den Fortschritten der Informations- und Kommunikationstechnologie haben sich weitere technische und politische Veränderungen ergeben und wissenschaftliche Fortschritte eingestellt, die eine raumübergreifende Nutzung der Möglichkeiten zum Outsourcing und zur Vernetzung erlauben (de Man 2008; Dicken 1992, S. 97–119). So wurden seit Ende des Zweitens Weltkriegs in multilateralen Verhandlungen (s. Kap. 2.4) mehrfach Zollsenkungen vereinbart, die den Zollsatz im Außenhandel von durchschnittlich ungefähr 40 % (Bown und Irvin 2015) auf deutlich unter 10 % gedrückt haben. Neuerungen wie die Nutzung des Standardcontainers im Frachtverkehr haben die Kosten des Gütertransports gesenkt (Dicken 1992,

S. 105). Auch diese Kostenreduktionen tragen dazu bei, den grenzüberschreitenden Austausch von Vorprodukten und Dienstleistungen zu verbilligen. Und letztlich wurden nach dem Ende des Kalten Krieges die ehemals kommunistischen Länder der Welt in die globalen marktwirtschaftlichen Austauschprozesse integriert.

Diese Veränderungen haben dafür gesorgt, dass speziell die raumbezogenen Transaktionskosten gesunken sind. Infolgedessen können Tätigkeiten auch an solche Firmen ausgelagert werden, die sich in großer räumlicher Distanz befinden. Man spricht in diesem Fall von Offshore-Outsourcing oder kurz Offshoring (Doh 2005). Beispielsweise beziehen westliche Unternehmen viele industrielle Vorprodukte aus Osteuropa, Südostasien oder China, und Software wird häufig aus Indien bezogen (Dicken 1992). Das Offshore-Outsourcing, also die Verflechtung zwischen Zulieferern und Abnehmern über große räumliche Distanzen, ist das wesentliche Element der ökonomischen Globalisierung. Parallel zum Offshore-Outsourcing entwickeln sich Verflechtungen von Zulieferern und Abnehmern in engster räumlicher Nähe. Beispiele sind Zulieferparks in der Nähe industrieller Großunternehmen oder aber die Anwesenheit von Dienstleistern zur Optimierung der Produktionssteuerung in den Großunternehmen selbst. Die Konzentration miteinander verflochtener Unternehmen an einem Ort bezeichnet man als Regionalisierung (Porter 1998).

Über die Frage, ob Outsourcing über große Distanzen oder aber in räumlicher Nähe erfolgt, entscheiden wiederum die raumbezogenen Transaktionskosten. Diese Kosten sind hoch, wenn Zulieferer und Abnehmer im Zuge ihrer Zusammenarbeit hochspezialisiertes Wissen austauschen, das auch Tacit Knowledge umfasst, oder wenn sie Wissen gemeinsam entwickeln (Quinn and Hilmer 1994; de Man 2008). Dies ist beispielsweise der Fall, wenn die Neuentwicklung eines Motors die Zusammenarbeit von Techniker*innen von Zulieferer und Abnehmer an einer gemeinsam betriebenen Pilotanlage erfordert. Handelt es sich dagegen um den Fremdbezug von standardisierten Komponenten oder Dienstleistungen, so entscheiden vor allem die Produktionskosten des Zulieferers (Doh 2005). Da diese in Ländern mit mittleren Einkommen zumeist niedriger sind als in führenden Industrieländern, kommt es bei diesen Tätigkeiten zu Offshore-Outsourcing. Globalisierung und Regionalisierung sind daher zwei regionalökonomische Ausprägungen der zunehmenden Verflechtung ökonomischer Aktivitäten.

Aus der Tatsache, dass sich die raumbezogenen Transaktionskosten in den vergangenen sieben Jahrzehnten deutlich vermindert haben, lässt sich keine Prognose über deren zukünftige Entwicklung ableiten. Technischer Fortschritt dürfte für eine weitere Kostensenkung sorgen, jedoch können Kriege, Sanktionen, Auflagen zur Versorgungssicherheit und auch die Förderung lokaler Produktion ebenso gut zu einer Zunahme der raumbezogenen Transaktionskosten führen. Überlegungen vor dem Hintergrund des Begriffs der Technologiesouveränität in Europa deuten in diese Richtung (Edler et al. 2020). Sollten die raumbezogenen Transaktionskosten künftig steigen, so würden sich auch die daraus folgenden regionalökonomischen Prozesse umkehren.

Die beiden nächsten Teilkapitel diskutieren die Prozesse der Regionalisierung und der Globalisierung sowie deren Folgen für regionale Disparitäten.

3.2.2 Die räumliche Konzentration innovativer Aktivitäten

Regionalisierung geht einher mit der Entstehung oder der Verstärkung räumlicher Konzentrationen von innovativen Aktivitäten. Wesentliche Erklärungen der beteiligten Teilprozesse und der strukturellen Eigenschaften solcher Konzentrationen liefern die Clustertheorie und das Konzept der regionalen Innovations- und Lernsysteme.

Clustertheorie

Die räumliche Variante der Clustertheorie wurde von Michael E. Porter (1998; 2000) entwickelt. Den Ausgangspunkt seiner Überlegungen bildet die Feststellung, dass die Weltwirtschaft durch Regionen geprägt ist, die sich jeweils durch eine kritische Masse von außergewöhnlich wettbewerbsfähigen Unternehmen in bestimmten Technologiefeldern auszeichnen. Diese Cluster definiert Porter (1998) folgendermaßen: Ein Cluster ist eine räumliche Konzentration miteinander verbundener Unternehmen und Organisationen in einem bestimmten Technologiefeld. Zum Cluster gehören neben den Unternehmen dieses Technologiefelds alle weiteren Organisationen, die zu seiner Wettbewerbsfähigkeit beitragen, darunter Zulieferunternehmen (z. B. Komponentenhersteller, Dienstleister, Bereitsteller spezialisierter Infrastruktur) und nachgelagerte Unternehmen (Logistik, Handel) sowie staatliche und private Organisationen, z. B. Universitäten, Forschungseinrichtungen und Verbände. Cluster zeichnen sich durch Wettbewerb zwischen Unternehmen mit gleichem Tätigkeitsspektrum und durch Kooperation mit vor- und nachgelagerten Firmen sowie mit unterstützenden Organisationen aus.

Den Mechanismus, der den ökonomischen Erfolg von Clustern erklärt, beschreibt Porter (1998) folgendermaßen: Die räumliche Nähe der Unternehmen und Organisationen im Cluster ermöglicht eine effiziente und vertrauensvolle Koordination ihrer Tätigkeiten und verursacht positive externe Effekte. Dadurch kommen die Unternehmen im Cluster in den Genuss von kosten- und ertragsseitigen Vorteilen, die ihre Produktivität erhöhen. Der Produktivitätszuwachs im Cluster kann so groß sein, dass er die Kostenvorteile alternativer Standorte, z. B. niedrige Arbeitskosten, überwiegt. Damit haben Cluster zwei Effekte: Erstens verbessern sie die Wettbewerbsfähigkeit der zugehörigen Unternehmen, indem sie ihre Produktivität steigern. Zweitens veranlassen sie diese dazu, die Fremdvergabe bestimmter Tätigkeiten an entfernte Standorte zu verzögern oder zu unterlassen, und stattdessen lokales Outsourcing zu betreiben. Über diesen Mechanismus steigern Cluster ihre Wachstumsdynamik.

Für den Produktivitätsvorsprung von Clustern sind die drei von Marshall (1961; s. Kap. 2.2.2) identifizierten Vorteile von Branchenkonzentrationen verantwortlich, der Markt für spezialisierte Arbeitskräfte, die Existenz spezialisierter Zulieferer und Dienstleister sowie lokal verortetes, langfristig weitergegebenes Wissen. Hinzu kommen die Erstellung komplementärer Produkte im Cluster, der Zugang zu wichtigen Organisationen und öffentlichen Gütern und die Möglichkeit, das Verhalten der Konkurrenz im Cluster direkt zu beobachten (Porter 1998). Cluster verbessern die Innovationsfähigkeit ihrer Unternehmen, da deren räumliche Nähe zueinander häufige und damit zunehmend vertrauensvolle und enge Kontakte ermöglicht und damit Voraussetzungen für Wissensaustausch und Lernen in interaktiven Innovationsprozessen schafft. Auch die Gründung und Entwicklung neuer Unternehmen wird im Cluster begünstigt. Einerseits bietet die große Menge vorhandener Unternehmen einen großen lokalen Markt, beispielsweise für neue Zulieferunternehmen. Andererseits bietet ein Cluster eine Fülle von Informationen bezüglich der ansässigen Unternehmen und ihrer Bedürfnisse und erleichtert damit das Einschätzen der Erfolgsaussichten neuer Unternehmen. Marktnischen werden offenkundig, benötigte Arbeitskräfte sind verfügbar, Kreditgeber kennen die Bedingungen des Technologiefelds. Unternehmensgründungen tragen wiederum zur Stärkung des Clusters bei.

Laut Porter (1998) entstehen Cluster aus unterschiedlichen Gründen und aufgrund unterschiedlicher historischer Gegebenheiten, z. B. aufgrund lokal vorhandener Nachfrage oder aufgrund der Anwesenheit von bestimmten Unternehmen und Personen, die sich rückblickend als ausschlaggebend erwiesen haben. Zufallsereignisse spielen eine große Rolle. Das Wachstum des Clusters setzt mit dem Überschreiten einer kritischen Masse an Unternehmen und unterstützenden Organisationen und der Zunahme von Unternehmensgründungen ein. Jedoch können Cluster ihren Wettbewerbsvorteil verlieren (Menzel und Fornahl 2010). Dies droht einerseits bei einer sprunghaften technologischen Entwicklung, die das im Cluster angesammelte, auf ältere Technologie bezogene Wissen obsolet macht. Andererseits kann der Niedergang eines Clusters auch das Ergebnis einer mit der Zeit entstehenden internen Inflexibilität sein. Fortlaufende Kooperation, gegenseitiges Verständnis, Kartellbildung und zunehmende Regulierung mögen den internen Wettbewerb zurückdrängen und zu einer Ignoranz gegenüber Entwicklungen außerhalb des Clusters führen (Porter 1998). Die zum Niedergang führende Fixierung auf eine sich zunächst etablierende und später veraltende Technologie sowie auf das zugehörige, clusterintern kommunizierte Wissen wird dabei mit dem Begriff des Lock-in bezeichnet (s. Kap. 4.2.2). Aus dieser Argumentation heraus ist der Zugang zu den Wissensbeständen entfernter Regionen für eine sich immer wieder erneuernde und langfristig erfolgreiche Clusterentwicklung unabdingbar (Oinas und Malecki 2002; Bathelt et al. 2004). Dies wird u.a. auch in Abbildung 3.2.1 verdeutlicht.

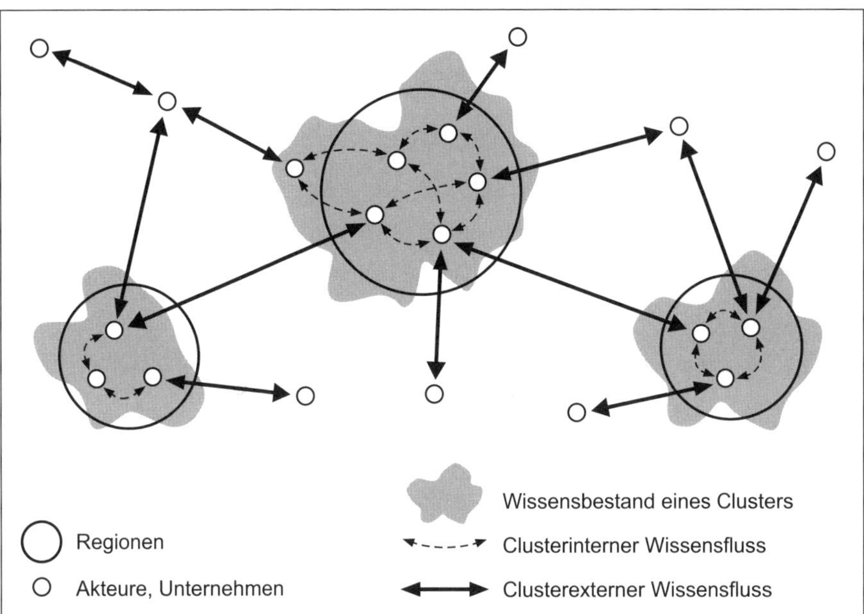

Abbildung 3.2.1: Cluster und regionale Wissensflüsse (Eigene Darstellung nach Bathelt et al. 2004, Seite 46)

Die Frage, wie sich Cluster und die von ihnen ausgehende Wirtschaftsdynamik auf großräumige Disparitäten auswirken, ist bislang nicht umfassend beantwortet. Es lassen sich jedoch charakteristische Entwicklungsunterschiede zwischen Clustern in früh industrialisierten und spät industrialisierten Regionen feststellen. Früh entstandene Cluster in Industrieländern decken vielfältige Aktivitäten im Produktionsprozess ab. Zur Zeit ihrer Entstehung waren die Voraussetzungen für umfangreiches Outsourcing nicht gegeben und die Existenz der Clustervorteile hemmt heute die Tendenz zum Offshoring. Neue Industriekonzentrationen in Schwellenländern sind dagegen auf wenige Teilaktivitäten spezialisiert. Da sie keine Clustervorteile bieten, ziehen sie nur diejenigen Tätigkeiten an, bei denen ihr standortbezogener Kostenvorteil die Clustervorteile der etablierten Standorte überwiegt, z. B. die Endmontage von Produkten oder deren Recycling. Sie entwickeln eine branchendiversifizierte aber wertschöpfungskonzentrierte Struktur (Manning et al. 2008; Chaminade und Vang 2008; Humphrey und Schmitz 2002). Unter bestimmten Bedingungen mögen sich auch diese Industriekonzentrationen in Schwellenländern zu Clustern entwickeln und dann auch die Ansiedlung von Tätigkeiten rechtfertigen, die nicht ihren heutigen Standortgegebenheiten entsprechen.

Das Clusterkonzept hat zu einer Fülle empirischer Untersuchungen Anstoß gegeben, die sich jedoch oftmals auf die Beschreibung der Struktur und Entwicklung bestimmter erfolgreicher Regionen beschränken. Zudem hat das Konzept

Eingang in die regionale Wirtschaftspolitik gefunden. Sowohl die empirischen Untersuchungen als auch die politische Umsetzung des Konzepts leiden jedoch an seinem eklektischen Charakter und einer daraus resultierenden Beliebigkeit (Kiese 2008).

Regionale Innovationssysteme und Regionale Lernsysteme

Das Konzept der regionalen Innovationssysteme wurde vom Regionalwissenschaftler Philip Cooke in die Diskussion eingeführt (Cooke et al. 1997; Cooke 1998). Es baut auf dem Konzept der nationalen Innovationsysteme auf (Lundvall 1992; 2007; Nelson 1993; Edquist 1997). Das Konzept der nationalen Innovationssysteme lenkt den Blick auf nationale Besonderheiten bei der Entstehung von Innovationen. Einschlägige Arbeiten betrachten beispielsweise die Ausstattung und Organisation der Bildungs- und Wissenschaftssektoren einzelner Staaten, die Forschungs- und Entwicklungsleistungen ihrer Unternehmen und die Kooperation zwischen Wissenschaft und Wirtschaft. Zudem beleuchtet das Konzept die Rolle der staatlichen Technologie- und Innovationspolitik. Während sich frühe Arbeiten zu nationalen Innovationssystemen auf die Analyse von wissenschaftsgetriebenen Innovationen konzentrierten, sehen jüngere Arbeiten in Innovationen das Ergebnis interaktiver Prozesse, an denen mehrere Organisationen beteiligt sind (Freeman 1995).

Das Konzept der regionalen Innovationssysteme sieht Regionen unterhalb der Ebene von Staaten als eine geeignete Maßstabsebene zur Erfassung der Bedingungen des Entstehens von Innovationen an (Cooke et al. 1997). Der Argumentationsgang des Konzepts lässt sich folgendermaßen zusammenfassen: Ein regionales Innovationssystem wird von den Innovationsakteuren einer Region gebildet. Zu diesen Akteuren zählen forschende Unternehmen, deren Zulieferer und Abnehmer, Hochschulen und öffentliche Forschungseinrichtungen, Finanzdienstleister, andere kooperierende Dienstleistungsunternehmen, Behörden und Verwaltung sowie intermediäre Einrichtungen. Räumliche Nähe zueinander ermöglicht häufige und unmittelbare persönliche Kontakte zwischen den Innovationsakteuren. Durch die wiederholten Kontakte wächst das Vertrauen zwischen den Innovationsakteuren und es entwickeln sich spezifische Gepflogenheiten (informelle Institutionen) für Kommunikation und Kooperation. Diese erleichtern die Zusammenarbeit an neuen und unfertigen Ideen und Konzepten, gemeinsame kreative Entwicklungen und Lernprozesse. Die Einbeziehung lokaler Finanzdienstleister ermöglicht die Finanzierung der Weiterentwicklung und Kommerzialisierung der entstehenden Innovationen. Im Ergebnis entwickeln regionale Innovationssysteme eigene Formen der Innovationsentstehung.

Das Konzept der regionalen Innovationssysteme lässt sich problemlos um weitere konzeptionelle Gedanken ergänzen, z. B. um die Bedeutung von Sticky Knowledge (s. Kap. 3.1) und um Überlegungen zu verschiedenen Arten von Nähe. Boschma (2005) argumentiert, dass Nähe nicht nur räumlich verstanden werden kann, sondern auch als Zugehörigkeit zu denselben Gruppen oder Unternehmen, oder auch als Nähe durch einen gemeinsamen professionellen oder gedanklichen Hintergrund.

Zahlreiche empirische Untersuchungen versuchen, den Innovationserfolg auf seine regionalen Ursachen zurückzuführen (Breschi und Lissoni 2001). Ein Vergleich von Regionen im Hinblick auf die Innovationsentstehung ist aufgrund der breit angelegten Argumentation des Konzepts jedoch schwierig (Heindl und Liefner 2019). Dennoch wird der Wirkungszusammenhang des Konzepts häufig in politische Handlungsanweisungen übertragen. Demnach sollte eine innovationsorientierte Regionalpolitik vorrangig versuchen, häufige Kontakte zwischen Akteuren einer Region und damit interaktive Lernprozesse zu fördern (Cooke et al. 1997; s. Kap. 3.4).

Eine semantische und zum Teil auch inhaltliche Ähnlichkeit mit dem Konzept der Regionalen Innovationssysteme weist das Konzept der Regionalen Gründungsökosysteme (entrepreneurial ecosystems) auf (Stam 2015; Sternberg 2021). Dieses Konzept lenkt den Blick auf systemische Einflussfaktoren, die die regionalen Bedingungen für die Gründung und den Gründungserfolg von Unternehmen bestimmen. Die Nähe zum Innovationsbegriff besteht, sobald man neu gegründeten Unternehmen zuschreibt, sie würden neue Ideen für Produkte oder Prozesse in einer dafür passenden Organisationsform in den Markt bringen. Technologieorientierte Gründungen genießen hohe politische Aufmerksamkeit, da sie als Weg angesehen werden, radikale Neuerungen zu erstellen, deren Umsetzung in Form von Produkten und Prozessen in etablierten Unternehmen oder Organisationen (die sich im Rahmen etablierter Technologie bewegen) nicht genügend Unterstützung findet. Unternehmensgründungen tragen nach dieser Argumentation zu einer Beschleunigung des technologischen Wandels bei.

Das Konzept der regionalen Innovationssysteme ist implizit auf Regionen in Industrieländern ausgerichtet, denn Innovationen im Sinne von Weltneuheiten werden weit überwiegend in Industrieländern hervorgebracht (s. Abb. 3.1.7). Für die Analyse der systemischen Prozesse, die das Generieren von Innovationen in Schwellenländern bestimmen, schlägt Eduardo B. Viotti (2002) die Verwendung des Begriffs der Lernsysteme vor. Laut Viotti (2002) bestehen zwischen den Innovationsystemen in technologisch führenden Staaten und den Lernsystemen in den technologisch weniger leistungsfähigen und erst spät industrialisierten Staaten folgende Unterschiede: Innovationssysteme bringen technologische Innovationen hervor, entwickeln diese durch inkrementelle Innovationen weiter und verbreiten sie (Diffusion). Lernsysteme bringen keine technologischen Innovationen hervor, sondern absorbieren stattdessen Technologien und Innovationen, die in Industrieländern hervorgebracht wurden und von dort diffundieren. Die absorbierten Technologien werden im Lernsystem inkrementell weiterentwickelt, es findet jedoch keine weitere Diffusion aus dem Lernsystem heraus statt. Im Kern argumentiert Viotti (2002), dass der technische Fortschritt in führenden Industrieländern durch Innovationen und in spät industrialisierenden Ländern durch Lernen vorangetrieben wird. Abbildung 3.2.2 verdeutlicht diese Unterschiede.

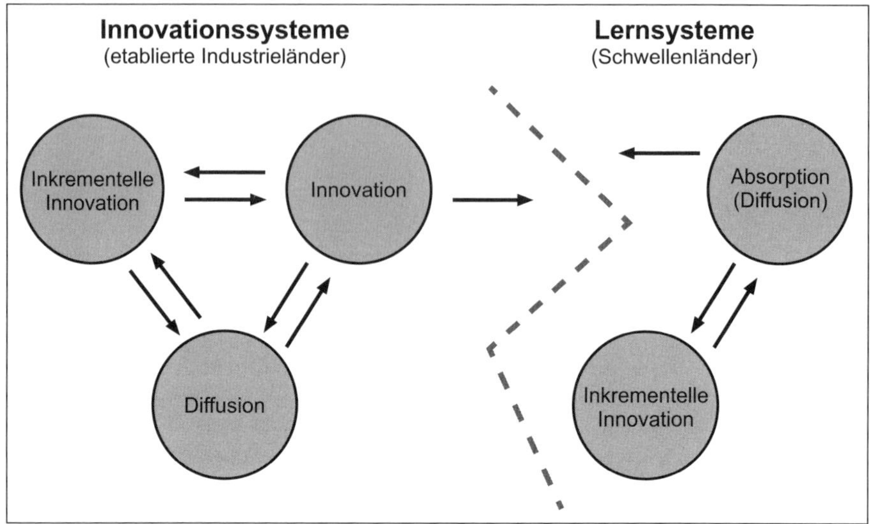

Abbildung 3.2.2: Innovationssysteme und Lernsysteme (Eigene Darstellung nach Viotti 2002, Seite 659)

Die Implikationen des Konzepts der Lernsysteme für die allgemeine Wirtschaftsentwicklung diskutiert Viotti (2002) anhand eines Vergleichs der Entwicklungen in Südkorea und Brasilien in den 1980er und 1990er Jahren. Er argumentiert, dass Unterschiede im strategischen Umgang mit den Beschränkungen und Chancen des technologischen Lernens für den ökonomischen Aufschwung Südkoreas und die Stagnation Brasiliens verantwortlich sind. Südkorea habe ein „aktives Lernsystem" aufgebaut, in dem Politik und Institutionen für Unternehmen Anreize bieten, die absorbierte Technologie vollständig zu verinnerlichen. Ein aktives Lernsystem mag mit der Zeit die Beschränkungen überwinden, die sich aus der Position der Technologieabsorption ergeben, und selbst die Fähigkeit aufbauen, Innovationen zu generieren. Passive Lernsysteme absorbieren ebenfalls Technologie, beispielsweise indem sie Maschinen und Anlagen kaufen, die auf neuer Technologie basieren, Produktionslizenzen erwerben oder Direktinvestitionen anwerben. Die Unternehmen verlassen sich jedoch auf technische Unterstützung durch Unternehmen aus Industrieländern, die ihnen die Maschinen und Anlagen verkaufen oder Lizenzen bereitstellen. Es fehlen Institutionen und Anreize, die die lokalen Unternehmen dazu bringen würden, die Grundlagen der absorbierten Technologie zu verstehen und eigene Schritte zu ihrer Fortentwicklung zu unternehmen.

Im Unterschied zu Viotti (2002) argumentieren Vang und Asheim (2006), dass die technologisch führenden Regionen in Schwellenländern sehr wohl als Innovationssysteme aufzufassen sind. In diesen Regionen konzentrieren sich oftmals das wissenschaftliche und wirtschaftliche Potential eines Landes und die Tochterfirmen multinationaler Unternehmen. Es besteht eine kritische

Masse für interaktives Lernen und Innovation. Empirische Untersuchungen zu diesem Thema unterstreichen u. a. die Bedeutung aktiver Lernprozesse unterschiedlicher Akteure sowie deren institutionelle Unterstützung (Fromhold-Eisebith 2002; Liefner et al. 2006). Zahlreiche Regionen in Schwellenländern unterstützen aktive Lernprozesse, z. B. durch die gezielte Förderung von Kooperationen unterschiedlicher Akteure in Forschungs- und Innovationsparks.

3.2.3 Global verteilte und vernetzte Produktion

Dieses Kapitel erläutert die Teilprozesse der ökonomischen Globalisierung, ihrer strukturellen Ausprägungen und ihrer Folgen für unterschiedliche Regionen anhand wesentlicher theoretisch-konzeptioneller Zugänge.

Wertschöpfungsketten und Upgrading

Eine Wertschöpfungskette ist die Abfolge aller Produktionsschritte und Teilaktivitäten zur Herstellung eines Produkts vom Rohstoff bis zum Verkauf an Endkund*innen. Weitgehend deckungsgleich werden die Begriffe der Wertkette oder Warenkette bzw. im Englischen Global Value Chain (GVC) und Commodity Chain verwendet. Aus der umfangreichen Literatur zu Wertschöpfungsketten hat die Wirtschaftsgeographie vor allem die Arbeiten des Soziologen Gary Gereffi (1994; 1999) aufgegriffen. Dessen Ansatz ist dazu geeignet, die Steuerung der Produktionsprozesse, ihre räumliche Verteilung sowie die dynamische Verbesserung der technisch-organisatorischen Fähigkeiten bestimmter Hersteller zu erfassen. Im Mittelpunkt steht die Frage, welche Unternehmen eine auf verschiedene Firmen und Standorte verteilte Wertschöpfungskette koordinieren bzw. die Tätigkeiten der an der Kette beteiligten Firmen steuern. Gereffi unterscheidet im Hinblick auf die Steuerung zwei induktiv hergeleitete Typen von Ketten, die produzentengesteuerten (producer-driven) und die käufergesteuerten (buyer-driven) Wertschöpfungsketten (s. Abb. 3.2.3).

Produzentengesteuerte Wertschöpfungsketten werden von großen Industrieunternehmen gesteuert. Sie sind typisch für viele kapital- und technologieintensive Branchen, z. B. die Automobilindustrie, die Flugzeugherstellung oder den Maschinenbau. Käufergesteuerte Wertschöpfungsketten finden sich dagegen in arbeitsintensiven Branchen, die von großen Handelsunternehmen oder von Markenherstellern dominiert werden, die ihrerseits nicht selbst produzieren. Beispiele finden sich in der Bekleidungs- und Schuhindustrie, der Spielzeugindustrie sowie der Haushaltswaren- und Elektrogeräteherstellung. In diesen Branchen erfolgt die eigentliche Produktion in der Regel durch zahlreiche verschiedene Produzenten, die im Auftrag ihrer Großkunden – der Käufer in käufergesteuerten Wertschöpfungsketten – produzieren und sich an deren Vorgaben halten

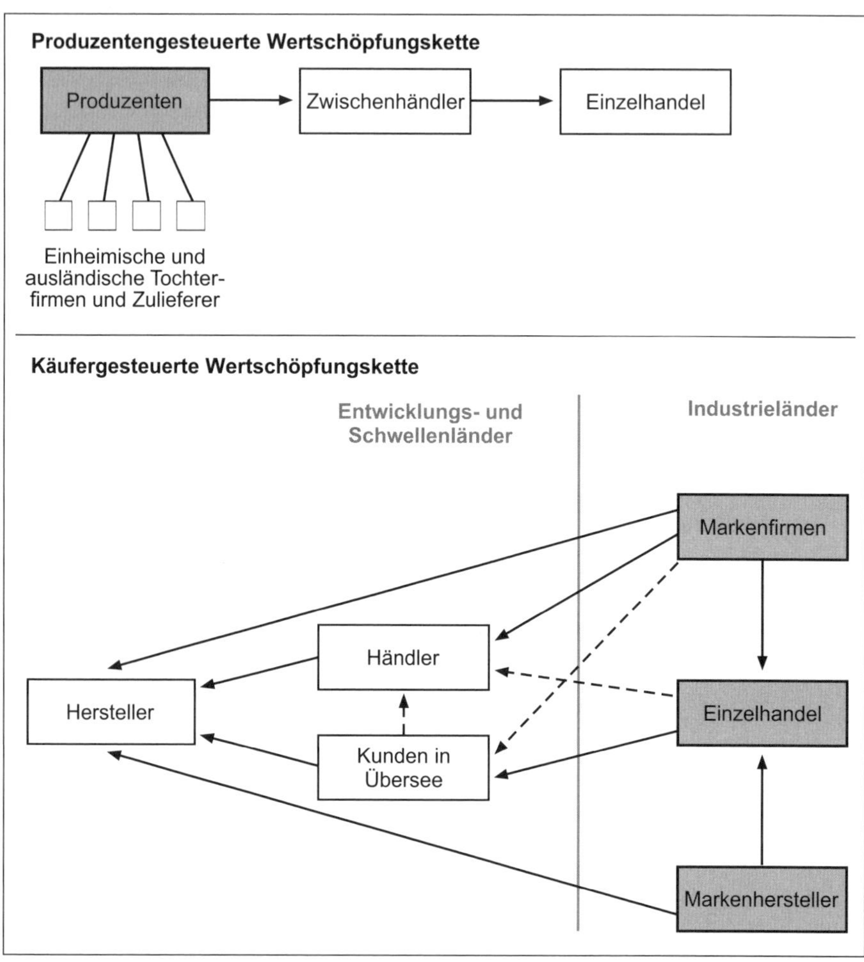

Abbildung 3.2.3: Wertschöpfungsketten (Eigene Darstellung nach Gereffi 1999, Seite 42)

(Gereffi 1999). Während die dominierenden Hersteller in produzentengesteuerten Wertschöpfungsketten den größten Anteil an den Erträgen aus der Herstellung des Produkts erzielen, entstehen die größten Erträge in käufergesteuerten Wertschöpfungsketten aus den Teilaktivitäten Forschung, Design, Marketing, Vertrieb und Finanzierung (Gereffi 1999).

Unabhängig von der Art der Wertschöpfungskette besitzen die jeweils dominierenden Unternehmen die Fähigkeit, die Aktivitäten anderer Firmen entlang der Kette zu steuern. Diese Fähigkeit ist das Resultat technologischer Überlegenheit, bzw. überlegener Wissensressourcen, z. B. im Hinblick auf die technischen Grundlagen des Produkts, Märkte und Marken, oder die Organisation vernetzter Produktionsprozesse (Kulke 2009, S. 134). In der Regel verfügen die dominierenden Hersteller in produzentengesteuerten Wertschöpfungsketten über Eigentumsrechte (Patente) an der verwendeten Produkt- und Prozesstechnologie. Die dominierenden Käufer in käufergesteuerten Wertschöpfungsketten nutzen vor allem die Ertragskraft ihrer Marken, um die Hersteller an sich zu binden. Die Steuerung der abhängigen Unternehmen erfolgt durch die Festlegung von Qualitäts- und Verhaltensstandards, deren Kontrolle und gegebenenfalls Unterstützung zur Einhaltung der Standards (Kaplinsky 2000).

Die Unterscheidung dieser beiden Typen von Wertschöpfungsketten wird der Vielfalt der tatsächlich auftretenden Wertschöpfungsketten nicht gerecht. Gereffi et al. (2005) erweitern die Typisierung der Wertschöpfungsketten unter Berücksichtigung der technisch-organisatorischen Fähigkeiten der Zulieferer und der Möglichkeit, detaillierte und spezifische Produktanforderungen zu formulieren (Kulke 2009, S. 136). Im Fall von sogenannten gebundenen Wertschöpfungsketten steuern die dominierenden Unternehmen ihre sehr viel kleineren Zulieferer durch engmaschige Kontrolle. Im Fall relationaler Wertschöpfungsketten lassen sich die Produktspezifikationen nicht vollständig vorgeben und müssen teilweise verhandelt werden. Hieraus resultiert eine wechselseitige Abhängigkeit von Zulieferer und Abnehmer. Im Fall modularer Wertschöpfungsketten verfügen einzelne Zulieferer über ausgeprägte technisch-organisatorische Fähigkeiten, aufgrund derer sie Vorprodukte eigenständig entwickeln und herstellen können. Sie können gegenüber Abnehmern weitgehend unabhängig und gleichberechtigt agieren (Gereffi et al. 2005).

Die von Gereffi (1994; 1999) beschriebenen Wertschöpfungsketten weisen charakteristische räumliche Strukturen auf. Abbildung 3.2.3 deutet bereits an, dass sich die jeweils dominierenden Unternehmen häufig in Nordamerika, Westeuropa oder Japan befinden. Diese Unternehmen steuern die Tätigkeit von abhängigen Firmen in allen Weltregionen mit niedrigem Lohnniveau, z. B. in Teilen Asiens, in Afrika und Lateinamerika (Gereffi 1999). Dieses räumliche Verteilungsmuster wird auch in anderen Arbeiten zum Ansatz der Wertschöpfungsketten bestätigt (z. B. Ernst und Kim 2002). Für wissensintensive Aktivitäten, z. B. Forschung und Entwicklung am Anfang der Wertschöpfungskette oder kreative Werbung und Vertriebskonzepte am Ende der Wertschöpfungskette, sind danach Standorte mit großem Wissenspotential geeignet, wie sie sich in führenden Industrienationen finden. Arbeitsintensive Aktivitäten, z. B. standardisierte Fertigungstätigkeiten, werden stattdessen zumeist in Schwellen- oder Entwicklungsländern ausgeführt. Die Teilschritte der Wertschöpfungskette folgen räumlich den jeweils entscheidenden Faktorkosten (Kogut 1985; s. Produktzyklushypothese in Kap. 3.1.2). Abbildung 3.2.4 zeigt am Beispiel der Wertschöpfungskette eines Computers an, in welchen Weltregionen die verschiedenen Aktivitäten der Wertschöpfungskette typischerweise ausgeführt werden.

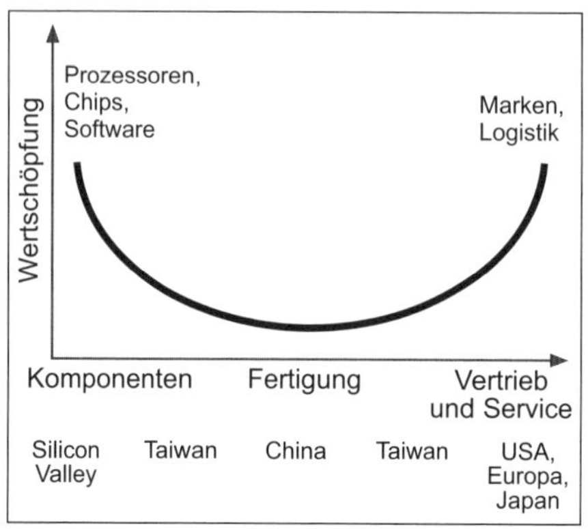

Abbildung 3.2.4: Wertschöpfung entlang der Kette: Die „Smiling Curve" für einen Laptop (Eigene Darstellung nach Shih 1996 und Zeng et al. 2011, Seite 45)

Die Ordinate des Diagramms deutet die Höhe der Wertschöpfung an, die sich mit den einzelnen Teilschritten erzielen lässt. Die frühen und späten Aktivitäten der Kette, also die Entwicklung und Herstellung hochwertiger Komponenten sowie Marketing und Vertrieb, fußen auf ausgeprägten firmeninternen und regionalen Wissensressourcen und gehen mit hoher Wertschöpfung einher, anders als die eigentliche Fertigung. Um das Ausführen der Fertigungsschritte konkurrieren zahlreiche technologisch schwache Unternehmen in Schwellenländern. Der Konkurrenzdruck unter diesen Herstellern ist groß, da die technologischen Eintrittsbarrieren bei standardisierter Fertigung niedrig sind. Der scharfe Wettbewerb um Fertigungsaufträge führt zu sinkenden Preisen und abnehmenden Erträgen der beteiligten Unternehmen und ihrer Regionen (Kaplinsky 2000). Damit deutet die Smiling Curve strukturelle Nachteile für Unternehmen aus ärmeren und technologisch schwächeren Regionen an. Die Unterschiede in der Wertschöpfung der einzelnen Teilschritte der Kette lassen sich empirisch belegen (Shin et al. 2012).

Dass die genannten strukturellen Nachteile nicht von Dauer sein müssen, zeigen Überlegungen zum Upgrading (Gereffi 1999; Ernst und Kim 2002). Gereffi (1999) definiert Upgrading als den Prozess der Verbesserung der Fähigkeit eines Unternehmens oder einer Regionalwirtschaft, verstärkt technologisch anspruchsvolle und daher profitablere Tätigkeiten der Kette zu übernehmen. Im Zuge von Upgrading vergrößert sich der Anteil der Zulieferer aus Entwicklungs- und Schwellenländern an der Wertschöpfung des Endprodukts. Zusätzlich gewinnen sie größere Eigenständigkeit gegenüber dem dominierenden Unternehmen in der Wertschöpfungskette, es entstehen modulare Wertschöpfungsketten. Die empirisch vor allem am Beispiel Ostasiens nachgewiesenen Upgrading-Prozesse (Gereffi 1999) lösen lokale Vorwärts- und Rückwärtskopplungseffekte aus und es entstehen zunehmend stärker integrierte und in den internationalen Handel eingebundene Regionalwirtschaften (Gereffi 1999).

Upgrading impliziert dabei einen Wandel der Geschäftsbeziehungen zwischen den Zulieferern und den dominierenden Unternehmen in Wertschöpfungsketten.

Ohne Upgrading sind die nur mit minimalem technisch-organisatorischen Wissen ausgestatteten Hersteller darauf angewiesen, exakte Produktionsvorgaben, Produktspezifikationen und technisch-organisatorische Unterstützung von ihren Kunden zu erhalten. Ihr Geschäftsmodell der reinen Auftragsfertigung besteht darin, diese Vorgaben unter Ausnutzung niedriger Lohnkosten zu erfüllen. Upgrading versetzt die Zulieferer dagegen in die Lage, zusätzlich zur Fertigung zunehmend weitere Aufgaben zu übernehmen. Von dem Geschäftsmodell des Original Equipment Manufacturing (OEM) spricht man, wenn Zulieferer in der Lage sind, Produktspezifikationen von Kunden eigenständig umzusetzen. Unter Original Design Manufacturing (ODM) versteht man ein Geschäftsmodell, bei dem der Zulieferer zusätzlich Entwicklungsaufgaben für das von ihm hergestellte Bauteil übernimmt und diese mit seinem Kunden abstimmt. Im Fall von Original Brand Manufacturing (OBM) tritt der Zulieferer zusätzlich mit eigener Marke auf und bietet seine Zwischenprodukte unterschiedlichen potentiellen Kunden an (Hobday 2000; Gereffi 1999). Das Upgrading des einzelnen Unternehmens und seiner Region erfordert in jedem Fall einen Zustrom an Wissen sowie die firmeninterne Verarbeitung dieses Wissens. Die Erklärung dieses Lernprozesses ist Gegenstand des folgenden Abschnitts zur Absorptionsstufentheorie.

Der Ansatz der Wertschöpfungsketten überträgt die Realität der organisatorisch und räumlich entflochtenen und vernetzten Produktion in ein übergeordnetes Strukturmodell. Damit entsteht die Möglichkeit, räumliche Phänomene zu analysieren, wie z. B. Abhängigkeitsbeziehungen in Zeiten der Globalisierung und Nord-Süd-Disparitäten. Zu kritisieren ist, dass der Ansatz der Wertschöpfungsketten selbst weder Erklärungen beinhaltet noch Prognosen ermöglicht (Kulke 2009). Er erfasst lediglich die lineare Organisation der verteilten und vernetzten Produktion, nicht jedoch die Faktoren, die Entstehung und Wandel der Kette beeinflussen (Gereffi et al. 2005; Henderson et al. 2002). Eine Erweiterung stellt das Konzept der globalen Produktionsnetzwerke (GPN) dar (Henderson et al. 2002; Ernst und Kim 2002; Breul und Revilla Diez 2018), das auch andere, über die lineare Wertschöpfungskette hinausgehende Interaktionen der Unternehmen einbezieht. Ein zunehmendes Interesse besteht außerdem an der Frage, inwiefern Regulierungen und Standards dazu beitragen können, die Produktion von Gütern entlang der Wertschöpfungskette nachhaltiger zu gestalten. Hierbei spielen sowohl die soziale Dimension der Nachhaltigkeit (z. B. Arbeitsbedingungen) als auch die ökologische Dimension (z. B. Umweltschutz) eine Rolle.

Absorptionsstufentheorie

Das Lernen von technischem Wissen und das damit verbundene Upgrading in Wertschöpfungsketten geschieht auf verschiedene Weise. Die Absorptionsstufentheorie von John A. Mathews, auch bezeichnet als LLL-Modell (Mathews 2002; 2006), greift einen wesentlichen Lernmechanismus heraus. Sie argumentiert induktiv am Beispiel ausgewählter Unternehmen aus der Elektronik- und Halbleiterindustrie Koreas und Taiwans, darunter Samsung, LG, Hyundai Electronics, Acer, TSMC und UMC (Mathews 2002; Tsai 2002).

Die Absorptionsstufentheorie verwendet die Begriffe der nachholenden Entwicklung, der Latecomer-Firmen und des Aufholens (catching-up). Der Begriff der nachholenden Entwicklung charakterisiert das Verhalten von Volkswirtschaften, die einen ursprünglich vorhandenen technologischen Rückstand zunächst aufholen und später in einen Vorsprung verwandeln. Ein Beispiel ist das technologische Aufholen des Deutschen Reiches gegenüber Großbritannien im 19. Jahrhundert (Gerschenkron 1962). Überträgt man Erkenntnisse aus der nachholenden Entwicklung von Volkswirtschaften auf Unternehmen, so spricht man von Latecomer-Firmen (Mathews und Cho 1999). Latecomer-Firmen zeichnen sich durch folgende vier Merkmale aus (Mathews 2002):

1. Sie treten erst spät in eine Branche ein, in der es bereits etablierte Unternehmen gibt. Der verspätete Markteintritt ist das zwangsläufige Ergebnis der historischen Wirtschaftsentwicklung ihrer Heimatländer.
2. Sie leiden zunächst unter Ressourcenarmut, ihnen fehlt es an technologischem Wissen und Marktzugang.
3. Ihr vorrangiges strategisches Ziel ist das technologische Aufholen.
4. Zu den anfänglichen Wettbewerbsvorteilen der Latecomer-Firmen zählt ihre Fähigkeit, zu niedrigen Kosten zu produzieren.

Gegenüber den etablierten Unternehmen aus Industrieländern, die Branchen aufgrund ihres frühen Markteintritts, ihrer technologischen Kompetenz und Marktmacht dominieren, sind die Latecomer-Firmen mit ihrem verspäteten Markteintritt zunächst in einer schwachen Position. Sie können ihren verspäteten Markteintritt jedoch nutzen, um sich rasch neueste technologische Standards zu eigen zu machen, ohne den kompletten, langjährigen Entwicklungsprozess der Branche durchlaufen zu müssen. Dies geschieht durch gezielte Vernetzung, Wissenstransfer und Lernen (Mathews 2002). In einzelnen Fälle mögen dabei Unternehmen oder ganze Regionen in der Lage sein, den Aufholprozess durch das Überspringen von Entwicklungsschritten, sogenanntes Leapfrogging, zu verkürzen (Soete 1985).

- Stufe 1: Gezielte Vernetzung (Linkage)
  Latecomer-Firmen übernehmen ausgelagerte Produktionsaktivitäten technologisch führender Unternehmen, bringen sich somit in deren Wertschöpfungsketten ein und vernetzen sich mit ihnen.
- Stufe 2: Wissenstransfer (Leverage)
  Latecomer-Firmen bekommen die Informationen, die sie benötigen, um ihre Tätigkeiten (zumeist Fertigungsaufträge) auszuführen. Zu diesen Informationen gehören technische Anleitungen, Baupläne, Betriebsanleitungen für Maschinen usw. sowie ggf. dazu passende technische Schulungen durch das führende Unternehmen der Wertschöpfungskette.

- Stufe 3: Lernen (Learning)
  Latecomer-Firmen sorgen dafür, dass die aufgenommenen Informationen von ihrem Personal verstanden und verinnerlicht werden. Dieser Wissenszuwachs versetzt die Firmen in die Lage, sich zukünftig auch um die Ausführung technisch anspruchsvollerer Schritte der Wertschöpfungskette zu bewerben. Das mehrmalige Wiederholen der Absorptionsstufen Linkage, Leverage, Learning (LLL) auf immer höheren technischen Niveaus führt somit zu einem umfassenden Aufbau technischer Fähigkeiten (s. Abb. 3.2.5). Mit dem Wissenszuwachs steigt auch die Absorptionskapazität der Latecomer-Firmen, d. h. ihre Fähigkeit, immer anspruchsvollere Technologien zu verstehen und zu erlernen (Cohen und Levinthal 1989). Sie lassen damit den ursprünglichen Zustand der Ressourcenarmut hinter sich.

Die Aussagen der Absorptionsstufentheorie hat Mathews (2002) am Beispiel der Halbleiterbranche in Südkorea und Taiwan erläutert. Er unterstreicht dabei die Bedeutung der Kombinationsfähigkeit (combinative capability), d. h. der Fähigkeit, neu erlernte Technologie in den Wissensbestand der Firmen einzufügen (Mathews und Cho 1999; Mathews 2002; Kogut und Zander 1992). Den kompletten Wissensbestand der führenden Unternehmen werden Latecomer-Firmen dennoch nicht absorbieren können, da dieses Wissen teilweise nicht transferiert werden soll und zudem Bestandteile von Tacit Knowledge umfasst. Dennoch geht Mathews davon aus, dass erfolgreiche Latecomer-Firmen aus der Absorptionsphase hinauswachsen und selbst zu Innovatoren werden. Er verweist in diesem Zusammenhang auf die Entwicklung der führenden Elektronikunternehmen Asiens (Mathews 2002).

Die Absorptionsstufentheorie liefert eine plausible Erklärung für internationale Wissensflüsse von Industrieländern in Entwicklungs- und Schwellenländer in Zeiten der Globalisierung. Sie erklärt damit auch den technologischen Aufstieg von Unternehmen aus Schwellenländern (Bartlett und Ghoshal 2000; Mathews 2006). Jedoch ist zu bezweifeln, dass die Kooperation mit Netzwerkpartnern in Wertschöpfungsketten allein zum Aufbau einer umfangreichen technologischen Kompetenz ausreicht. Selbst die erfolgreichsten Latecomer-Firmen dürften zusätzlich auf Entwicklungsimpulse aus ihrem regionalen Umfeld angewiesen sein (Humphrey und Schmitz 2002). Auf die Notwendigkeit flankierender innovationspolitischer Maßnahmen, z. B. Unterstützung bei der Identifikation von technologischen Standards und Hilfe beim Reverse Engineering, weist Mathews selbst hin (Mathews 2002; Kim 1991). Das Konzept des Reverse Leverage von Su-Lee Tsai (2002) diskutiert alternative Upgrading-Mechanismen, die anstelle der Wissensabsorption oder ergänzend zu ihr wirken. Zu diesen Mechanismen zählt der Wissenszuwachs individueller Arbeitskräfte, die in den Tochterfirmen multinationaler Unternehmen arbeiten, deren Wissen verinnerlichen (corporate apprenticeship) und bei einem Wechsel zu einem einheimischen Unternehmen dorthin mitnehmen. Ebenso bedeutend ist die Rückkehr einheimischer Arbeitskräfte, die einen

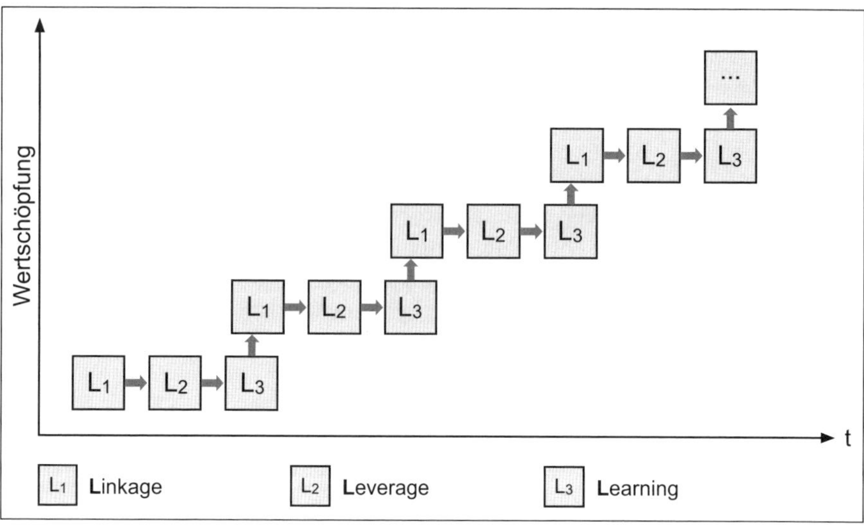

Abbildung 3.2.5: Das LLL-Modell (Eigene Darstellung)

Teil ihrer akademischen Ausbildung oder ihrer beruflichen Laufbahn in Industrieländern verbracht haben, der Reverse Brain Drain (Tsai 2002).

Der Ansatz der Wertschöpfungsketten und die Überlegungen zu Upgrading und Absorptionsstufen sind unmittelbar geeignet, um die Entwicklung regionaler Disparitäten zu erklären. Dabei stehen sich zwei Positionen gegenüber. Einerseits lässt sich argumentieren, dass kumulative Prozesse der Technologieentwicklung die Dominanz der führenden Unternehmen in Wertschöpfungsketten begründen. Deren Dominanz geht mit hoher Wertschöpfung in den technologisch führenden und wohlhabenden Regionen der Welt einher, während Unternehmen in technologisch rückständigen Regionen niedrige Wertschöpfung erbringen. Die Disparitäten zwischen armen und wohlhabenden Regionen verstärken sich daher in einer globalisierten und vernetzten Weltwirtschaft. Das gegenteilige Argument lautet, dass Unternehmen in Regionen mit niedrigen Einkommen sich aufgrund niedriger Produktionskosten in Wertschöpfungsketten einbringen und dort Wissen absorbieren. Ihr erfolgreiches Lernen und Upgrading vermindert zuerst die bestehenden regionalen Disparitäten im technologischen Entwicklungsstand und nachfolgend nehmen Wohlstandsunterschiede ab. Das in Kapitel 2.3 erläuterte Gegenüber der Betonung polarisierender und ausgleichender Faktoren tritt hier erneut zutage, jedoch betreffend den Produktionsfaktor Wissen.

Multinationale Unternehmen

Der fortwährende Bedeutungsgewinn von ausländischen Direktinvestitionen und multinationalen Unternehmen gehört zu den auffälligsten Merkmalen der globalisierten Weltwirtschaft. Unter einer Direktinvestition ist ein grenzüberschreitender Kapitaltransfer zu verstehen, der jedoch zwischen zwei Betrieben desselben Unternehmens erfolgt oder zum Erwerb eines Unternehmens im Ausland und dessen Eingliederung in ein anderes Unternehmen dient. Eine Direktinvestition hat das Ziel, die Geschäftstätigkeit eines Betriebs im Ausland zu kontrollieren und als Teil des eigenen Unternehmens zu steuern (Dunning 1979). Direktinvestitionen führen zur Entstehung multinationaler Unternehmen (MNU), die dadurch definiert werden, dass sie Wirtschaftsaktivitäten in unterschiedlichen Staaten besitzen und kontrollieren (Buckley und Casson 1976). Die Entstehung und Entwicklung multinationaler Unternehmen, ihre Wirkungen auf den Welthandel und auf weltweite Faktorströme, ihr Management sowie ihre Verhandlungsstrategien gegenüber Staaten und Regionen werden in der Volks- und Betriebswirtschaftslehre umfassend bearbeitet (Kutschker und Schmid 2008). Die folgende Darstellung beschränkt sich auf grundlegende Überlegungen aus der eklektischen Theorie des Volkswirts John H. Dunning (1979; 1988; 2000) und ausgewählte räumliche Implikationen.

Dunnings eklektische Theorie (auch bezeichnet als eklektisches Paradigma oder OLI-Theorie) integriert verschiedene Partialansätze zur Erklärung multinationaler Unternehmenstätigkeit (Dunning 1979; 2000). Sie besagt, dass Unternehmen Produktionsstätten im Ausland aufbauen, wenn drei Voraussetzungen gleichzeitig erfüllt sind. Das Unternehmen muss über Wettbewerbsvorteile gegenüber anderen Firmen verfügen (ownership advantages, O), diese Vorteile müssen durch Auslandsproduktion besser nutzbar sein als durch Inlandsproduktion (location-specific advantages, L) und sie müssen bei firmeninterner Produktionsorganisation größere Profite versprechen als bei Auslagerung an andere Firmen (internalization advantages, I). Sind diese drei Bedingungen gemeinsam erfüllt, entscheiden sich Unternehmen gemäß folgender Argumentation zur Direktinvestition und dem Aufbau von Produktionsstätten im Ausland (Dunning 1979; 1988; 2000):

- Wettbewerbsvorteile sind die Grundvoraussetzung, um überhaupt bestimmte Märkte zu bedienen. Relevante Wettbewerbsvorteile sind z. B. der Besitz geschützter Technologie (Patente) und etablierter Marken oder die Management- und Organisationsfähigkeit eines Unternehmens.
- Wenn Wettbewerbsvorteile bestehen, stellt sich die Frage nach den Produktionskosten an unterschiedlichen Standorten. Sind die Produktionskosten im Inland nicht höher als im Ausland, kann die Auslandsmarktbearbeitung vom Inland aus durch Exporte erfolgen. Verfügt das Ausland jedoch über Standortvorteile, wird die Produktion dort angesiedelt. Standortvorteile des Auslands entstehen z. B. durch niedrige Produktionskosten sowie Zölle und andere handelsbeschränkende Maßnahmen. Auch das Bestehen von attraktiven Clustern und Sticky Knowledge zählt zu den möglichen Standortvorteilen des Auslands.
- Wenn Wettbewerbsvorteile und Standortvorteile im Ausland bestehen, stellt sich die Frage der Produktionsorganisation. Naheliegend ist die Vergabe einer

Produktionslizenz an ein Unternehmen im Ausland, denn so kann der Wettbewerbsvorteil mit Auslandsproduktion kombiniert werden. Wenn es jedoch profitabler ist oder weniger risikoreich erscheint, die Produktion firmenintern zu organisieren, kommt es zur Internalisierung in Form einer Direktinvestition. Gründe für die Entscheidung, bestimmte Schritte der Herstellung zwar ins Ausland zu verlagern, aber nicht an andere Firmen zu vergeben, wären u. a. die Sorge von dem Verlust von Wettbewerbsvorteilen durch Kopie oder Imitation oder die Unsicherheit, ob ausländische Hersteller hohen Qualitätsstandards der Produktion gerecht werden können.

Welche konkreten O-, L- und I-Vorteile für eine bestimmte Direktinvestition ausschlaggebend sind, hängt mit dem jeweils vorherrschenden Investitionsmotiv zusammen. Diese Motive sind die Bedienung eines bestimmten Auslandsmarkts (nachfrageorientierte Motive, market seeking), der Zugang zu natürlichen Ressourcen oder günstigen Arbeitskräften (angebotsorientierte Motive, resource seeking), der Aufbau einer effizienteren firmeninternen Arbeitsteilung und Spezialisierung (effizienzorientierte Motive, efficiency seeking) und der Schutz bzw. der Ausbau des Wettbewerbsvorteils gegenüber der Konkurrenz (wissensorientierte Motive, strategic asset seeking). In den vergangenen Jahrzehnten hat das Motiv der Wissenssuche (strategic asset seeking) deutlich an Bedeutung gewonnen (Dunning 2000).

Da sie unterschiedlichste Einflussfaktoren integriert, kann die eklektische Theorie auch verschiedenste empirisch beobachtete Direktinvestitionsströme zutreffend erklären. Aufgrund des wirtschaftsgeographischen Interesses an konkreten räumlichen Problemstellungen konzentrieren sich einschlägige wirtschaftsgeographische Forschungen dabei zumeist auf Direktinvestitionen mit kontrovers diskutierten regionalen Folgen.

Zum einen sind dies wissensbasierte Investitionen in Hochtechnologiebranchen und ihre Folgen für die Wettbewerbsfähigkeit und langfristige Wirtschaftsentwicklung der Quell- und Zielgebiete der Direktinvestitionen. Dies betrifft einerseits den Typ der MNU aus Industrieländern, die einen Zugang zu rasch wachsenden regionalen Wissensbeständen in anderen Industrieländern oder auch Schwellenländern suchen. So gehört die Strategie, das Auslagern von kreativen Entwicklungsprozessen ins Ausland zur Ergänzung der Wissenskapazität des Heimatstandorts zu nutzen, mittlerweile zur Normalität einiger Hochtechnologiebranchen (Ernst 2008). Kuemmerle (1997; 1999) weist darauf hin, dass die Standortwahl im Zielland der Direktinvestitionen vom Investitionsmotiv abhängt und dass wissensorientierte Investitionen die Nähe zu Universitäten und öffentlichen Forschungseinrichtungen suchen. Den zweiten Typ wissensorientierter MNU bilden MNU aus Schwellenländern, die u. a. in Industrieländern aktiv werden (Bartlett und Ghoshal 2000). Ihr Motiv besteht darin, bestehende Schwächen ihrer Wissensbasis durch frühzeitiges weltweites Engagement und daraus generiertes Wissen zu kompensieren (Mathews 2006). Ein umfassend untersuchtes Beispiel für den letztgenannten Fall sind die Direktinvestitionen chinesischer

MNU in Deutschland. Einschlägige empirische Arbeiten untersuchen zum Beispiel die Folgen der Gründung chinesischer Tochterunternehmen in Deutschland (Si und Liefner 2014), die Übernahmen (mergers and acquisitions) deutscher Firmen durch chinesische (Haasis et al. 2018) und die Prozesse der internationalen und interkulturellen Integration in MNU (Fuchs et al. 2017).

Vollkommen andere Investitionsmotive leiten Direktinvestitionen in landwirtschaftliche Nutzflächen. Diese umfangreichen Investitionsströme, die auch unter dem Begriff Land Grabbing diskutiert werden, fließen vorrangig aus den Regionen des Nahen Ostens, Ostasiens, Europas und Nordamerikas in Investitionsobjekte in Afrika, Lateinamerika, Südostasien und Osteuropa. In den meisten Fällen engagieren sich die Investoren tatsächlich in der Landwirtschaft, sodass auch diese Investitionen als Direktinvestitionen aufzufassen sind (Lay und Nolte 2018). Sie sind angebotsorientiert (resource seeking) und verändern die Art der Nutzung der erworbenen Agrarflächen, indem sie beispielsweise traditionelle Bewirtschaftung durch großmaßstäbige weltmarktorientierte Nutzpflanzenproduktion mit höherer Flächenproduktivität ersetzen. Sowohl in Bezug auf ihr Zustandekommen als auch in Bezug auf ihre Wirkungen sind viele dieser Investitionen kritisch zu beurteilen (Nolte 2014, Nolte und Ostermeier 2017). So kommen die Investitionen vielfach in einem unsicheren institutionellen Umfeld zustande, das u. a. Korruption zulässt, und im Ergebnis entstehen Nachteile für die ansässige Bevölkerung und die lokalen Agrarökosysteme. Direktinvestitionen in landwirtschaftliche Nutzflächen werden auch von der kritischen Geographie untersucht, unter Verwendung neomarxistischer Argumente, und unter Betonung der Rolle der ökonomischen Interessen von Finanzinvestoren (Ouma 2016; 2020).

Diese beiden Beispiele deuten an, dass ausländische Direktinvestitionen unmittelbare Auswirkungen auf regionale Disparitäten haben können. Vom erstgenannten Fall der wissensorientierten Direktinvestitionen mögen nivellierende Auswirkungen auf globaler Maßstabsebene ausgehen; auf subnationaler Ebene sollten aber primär die Räume mit starker Wissensbasis profitieren. Im Fall der Direktinvestitionen in landwirtschaftliche Nutzflächen ist aufgrund ausgeprägter Unterschiede in der Durchsetzungsfähigkeit von Investoren und lokalen Akteuren eher ein Beitrag zur Verstärkung der Nord-Süd-Disparitäten zu erwarten. Kapitel 4.2 erweitert diese Überlegungen und zeigt, dass global verteilte und vernetzte Produktion nicht nur Auswirkungen auf sozioökonomische Unterschiede zwischen Regionen hat, sondern auch auf die Umwelt.

3.3 Räumliche Mobilität von Wissen und Innovation

Die vorangegangenen Teile von Kapitel 3 haben den kumulativen Charakter des innovationsgetriebenen Aufbaus betrieblicher und regionaler technologischer Kapazitäten verdeutlicht. Regionale Wissensbasis, Wissensabsorption und Wissensentstehung sind selbstverstärkend miteinander verbunden, und die finanziellen Erträge aus Innovationen treiben die Innovationsorientierung einer Region zusätzlich voran. Daher geht eine allgemeine Bedeutungszunahme von Innovationen in der Wirtschaft mit einer Tendenz zur Verstärkung regionaler Disparitäten im sozioökonomischen Entwicklungsstand einher (Heeks et al. 2014; Knorringa et al. 2016). Die räumliche Mobilität von Wissen, insbesondere der kodifizierten Wissensbestandteile, und die Lernfähigkeit wissensabsorbierender Unternehmen und Regionen wirken der Konzentration des Wissens entgegen. Diese gegenläufigen Prozesse prägen die räumliche Wissensverteilung, die von regionsspezifischen Wissensbeständen sowie einem partiellen Auseinanderdriften und einem partiellen Sich-Annähern dieser Bestände geprägt ist.

Auf sub-nationaler Maßstabsebene zeigt sich dies vor allem in regionalen Spezialisierungen und deren langfristiger Veränderung. Regionen spezialisieren sich häufig in bestimmten Technologien und Industrien, und diese Spezialisierungen bleiben langfristig bestehen. Die Diversifizierung in andere Technologie- und Wirtschaftszweige verläuft häufig in Richtungen, die mit der bestehenden Struktur verwandt sind. Dieser Prozess wird in der evolutionären Wirtschaftsgeographie als verwandte Diversifizierung (related diversification) bezeichnet (Mewes und Broekel 2020; Boschma et al. 2017).

Auf globaler Maßstabsebene besteht das Problem der passenden Technologie (appropriate technology). Da neustes Wissen weit überwiegend in etablierten Industrieländern entsteht und sich dort unter Bedingungen hoher Löhne und Einkommen etabliert, führt es zu arbeitssparendem technischen Fortschritt. Arbeitssparender technischer Fortschritt entspricht jedoch nicht den Bedürfnissen ärmerer Länder, denn angesichts verbreiteter Arbeitslosigkeit und Unterbeschäftigung bräuchten diese eher einen arbeitsintensiven technischen Fortschritt (Kaplinsky 2011). Regionen mit mittleren oder niedrigen Einkommen wäre geholfen, könnten sie selbst verstärkt Innovationen und Wissen generieren, ohne dafür über optimale Voraussetzungen zu verfügen (s. Kap. 5). Ein vergleichbares Problem besteht angesichts eines bisher vielfach umweltschädigenden technischen Fortschritts, der durch einen umwelterhaltenden ersetzt werden muss (s. Kap. 4).

Während die wichtigen Fragen der passenden Richtung der Technologieentwicklung an späterer Stelle vertieft werden, betrachten die folgenden Ausführungen die Prozesse der Verbreitung des heute verfügbaren Wissens. Zu unterscheiden sind die Einflussfaktoren des Wissenstransfers (s. Kap. 3.3.1), die Mechanismen unbeabsichtigter Wissensweitergabe (s. Kap. 3.3.2) und die räumlich-zeitlichen Muster der Wissensverbreitung (s. Kap. 3.3.3).

3.3.1 Einflussfaktoren des Wissenstransfers

Verschiedene Formen der Wissensmobilität lassen sich nach ihrer Steuerung unterscheiden, in marktgesteuerte oder nicht marktgesteuerte Mobilität, sowie nach der Frage, ob Wissensgeber aktiv in die Mobilität eingreifen (Kim 1991).

Bei marktgesteuerter Wissensmobilität erhält der Wissensgeber eine monetäre Gegenleistung für das von ihm transferierte Wissen, beispielsweise die Gewinne seiner Tochterfirmen im Ausland, Lizenzeinnahmen oder Erlöse aus dem Verkauf von kundenspezifischen Maschinen. Bei nicht marktgesteuerter Mobilität, z. B. in Form von Kopie, Imitation oder dem Nachbau bestehender Produkte (reverse engineering) durch andere Unternehmen, wird die Leistung des Wissensgebers in der Regel nicht kompensiert. Aktive Wissensgeber kontrollieren die Anwendung ihres Wissens durch den Wissensempfänger, während passive Wissensgeber keinen Einfluss auf die Verwendung ihres Wissens nehmen (Kim 1991).

Der aktive, marktgesteuerte Wissenstransfer ist eine essentielle Interaktionsform in der globalisierten Weltwirtschaft, zwischen den Betrieben eines multinationalen Unternehmens (MNU), zwischen den Partnerfirmen entlang einer Wertschöpfungskette und allgemein unter miteinander vernetzten Unternehmen. Um sein Wissen weiterzugeben, muss ein Wissensgeber dieses soweit wie möglich kodifizieren, das heißt in eine allgemein verständliche Form (Sprache, Modell, Zeichnung) übertragen. Der Wissensempfänger muss das Wissen anschließend in seinen Wissens- und Kenntnisstand und sein Arbeitsverhalten integrieren. Die Effektivität und die Kosten dieses Prozesses hängen maßgeblich davon ab, ob sie persönliche Kontakte erfordern. Aufgrund erschwerter persönlicher Kontakte ist internationaler Wissenstransfer daher in der Regel teurer als ein Transfer innerhalb nationaler Grenzen (Arrow 1969; Teece 1977).

Das im Folgenden vorgestellte Grundmodell des Wissenstransfers besagt, dass die Effektivität des Wissenstransfers von insgesamt sechs Einflussgrößen abhängt (s. Abb. 3.3.1). Die meisten empirischen Arbeiten zu diesem Grundmodell betrachten den Wissenstransfer von einem technologisch überlegenen Mutterunternehmen eines MNU an einen technologisch rückständigen Tochterbetrieb. Das Modell ist jedoch prinzipiell auf alle denkbaren Transferkonstellationen anwendbar.

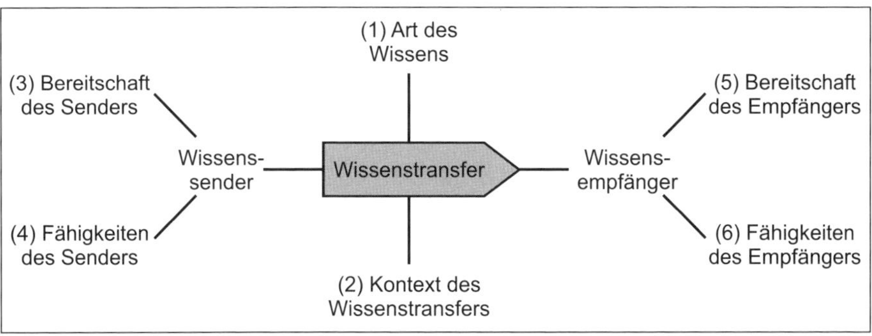

Abbildung 3.3.1: Grundmodell des Wissenstransfers (Eigene Darstellung nach Young und Lan 1997, Seite 671)

Die sechs in Abbildung 3.3.1 aufgeführten Einflussgrößen entscheiden über die Effektivität des Wissenstransfers und damit auch über seine Kosten (Teece 1977; Szulanski 1996). Zunächst beeinflusst die Art des zu transferierenden Wissens (1) die Erfolgsaussichten seiner Weitergabe. Entscheidend für die Transferfähigkeit ist der Anteil von Tacit Knowledge, denn einerseits erfordert die Weitergabe von Tacit Knowledge enge persönliche Kontakte und andererseits führt Tacit Knowledge zu einer Unsicherheit darüber, was eigentlich den Kern des zu transferierenden Wissens ausmacht. Entsprechend gilt, dass Wissen leichter zu transferieren ist, wenn es sich bereits früher in anderen Transferkonstellationen als nutzbar erwiesen hat (Szulanski 1996). Neustes Wissen ist schwieriger und teurer zu transferieren als älteres und etabliertes Wissen (Teece 1977).

Der Erfolg des Wissenstransfers hängt zweitens vom Transferkontext (2) ab, d. h. von formalen Strukturen, innerbetrieblichen Koordinationsmechanismen und politischen Maßnahmen in Quell- und Zielregion zur Unterstützung oder zum Unterbinden von Wissenstransfer (Young und Lan 1997).

Generell haben die Wissensgeber bei aktiven, marktgesteuerten Transfers einen monetären Anreiz zur Wissensweitergabe. Ihre Motivation (3) kann jedoch beeinträchtigt sein, wenn sie fürchten müssen, das empfangende Unternehmen könnte sich langfristig zu einem Konkurrenten entwickeln. Dieses Argument gewinnt an Bedeutung, wenn der Schutz geistigen Eigentums am Standort des Wissensempfängers nicht hinreichend gewährleistet ist und mit einem Wissensverlust an konkurrierende Unternehmen gerechnet werden muss (Wang et al. 2004; Arora et al. 2001). In solchen Konstellationen wird der Wissenssender primär älteres, technologisch etabliertes und für die zukünftige Entwicklung weniger relevantes Wissen weitergeben (Pack und Saggi 1997).

Die Fähigkeiten des Wissenssenders (4), sein Wissen in geeigneter Form zu vermitteln, werden vor allem von seiner Erfahrung aus früheren Transferprozessen und durch die Verfügbarkeit geschulter und räumlich mobiler Mitarbeiter*innen bestimmt (Wang et al. 2004). Daher wird größeren und älteren Unternehmen üblicherweise eine größere Transferfähigkeit zugesprochen (Teece 1977).

Die Motivation des Wissensempfängers (5) kann durch unterschiedliche Faktoren beeinträchtigt werden. Dazu gehören zum Beispiel eine bewusste oder unbewusste Ablehnung von Erkenntnissen oder Routinen, die andere entwickelt haben („Not invented here"-Syndrom) oder eine Skepsis gegenüber der Zuverlässigkeit des Wissenssenders (Szulanski 1996). Zudem mögen Wissensempfänger die Vorteile des Lernens unterschätzen.

Die Fähigkeit zur Wissensaneignung (6) hängt von der Absorptionskapazität ab (Cohen und Levinthal 1989; Wang et al. 2004). Die Absorptionskapazität, zu verstehen als die Fähigkeit eines Unternehmens, Wissen von außen aufzunehmen und in den eigenen Geschäftsprozess zu integrieren, wird ihrerseits maßgeblich vom Qualifikationsniveau der Beschäftigten und den FuE-Aktivitäten beeinflusst. FuE-Aktivitäten ermöglichen nicht nur die eigene Entwicklung neuer Produkte und Prozesse, sondern schaffen auch die internen Voraussetzungen, die Relevanz neuen Wissens zu erkennen, es in den eigenen Wissensbestand zu integrieren und für zukünftige Geschäftsprozesse nutzbar zu machen (Cohen und Levinthal 1989). Eine zu geringe Absorptionskapazität verhindert das Verstehen, Implementieren oder Anwenden des transferierten Wissens (Arrow 1969). Neigen die Beschäftigten eines Unternehmens zu häufigen Jobwechseln, so behindert dies den Aufbau der Absorptionskapazität grundsätzlich.

Das Grundmodell des Wissenstransfers ist ein vereinfachtes Abbild einer tatsächlichen Transfersituation. Das Verdienst des Grundmodells besteht darin aufzuzeigen, welche Faktoren die Effektivität und die Kosten des Wissenstransfers beeinflussen. In der Realität sind die vorgestellten Einflussgrößen jedoch nicht völlig unabhängig voneinander, sondern zum Teil interdependent. Ferner vernachlässigt das Modell den Einfluss des nationalen und regionalen Umfelds sowie politischer Einflussnahme. Investitionen in das Bildungssystem, in Grundlagenforschung oder in geeignete Rahmenbedingungen für Kooperationen zwischen Wissenschaft und Unternehmen können die Absorptionsfähigkeit einer gesamten Regionalwirtschaft stärken (Lall 1993; Mowery und Oxley 1995).

3.3.2 Wissensspillover

Die Ausführungen des vorangegangenen Abschnitts haben gezeigt, dass es im Zuge der immer engeren Vernetzung von Unternehmen notwendigerweise zu Wissenstransfer kommt. Die technologisch führenden Unternehmen haben jedoch Anreize, vorwiegend älteres und etabliertes Wissen zu transferieren, dessen Weitergabe geringere Kosten verursacht und dessen Weitergabe an potenzielle Konkurrenten weniger risikoreich erscheint. Technologisch rückständige Unternehmen, die im Sinne des Upgradings und der Absorptionsstufentheorie lernen wollen, würden dagegen von einem umfassenderen Wissenstransfer profitieren. Aus diesem Spannungsverhältnis resultiert eine kontroverse Diskussion der Wirkungen, die von Direktinvestitionen in Schwellen- und Entwicklungsländern sowie von der Einbindung lokaler Unternehmen in globale Wertschöpfungsketten auf das dortige regionalwirtschaftliche Umfeld ausgehen. Die eine Position erwartet per Saldo negative Auswirkungen. Sie betont, dass die überlegenen ausländischen Unternehmen der regionalen Wirtschaft die qualifiziertesten Arbeitskräfte entziehen und zum Nutzen der ausländischen Eigentümer einsetzen, und dass eine technologische Abhängigkeit von den führenden Ländern entsteht (Pack und Saggi 1997). Aus dieser Perspektive werden die lokalen Unternehmen als verlängerte Werkbänke beschrieben, die lediglich dazu dienen, auf Basis niedriger Löhne einfachste Fertigungstätigkeiten auszuführen. Diese verlängerten Werkbänke bilden lokale Satellitendistrikte, definiert als Ansammlungen von Unternehmen, oftmals Tochterfirmen multinationaler Unternehmen, die nur untereinander, nicht aber mit lokalen Unternehmen kooperieren (Markusen

1996; Blomström und Kokko 2001). Die Gegenposition spricht globaler Vernetzung einen positiven Entwicklungsbeitrag für ärmere Regionen zu, vor allem aufgrund des Wissenszuflusses (Lall 1993; Pack und Saggi 1997). Aus diesem Grund bemühen sich die meisten Staaten um eine Einbindung ihrer Unternehmen in die international verteilte und vernetzte Produktion, z. B. durch das Anwerben von Direktinvestitionen (Görg und Greenaway 2004). Sie erwarten, dass der Wissenszufluss in die lokale Wirtschaft größer ist, als von den führenden Unternehmen beabsichtigt.

Die dynamischen Wirkungen der unbeabsichtigten Wissensweitergabe an die heimischen Unternehmen und die Regionalwirtschaft insgesamt sind Gegenstand der Spillovertheorie. Die Spillovertheorie besagt, dass es den technologisch führenden Partnerunternehmen, z. B. den Tochterfirmen multinationaler Unternehmen, nicht gelingt, ihren Wissensvorsprung gegenüber der heimischen Wirtschaft allein zum eigenen Vorteil zu nutzen. Bei Spillovern handelt es sich um externe Effekte der Vernetzung und des Wissenstransfers (Blomström und Kokko 1998; 2001; Görg und Greenaway 2004; Mowery und Oxley 1995). Die Spillovertheorie betrachtet zumeist die Wissensflüsse innerhalb von MNU sowie zwischen MNU und kooperierenden Unternehmen in der Zielregion. Die Aussagen der Theorie gelten jedoch für alle Arten von Kontakt zwischen Unternehmen mit unterschiedlichen technologischen Kapazitäten.

Das Ausmaß der Spillovereffekte hängt von der Effektivität derjenigen Prozesse ab, die einen unbeabsichtigten Wissensabfluss hervorrufen. Wissensabfluss wird vor allem durch die Vernetzung mit einheimischen Firmen, die Qualifizierung des Personals sowie durch Demonstrationseffekte ermöglicht (Blomström und Kokko 1998; Blomström und Kokko 2001). Diese Prozesse sind Gegenstand zahlreicher empirischer Untersuchungen (Görg und Greenaway 2004).

1. Vernetzung mit einheimischen Firmen
   In Abhängigkeit von der Intensität der Vernetzung eröffnen sich für die einheimischen Firmen mehr oder weniger Möglichkeiten, mit überlegenem Produkt-, Prozess- und Organisationswissen in Kontakt zu kommen und sich dieses anzueignen. Generell ist davon auszugehen, dass von technologisch rückständigen Partnern das Einhalten hoher Qualitätsstandards verlangt wird. Dies ruft entsprechende Verbesserungsanstrengungen hervor und wird oftmals auch von den technologisch führenden Partnern unterstützt (Blomström und Kokko 2001).
2. Qualifikation der einheimischen Beschäftigten
   Die Tochterfirmen von MNU beschäftigen üblicherweise in großem Umfang einheimisches Personal und engagieren sich für dessen Weiterqualifikation, um ihm die Aufnahme des neuen Wissens und den reibungslosen Umgang mit neuen Produkten und Prozessen zu ermöglichen. Trainingsmaßnahmen zur betriebsinternen Qualifikation sind in Schwellen- und Entwicklungsländern von besonderer Bedeutung, da das einheimische Bildungssystem oftmals nicht in der Lage ist, die Beschäftigten mit allen nötigen Vorkenntnissen aus-

zustatten. Die Fluktuation der Beschäftigten und insbesondere der Wechsel von ausgebildetem Personal zu anderen einheimischen Unternehmen sorgt unvermeidlich für einen Wissensabfluss (Blomström und Kokko 2001). Dieser gilt als besonders effektiv, da Beschäftigte ihr Tacit Knowledge zu anderen Unternehmen mitnehmen.

3. Demonstrationseffekte
Generell konfrontiert der Markteintritt multinationaler Unternehmen die einheimischen Firmen mit neuen Produkten oder Arbeitsweisen und allein deren Beobachtung kann einheimische Unternehmen zu Verhaltensänderungen veranlassen. Der Umfang derartiger Demonstrationseffekte hängt vom technologischen Abstand zwischen den Partnerunternehmen und zwischen Herkunftsregionen der Partnerunternehmen ab. Bei größerem Abstand ist auch die Wahrscheinlichkeit höher, dass die lokalen Partner mit sichtbar Neuem konfrontiert werden (Blomström und Kokko 2001).

Eine umfassende empirische Bestätigung der Aussagen der Spillover-Theorie erweist sich als schwierig. Während es gelingt, Wissensflüsse auf bestimmte Teilprozesse zurückzuführen, ist eine Abschätzung der Gesamtheit der Spillover-Effekte kaum möglich, denn das Ausmaß der Spillover-Effekte wird von der Absorptionskapazität der einheimischen Unternehmen entscheidend mitbestimmt. Geringe Absorptionskapazität behindert zwar nicht den Wissensabfluss, aber sehr wohl die Aufnahme und Nutzung des Wissens durch einheimische Unternehmen (Görg und Greenaway 2004).

Eine wichtige Einflussgröße stellen politische Maßnahmen zur Maximierung von Spillover-Effekten durch die Regierung des Ziellands in Form von Verhaltensvorschriften für MNU dar (performance requirements; trade-related investment measures). Dazu gehören Local-content-Vorschriften, die festlegen, dass Tochterunternehmen einen bestimmten Mindestanteil der eingesetzten Vorprodukte von einheimischen Firmen beziehen müssen, Vorschriften zu einer Mindestbeteiligung nationaler Eigentümer, Vorschriften zur Zahl der geschaffenen Arbeitsplätze, zur maximal zugelassenen Anzahl ausländischer Arbeitskräfte (Expatriate-Quoten) und zur Besetzung von Management-Positionen durch einheimische Arbeitskräfte sowie Vorschriften, nach denen die Tochterfirmen Forschung und Entwicklung durchzuführen haben und gegebenenfalls eine vorab spezifizierte Technologie einsetzen müssen (Görg und Greenaway 2004; Mowery und Oxley 1995). Vergleichende Untersuchungen belegen, dass multinationale Unternehmen auf derartige Vorschriften tendenziell abwehrend reagieren und versuchen, den Wissenstransfer auf ein Minimum zu beschränken (Enos et al. 1997). Dennoch haben sich Local-content-Vorschriften in gut dokumentierten Fällen als hilfreich bei der Unterstützung des technologischen Upgradings erwiesen (Surana et al. 2020). Begleitende Maßnahmen zur Verbesserung der Absorptionskapazität der einheimischen Wirtschaft sind dabei unverzichtbar (Görg und Greenaway 2004; Lall 1993).

3.3.3 Wissens- und Innovationsdiffusion

Bislang haben sich die Ausführungen zur Wissensmobilität weitestgehend auf den Fall beschränkt, dass ein Wissensgeber, intendiert oder nicht intendiert, Wissen an einen Wissensempfänger transferiert. Zusätzlich ist für die Wirtschaftsgeographie auch von Interesse, wie sich Wissen und technischer Fortschritt in Raum und Zeit an mehrere Empfänger verbreiten. Es handelt sich also nicht nur um die Adoption von Wissen durch einen Empfänger, sondern um einen Diffusionsprozess, der zahlreiche Empfänger berücksichtigt.

Wissensdiffusion wird vor diesem Hintergrund als der Prozess der Verbreitung von Wissen in Raum und Zeit definiert. Neben den in 3.3.2 genannten marktgesteuerten Kanälen verbreitet sich öffentlich zugängliches Wissen durch einfache Informationsweitergabe, etwa durch Medien oder Netzwerke und soziale Kontakte. Dieser Diffusionsprozess von Wissen ist räumlich konzentriert, wobei Wissen häufig zuerst innerhalb der Region diffundiert, in der das Wissen entstanden ist, und anschließend in entferntere Regionen. Dies lässt sich empirisch beispielsweise anhand von Zitationen für Patente oder wissenschaftliche Publikationen messen (Jaffe et al. 1993). Diese lokalisierten Diffusionsprozesse von Wissen, auch lokale Wissensspillover genannt, sind Grundlage für die in Kapitel 3.2.2 diskutierten Konzepte zur räumlichen Konzentration innovativer Aktivitäten und betonen die Relevanz von geographischer Nähe für Wissenstransfers und für Lernprozesse.

In den folgenden Abschnitten steht jedoch ein anderer Diffusionsprozess im Vordergrund, nämlich die Innovationsdiffusion. Hierbei handelt es sich um den Prozess des Markteintritts einer Innovation und der anschließenden raumzeitlichen Verbreitung der Innovation. Die Diffusion von Innovationen ist marktgesteuert und der Innovator, beispielsweise ein Unternehmen, das ein innovatives Produkt entwickelt hat, versucht durch den Vertrieb der Innovation einen Gewinn zu erzielen, um die Entwicklungs- und Produktionskosten zu kompensieren. Ob sich eine Innovation jedoch auf dem Markt durchsetzt, hängt von den individuellen Entscheidungen der Konsument*innen ab. Entscheidet sich ein Akteur, die Innovation zu erwerben und zu nutzen, spricht man von einer Adoption. Die Entscheidung zur Adoption einer Innovation erfolgt auf individueller Ebene und hängt von vielen Faktoren ab, etwa vom individuellen Nutzen der Innovation. Everett M. Rogers (1962; 2003) beschreibt in diesem Zusammenhang, dass der Diffusionsprozess einer Innovation das Ergebnis vieler Adoptionsentscheidungen ist. Die Diffusionsrate und der Verlauf des Diffusionsprozesses (die Diffusionskurve) werden also von den Entscheidungen für eine Adoption sowie den Zeitpunkten dieser Entscheidungen bestimmt. Typischerweise entspricht der Diffusionsprozess einer S-Kurve, wobei zunächst nur wenige Adopter die Innovation übernehmen bevor sich die Mehrheit für eine Adoption entscheidet. Im späteren Verlauf nimmt die Adoptionsrate wieder ab. Eine solche S-Diffusionskurve und die dazugehörige Adoptionskurve werden in Abbildung 3.3.2 dargestellt. Entlang der Adoptionskurve teilt Rogers (2003) Adopter auf Basis ihrer Adoptionsgeschwindigkeit in unterschiedliche Gruppen ein: Innovatoren, frühe Adopter, frühe Mehrheit, späte Mehrheit und Nachzügler. Nach Rogers sind insbesondere die frühen Adopter und die frühe Mehrheit essentiell, um eine kritische Masse zu erzeugen, die für die erfolgreiche Diffusion notwendig ist.

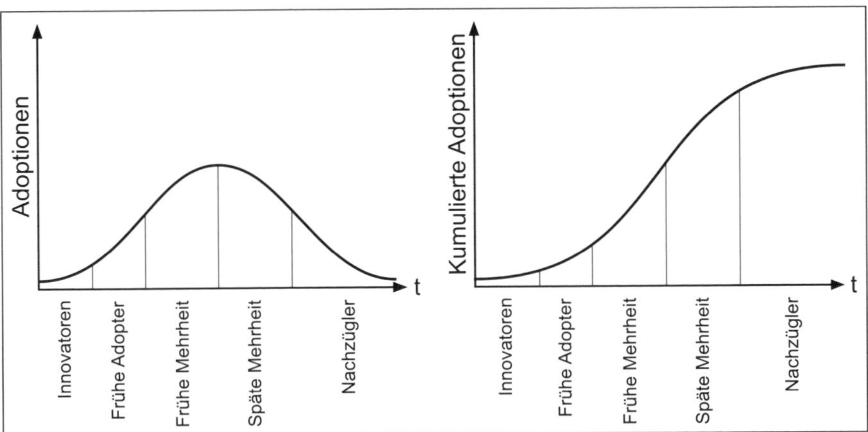

Abbildung 3.3.2: Idealtypische Adoptions- und Diffusionskurven (Eigene Darstellung nach Rogers 2003, Seite 11 und Seite 281)

Anhand der bisherigen Erläuterungen zu regionalen Unterschieden in der Innovationsleistung (s. Kap. 3.1 und 3.2) ist zu erwarten, dass unterschiedliche Regionen auch unterschiedliche Adoptionsraten und Adoptionsgeschwindigkeiten aufweisen und dass sich daher auch die Diffusionskurven für eine bestimmte Technologie oder Innovation zwischen Regionen unterscheiden. Diese Unterschiede werden in Abbildung 3.3.3 dargestellt.

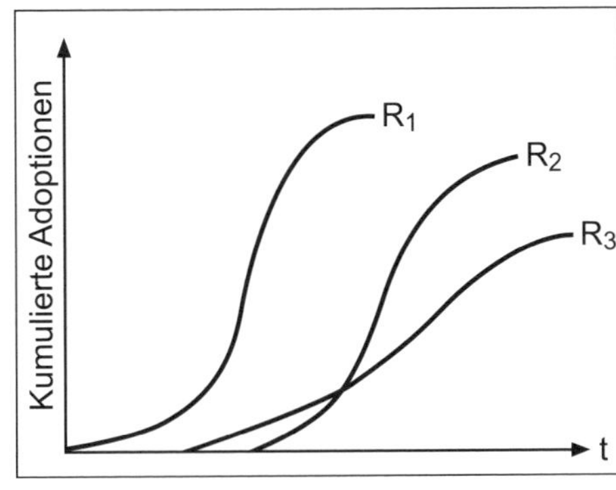

Abb. 3.3.3: Diffusionskurven für drei Regionen (Eigene Darstellung)

In den Arbeiten von Rogers (1962) finden regionale Unterschiede sowie die räumliche Dimension der Innovationsdiffusion jedoch kaum Beachtung. Eine der ersten wissenschaftlichen Arbeiten, die sich in diesem Kontext mit der raumzeitlichen Diffusion von Innovationen auseinandergesetzt hat, wurde von Torsten Hägerstrand (1967) geleistet. Hägerstrand zeigt, dass sich Innovationen im Raum auf Basis von zwei grundlegenden Mechanismen verbreiten. Der erste Mechanismus wird als Nachbarschaftseffekt bezeichnet und besagt, dass die Wahrscheinlichkeit einer neuen Adoption in der Nähe einer früheren Adoption höher ist und mit zunehmender Entfernung abnimmt. Aus dieser Hypothese lässt sich ein wellenförmiges Diffusionsmuster im Raum ableiten, wobei die frühen Adopter in geringer geographischer Distanz zum Innovator verortet sind und spätere Adopter entsprechend geographisch weiter entfernt sind. Von Nachbarschaftseffekten spricht man auch, wenn sich die Innovation entlang von Kommunikationslinien ausgehend vom Ort der Entstehung ausbreitet. In diesem Fall nimmt das räumliche Diffusionsmuster die Form von Speichen eines Rades an. Beide Diffusionsmuster sind in Abbildung 3.3.4 visualisiert.

Hägerstrand erkennt außerdem einen zweiten Mechanismus der räumlichen Innovationsdiffusion, welcher als Hierarchieeffekt bezeichnet wird. Der Hierarchieeffekt beschreibt die sprunghafte Diffusion einer Innovation im System der zentralen Orte (s. Kap. 2.2.1). In Orten höherer Zentralität ist die Wahrscheinlichkeit einer frühen Adoption höher als in Orten mit geringerer Zentralität. Die beiden Mechanismen, Nachbarschaftseffekt und Hierarchieeffekt, schließen sich dabei jedoch nicht gegenseitig aus, sondern wirken simultan. Ein beispielhafter Diffusionsprozess im Raum mit Nachbarschafts- und Hierarchieeffekten wird in Abbildung 3.3.4 dargestellt.

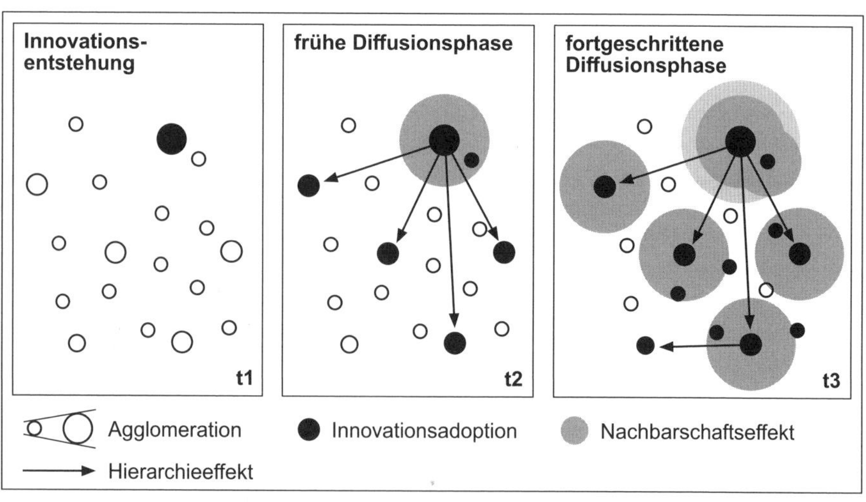

Abbildung 3.3.4: Diffusion einer Innovation im Raum (Eigene Darstellung)

Obgleich sich diese Diffusionsmuster empirisch nachweisen lassen (Lengyel et al. 2020), sind weitere (regionsspezifische) Faktoren für die Diffusion einer Innovation von Bedeutung. Insbesondere bei Innovationen, die zusätzlichen Barrieren auf dem Markt ausgesetzt sind (z. B. erneuerbare Energien), müssen weitere Mechanismen berücksichtigt werden, um den Diffusionsprozess zu verstehen. In Kapitel 4.3 werden einige theoretische Ansätze vorgestellt, die dabei helfen zu verstehen, weshalb sich viele primär umweltfreundliche Technologien nicht in notwendigem Ausmaß und mit der notwendigen Geschwindigkeit verbreiten.

3.4 Innovationsorientierte Regionalpolitik

Die innovationsorientierte Regionalpolitik möchte die Entstehung von Innovationen fördern, um dadurch längerfristige regionale Wachstumsimpulse auszulösen. Die Politik geht erstens davon aus, dass regionale Voraussetzungen, z. B. eine räumliche Konzentration von FuE-Aktivitäten, die Entstehung von Innovationen begünstigen. Zweitens wird unterstellt, dass die Entstehung von Innovationen regionale Wachstumsdeterminanten verbessert, z. B. Produktivität und Wettbewerbsfähigkeit der regionalen Unternehmen.

Da der ökonomische Erfolg einer Innovation sich nicht sicher vorhersagen lässt, ist eine innovationsorientierte Regionalpolitik mit relativ großer Unsicherheit bezüglich der Zielerreichung verbunden. Zwar lassen sich die Bedingungen für das Entstehen von Innovationen verbessern, z. B. durch eine Förderung von Forschung und Entwicklung (FuE), ob dadurch jedoch erfolgversprechende Innovationen entstehen und diffundieren, liegt außerhalb der politischen Steuerungsmöglichkeiten. Generell gilt jedoch, dass Regionen mit großem Innovationspotenzial – also forschungsstarken Unternehmen und Organisationen sowie kaufkräftigen Konsument*innen – bei politischer Unterstützung bessere Erfolgsaussichten haben als Regionen mit sehr niedrigem Innovationspotenzial. Aus diesem Grund steht die innovationsorientierte Regionalpolitik häufig mit dem Wachstumsziel (s. Kap. 2.4) in Verbindung. Gemäß der Ausrichtung auf Nachhaltigkeit thematisieren die folgenden Ausführungen jedoch vorrangig die innovationsorientierte Regionalpolitik mit Ausgleichsziel.

Schot und Steinmüller (2018) unterscheiden drei Ausrichtungen bzw. Generationen der Innovationspolitik (zur Regional- und Innovationspolitik siehe auch Edler und Fagerberg 2017; Tödtling und Trippl 2005). Die erste Ausrichtung betont die Bedeutung einer aktiven Rolle des Staates bei der Schaffung von Voraussetzungen für technologischen Wandel und Innovation (Charles 1997; Turpin et al. 2002; Hackerman und Ashworth 1996) gemäß einem linearen Innovationsverständnis. Regionale Innovationspolitik möchte in diesem Sinne das wissenschaftlich-technische Potenzial benachteiligter Regionen verbessern. Aus der zweiten Richtung wird der systemische und interaktive Charakter von Innovationsprozessen betont. Zugehörige Politik möchte Vernetzung und Wissensaustausch von

Innovationsakteuren verbessern, um das bestehende regionale Innovationspotenzial auszuschöpfen. Die beiden folgenden Abschnitte stellen ausgewählte Beispiele für Instrumente dieser beiden Ausrichtungen vor. Gemäß der dritten Ausrichtung wird Innovationspolitik auf Nachhaltigkeitsziele fokussiert (s. Kap. 4.4.2). Die drei Ausrichtungen der Innovationspolitik sind historisch betrachtet wie Generationen nacheinander entstanden, wobei die erste Generation der Innovationspolitik weitestgehend dem Marktversagen bei der Entwicklung von Innovationen entgegenwirken sollte. Die zweite Generation diente ergänzend dazu, Systemversagen in Innovationssystemen zu korrigieren und die Systemleistungen zu verbessern. Die dritte und gegenwärtig relevanteste Generation der Innovationspolitik zielt nicht nur darauf ab, dass Innovationen entstehen, sondern dass Innovationen bestehende Strukturen (sogenannte Regime, s. Kap. 4.3) in unterschiedlichen Sektoren transformieren und nachhaltiger gestalten. Die unterschiedlichen Generationen sind als komplementär zu verstehen und nicht als substituierend. Das bedeutet, dass trotz gegenwärtigem Fokus der Innovationspolitik auf der dritten Generation auch weiterhin politische Instrumente der ersten beiden Generationen genutzt werden (Schot und Steinmüller 2018).

3.4.1 Ansätze zur Stärkung der regionalen Wissensbasis

Die Stärkung der Innovationskapazitäten benachteiligter Regionen kann zunächst beim Bestand an potenziellen regionalen Innovationsakteuren ansetzen. Da Universitäten und öffentliche Forschungseinrichtungen weltweit zu großen Teilen staatlich finanziert werden, wird ihre Ansiedlung in peripheren Gebieten auch als Instrument der innovationsorientierten Regionalpolitik genutzt (Meusburger 1998). Der Aufbau einer Universität in einer peripheren Region hat unmittelbare regionalökonomische Effekte und mittelbare Auswirkungen auf die regionale Wissensbasis. Zu den unmittelbar auftretenden Effekten gehören der regionale Kapazitäts- und Einkommenseffekt, den die Investitionen in Gebäude und Ausrüstungen sowie die Ausgaben der vor Ort lebenden Beschäftigten und Studierenden für Wohnraum und Konsum auslösen (Giese 1987; Rosenfeld et al. 2005). Die wissensbasierten Wirkungen treten nicht unmittelbar ein; sie wirken langfristig über regionale Lernprozesse und Wissensspillover.

Der regionale Wissenszuwachs wird sichtbar und ökonomisch wirksam, wenn die Universität selbst generiertes Wissen patentiert und lizensiert, wenn Unternehmen als Folge von Forschungsaktivitäten gegründet werden und Innovationen hervorbringen, und wenn Mitarbeiter*innen und Studierende ihr Wissen vor Ort in Neuerungen umsetzen (Anselin et al. 1997; Breschi und Lissoni 2001; Bramwell und Wolfe 2008). Diese Argumente haben in vielen Staaten der Welt zu Universitätsneugründungen oder der Ansiedlung von FuE-Einrichtungen in peripheren Regionen geführt (Meusburger 1998). Gegenwärtig befindet sich beispielsweise die Ansiedlung von Großforschungszentren in der sächsischen Lausitz und im mitteldeutschen Revier in Vorbereitung, als Teil des Kompensationspakets für die negativen wirtschaftlichen Folgen des Ausstiegs aus der Braunkohleförderung und -verstromung.

Die Gründung von Universitäten und staatlich finanzierten Forschungseinrichtungen wird auch in Entwicklungs- und Schwellenländern als Format der innovationsorientierten Regionalpolitik genutzt, mit vergleichbaren regionalökonomischen Einkommenseffekten, jedoch abweichenden wissensbasierten Auswirkungen. Beispielsweise engagieren sich Universitäten in Schwellenländern bisweilen stärker in der Förderung von innovativen Ausgründungen, um institutionelle Defizite in der Anwendung des Patentrechts zu kompensieren (Kroll 2006). Schiller (2006) dokumentiert am Beispiel Thailands, dass Universitäten in peripheren Regionen die Funktion übernehmen, relevantes Wissen aus dem Ausland und aus dem Unternehmenssektor anzuziehen und regional verfügbar zu machen. Dass Universitäten auch in peripheren Regionen armer Staaten regionale Entwicklungsimpulse liefern, vor allem durch angewandte Forschung zu regional bedeutenden Problemen in Feldern wie Medizin und Ökologie, zeigen u. a. Schamp und Zajontz (2010) am Beispiel Kameruns.

Ein zweiter Ansatzpunkt zur Stärkung der regionalen Wissensbasis ist die Förderung der FuE-Aktivitäten der regional ansässigen Unternehmen. Hiermit begegnet die Politik einem Marktversagen, denn die Unsicherheit über den Innovationserfolg und die Innovationsrendite mag dazu führen, dass das gesellschaftlich wünschenswerte Niveau an Innovationsanstrengungen unterschritten wird. Ferner liegt dieser Politik die Annahme zugrunde, dass eine Vergrößerung der unternehmensinternen FuE-Anstrengungen die Wissensbasis und Absorptionsfähigkeit der geförderten Unternehmen verbessert (Cohen und Levinthal 1989), was im Nachgang deren Innovationsfähigkeit steigert. Ein wichtiges Beispiel für die regionale Förderung von FuE-Aktivitäten ist deren Berücksichtigung im Rahmen der EU-Regionalpolitik (s. Kap. 2.4; McCann und Ortega-Argilés 2013a). Die Auswahl der zu fördernden Projekte hat der Vorgabe zu folgen, festgelegte Anteile des Fördervolumens (in der Förderperiode 2021–2027 insgesamt etwa 30 %) für Investitionsprojekte vorzusehen, die eine Stärkung der FuE-Aktivitäten implizieren. Vorrangig zu fördern sind dabei Projekte, die die Wettbewerbsfähigkeit der EU absehbar steigern und ökologisch vorteilhaft sind. Ähnliche forschungsorientierte Priorisierungen finden sich im Regelwerk der GRW. Die Verbindung von regionaler Benachteiligung und Innovationsorientierung im Rahmen der regionalen Investitionsförderung findet sich in ganz ähnlicher Form auch außerhalb der EU, z. B. in der thailändischen Regionalpolitik (Thailand Board of Investment 2021).

Da sich der Effekt der regionalpolitischen Förderung von anderen regionalwirtschaftlichen Veränderungen analytisch kaum trennen lässt, und da sich die praktische Ausgestaltung von Fördermaßnahmen immer auch von der theoretisch angestrebten Förderform entfernt, wird die Wirksamkeit der technologie- oder innovationsorientierten Regionalpolitik generell kritisch hinterfragt. Wichtige grundsätzliche Probleme dieser Variante der Regionalpolitik diskutiert u. a. Sternberg (1995).

3.4.2 Förderung innovationsrelevanter Interaktionen

Fußend auf Überlegungen zum systemischen und interaktiven Charakter von Innovationsprozessen (s. Kap. 3.1) sowie zu Cluster- und Innovationssystemkonzepten (s. Kap. 3.2.2) versucht die innovationsorientierte Regionalpolitik, Vernetzung und Wissensaustausch von Innovationsakteuren zu intensivieren. Hiermit begegnet die Politik einem möglichen Systemversagen, d. h. der Unterausschöpfung des Innovationspotenzials einer Region. Sie möchte allgemein die positiven externen Effekte vergrößern, die gemeinhin mit regionalen Konzentrationen von Wirtschaftstätigkeit verbunden werden (s. Kap. 2.2.2). Die wichtigsten Politikansätze aus dieser Richtung (Schot und Steinmüller 2018) sind Clusterpolitik und Netzwerkpolitik. Beide Politikansätze, die nicht scharf voneinander abgegrenzt werden, kommen in den letzten drei Jahrzehnten in vielen Regionen der Welt zum Einsatz. Vielfach werden sie in bestehenden Agglomerationsräumen in Verbindung mit dem Wachstumsziel eingesetzt, z. B. im Rahmen des deutschen Spitzencluster-Wettbewerbs. Sie kommen jedoch auch mit ausgleichspolitischer Zielsetzung zum Einsatz, z. B. bei Versuchen der Restrukturierung von Altindustrieregionen (Hassink und Kiese 2021) und mit dem Anliegen der Schaffung wachstumsstarker Cluster in peripheren Regionen (Calignano et al. 2018). Den teilweise inkonsequenten politischen Umgang mit dem Clusterkonzept diskutieren u. a. Kiese und Wrobel (2011).

Die Instrumente der Clusterpolitik und ihre Einzelfelder werden im Folgenden entlang der Ausführungen von Altenburg und Meyer-Stamer (1999) erläutert, die den Anwendungskontext Lateinamerika berücksichtigen. Dabei ist zu beachten, dass der Anwendungskontext sich in vielen Entwicklungs- und Schwellenländern ähnelt und dass auch in Industrieländern dieselben Politikinstrumente zur Verfügung stehen, wenngleich mit abweichendem Nutzungskontext. Clusterpolitik bemüht sich um das Hervorbringen von positiven externen Effekten durch abnehmende Transaktionskosten und gemeinsame Aktivitäten mehrerer Akteure im Cluster. Darauf aufbauend sollen Innovationsprozesse – in Schwellenländern zunächst Lernprozesse – entstehen, die ihrerseits Upgrading und Wachstum der Unternehmen im Cluster ermöglichen. Da sich Cluster jedoch aus völlig unterschiedlichen Akteuren zusammensetzen und unterschiedliche Strukturen und Interaktionsformen aufweisen, sind auch die Instrumente der Clusterpolitik differenziert einzusetzen. Altenburg und Meyer-Stamer (1999) erläutern den Instrumenteneinsatz für drei verschiedene Typen von Clustern.

Cluster des ersten Typs bestehen aus Klein- und Kleinstunternehmen, die einfache Produkte für den lokalen Bedarf herstellen, mit niedriger Produktivität und niedrigen Löhnen sowie einem geringen Ausmaß an Spezialisierung und niedriger Kooperationsintensität. Bei diesem extrem häufig anzutreffenden Clustertyp zielt die Politik auf das Beheben von Qualifikationsdefiziten, die Weckung gemeinsamer Interessen und die Initiierung kooperativer Aktivitäten. Einzusetzende Instrumente wären u. a. Schulungsmaßnahmen für die Beschäftigten in Verbindung mit gemeinsamen Besuchen bei Fachmessen, Finanzierungsangebote für Kleinunternehmen, für die diese jedoch nicht einzeln, sondern gemeinsam haften, und die Initiierung von Gesprächskreisen und Dialogforen der Unternehmen im Cluster, in denen diese die Schwächen des lokalen Produktionssystems herausarbeiten sollen.

Cluster des zweiten Typs bestehen aus heimischen Großunternehmen, die als Massenproduzenten den heimischen Markt versorgen und im Zuge der Globalisierung mehr und mehr dem internationalen Konkurrenzdruck ausgesetzt sind. Die Unterstützung dieses Clustertyps zielt darauf ab, die Unternehmen zur Selbsthilfe zu befähigen. Instrumente hierfür sind die öffentliche Bereitstellung von Informationen über globale Entwicklungen in den Branchen der Clusterunternehmen, die Initiierung von internen Diskussionsforen, die Unternehmen helfen, ihre eigene Position innerhalb ihrer Branche und ihres Clusters korrekt einzuschätzen, spezielle und höherwertige Schulungsmaßnahmen, zugeschnitten auf den Bedarf der Unternehmen im Cluster, sowie die Anbahnung von Kontakten zu Forschungseinrichtungen, zunächst um einfachere forschungsnahe Dienstleistungen wie Test- und Prüfeinrichtungen zu nutzen, später um tatsächlich technische Probleme gemeinsam zu lösen.

Cluster des dritten Typs entstehen um die technologisch fortgeschrittenen Zweigbetriebe multinationaler Unternehmen, die sich primär auf ihre ausländischen Mutterunternehmen ausrichten. In diesem Fall zielen die Instrumente auf die Verbesserung der Zusammenarbeit mit lokalen Zulieferunternehmen. Hierfür ist es nötig, die Belegschaften lokaler Unternehmen in englischer Sprache, im Umgang mit Kommunikationstechnologien und beim technologischen Upgrading zu unterstützen. Die lokale Politik soll versuchen, die Zweigbetriebe multinationaler Unternehmen zur Zusammenarbeit mit lokalen Zulieferern zu bewegen, indem sie passende Partnerunternehmen und konkret zu erstellende Komponenten oder Dienstleistungen identifiziert. Dieses Matchmaking ist um die Unterstützung der lokalen Unternehmen bei der Schaffung ihrer internen Voraussetzungen für die Zusammenarbeit zu ergänzen.

Die genannten regionalpolitischen Instrumente verdeutlichen deren prinzipielle Herangehensweise, ohne Anspruch auf Vollständigkeit. Ferner ist anzumerken, dass in der regionalpolitischen Praxis eine ganze Reihe weiterer Konzepte, politischer Vorgaben und Aktivitäten eine Rolle spielt, die zum Teil auch aus wirtschaftsgeographischer Perspektive bearbeitet werden. Beispiele hierfür sind die Koordination der Aktivitäten von Wirtschaft, Wissenschaft und staatlicher Förderpolitik im Sinne des Triple-Helix-Konzepts (Leydesdorff und Etzkowitz 1996), die Vorgaben der EU-Regionalpolitik zu Smart Specialization (Foray et al. 2009; Camagni und Capello 2013) oder die Initiativen lokaler Gebietskörperschaften zur Gründungsförderung (Wagner und Sternberg 2004; Stam 2015). Aus Gründen des Umfangs dieses Lehrwerks, und da diese Ansätze keinen eindeutigen Bezug zu Nachhaltigkeitszielen haben, wird auf ihre Diskussion an dieser Stelle verzichtet.

4 Übergang in eine ökologisch nachhaltige Raumwirtschaft

In den vorherigen Kapiteln (2 und 3) wurde die sozioökonomische Dimension einer nachhaltigen Wirtschaftsgeographie diskutiert. Der Fokus lag dabei primär auf intragenerativer Nachhaltigkeit und Disparitäten, während intergenerative Aspekte weitestgehend ausgeklammert wurden. Die intergenerative Dimension einer nachhaltigen Wirtschaftsgeographie kann zwar auch durch die räumliche Persistenz von sozioökonomischen Disparitäten zum Ausdruck kommen, vielmehr wird sie jedoch durch die Folgen von Umweltzerstörungen gekennzeichnet. Die gegenwärtigen (und vergangenen) Wirtschaftsaktivitäten haben enorme Konsequenzen für die Umwelt, was nicht zuletzt durch die Klima- und Biodiversitätskrisen deutlich wird. Diese Umweltkrisen gefährden den Wohlstand und die Existenz zukünftiger Generationen. Aus einer wirtschaftsgeographischen Sicht entstehen vor diesem Hintergrund zahlreiche Fragestellungen, etwa zu räumlichen Wirkungen und Ausmaßen von Umweltkrisen, zu räumlichen Ursachen von Umweltzerstörungen, und zu regionalen Lösungen für diese Krisen. In den folgenden Kapiteln werden diese Fragestellungen beantwortet, um ein grundlegendes Verständnis für den Übergang in eine ökologisch nachhaltige Raumwirtschaft zu schaffen. Kapitel 4.1 präsentiert Daten zum Ausmaß von Klima- und Biodiversitätskrisen und diskutiert regionale Unterschiede. Kapitel 4.2 geht auf die Ursachen von Umweltzerstörungen durch menschliche Aktivitäten (insb. Wirtschaftsaktivitäten) ein und erläutert Ansätze zur Analyse räumlicher Unterschiede im Ausmaß der Umweltzerstörungen. Kapitel 4.3 stellt theoretische Ansätze aus dem Bereich der Transitions- und Innovationsforschung vor, die dabei helfen, den Transformationsprozess in eine nachhaltigere Zukunft zu verstehen. Kapitel 4.4 schließt mit einer Beschreibung von Ansätzen und Maßnahmen einer ökologischen Raumwirtschaftspolitik ab.

4.1 Ausmaß und Messung von Klima- und Biodiversitätskrise

Planetare Grenzen

Das gegenwärtige Erdzeitalter, das Holozän, ist durch eine relativ hohe Stabilität der Erd- und Ökosysteme gekennzeichnet und ermöglichte die menschliche Zivilisation. Diese Stabilität wird jedoch durch den Eingriff der Menschen stark beeinträchtigt und gestört. Man kann daher bereits von einem neuen Erdzeitalter sprechen, dem Anthropozän. Im Anthropozän ist der Mensch der einflussreichste Faktor der Veränderung der Umwelt und bedroht die für die Existenz der

Menschheit notwendige Stabilität der Erd- und Ökosysteme. Insbesondere seit der Industrialisierung im 19. Jahrhundert und der seither zunehmenden Abhängigkeit von fossilen Energiequellen in der Industrie und intensivierter Landwirtschaft, droht die Menschheit außerhalb der planetaren Grenzen zu wirtschaften. Um die Stabilität des Holozäns zu sichern und so die Lebensbedingungen für die Menschheit zu erhalten, wurde von einer Gruppe Wissenschaftler*innen um Johan Rockström (Rockström et al. 2009a; 2009b) das Konzept der planetaren Grenzen erarbeitet. Rockström et al. identifizieren Schlüsselprozesse der Erd- und Ökosysteme und definieren Grenzwerte (planetare Grenzen), in denen die Menschheit weiterhin unter den stabilen Bedingungen des Holozäns existieren kann. Die Grenzwerte werden auf Basis diverser Parameter definiert, wobei der Vergleich der Grenzwerte mit den tatsächlichen Werten Aussagen darüber erlaubt, inwiefern planetare Grenzen überschritten werden oder nicht. In den ursprünglichen Arbeiten von Rockström et al. sowie in den Folgestudien (z. B. Steffen et al. 2015; Persson et al. 2022) werden neun Schlüsselprozesse der Erd- und Ökosysteme definiert, deren Veränderung für die Menschheit mit katastrophalen Folgen verbunden ist: (1) Klimawandel, (2) Freisetzung von neuen Substanzen, (3) Verlust der Ozonschicht, (4) Aerosolbelastung der Atmosphäre, (5) Versauerung der Meere, (6) Veränderung von biogeochemischen Kreisläufen (Stickstoff, Phosphor), (7) Süßwasserverbrauch, (8) Änderung der Landnutzung und (9) Verlust der Biodiversität (genetisch, funktionell). In Abbildung 4.1.1 wird visualisiert, in welchem Ausmaß diese Prozesse die planetaren Grenzen bereits überschreiten. Die Grenzwerte sowie die Parameter der jeweiligen Schlüsselprozesse werden ausführlich in Persson et al. (2022) und in Steffen et al. (2015) erläutert. So wird der Klimawandel beispielsweise anhand der CO_2 Konzentration in der Atmosphäre bestimmt, wobei die planetare Grenze von 350 ppm bereits deutlich überschritten wird. Auf ähnliche Weise werden auch die planetaren Grenzen der biogeochemischen Stoffkreisläufe überschritten, bei Stickstoff beispielsweise messbar durch die industrielle Bindung aus der Atmosphäre. Die Freisetzung von neuen Substanzen (insb. chemische Verschmutzung und Plastik) liegt ebenso über den planetaren Grenzen wie auch der Verlust der Biodiversität, gemessen anhand der Aussterberate. Andere Prozesse, etwa der Verbrauch und damit auch die Verfügbarkeit von Süßwasser, liegen auf globaler Ebene zwar noch innerhalb der planetaren Grenzen, werden jedoch regional teilweise stark überschritten. Zusammenfassend wird deutlich, dass die Menschheit im Anthropozän (global oder zumindest regional) die planetaren Grenzen überschreitet und damit die Existenz zukünftiger Generationen gefährdet.

Die genannten Prozesse hängen voneinander ab und können sich gegenseitig verstärken. So tragen etwa die Verschmutzung der Erde mit neuen Substanzen (z. B. Plastik) und die Versauerung der Meere zum Verlust der Biodiversität bei. Auf zwei der mit der Überschreitung der planetaren Grenzen verbundenen Umweltkrisen wird im Folgenden etwas genauer eingegangen: Auf den Klimawandel und die damit verbundene Klimakrise sowie auf den Verlust der Artenvielfalt und die daraus

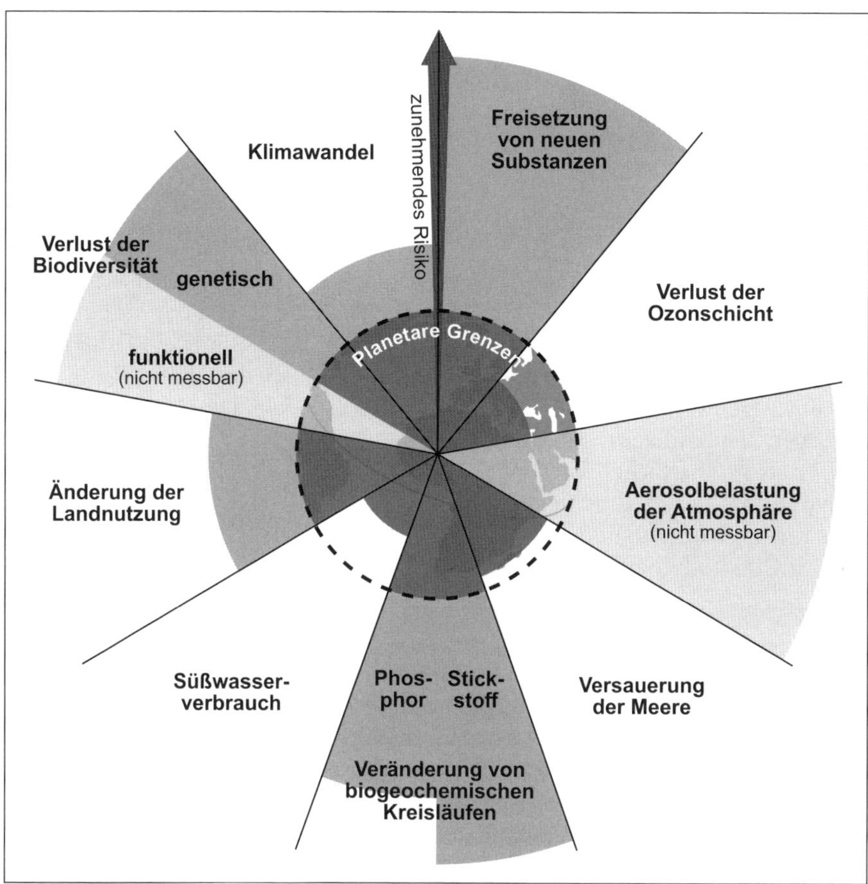

Abbildung 4.1.1: Planetare Grenzen (Eigene Darstellung nach Azote 2022; Daten: Persson et al. 2022 und Steffen et al. 2015)

entstehenden Konsequenzen, die Biodiversitätskrise. Der Schutz der Biodiversität soll durch ein internationales Umweltabkommen, das Übereinkommen über die biologische Vielfalt, sichergestellt werden. Auf gleiche Weise haben sich fast alle Staaten im Zuge der Klimarahmenkonvention der Vereinten Nationen auf Ziele für den Klimaschutz geeinigt (Übereinkommen von Paris), um den globalen Temperaturanstieg auf 1,5°C im Vergleich zum vorindustriellen Niveau zu begrenzen.

Biodiversitätskrise

Partha Dasgupta (2021) erläutert die mit dem Verlust der Biodiversität verbundenen Kosten für die Gesellschaft. So hat die Zerstörung von Ökosystemen (z. B. tropische Wälder, Korallenriffe) unmittelbare Folgen für die Gesellschaft, da viele der von diesen Ökosystemen erbrachten Leistungen (sog. Ökosystemleistungen) entfallen (Burkhard et al. 2012). Der Eingriff in die Ökosysteme und der Verlust der Biodiversität kann entsprechend zu einer geringeren Effizienz der Ökosystemleistungen führen, z. B. Nahrungsmittelproduktion, Reinigung von Luft und Wasser, Klimaschutz, Schutz vor Überschwemmungen, Erosion oder Desertifikation. Dasgupta (2021, S. 104) weist darauf hin, dass der gegenwärtige Artenverlust in der Biosphäre um den Faktor 100 bis 1000 höher ist als im Vergleich zu den letzten Jahrmillionen. Der wesentliche Treiber des Artensterbens und des Verlusts der Biodiversität ist die Entwaldung, insbesondere die Abholzung tropischer Wälder. In Abbildung 4.1.2 wird die Abnahme der Waldflächen auf der Erde im Zeitverlauf visualisiert. Seit dem Beginn des Holozäns, hat die Erde ein Drittel ihrer Waldflächen verloren. Aus der Abbildung wird deutlich, dass Entwaldung nicht nur ein gegenwärtiger Prozess ist, sondern, gerade vor dem Hintergrund der niedrigen Weltbevölkerung in vorindustriellen Zeiten, stets Folge wirtschaftlicher bzw. landwirtschaftlicher Tätigkeiten der Menschheit war. Eine Kernaussage der Abbildung ist ferner, dass der Großteil der Erdoberfläche zunehmend für die Nahrungsmittelproduktion genutzt wird, auf Kosten der Waldflächen und unberührten Graslandschaften, und damit auf Kosten der Biodiversität.

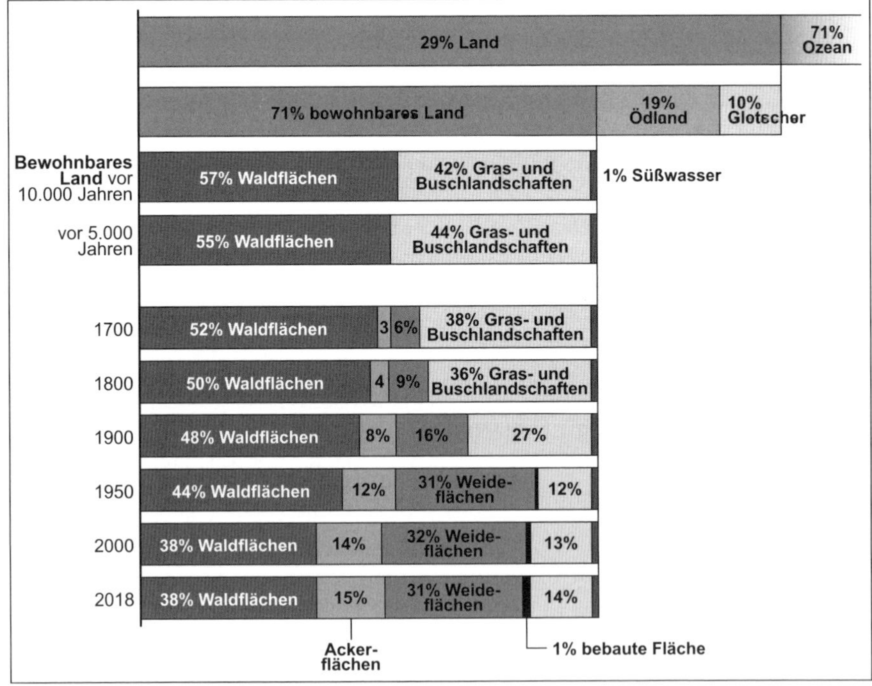

Abbildung 4.1.2: Flächennutzung auf der Erdoberfläche in historischer Perspektive (Eigene Darstellung nach Ritchie und Roser 2021)

Entwaldung ist insbesondere ein Problem in den Tropen und Subtropen, wobei diese Regionen auch durch eine hohe Biodiversität gekennzeichnet sind. Die Entwaldung in Ländern wie Brasilien oder Indonesien trägt somit erheblich zum Verlust der Biodiversität bei. So wird in Brasilien jährlich eine Fläche von ca. 1,7 Millionen Hektar entwaldet (Fünf-Jahres Mittel 2015), das entspricht etwa der Größe Thüringens. Zwar engagieren sich die meisten Staaten für die Aufforstung der Wälder und viele, zumeist Industriestaaten, weisen ein Wachstum der Waldflächen auf, der Verlust der Biodiversität ist jedoch irreversibel. Die Nettoveränderung der Waldfläche, also die Differenz aus Entwaldung und Aufforstung, ist in vielen Entwicklungs- und Schwellenländern negativ (s. Tab. 4.1.1). Landnutzungsänderungen im Zuge der Entwaldung von Flächen sind darüber hinaus ein nicht zu vernachlässigender Treiber des Klimawandels (Liao et al. 2021).

Tabelle 4.1.1: Länder mit dem höchsten Nettoverlust von Waldflächen, 2015 (Eigene Darstellung; Daten: Ritchie und Roser 2022)

Land	Nettoveränderung der Waldfläche, 2015 (in ha pro Jahr)	Anteil der Nettoveränderung der Waldfläche an der gesamten Waldfläche des Landes, 2015 (in %)
Brasilien	-1.453.040 ha	-0,29 %
Indonesien	-578.940 ha	-0,61 %
Tansania	-469.000 ha	-0,98 %
Myanmar	-289.710 ha	-0,97 %
Paraguay	-279.340 ha	-1,60 %
Mosambik	-239.250 ha	-0,63 %
Bolivien	-238.690 ha	-0,46 %
Kolumbien	-198.550 ha	-0,33 %
Sambia	-188.210 ha	-0,41 %
Peru	-172.830 ha	-0,24 %

Klimakrise

Der Klimawandel ist die präsenteste Umweltkrise der Gegenwart und wird seit vielen Jahren wissenschaftlich untersucht. Das Intergovernmental Panel on Climate Change (IPCC), auch Weltklimarat, ist als internationale Organisation, initiiert unter anderem durch die Vereinten Nationen, für die wissenschaftliche Untersuchung verschiedener Aspekte des Klimawandels zuständig und veröffentlicht in regelmäßigen Abständen umfangreiche Berichte. Die wichtigsten Berichte des

IPCC sind die sogenannten Assessment Reports der drei Arbeitsgruppen sowie der Synthesis Report, der die Ergebnisse der drei Assessment Reports verknüpft (IPCC 2022). Die drei Arbeitsgruppen (WG) des IPCC beschäftigen sich mit unterschiedlichen Aspekten des Klimawandels, wobei sich WG I mit den naturwissenschaftlichen Prozessen des Klimawandels auseinandersetzt. WG II und WG III beschäftigen sich mit den sozioökonomischen und ökologischen Folgen des Klimawandels bzw. mit den (technologischen) Maßnahmen zur Minderung des Klimawandels. Während die naturwissenschaftlichen Grundlagen des Klimawandels Inhalt anderer geographischer Teildisziplinen sind, sind für die Wirtschaftsgeographie zum einen die räumliche Verteilung der wirtschaftlichen Aktivitäten relevant, die zum Klimawandel beitragen, und zum anderen die Folgen des Klimawandels und der Klimawandelanpassung für Volks- und Regionalwirtschaften. Die Ursachen des Klimawandels lassen sich größtenteils auf die mit wirtschaftlichen Aktivitäten (Produktion und Konsum) verbundenen Treibhausgasemissionen zurückführen. In Abbildung 4.1.3 wird gezeigt, in welchem Ausmaß verschiedene Sektoren und wirtschaftliche Aktivitäten zu den globalen Treibhausgasemissionen beitragen. Die Emissionen der unterschiedlichen Treibhausgase (insbesondere CO_2, CH_4, N_2O) werden als CO_2-Äquivalente dargestellt, um den klimawirksamen Treibhauseffekt der Gase zu vergleichen. Es wird deutlich, dass ein Großteil der Treibhausgase auf den Energieverbrauch zurückzuführen ist, primär in den Bereichen Transport, Elektrizität und Wärme. Eine beschleunigte Energiewende, also die zunehmende Nutzung regenerativer Energiequellen bei abnehmender Nutzung fossilcr Energiequellen, ist für diese Sektoren entsprechend dringlich. Weshalb die Transformation des Transport- oder Elektrizitätssektors jedoch langsamer verläuft als technologisch möglich wäre und weshalb Transformationsprozesse zwischen Regionen variieren und gleichzeitig von globalen Prozessen abhängen, wird in den folgenden Kapiteln diskutiert. Abseits der viel diskutierten Energiewende entstehen Treibhausgase in Bereichen, in denen es bisher an technischen Alternativen mangelt. Von besonderer Relevanz ist die Herstellung von Zement, die für etwa 3 % der CO_2-äquivalenten Emissionen verantwortlich ist. So setzt die Verbrennung von Kalkstein für die Herstellung von Zementklinker CO_2 frei, und daher kann auch die Nutzung regenerativer Energiequellen die Zementindustrie nicht klimaneutral gestalten. Methanemissionen der Landwirtschaft (z. B. CH_4 Emissionen durch Viehwirtschaft und Dünger) stellen ein ähnliches Problem dar. In diesen Bereichen wäre häufig ein verändertes Konsumverhalten notwendig, beispielsweise die Substitution von Beton durch nachwachsende Rohstoffe wie Holz, und ein reduzierter Konsum klimaschädlicher Nahrungsmittel.

Neben der Verteilung der emittierten Treibhausgase über verschiedene wirtschaftliche Aktivitäten bzw. Sektoren ergibt sich auch ein regional differenziertes Muster der klimawirksamen Emissionen. Diese Unterschiede werden stark durch die regionalen Produktions- und Konsumweisen beeinflusst und so entsteht ein deutliches Bild, dass insbesondere Industrienationen und Schwellenländer mehr Treibhausgase emittieren und Entwicklungsländer deutlich weniger, sowohl ab-

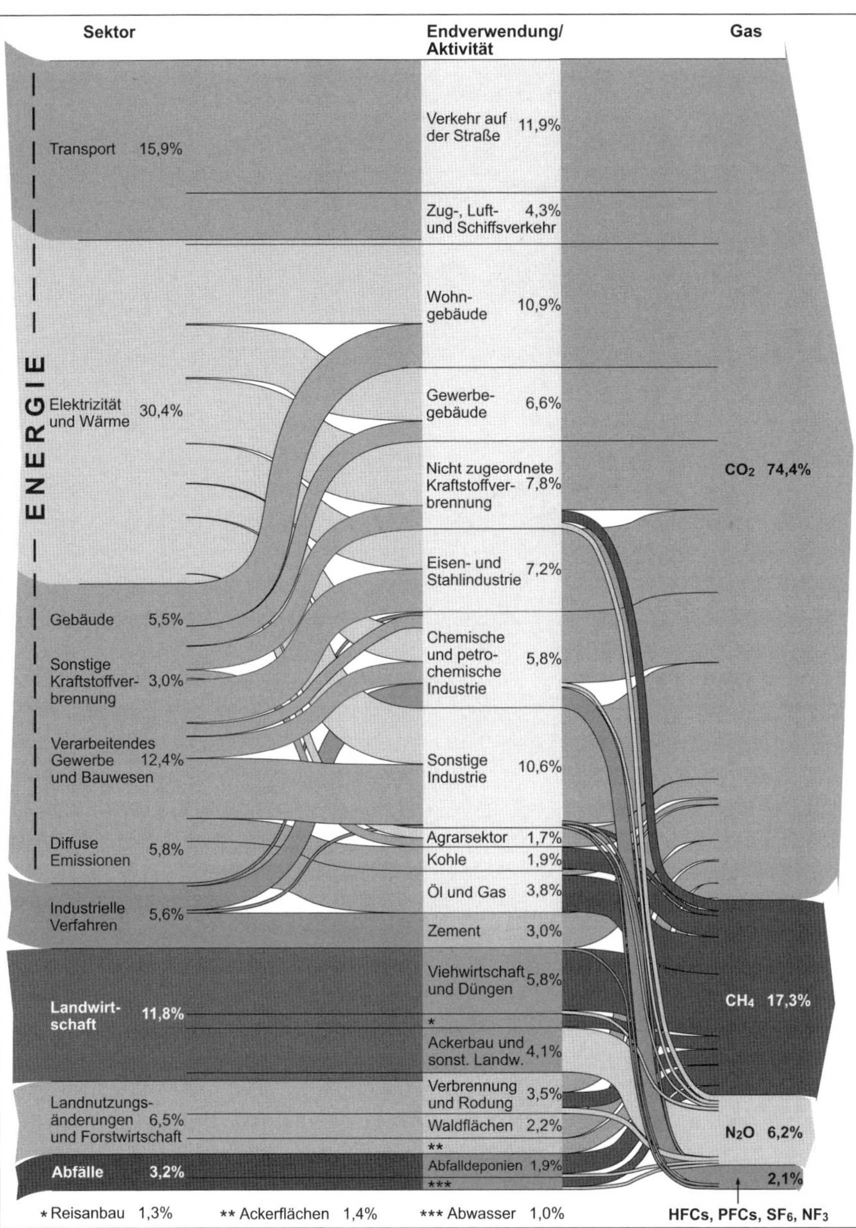

Abbildung 4.1.3: Globale Treibhausgasemissionen nach Sektor und Endnutzung in CO_2-Äquivalenten, 2016 (Eigene Darstellung nach World Resources Institute 2020)

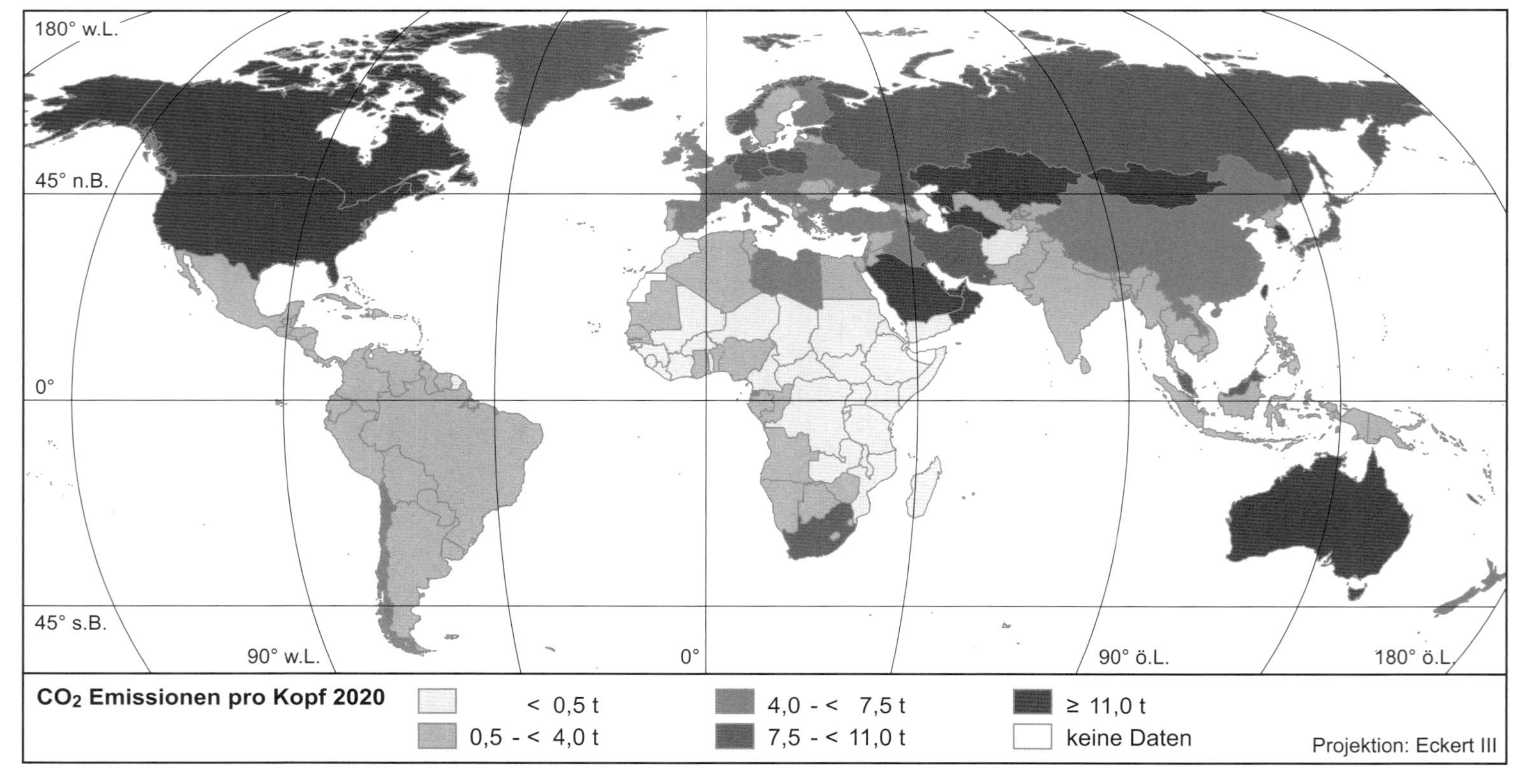

Abbildung 4.1.4: CO_2 Emissionen pro Kopf auf globaler Ebene, 2020 (Eigene Darstellung nach Ritchie et al. 2022b)

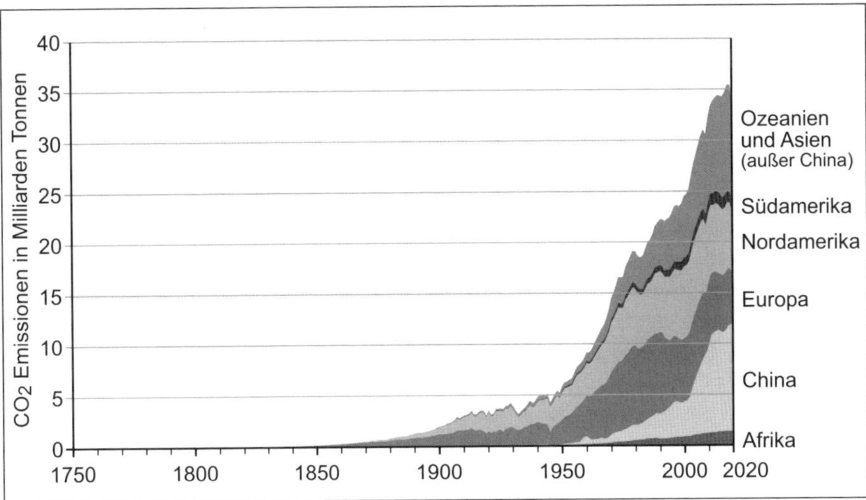

Abbildung 4.1.5: Historische CO_2 Emissionen aus Kraftstoffverbrennung nach Weltregionen (Eigene Darstellung nach Ritchie et al. 2022a)

solut als auch pro Kopf. Abbildung 4.1.4 visualisiert dieses Muster und stellt die durch fossile Energieträger und Zement generierten CO_2 Emissionen pro Kopf im Ländervergleich dar. Zusätzlich werden in Abbildung 4.1.5 die kumulativen CO_2 Emissionen nach Weltregionen dargestellt, wobei in der jüngeren Zeit insbesondere Staaten in Asien, vornehmlich China, den Großteil der jährlichen Emissionen verantworten. Im historischen Verlauf, also unter Berücksichtigung der kumulativen Emissionen seit dem Beginn der Industrialisierung, fällt auf, dass die gegenwärtige CO_2 Konzentration in der Atmosphäre auf die Emissionen in Nordamerika und Europa zurückzuführen ist (s. Kap. 5.1).

Planetare Grenzen und menschliche Entwicklung

In Kapitel 2.1 wurde der Index der menschlichen Entwicklung (HDI) der Vereinten Nationen als Maß vorgestellt, um sozioökonomische Disparitäten auf globaler Ebene zu analysieren. In den jüngsten Berichten veröffentlicht das Entwicklungsprogramm der Vereinten Nationen zusätzlich einen Index menschlicher Entwicklung, der um die menschlichen Einflüsse auf die Umwelt korrigiert wird (planetary pressures-adjusted human development index, PHDI). Für den PHDI wird der HDI mit einem Korrekturfaktor multipliziert, der die Umweltauswirkungen eines Landes abbildet. Der Korrekturfaktor besteht aus zwei Subindizes, den CO_2 Emissionen pro Kopf eines Landes und dem materiellen Fußabdruck eines Landes, gemessen durch die Rohstoffnutzung pro Kopf. Die Zusammensetzung des Korrekturfaktors erfasst die Schädigung des Klimas und, implizit verbunden mit dem Faktor Ressourcenverbrauch, die

Schädigung der Biodiversität. Die Multiplikation des Korrekturfaktors mit dem HDI führt dazu, dass Länder mit hohen Umweltauswirkungen hohe Differenzen zwischen PHDI und HDI aufweisen (hierbei gilt stets PHDI ≤ HDI). Tabelle 4.1.2 zeigt die Länder mit den höchsten PHDI Werten sowie den Vergleich zu den regulären Werten des HDI.

Tabelle 4.1.2: Planetary pressures–adjusted Human Development Index, 2019 (Eigene Darstellung; Daten: UNDP 2022b)

PHDI Rang	Land	PHDI Wert	HDI Wert	HDI Rang
1	Irland	0,833	0,955	2/3
2/3	Schweiz	0,825	0,955	2/3
2/3	Vereinigtes Königreich	0,825	0,932	13
4	Dänemark	0,824	0,940	10
5	Schweden	0,817	0,945	7
6	Deutschland	0,814	0,947	6
7	Neuseeland	0,808	0,931	14
8	Frankreich	0,801	0,901	26
9/10	Belgien	0,800	0,931	14
9/10	Slowenien	0,800	0,917	22

Zusammenfassend gilt, dass die Erfassung von Art und Umfang der Schädigung natürlicher Systeme und die Entwicklung von Kennzahlen, die das Ausmaß der ökologischen Krisen sichtbar machen, eine wichtige Grundlage für die Erklärung des Zustandekommens von Schäden und der Vermeidung von Schäden sowie für die Gestaltung entsprechender politischer Maßnahmen bilden.

4.2 Erklärungen für Umweltzerstörungen

Die Analyse der gegenwärtigen Klima- und Biodiversitätskrise verdeutlicht das Ausmaß der Umweltzerstörung durch menschliches Handeln, insbesondere durch wirtschaftliche Aktivitäten in Form von Produktion und Konsum. Erklärungsansätze für Umweltzerstörungen durch den Menschen werden in vielen wissenschaftlichen Disziplinen erarbeitet und reichen von Perspektiven auf Individualebene bis zu Perspektiven auf nationaler und globaler Ebene. Um Fragestellungen zur Umweltzerstörung in der Wirtschaftsgeographie zu beantworten, etwa die Frage nach den ökonomischen Gründen und der Erklärung daraus resultierender räumlicher Muster, sind überwiegend Theorien und Konzepte aus dem

Bereich der Umweltökonomik hilfreich. Einige der für die Wirtschaftsgeographie relevanten Erklärungsansätze werden in diesem Kapitel erläutert.

4.2.1 Externe Effekte und ökonomische Eigenschaften von Umweltgütern

Externe Effekte

Eines der wichtigsten grundlegenden Konzepte aus der (Umwelt)Ökonomik, das dabei hilft zu verstehen, weshalb negative Auswirkungen auf die Umwelt erstens entstehen und zweitens auch Untersuchungsgegenstand der Wirtschaftswissenschaften sein sollten, ist das Konzept der externen Effekte bzw. Externalitäten. Die Ursprünge der wissenschaftlichen Auseinandersetzung mit externen Effekten gehen auf Arthur C. Pigou (1920) zurück, der das Forschungsfeld der Umweltökonomik maßgeblich beeinflusst hat (Feess und Seeliger 2021; Sturm und Vogt 2018).

Externe Effekte beschreiben Auswirkungen von wirtschaftlichen Aktivitäten und Entscheidungen auf andere, ohne die Kompensation dieser Auswirkungen durch Preismechanismen. Hierbei kann zwischen positiven und negativen externen Effekten unterschieden werden. Beispiele für positive Externalitäten sind die in Kapitel 2.2.2 beschriebenen Marshall-Arrow-Romer Externalitäten und die in Kapitel 3.3.2 diskutierten Forschungs- und Innovationsaktivitäten von Unternehmen und anderen Organisationen mit den daraus entstehenden Wissensspillovern. Für das Verständnis von Umweltzerstörung durch wirtschaftliche Aktivitäten sind jedoch vielmehr negative Externalitäten relevant. Ein Beispiel für negative Externalitäten sind Luft- oder Wasserverschmutzungen durch die industriellen Aktivitäten eines Unternehmens. Die Verschmutzungen des Unternehmens verursachen Kosten für andere Akteure, beziehungsweise für die Gesellschaft. Beispielsweise mögen Erträge in der Landwirtschaft aufgrund der Umweltverschmutzungen sinken, ohne dass das verschmutzende Industrieunternehmen für die damit verbundenen Kosten aufkommen muss. Ein weiteres Beispiel in diesem Zusammenhang ist ein Unternehmen, das chemische Produkte wie Waschmittel herstellt und während des Produktionsprozesses einen angrenzenden See verschmutzt. Durch die Verschmutzung sinkt der Ertrag der lokalen Fischerei. Die Fischer*innen sind also einem negativen externen Effekt ausgesetzt, der durch das Waschmittelunternehmen verursacht wird.

Externe Effekte können zu Marktversagen führen. Marktversagen wird bei positiven Externalitäten dadurch deutlich, dass weniger Güter und Dienstleistungen auf dem Markt angeboten als nachgefragt werden, da der externe Nutzen für andere Akteure von diesen nicht kompensiert wird. Bei negativen Externalitäten äußert sich das Marktversagen auf entgegengesetzte Art. In diesem Fall werden zu viele Güter und Dienstleistungen auf dem Markt angeboten, da die produzierenden Akteure die externen Kosten nicht tragen. Wäre dies der Fall, würde weniger produziert (Feess und Seeliger 2021; Sturm und Vogt 2018). Für die o. g.

Beispiele zeigt sich das Marktversagen wie folgt. Bei den positiven Externalitäten von Innovationsaktivitäten entsteht ein Marktversagen, da Unternehmen verminderte Anreize haben, in gesellschaftlich optimalem Umfang in Forschung zu investieren. Bei den negativen Externalitäten im Beispiel der Umweltzerstörungen durch das Industrieunternehmen liegt ein Marktversagen vor, da die externen Kosten, die bei den wirtschaftlichen Aktivitäten des Unternehmens entstehen, etwa durch Umweltauswirkungen der industriellen Produktion, nicht in den Preisen abgebildet werden, die sich im Marktgleichgewicht für die produzierten Güter des Unternehmens bilden. Güter, deren Produktion negative externe Effekte verursacht, sind daher in vielen Fällen zu preiswert und diese Güter werden demnach zu häufig produziert und konsumiert. Klassische Beispiele dafür sind umweltschädliche Produkte wie Fleisch und Zement.

Aufgrund externalisierter Kosten haben Unternehmen und andere Akteure einer Regional- oder Volkswirtschaft keine ökonomischen Anreize, Umweltverschmutzungen und andere negative Umweltauswirkungen zu vermeiden. Die Tatsache, dass die entstehenden Kosten durch umweltbeeinträchtigende Aktivitäten und ökonomische Entscheidungen in vielen Fällen nicht von den Verursachern getragen werden müssen, erklärt aus umweltökonomischer Perspektive, warum es zu Umweltproblemen kommt. Politische Maßnahmen, die dem Problem der externen Kosten begegnen, diskutiert Kapitel 4.4.

Eigenschaften von Umweltgütern

Güter haben aus ökonomischer Sicht unterschiedliche Eigenschaften, die ihre Nutzung beeinflussen. Diese Eigenschaften werden üblicherweise auf Basis von zwei Kriterien bestimmt: Ausschließbarkeit und Rivalität. Das Kriterium der Ausschließbarkeit unterscheidet, ob Konsument*innen von der Nutzung eines Gutes ausgeschlossen werden können oder nicht. Das Kriterium der Rivalität hingegen unterscheidet, ob die Nutzung eines Gutes dazu führt, dass andere Konsument*innen das Gut nicht mehr nutzen können (Feess und Seeliger 2021; Sturm und Vogt 2018). Die Bewertung von Gütern entlang dieser beiden Kriterien führt zu einer Klassifikation in vier Güterarten (s. Tab. 4.2.1)

Tabelle 4.2.1 Ökonomische Eigenschaften von Gütern (Eigene Darstellung)

	Rivalität	**Nicht-Rivalität**
Ausschließbarkeit	Private Güter	Club-Güter
Nicht-Ausschließbarkeit	Common-Pool Ressourcen	Öffentliche Güter

Private Güter sind häufig typische Waren des privaten Konsums wie Lebensmittel oder Kleidung. Solche privaten Güter sind sowohl von Rivalität wie auch von Ausschließbarkeit gekennzeichnet. Der Konsum eines Apfels, beispielsweise, kann durch den Besitzer oder die Besitzerin des Apfels ausgeschlossen werden (Ausschließbarkeit). Der Apfel kann außerdem vollständig nur von einer Person konsumiert werden (Rivalität). Diese Eigenschaften führen dazu, dass in der Marktwirtschaft Preismechanismen wirken und Äpfel einen durch Angebot und Nachfrage bestimmten Preis besitzen. Es kommt daher in der Regel zu einer effizienten Bereitstellung von privaten Gütern.

Solche Güter, die von Ausschließbarkeit gekennzeichnet sind, aber deren Konsum nicht mit Rivalität einhergeht, werden als Club-Güter bezeichnet. Ein einfaches Beispiel für ein solches Gut ist das Streaming von Serien oder Filmen. Bei einem Anbieter für Streamingdienste können alle Personen mit einem Abonnement die gleiche Serie schauen, ohne den Konsum anderer einzuschränken (Nicht-Rivalität). Gleichzeitig können aber nur Personen die Serie schauen, die beim Anbieter für den Streamingdienst einen Preis dafür bezahlen (Ausschließbarkeit). Hingegen werden Güter, die von Rivalität gekennzeichnet sind, aber deren Konsum nicht mit Ausschließbarkeit einhergeht, als Common-Pool-Ressourcen bezeichnet. Beispiele für diese Güterart finden sich im Bereich der Waldnutzung, bei Fischbeständen oder auch bei nichterneuerbaren Rohstoffen wie Kohle. So sind Fischbestände im Ozean zwar rivale Güter, da ein Fisch nur einmal gefangen werden kann, es ist in der Realität jedoch schwierig, andere vom Fischfang auszuschließen.

Der Gegensatz zu privaten Gütern sind öffentliche Güter. Öffentliche Güter sind durch Nicht-Rivalität und Nicht-Ausschließbarkeit im Konsum gekennzeichnet (Samuelson 1954). Ein klassisches Beispiel für ein öffentliches Gut ist open-source-Software. Diese kann von allen kostenfrei genutzt werden (Nicht-Ausschließbarkeit) und die Nutzung durch eine Person führt nicht dazu, dass eine andere Person die Software nicht auch nutzen kann (Nicht-Rivalität). Viele Umweltgüter entsprechen den Kriterien öffentlicher Güter, wie etwa im Bereich Klimaschutz oder Schutz der Biodiversität und Ökosysteme. Auch die Nutzung von Luft oder Wasser kann als öffentliches Gut betrachtet werden (Hanley et al. 2019). Bei öffentlichen Gütern und bei Common-Pool-Ressourcen, welche jeweils durch Nicht-Rivalität gekennzeichnet sind, entsteht ein Marktversagen. Die nachfolgenden Erläuterungen zeigen, dass viele Umweltgüter oftmals nicht effizient und in sozial optimalem Umfang bereitgestellt werden können, da keine Preismechanismen greifen.

Das Problem bei diesen Gütern ist das sogenannte free riding („Trittbrettfahren"). Man kann von einem Gut profitieren, ohne dafür einen Preis zu bezahlen. So können beispielsweise Luft oder Wasser als öffentliche Güter in der Regel kostenfrei genutzt werden und auch im Beispiel der Fischbestände als Common-Pool-Ressource entstehen keine Kosten für den Fang eines Fisches. Als Folge des fehlenden Preismechanismus und der Möglichkeit des free riding entstehen zahlreiche Umweltprobleme wie die Überfischung der Meere oder die Verschmutzung von Luft und Wasser. Diese Umweltprobleme sind also Folge eines sozialen Dilemmas. Sollte sich eine Person dazu entscheiden, öffentliche Güter bereitzustellen, etwa Maßnahmen zum Klimaschutz zu treffen, können andere davon profitieren, ohne einen Preis für den Klimaschutz zu zahlen. Die Bereitstellung öffentlicher Güter (oder von Common-Pool-Ressourcen) ist dementsprechend vergleichbar mit einem positiven externen Effekt. Bei ökonomisch-rationalem Verhalten aller Akteure kommt es daher dazu, dass niemand in den Klimaschutz investiert. Eine ähnliche Situation existiert auch beim Fischfang. Da die Sicherung oder Erhöhung der Fischbestände durch Maßnahmen eines Akteurs auch Vorteile für den Fischfang anderer impliziert, diese dafür aber keine Kosten tragen, fehlen Anreize für den Akteur, solche Maßnahmen zu treffen. Dieses soziale Dilemma wird häufig als Tragik der Allmende bezeichnet („tragedy of the commons"). Der Begriff wurde insbesondere durch Garrett Hardin (1968) geprägt. Hardin nutzt das Beispiel der Überweidung und erklärt, dass Weideflächen, die für alle nutzbar sind (Nicht-Ausschließbarkeit) von Überweidung gefährdet sind, da alle Viehzüchter*innen den eigenen Ertrag erhöhen möchten und möglichst viel Vieh auf die Weideflächen lassen. Dies führt jedoch zur Übernutzung der Weideflächen und somit zu sinkendem Ertrag für alle. Als Lösung dieses Problems schlägt Hardin die Regulierung solcher Güter vor, etwa durch den Staat. Elinor Ostrom (1990) argumentiert hingegen, dass institutionelle Arrangements der nutzenden Akteure der betroffenen Güter auch zur Lösung der Tragik der Allmende beitragen können (Buchholz und Rübbelke 2019). Ostrom veranschaulicht dieses Argument am Beispiel von erfolgreichen lokalen Kooperationen und Absprachen, etwa im Fall von Wasserknappheit in kalifornischen Gemeinden oder bei der nachhaltigen Nutzung von knapper Weidefläche in afrikanischen Regionen.

In diesem Zusammenhang wird in der Umweltökonomik auch das Konzept des Naturkapitals diskutiert. Naturkapital ist der ökonomische Wert von Umweltgütern und Ökosystemen bzw. Ökosystemdienstleistungen (z. B. Herstellung von Sauerstoff, Schutz vor Erosion und Überschwemmungen, etc.). Naturkapital kann insofern auch als Produktionsfaktor interpretiert werden. Entgegen der Bestandsgrößen anderer Produktionsfaktoren (z. B. Sachkapital, Humankapital) ist Naturkapital nicht bewusst generiert, sondern wird durch die Umwelt bereitgestellt. Demzufolge kann auch der Wert des Naturkapitals nicht einfach berechnet werden, sondern bemisst sich am Nutzen der Umweltgüter oder Ökosystemdienstleistungen. Dieser Nutzen ist jedoch häufig nicht bekannt und daher wird der Wert von Naturkapital in vielen Fällen unterschätzt. Diese Unkenntnis über den Wert von Naturkapital ist auch mit Unkenntnis darüber verbunden, wie hoch die Kosten der Zerstörung und Wiederherstellung eines Ökosystems sind. Dasgupta (2021) erläutert dieses Problem anhand der Entscheidung, ob in einer Region ein Sumpfgebiet trockengelegt werden sollte, um dort einen Unternehmensstandort zu schaffen. Das Sumpfgebiet bietet der Region Ökosystemdienstleistungen, beispielsweise als Wasserfilter für Grundwasser oder durch das Speichern von CO_2. Der Wert dieser Leistungen (Naturkapital) ist jedoch unbekannt. Wird das Sumpfgebiet für den Unternehmensstandort trockengelegt, könnte sich herausstellen, dass das Sumpfgebiet zusätzlich vor Überschwemmungen in Siedlungsbereichen geschützt hat. Durch die Unkenntnis über diesen Wert des Naturkapitals wird ein

Ökosystem zerstört und es entstehen höhere gesellschaftliche Kosten, als durch den Unternehmensstandort kompensiert werden können.

Aus den bisherigen Ausführungen wird deutlich, dass viele Wirtschaftsaktivitäten durch Marktversagen und Unkenntnis geprägt sind und entsprechende Schäden für die Umwelt entstehen können. Diese entstehen als Folge negativer externer Effekte oder als Folge der unzureichenden Bereitstellung von Umweltgütern. Umweltzerstörung kann daher als wirtschaftssystembezogene Folge verstanden werden.

4.2.2 Lock-in umweltschädlicher Technologien

Umweltzerstörung durch wirtschaftliche Aktivitäten kann in der Regel auf die Nutzung umweltschädlicher Rohstoffe und umweltschädlicher Technologien zurückgeführt werden. Dass solche Produktionsweisen trotz der bekannten negativen Auswirkungen auf die Umwelt weiterhin genutzt werden, ist, neben den in Kapitel 4.2.1 genannten Ursachen, Folge von Pfadabhängigkeiten und technologischen Lock-ins. Als Pfadabhängigkeit wird in den Sozialwissenschaften das Phänomen verstanden, dass historische Entwicklungen die sozialen (und wirtschaftlichen) Strukturen und Prozesse in der Gegenwart und Zukunft prägen („history matters"). Das Konzept der Pfadabhängigkeit geht davon aus, dass sich über den Zeitverlauf durch positive Feedback-Effekte Pfade verfestigen. Wieso Regionen beispielsweise gegenwärtig mehr oder weniger auf die Nutzung fossiler Energiequellen oder umweltschädlicher Industrien angewiesen sind, kann durch Pfadabhängigkeiten in der Regionalentwicklung erklärt werden.

Das Konzept der Pfadabhängigkeit und des daraus folgenden technologischen Lock-ins wurde maßgeblich von Paul A. David (1985) geprägt und ist Grundlage für viele in der Wirtschaftsgeographie relevante theoretische Ansätze aus dem Bereich der Innovations- und Nachhaltigkeitstransitionsforschung. David stellt in seiner Arbeit fest, dass sich in den meisten Ländern bei der Nutzung von Computern das QWERTY (bzw. QWERTZ) Layout als dominante Tastenanordnung auf Tastaturen durchgesetzt hat (dominant design, s. Kap. 3.1.1). Diese Tastenanordnung ist anderen Anordnungsmöglichkeiten (z. B. der Dvorak-Tastaturbelegung) jedoch unterlegen und ermöglicht eine geringere Anzahl an Wörtern pro Minute. Das QWERTY Layout wurde ursprünglich für maschinelle Schreibmaschinen entwickelt, bei denen es technisch notwendig war, dass sich die Tastenhebel nicht verfangen. Obwohl diese Restriktion in der weiteren Entwicklung der digitalen Technik hinfällig wurde, hält sich das Layout bis heute als dominante Tastenanordnung. David erklärt, dass in diesem Fall ein technologischer Lock-in den Wechsel zu anderen Tastenanordnungen verhindert. Der technologische Lock-in wird durch folgende Prozesse getrieben. Erstens existieren technische Zusammenhänge zwischen verschiedenen Geräten sowie zwischen Technologie und Nutzer*in. Damit sich eine alternative Tastenanordnung durchsetzt, müsste es also nicht nur Veränderungen bei der Entwicklung von Tastaturen geben, sondern auch bei der Entwicklung und Produktion von Software (z. B. Betriebssysteme, Textverarbeitungsprogramme) und auch bei anderen Geräten (z. B. Smartphones, Tablets). Die technischen Zusammenhänge werden außerdem dadurch zum Ausdruck gebracht, dass die Nutzer*innen an die dominante Tastenanordnung gewöhnt sind und diese schneller bedienen können als eine eigentlich optimale Anordnung. Zweitens profitiert eine Technologie, die sich bereits auf dem Markt durchgesetzt hat, von systemischen Skaleneffekten. Das bedeutet, dass sich für jede Person, die das dominante Design nutzt, Vorteile für alle Nutzer*innen ergeben. Diese Vorteile entstehen etwa dadurch, dass jede Person Tastaturen an allen anderen Computern und Geräten bedienen kann, die auch das dominante Design, das QWERTY Layout, verwenden. Je höher also die Anzahl der Nutzer*innen dieser Tastenanordnung, desto höher sind die systemischen Skaleneffekte (Arthur 1989). Als dritten Prozess der Pfadabhängigkeit im Beispiel der Tastenanordnung nennt David (1985) die quasi-irreversible Nutzung eines Designs. Das bedeutet, dass in den meisten Fällen die Wechselkosten zu hoch sind, zu einem anderen Design zu wechseln, obwohl dieses langfristig effizienter genutzt werden könnte. Wechselkosten beschreiben hier insbesondere die Kosten, die mit dem Lernen einer anderen Tastenanordnung verbunden sind. Das Fallbeispiel der QWERTY Tastatur von David (1985) hat offensichtlich sehr wenig mit der Nutzung umweltschädlicher Technologien zu tun, jedoch können die genannten Prozesse der Pfadabhängigkeit auf andere Technologien übertragen werden. Als typische Beispiele für den technologischen Lock-in umweltschädlicher Technologien und Materialien gelten u. a. Autos mit Verbrennungsmotor, Beton im Bausektor oder Plastik in der Verpackungsindustrie.

Gregory C. Unruh (2000) nutzt vor diesem Hintergrund das Konzept der Pfadabhängigkeit, um den Lock-in in der Nutzung fossiler Energiequellen zu erklären. Er bezeichnet dies als Carbon lock-in. Unruh argumentiert, dass nicht nur die umweltschädlichen Technologien selbst in einem Lock-in gefestigt sind, sondern darüber hinaus auch die damit verbundenen Institutionen, also beispielsweise gesellschaftliche Normen und politische Handlungen. Das Zusammenspiel zwischen dem Lock-in von Technologien und dem Lock-in von Institutionen bezeichnet Unruh als Techno-institutionellen Komplex. Wie sich ein solcher Lock-in von Technologien und Institutionen in der Realität äußert, illustriert Unruh anhand zweier Fallbeispiele (s. Abb. 4.2.1).

In den Fallbeispielen wird gezeigt, wie sich Technologien, die sich bereits auf dem Markt durchgesetzt haben, langfristig nicht nur technologisch, sondern auch institutionell festigen. In Fallbeispiel A wird der Techno-institutionelle Komplex im Bereich Elektrizität diskutiert, der durch selbstverstärkende Feedbackmechanismen dazu führt, dass der Stromverbrauch kontinuierlich steigt. Obwohl seit vielen Jahren die Nutzung regenerativer Energiequellen zunimmt, bleiben vielen Regionen weiterhin abhängig von fossilen Energieträgern wie Kohle, Gas oder Öl. Die steigende Nachfrage nach Elektrizität und Energie führt entspre-

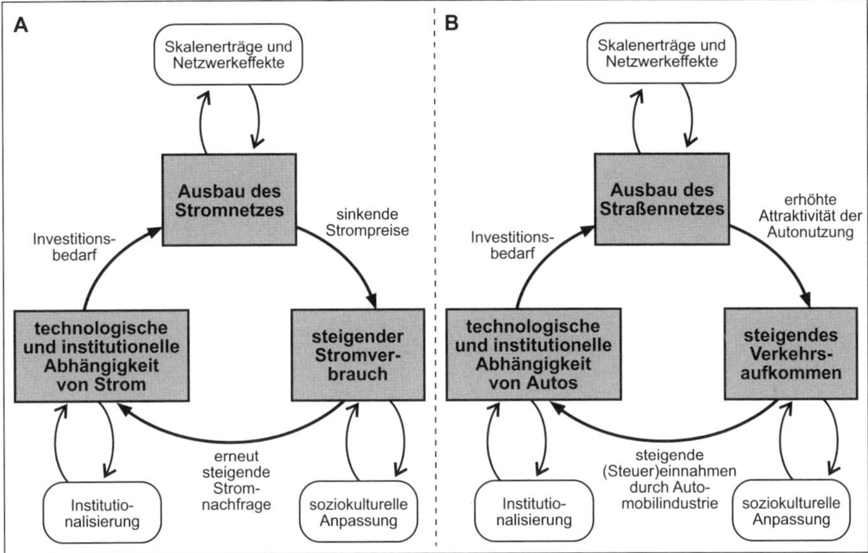

Abbildung 4.2.1: Lock-in von Technologien und Institutionen am Beispiel von Elektrizität und Automobilverkehr (Eigene Darstellung nach Unruh 2000, Seite 826 und 827)

chend dazu, dass in vielen Regionen weiterhin in fossile Energieträger investiert wird und Treibhausgase emittiert werden. Zur Erklärung des Schaubilds gehen wir von der Situation aus, dass der Staat und andere Akteure im Stromsektor dazu in der Lage sind, in den Ausbau des Stromnetzes zu investieren. Der Ausbau der Infrastruktur sowie das erweiterte Angebot führt bei zunehmenden Skalenerträgen zu geringen Strompreisen. Damit einher geht ein soziokultureller Anpassungsprozess zunehmenden Konsums von Elektrizität. Da Strom dauerhaft und preiswert verfügbar ist, gewöhnen sich Konsument*innen an die Nutzung von Strom und den Konsum von strom- bzw. energieintensiven Gütern und Dienstleistungen. Diese Entwicklungen führen dazu, dass Innovationen in anderen Sektoren zunehmend auf Strom basieren. Ein einfaches Beispiel ist der elektrische Staubsauger als Substitut für den Besen. Die zunehmende Nachfrage nach Strom führt letztlich wieder dazu, dass die Infrastruktur und die Kapazitäten erweitert werden müssen und zusätzlicher Strom produziert wird. Das Beispiel im Bereich Elektrizität ist jedoch nur solange mit negativen Umweltauswirkungen verbunden wie Strom aus fossilen Energieträgern gewonnen wird. Das Beispiel spiegelt daher eher die Realität der Zeit wieder, in der Unruh seine Forschungsarbeiten durchgeführt hat (späte 1990er Jahre). Die aktuellen Fortschritte in der Energiewende und die vermehrte Nutzung von erneuerbaren Energiequellen im Energiemix der meisten Länder führen vielmehr dazu, dass ein zunehmender Stromverbrauch aus Umweltperspektive gewünscht wird, beispielsweise im Verkehrssektor.

Das zweite Beispiel von Unruh (2000), die Nutzung von Autos im Verkehrssektor, ist hingegen weiterhin von aktueller Relevanz (dieses Beispiel wird ausführlicher in Kap. 4.3.4 besprochen). In Fallbeispiel B gehen wir davon aus, dass durch den Kauf und die Nutzung von Autos Steuereinnahmen für den Staat entstehen. Diese werden dazu genutzt, die Verkehrsinfrastruktur, beispielsweise Straßen, instand zu halten oder sogar zu erweitern. Bei steigenden Skalenerträgen sinken die Kosten für den Bau und die Pflege der Verkehrsinfrastruktur in Abhängigkeit der Größe der Infrastruktur. Eine gut ausgebaute Infrastruktur wiederum führt dazu, dass das Auto Vorteile gegenüber anderen Verkehrsmitteln wie der Bahn gewinnt, etwa durch eine bessere und schnellere Erreichbarkeit. Entsprechend steigt die Nachfrage nach Autos und die Steuereinnahmen durch die Automobilindustrie steigen erneut. An dieser Stelle werden weitere Investitionen in den Ausbau der Verkehrsinfrastruktur möglich. Das Verkehrssystem befindet sich in einem technologischen und institutionellen Lock-in. Beide Beispiele sind selbstverständlich stark abstrahiert und bilden die Komplexität der Realität nicht gänzlich ab. Nichtsdestoweniger sind die Beispiele gut geeignet um nachzuvollziehen, wieso viele umweltschädliche Technologien und Produkte langfristig in die Gesellschaft und Wirtschaft eingebettet sind.

Die Konzepte der Pfadabhängigkeit und Lock-ins lassen sich von einer relativ breitgefassten gesellschaftlichen Ebene auch auf unterschiedliche Regionen übertragen. So stellen wir fest, dass viele Regionen nicht in der Lage sind, die Abhängigkeit von umweltschädlichen Industrien zu reduzieren. Aus einer evolutionären Perspektive sind pfadabhängige Prozesse für den Lock-in einer Region verantwortlich. Martin und Sunley (2006) argumentieren in diesem Zusammenhang, dass das Konzept der Pfadabhängigkeit einen expliziten Bezug zur Geographie besitzt und abhängig von regionalen Faktoren ist. Martin und Sunley nennen sieben mögliche Gründe für Pfadabhängigkeiten in einer Regionalwirtschaft:

1. Abhängigkeit von natürlichen Ressourcen:
   Die Wirtschaftsaktivitäten einer Region werden durch die Verfügbarkeit von Ressourcen bestimmt (z. B. Kohle, Erdöl, forstwirtschaftliche Erzeugnisse).
2. Irreversible Kosten lokaler Anlagen und Infrastrukturen:
   Die Quasi-irreversibilität der historischen Investitionen festigt die wirtschaftlichen Aktivitäten der Region, etwa im Bereich der Schwerindustrie oder im Bereich physischer Infrastruktur (z. B. Stahlindustrie, chemische Industrie). Da die Fixkosten dieser Investitionen irreversibel sind und die variablen Kosten der Aufrechterhaltung der lokalen Industrie geringer sind als die Gesamtkosten für eine Erneuerung der Anlagen und Infrastrukturen, festigt sich die regionale Industriestruktur.
3. Lokalisationsvorteile bei regionaler Spezialisierung:
   Lokale Industriedistrikte oder Cluster spezialisierter Wirtschaftsaktivitäten profitieren von Lokalisationsvorteilen bzw. von Marshall-Arrow-Romer Externalitäten (z. B. fleischverarbeitende Industrie). Diese äußern sich in Form eines Pools spezialisierter Fachkräfte, engagierter Zulieferer und Zwischenhändler,

lokaler Wissensübertragungen und lokaler Institutionen wie Geschäftsmechanismen und Praktiken, die zusammenwirkend ein hohes Maß an lokaler wirtschaftlicher Verflechtung schaffen. Diese Lokalisationsvorteile aufzugeben und neue Spezialisierungen anzustreben, ist mit Kosten verbunden.

4. Regionale technologische Regime:
   Regionen können sich nicht nur in bestimmten Wirtschaftszweigen, sondern auch in der Entwicklung von Technologien spezialisieren (z. B. Forschung an Verbrennungsmotoren). Ein regionales Innovationssystem, das durch lokale Lernprozesse und Institutionen ebenso gekennzeichnet ist wie durch spezialisierte Forschungseinrichtungen und lokale Innovationskooperationen, kann langfristig zum Lock-in führen, in welchem sich ein technologisches Regime verfestigt.
5. Urbanisationsvorteile:
   Ähnlich wie bei Lokalisationsvorteilen führen Urbanisationsvorteile dazu, dass eine Transformation der regionalen Wirtschaftsstruktur mit Kosten verbunden ist, insbesondere mit Opportunitätskosten durch verlorene Urbanisationsvorteile. Urbanisationsvorteile, bzw. Jacobs Externalitäten, sind insbesondere Vorteile durch die Größe des regionalen Markts und Vorteile durch die Diversität der lokalen Industrie und damit verbundene Dienstleistungs- und Informationsangebote.
6. Regionale Institutionen und sozio-kulturelle Normen:
   Regionsspezifische Institutionen, Normen, lokales Sozialkapital, Kultur und Traditionen können wirtschaftliche Aktivitäten langfristig regional festigen (z. B. Bergbaukultur).
7. Interregionale Interdependenzen:
   Die Entwicklung einer Region kann außerdem von anderen Regionen abhängig sein, etwa durch wirtschaftliche Verflechtungen, finanzielle Abhängigkeiten oder politische Maßnahmen auf nationaler Ebene (z. B. Kohleregionen).

Regionen können durch diese pfadabhängigen Entwicklungen in einen Lock-in geraten, welcher der Diversifizierung und Transformation der Regionalwirtschaft entgegenwirkt. Wenngleich ein solcher Lock-in nicht stets negative Konsequenzen haben muss und durchaus positive Wirkungen entfalten kann, etwa durch regionale Cluster und Innovationssysteme, führen Pfadabhängigkeiten häufig dazu, dass regionale Nachhaltigkeitstransformationsprozesse verlangsamt werden. Pfadabhängigkeit kann, zusammenfassend, also zum Lock-in umweltschädlicher Technologien führen und Regionen stehen aufgrund ihrer historischen Entwicklung in unterschiedlichem Maß vor der Herausforderung, die lokale Industrie umweltfreundlicher zu gestalten.

4.2.3 Räumliche Differenzierung der Ursachen von Umweltzerstörung

Die in Kapitel 4.2.1 und 4.2.2 erläuterten Zusammenhänge liefern Erklärungsansätze, weshalb negative Auswirkungen auf die Umwelt durch wirtschaftliche Aktivitäten entstehen. Sie helfen jedoch kaum dabei zu verstehen, weshalb diverse Umweltprobleme räumlich ungleich verteilt sind (s. Kap. 4.1). In erster Linie ist die räumliche Verteilung von Umweltschäden auf räumlich differenzierte Nutzungsintensitäten zurückzuführen. Diese Nutzungsintensitäten können teilweise mit den in Kapitel 2 erläuterten Theorien der Wirtschaftsgeographie zur Agglomeration und Dispersion von Wirtschaftsaktivitäten erklärt werden. Darüber hinaus sind weitere Erklärungsansätze aus der Umweltökonomik hilfreich, um die räumliche Differenzierung der Ursachen von Umweltzerstörung zu verstehen. Zwei zentrale Ansätze werden in diesem Kapitel vorgestellt, die Pollution-Haven-Hypothese und die Environmental Kuznets Curve.

Pollution-Haven-Hypothese

Die Pollution-Haven-Hypothese (PHH) beschreibt den Zusammenhang zwischen Umweltregulierungen und internationalem Handel und kann dazu genutzt werden, die räumliche Konzentration von Industrien, die Standortwahl von Unternehmen, Export- und Importstrukturen und somit auch räumliche Unterschiede in der Umweltverschmutzung zu erklären. Die Pollution-Haven-Hypothese wurde insbesondere durch die Arbeiten von Brian R. Copeland und M. Scott Taylor (1994) sowie durch die Arbeiten von Gene M. Grossman und Alan B. Krueger (1991) geprägt. Zur Erklärung der Hypothese wird im Folgenden auf die Ausführungen von Taylor (2005) zurückgegriffen.

Zu Beginn ist zu erwähnen, dass Taylor (2005) darauf hinweist, dass die PHH häufig falsch interpretiert wird. So lässt sich die Pollution-Haven-Hypothese in der hier beschriebenen Form von einem einfachen Pollution-Haven-Effekt (PHE) unterscheiden. Ein Pollution-Haven-Effekt tritt auf, wenn die Verschärfung von Umweltregulierungen in einer Region dazu führt, dass umweltverschmutzende Güter nicht mehr regional produziert und exportiert werden, sondern künftig andernorts produziert und von dort importiert werden. Der PHE geht von der Annahme aus, dass Unternehmen ihre Produktionsstätten in Regionen verlegen, in denen die Produktionskosten am geringsten sind. Dies wird etwa am Beispiel des verarbeitenden Gewerbes in Entwicklungs- und Schwellenländern deutlich (z. B. im Bereich Textilien). Der PHE beschreibt weiterhin, dass in solchen Regionen mit den geringsten Produktionskosten häufig auch umweltschädliche Produktionsweisen genutzt werden, die die Produktionskosten zusätzlich senken, da vermeintlich Kosten zur Einhaltung von Umweltregulierungen vermieden werden. In Regionen mit geringen Produktionskosten, z. B. mit günstigen Ressourcen und Arbeitskräften, gelten häufig weniger strenge Umweltvorschriften, und umgekehrt wird die Produktion in Regionen mit strengeren Umweltvorschriften teurer, weil die Kosten für die Einhaltung der Regulierung höher sind. Daher neigen Unternehmen, dazu, ihren Standort in die Regionen mit den niedrigsten Umweltstandards oder der schwächsten Durchsetzung dieser zu verlegen.

Die Pollution-Haven-Hypothese baut auf dem Pollution-Haven-Effekt auf und besagt, dass der Abbau von Handelshemmnissen dazu führt, dass umweltverschmutzungsintensive Industrien aus Regionen mit strengen Umweltvorschriften in Länder mit lockeren Umweltvorschriften abwandern werden. Für die PHH wird ein Gleichgewichtsmodell mit zwei zu Beginn autarken Regionen entwickelt, wobei in den Regionen Güter unterschiedlicher Umweltverschmutzungsintensität hergestellt werden können. Im Modell existiert ein primärer Produktionsfaktor (Humankapital) und die Regionen unterscheiden sich in der Ausstattung mit diesem Faktor pro Kopf. Region A weist eine wesentlich höhere Ausstattung mit dem Produktionsfaktor Humankapital auf als Region B. Die PHH soll nun erklären, wie diese Unterschiede auf die Stringenz der Umweltregulierungen und die daraus resultierenden Handelsströme und Verschmutzungsgrade wirken. Im ursprünglichen Modell nach Copeland und Taylor (1994) wird davon ausgegangen, dass die Produktion von allen Gütern Umweltverschmutzung erzeugt und Ressourcen nötig sind, um die Verschmutzung zu reduzieren. Entsprechend kann die Verschmutzungsintensität eines Gutes als zusätzlicher Kostenfaktor in der Produktion interpretiert werden. In den Regionen findet nun ein Abwägungsprozess statt, der die Zunahme der Umweltverschmutzung durch die Produktion von relativ umweltschädlichen Gütern und damit höherem Realeinkommen gegen die marginalen Schäden der Bevölkerung abwägt. Umweltregulierungen sind als Ergebnis dieser Abwägung, bedingt durch die bessere Ausstattung mit Produktionsfaktoren, in Region A strenger als in Region B. Im Modell wird nun davon ausgegangen, dass die Regionen nicht mehr autark wirtschaften, sondern freier Handel möglich wird. Die Unterschiede zwischen Region A und B führen bei freiem Handel dazu, dass sich jede Region entweder auf relativ saubere oder verschmutzende Güter spezialisiert. Der Übergang von Autarkie zu freiem Handel führt somit zu einer Verlagerung der Produktion verschmutzender Güter von Region A mit hohem Einkommen und strengen Umweltvorschriften nach Region B mit niedrigem Einkommen und lockeren Umweltvorschriften. Daraus ergeben sich zwei Schlussfolgerungen. Erstens nimmt die Verschmutzung in Region A ab und in Region B zu, weil sich die Produktion umweltverschmutzender und sauberer Güter durch den freien Handel entsprechend der Strenge der Umweltregulierungen verlagert. Zweitens nimmt die weltweite Umweltbelastung insgesamt zu, da die verschmutzenden Güter in der Region mit den schwächsten Umweltregulierungen produziert werden.

Die PHH und der PHE sind eng miteinander verbunden. Die Vorhersage des PHH kann nur dann zutreffen, wenn es einen starken Pollution-Haven-Effekt gibt. Das Vorhandensein eines PHE ist notwendig, aber nicht hinreichend, um die PHH zu bestätigen.

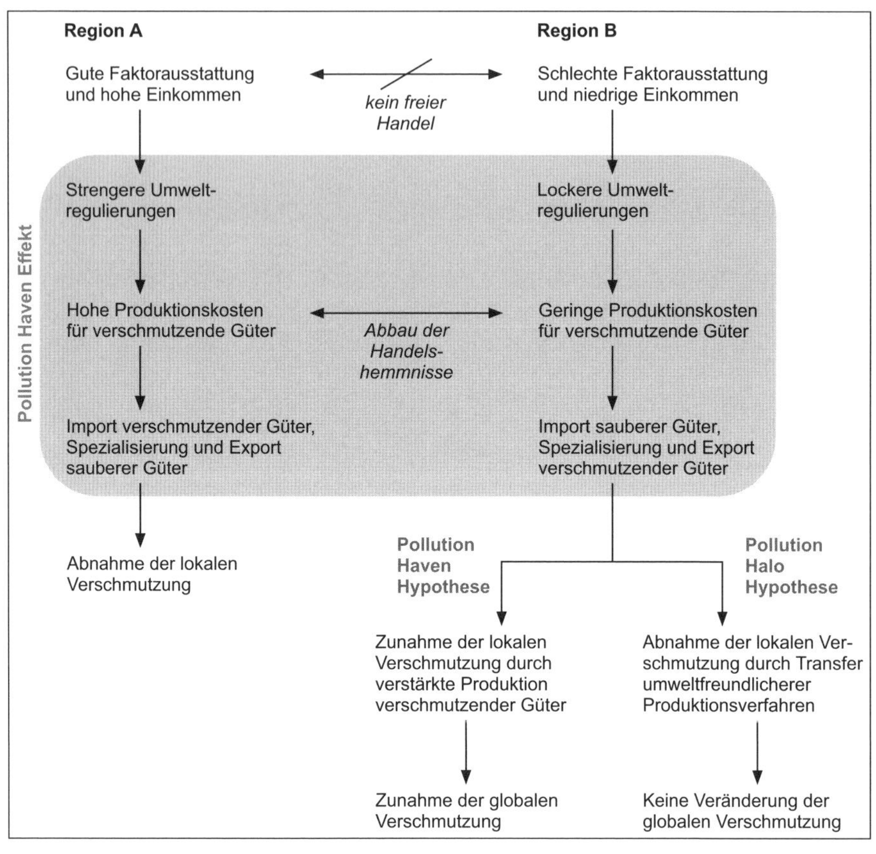

Abbildung 4.2.2: Pollution-Haven und Pollution-Halo-Hypothese (Eigene Darstellung)

Die Kritik an der Herleitung der PHH richtet sich, ähnlich wie bei den in Kapitel 2.3.1 diskutierten Modellen aus der Neoklassik, überwiegend auf die modelltheoretischen Annahmen. Insbesondere der Übergang von Autarkie zu liberalem Handel ist in der Realität nicht dichotom. Damit die Annahme im Modell, Umweltverschmutzung als Faktor in der Produktion zu werten, gültig ist, gehen Copeland und Taylor (1994) davon aus, dass die Umwelt ein normales Gut ist. Dies ist, insbesondere vor dem Hintergrund der in Kapitel 4.2.1 diskutierten Eigenschaften unterschiedlicher Umweltgüter und möglichen negativen Externalitäten, nicht pauschal zutreffend. Auch in der empirischen Forschung zur Pollution-Haven-Hypothese wird diese nur selten nachgewiesen (Copeland 2008). Zusätzlich zum Pollution-Haven wird in der Literatur ein Pollution-Halo-Effekt diskutiert. Beim Pollution-Halo-Effekt wird argumentiert, dass die Verlagerung der Produktion umweltschädlicher Güter aus wohlhabenden Regionen mit strengen Regulierungen in ärmere Regionen mit lockeren Umweltregulierungen auch zu einer Reduktion der Umweltverschmutzung in den ärmeren Regionen führen kann. Der Pollution-Halo-Effekt entsteht dadurch, dass multinationale Unternehmen aus den wohlhabenderen Regionen bei der Verlagerung der Produktion in ärmere Regionen im Vergleich umweltfreundlichere Produktionsverfahren nutzen als die bestehenden Produktionsstätten in diesen Regionen (Birdsall und Wheeler 1993).

Environmental Kuznets Curve

Die Environmental Kuznets Curve (EKC) ist ein weiterer Ansatz, der zur Erklärung räumlicher Unterschiede im Grad der Umweltzerstörung herangezogen werden kann. Der Begriff „Environmental Kuznets Curve" verdeutlicht die Parallelen zur Argumentation der Stufentheorie und Sektortheorie (s. Kap. 2.2.3) sowie der Kuznets-Kurve (s. Kap. 2.3.4), die ebenfalls langfristige Entwicklungsprozesse beschreiben. Die Environmental Kuznets Curve besagt, dass bei steigendem Einkommen einer Regional- oder Volkswirtschaft zunächst die Umweltverschmutzung zunimmt und ab einem bestimmten Niveau wieder abnimmt. Dieser Zusammenhang wird in Abbildung 4.2.3 dargestellt.

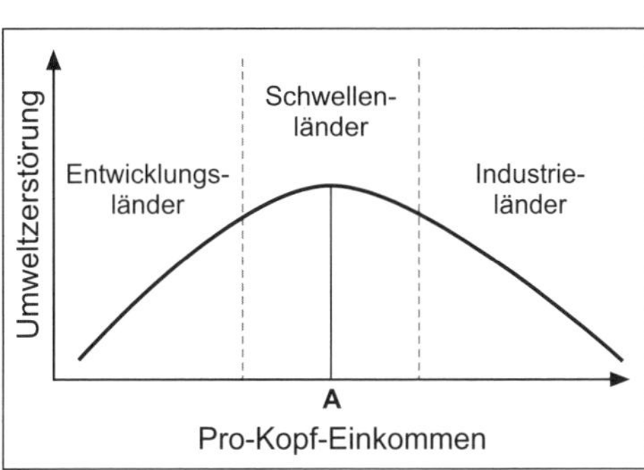

Abbildung 4.2.3: Environmental Kuznets Curve (Eigene Darstellung)

Die EKC lässt sich auf Basis des Maximalwertes der Umweltzerstörung A in zwei Phasen gliedern. In der ersten Phase bis zum Maximum A nimmt die Umweltzerstörung mit steigendem Wohlstand zu. Dies resultiert aus der mit dem Wirtschaftswachstum einhergehenden steigenden Nutzung von Ressourcen. Ferner ändert sich im Zuge der Entwicklung einer Regional- oder Volkswirtschaft auch die Wirtschaftsstruktur und so steigt mit zunehmender Industrialisierung auch das Ausmaß der Umweltzerstörung. In der zweiten Phase nach Maximum A nimmt das Ausmaß der Umweltzerstörung bei steigendem Einkommen wieder ab. Dies kann aus einer zunehmenden Nachfrage nach einer guten Umweltqualität und umweltfreundlicherem Konsum resultieren. Außerdem führen technologischer Fortschritt und Innovationen dazu, dass Güter und Dienstleistungen weniger umweltschädlich produziert und konsumiert werden können. Auch die Wirtschaftsstruktur verändert sich weiter, von einer Industriegesellschaft zu einer Dienstleistungs- oder Wissensgesellschaft. Letztlich können auch mit der Umweltzerstörung verbundene Kosten dazu führen, dass das Ausmaß der Schädigung abnimmt (Hanley et al. 2019). Aus wirtschaftsgeographischer Perspektive lassen sich verschiedene Regionen oder Länder nun entsprechend ihrem Entwicklungsstand bzw. Wohlstand der EKC zuordnen (s. Abb. 4.2.3). Länder mit niedrigem Entwicklungsstand würden so auch ein geringes Ausmaß an Umweltschäden verursachen. Schwellenländer hingegen, deren Wirtschaftsleistung stark industriegeprägt ist, verursachen mehr Umweltzerstörung, während diese bei Ländern, deren Wirtschaftsstruktur durch wissensintensive Branchen und Dienstleistungen geprägt ist, vergleichsweise geringer ist. An dieser Stelle wird eine Verbindung der Environmental Kuznets Curve mit dem Pollution-Haven-Effekt erkennbar, denn die Verringerung von Umweltschäden in hochentwickelten Ländern mag ein Ergebnis der Verlagerung von umweltschädlichen Industrieaktivitäten aus reichen Ländern in Entwicklungs- und Schwellenländer sein.

Wenn man die EKC sehr einfach auslegt, lässt sich die Hypothese ableiten, dass Probleme der Umweltzerstörung durch Wirtschaftswachstum langfristig gelöst werden könnten („pollute first, clean up later"). Diese Aussage greift jedoch zu kurz, insbesondere vor dem Hintergrund der o. g. Ausführungen zu Ursachen von Umweltzerstörung, und auch die empirische Evidenz zur EKC ist uneindeutig. Während die EKC zwar für einige umweltschädliche Stoffe wie Schwefeldioxid nachgewiesen werden konnte (Grossman und Krueger 1995), trifft sie auf viele andere umweltschädigende Stoffe oder Prozesse nicht zu (Stern 2004). In der wissenschaftlichen Literatur wird allgemein davon ausgegangen, dass die EKC eher für Schadstoffe, die insbesondere lokale oder regionale Auswirkungen haben (SO_2, Luftverschmutzung, Giftmüll, etc.), zutrifft. Für Umweltschädigungen mit überregionalen oder globalen Auswirkungen, etwa durch Energieverbrauch und den Ausstoß von CO_2, lässt sich die EKC seltener nachweisen und wird häufig widerlegt. Für das Beispiel der Entwaldung (s. Kap. 4.1) trifft die EKC in weiten Teilen auch zu, denn es lassen sich hohe Entwaldungsraten für Schwellenländer feststellen, während die meisten Industrieländer ein Wachstum der Waldflächen verzeichnen.

Zusammenfassend ist die EKC ein hilfreicher Ansatz um zu verstehen, wieso Regionen oder Länder mit unterschiedlichem Entwicklungsstand unterschiedliche Ausmaße in der Umweltzerstörung aufweisen. Die EKC hilft außerdem dabei zu verstehen, wie sich das Ausmaß der Umweltzerstörung im Zeitverlauf bei zunehmender Entwicklung einer Region oder eines Landes ändern kann. Die EKC als Rechtfertigung für Wirtschaftswachstum zu Lasten der Umweltqualität zu nutzen wäre jedoch naiv, da viele negative Auswirkungen auf die Umwelt (quasi) irreversibel sind (z. B. Zerstörung der Biodiversität, Klimawandel). Das trifft insbesondere im Bereich des Biodiversitätsverlustes zu, denn auch im Zeitverlauf abnehmende Aussterberaten führen zu einem hohen kumulativen Schaden mit irreversiblen Konsequenzen.

4.3 Theorien der Nachhaltigkeitstransition

In den frühen 2000er Jahren hat sich ein interdisziplinäres Forschungsfeld etabliert, das die komplexen Bedingungen und Prozesse eines Übergangs zu nachhaltigeren Produktions- und Konsumweisen untersucht: die „transition studies" bzw. „sustainability transitions" (Markard et al. 2012). In dieser Literatur wird der Begriff „Transition" und nicht der Begriff „Transformation" genutzt, da unter Transitionen langfristige und komplexe Prozesse verstanden werden, die eine fundamentale Veränderung von Systemen implizieren. In diesem Kapitel werden für die Wirtschaftsgeographie relevante theoretische Ansätze dieses Feldes erläutert. Zunächst erfolgt in Kapitel 4.3.1 die Erläuterung des Konzepts der Umweltinnovation. In Kapitel 4.3.2 werden Ansätze aus dem Bereich der Innovationssysteme (s. auch Kap. 3.2.2) erläutert, die Erklärungen für die Entstehung und Diffusion von Umweltinnovationen bieten. In Kapitel 4.3.3 wird das Konzept der Leitmärkte für Umweltinnovationen vorgestellt, das die globale Diffusion von Umweltinnovationen beschreibt. Abschließend wird in Kapitel 4.3.4 das zentrale Konzept in der Literatur zu Nachhaltigkeitstransitionen diskutiert, die Multi-level-Perspektive auf sozio-technische Systeme. Einen Überblick über diese theoretischen Ansätze bietet Tabelle 4.3.1.

Tabelle 4.3.1: Vergleich verschiedener Konzepte der Transitionsforschung (Eigene Darstellung nach Quitzow et al. 2014, Seite 11)

Konzept	**Ziel**	**Bedeutung von Umweltinnovationen**	**Bedeutung der Geographie**
Technologische Innovationssysteme	Analyse der Funktionen und Prozesse in der Entstehung neuer Technologien	Hilfreiches Konzept für die Analyse neuer umweltfreundlicher Technologien	Geographie wird im Konzept nicht explizit berücksichtigt; viele Studien beschränken sich auf die nationale Ebene
Leitmärkte für Umweltinnovationen	Erklärung der Entstehung und Diffusion von Umweltinnovationen	Konzept betont die Bedeutung von Regulierungen und weiteren Marktfaktoren in der Diffusion von Umweltinnovationen	Konzept erklärt globale Diffusionsmuster auf Basis von Faktoren auf nationaler oder regionaler Ebene
Multi-level-Perspektive	Analyse komplexer und langfristiger Transformationen sozio-technischer Systeme	Hilfreiches Konzept für die Analyse von Spannungen zwischen neuen umweltfreundlichen Technologien und umweltschädlichen sozio-technischen Strukturen	Geographische Faktoren spielen im Konzept eine untergeordnete Rolle; Nischen entstehen häufig lokal, während Regimestrukturen häufig national oder global wirken

4.3.1 Umweltinnovationen

Definition und Merkmale von Umweltinnovationen

Für die wirtschaftsgeographische Forschung ist von großem Interesse, wo und unter welchen Bedingungen Lösungen zur Bewältigung der in Kapitel 4.1 vorgestellten Umweltkrisen entstehen und wie sich diese global verbreiten. Technologien, die zur Minderung oder Vermeidung von Umweltzerstörungen beitragen, werden allgemein als grüne Technologien oder Umweltinnovationen bezeichnet. Die räumliche Verteilung der Entwicklung grüner Technologien folgt im Wesentlichen den in Kapitel 3.1.3 genannten Mustern, weist jedoch einige Besonderheiten auf. So sind zunehmend Schwellenländer wie China und Indien in der Entwicklung von umweltfreundlichen Technologien aktiv (s. Abb. 4.3.1). Schwellenländer profitieren dabei von sogenannten „green windows of opportunity" (Lema et al. 2021). Mit diesem Begriff ist der wirtschaftliche Aufstieg durch die zunehmende Wettbewerbsfähigkeit in grünen Industrien gemeint. Die Entwicklung, Produktion und Anwendung von umweltfreundlichen Technologien ist ein relativ junges Phänomen, bei welchem Schwellenländer nicht dem klassischen technologischen Aufholprozess ausgesetzt sind, sondern selbst technologische Pfade vorgeben können. Es ist deshalb sehr wahrscheinlich, dass Innovationen, die zur Lösung der gegenwärtigen Umweltkrisen beitragen, zunehmend in Schwellen- und Entwicklungsländern erfunden und entwickelt werden (Walz et al. 2017).

Die generelle Bedeutung von Innovationen für die Raumwirtschaftsentwicklung wurde bereits ausführlich in Kapitel 3 diskutiert. Der dabei verwendete Innovationsbegriff unterscheidet Innovationen nicht danach, ob sie aus gesellschaftlicher oder ökologischer Perspektive wünschenswert sind oder nicht. Für ihre Bedeutung ist allein ihr Markterfolg entscheidend. Bestimmte Innovationen können jedoch auch dazu beitragen, globale Nachhaltigkeitsziele zu erreichen und bieten Lösungsansätze für die genannten Umweltkrisen. Diese besondere Art der Innovation wird als Umweltinnovation bezeichnet. Das Konzept der Umweltinnovation wurde insbesondere von Klaus Rennings (2000) geprägt und erfährt seither zunehmendes Interesse in der Innovationsforschung und in weiteren Disziplinen, inklusive der Wirtschaftsgeographie. Umweltinnovationen umfassen die Entwicklung, Anwendung oder Einführung von neuen Ideen, Verhaltensweisen, Produkten und Verfahren, die zu einer Verringerung von Umweltbelastungen oder zu ökologisch vorgegebenen Nachhaltigkeitszielen beitragen (Rennings 2000, S. 322). Diese Definition folgt dem gängigen Innovationsbegriff wie er in Kapitel 3.1 beschrieben wird und ergänzt explizit die verbesserten Umweltauswirkungen von Umweltinnovationen. Diese verbesserten Umweltauswirkungen können beispielsweise durch geringeren Ressourceneinsatz (z. B. Energie, Rohstoffe) bei Produkten oder Prozessen entstehen, durch die Substitution umweltschädlicher Rohstoffe oder Verfahren, oder durch verbesserte Weiter- oder Wiederverwendbarkeit von Produkten in deren Lebenszyklen (Kreislaufwirtschaft). Die Definition einer Um-

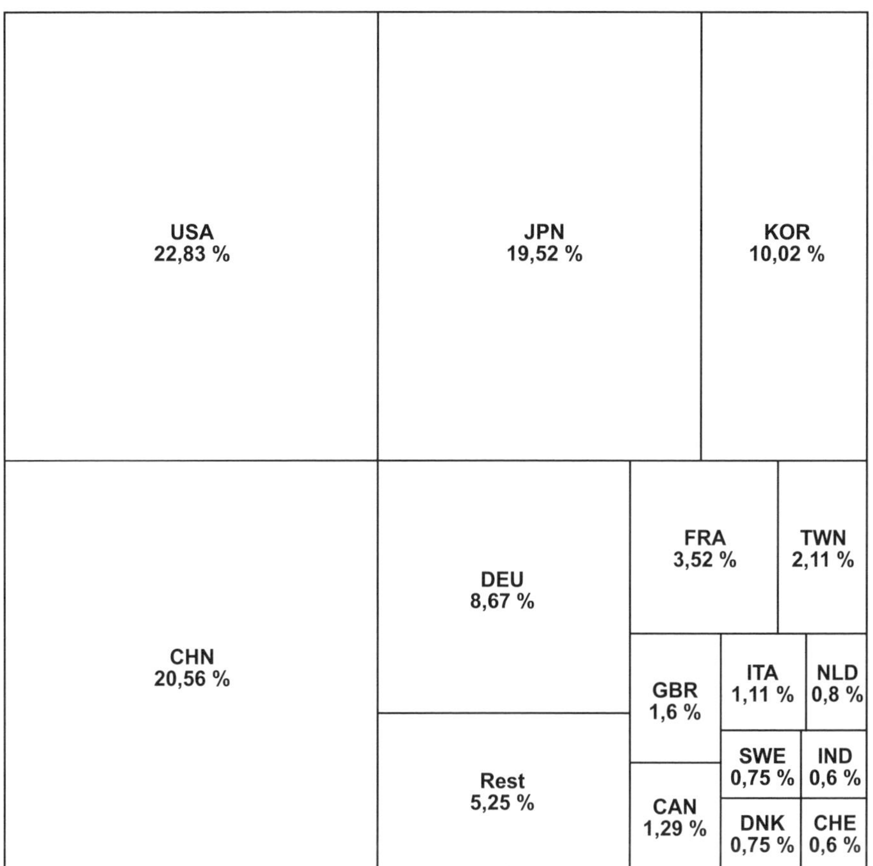

Abbildung 4.3.1: Globale Verteilung der Patente in grünen Technologien nach Ländern, 2007–2016 (Eigene Darstellung; Daten: Perruchas et al. 2020)

weltinnovation besteht entsprechend aus zwei Bestandteilen: dem gängigen Innovationsverständnis ergänzt um positive Effekte auf Umweltbedingungen oder Nachhaltigkeitsziele. Insofern unterscheidet sich das Konzept der Umweltinnovationen vom herkömmlichen Innovationsbegriff, der neutral in Bezug auf Inhalte und offen für unterschiedliche (auch umweltschädliche) Neuerungen ist. Spezifischere Definitionen zu Umweltinnovationen unterscheiden zusätzlich entlang weiterer Eigenschaften der Innovation. Beispielsweise kann unterschieden werden, ob die positiven Umweltauswirkungen bei der Innovationsentwicklung intendiert sind oder nicht, wie hoch die tatsächlichen Umweltauswirkungen der Innovation sind, oder ob es sich um integrierte Umweltinnovationen handelt, die bereits die Quelle negativer Umwelteinflüsse adressieren (sog. Cleaner-Production Technologien) oder um additive Umweltinnovationen, die durch nachgeschaltete Maßnahmen Umweltauswirkungen reduzieren (sog. End-of-Pipe Technologien). Entgegen der weitläufigen technologiezentrierten Interpretation des Innovationsbegriffs („technology bias“) schließen Umweltinnovationen insbesondere auch nicht-technologische Innovationen ein, etwa soziale Innovationen (z. B. Bürgerenergiegenossenschaften) und organisationale Innovationen (z. B. in der Abfallbehandlung). Darüber hinaus existieren zahlreiche verwandte Begriffe neben dem Konzept der Umweltinnovation, die jedoch weitestgehend synonym verwendet werden. Dazu zählen unter anderem Nachhaltigkeitsinnovationen, Öko-Innovationen oder Grüne Innovationen. Umfangreichere Erläuterungen zum Begriff der Umweltinnovationen bieten Kemp et al. (2019).

Umweltinnovationen unterscheiden sich aus innovationsökonomischer Perspektive von Innovationen im herkömmlichen Sinn. Rennings (2000) beschreibt in diesem Zusammenhang das Problem der doppelten Externalität („double externality problem“) als charakteristische Eigenschaft von Umweltinnovationen (s. Kap. 4.2.1). Typischerweise entstehen während des frühen Innovationsprozesses externe Effekte in Form von Wissensspillovern. Unternehmen und Forschungseinrichtungen, die in Forschung und Entwicklung investieren, produzieren Wissen. Dieses Wissen kann von anderen Organisationen durch Kopie, Imitation oder rasche Adaption genutzt werden, ohne dass diese die Kosten für die Entstehung des Wissens erstatten („Trittbrettfahren“). Wissen besitzt also Eigenschaften eines öffentlichen Gutes (s. Kap. 4.2.1). Als Folge dieses Marktversagens sind Anreize gering, in Forschung und Entwicklung bzw. in Innovationsaktivitäten zu investieren. Diese Externalität in der Innovationsentstehungsphase ist für alle Innovationsarten gleich und ihr wirken das Patentsystem und öffentliche Forschungsförderung entgegen. Umweltinnovationen sind jedoch von einer zusätzlichen Externalität in der Diffusionsphase geprägt. Durch die Nutzung von Umweltinnovationen werden negative Umweltauswirkungen reduziert und Umweltschäden vermieden. Von diesen positiven Umwelteffekten profitieren allerdings nicht nur die Nutzer*innen bzw. die nutzende Organisation, sondern auch weitere gesellschaftliche und wirtschaftliche Akteure bzw. die ganze Gesellschaft. Letztere beteiligen sich jedoch nicht an den Kosten, die durch die Nutzung der Umweltinnovation entstehen. Folglich führen die externen Effekte durch die Nutzung von Umweltinnovationen ebenfalls zu einem Marktversagen und zu reduzierten Anreizen, in Umweltinnovationen zu investieren. Damit sich Umweltinnovationen bzw. umweltfreundliche Produkte und Dienstleistungen auf dem Markt durchsetzen, bedarf es folglich eines Eingriffs in den Markt, etwa durch Preisanreize für Umweltinnovationen im Vergleich zu bestehenden Alternativen. Das Problem der doppelten Externalität bei Umweltinnovationen wird in Abbildung 4.3.2 visualisiert. In der Abbildung wird die private Rendite des Innovators mit der gesellschaftlichen Rendite entlang des Innovationsprozesses verglichen. Für herkömmliche Innovationen ist der gesellschaftliche Nutzen in der Forschungs- und Entwicklungsphase höher als der Nutzen für den Innovator. Hier werden die positiven externen Effekte zu Beginn des Innovationsprozesses deutlich. Erst in der Produktions- und Diffusionsphase ist die private Rendite des Innovators auf dem gleichen Niveau wie der gesellschaftliche Nutzen. Für Umweltinnovationen zeigt sich für die frühen Innovationsphasen der gleiche Verlauf. Bei Umweltinnovationen ist in der Diffusionsphase der gesellschaftliche Nutzen jedoch weiterhin höher als die private Rendite des Innovators bzw. des Innovationsadopters, da die positiven Umwelteffekte für die Gesellschaft nicht in der privaten Rendite abgebildet werden.

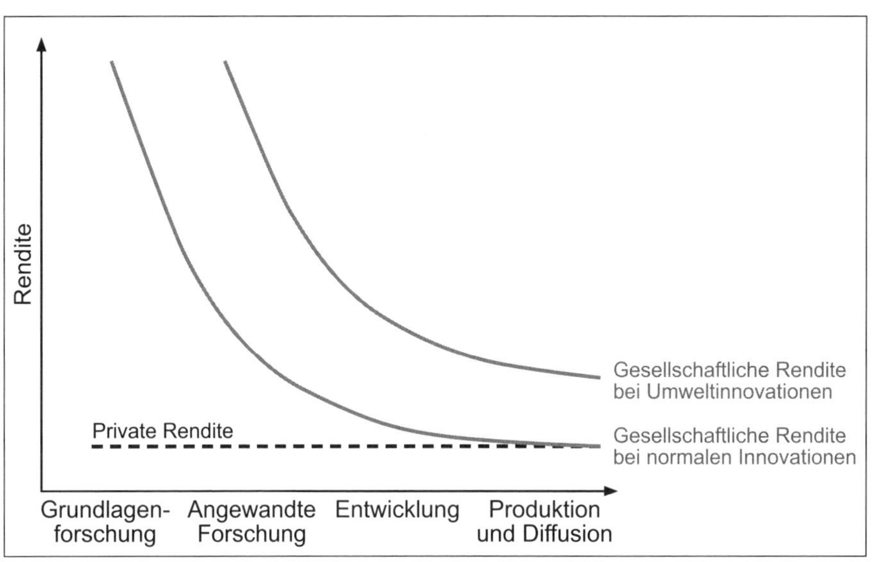

Abbildung 4.3.2: Gesellschaftliche und private Rendite von Umweltinnovationen (Eigene Darstellung nach Nordhaus 2011, Seite 667)

Als Konsequenz des Problems der doppelten Externalität weist Rennings (2000) auf eine weitere Eigenschaft von Umweltinnovationen hin: die Bedeutung von Regulierungen und Umweltpolitik als Determinante für den Markterfolg von Umweltinnovationen. In der Innovationsökonomik werden typischerweise zwei Mechanismen diskutiert, die zur Entstehung von Innovationen beitragen. Auf der einen Seite wirken Angebotseffekte, die die Markteinführung von Innovationen durch technologischen und wissenschaftlichen Fortschritt begründen (technology push). Auf der anderen Seite wirken Nachfrageeffekte auf die Markteinführung von Innovationen, beispielsweise durch veränderte Konsumpräferenzen (demand pull). Aufgrund des Problems der doppelten Externalität reichen diese Marktmechanismen jedoch nicht aus, damit sich Umweltinnovationen gegenüber bestehender Alternativen durchsetzen. Entsprechend wirkt der Eingriff in den Markt, etwa durch den Staat, als zusätzlicher Mechanismus für Umweltinnovationen (regulatory push/pull). Beispiele für diesen regulatorischen Faktor sind umweltpolitische Maßnahmen wie Emissionsstandards (s. Kap. 4.4.1).

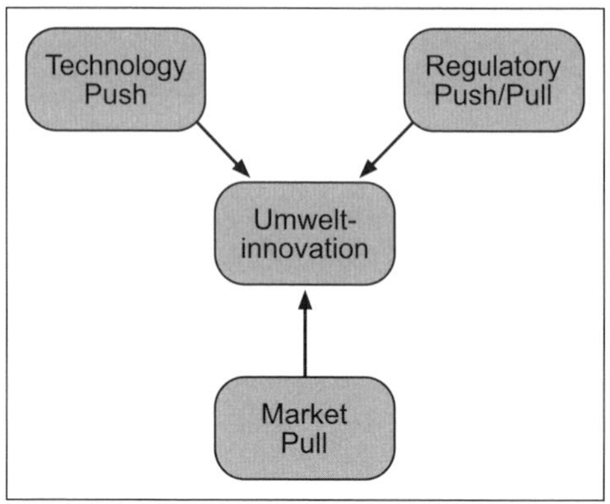

Abbildung 4.3.3: Determinanten von Umweltinnovationen (Eigene Darstellung nach Rennings 2000, Seite 326)

Die Porter-Hypothese

Aus der Relevanz von Regulierungen für Umweltinnovationen entsteht ein wichtiger Zusammenhang, der in der Literatur als Porter-Hypothese diskutiert wird. Umweltregulierungen und strenge Umweltpolitik werden typischerweise mit hohen Kosten für Unternehmen assoziiert (s. Pollution-Haven-Hypothese in Kap. 4.2.3). An dieser Stelle entsteht das Problem, ökonomische und ökologische Ziele miteinander zu vereinbaren. Strenge Umweltstandards tragen auf der einen Seite dazu bei, dass ökologische Ziele erreicht und Umweltschäden reduziert werden. Auf der anderen Seite schränken Umweltstandards die Anwendung der herkömmlichen, umweltschädlichen und dabei kostengünstigen Produktionsweisen durch Unternehmen ein, die in Folge dessen Kostennachteile und den Verlust ihrer Wettbewerbsfähigkeit erwarten. Michael E. Porter und Claas van der Linde (1995) argumentieren hingegen, dass diese Perspektive auf den Zusammenhang zwischen Umweltschutz und Wettbewerbsfähigkeit zu statisch ist und die Innovationsfähigkeit von Wirtschaftsakteuren, insbesondere Unternehmen, unterschätzt. Porter und van der Linde stellen die These auf, dass bestimmte Umweltregulierungen die Innovationsfähigkeit von Unternehmen anregen und diese Innovationsfähigkeit vollständig oder zumindest teilweise die mit den Regulierungen verbundenen Kosten kompensiert („innovation offsets"). An dieser Stelle wird in der Literatur zwischen zwei Varianten der Porter-Hypothese unterschieden. Die schwache Version der Porter-Hypothese besagt, dass Umweltregulierungen Innovationen auslösen können. Die starke Version besagt ergänzend, dass die durch Regulierungen entstandenen Innovationen (bzw. Umweltinnovationen) die Kosten der Regulierung ausgleichen und die Wettbewerbsfähigkeit von Unternehmen erhöhen. Es entsteht in Folge eine win-win Situation, in der sowohl die Umweltqualität als auch die Wettbewerbsfähigkeit lokaler Unternehmen verbessert wird. Porter und van der Linde (1995) nennen konkrete Fallbeispiele für die innovationsanregende Wirkung von Umweltregulierungen. So musste u. a. das amerikanische Unternehmen Raytheon aufgrund einer Regulierung zur Luftqualität und zum Schutz der Ozonschicht (U.S. Clean Air Act) Fluorchlorkohlenwasserstoffe aus den Produktionsprozessen entfernen. Die Suche nach einem alternativen Produktionsprozess resultierte in der Erfindung und Einführung einer neuen umweltfreundlicheren Technologie, die gleichzeitig die Produktqualität erhöhte und die Betriebskosten verringerte. Die Produktivitätssteigerung durch die Nutzung der Umweltinnovation wurde in diesem Fall durch die Regulierung induziert. Unternehmen können also aufgrund der innovationsanregenden Wirkung von Umweltregulierungen profitieren und im internationalen Vergleich ihre Wettbewerbsfähigkeit steigern. Das bedeutet auch, dass Volkswirtschaften, die als erste strenge Umweltregulierungen einführen, Wettbewerbsvorteile erwarten können. Porter und van der Linde führen in diesem Zusammenhang aus, dass Umweltregulierungen auf unterschiedliche Weisen auf Unternehmen wirken:

1. Regulierungen führen dazu, dass Unternehmen mögliche Ineffizienzen in der Ressourcennutzung erkennen und technologische Modernisierungen vornehmen.
2. Regulierungen mit Bezug zur Informationsgewinnung (z. B. verpflichtendes Monitoring von Umwelt- und Emissionsdaten) können die Aufmerksamkeit von Unternehmen ebenfalls auf technologische Modernisierungspotenziale und Ressourcenineffizienzen lenken.
3. Regulierungen reduzieren die Unsicherheit darüber, ob Investitionen in den Umweltschutz langfristig Kosten senken.
4. Regulierungen erzeugen Druck, der Innovationen und Fortschritt auslösen kann. Dieser Druck wird im marktwirtschaftlichen Wettbewerb üblicherweise durch Konkurrenz geschaffen, kann jedoch auch durch Regulierungen entstehen.
5. Regulierungen stabilisieren die Übergangsphase, bis sich neue umweltfreundliche Technologien auf dem Markt durchsetzen können und Lerneffekte ihre Kosten senken. Sie stellen während dieser Phase sicher, dass Unternehmen nicht opportunistisch handeln und beispielsweise Investitionen in den Umweltschutz vermeiden.
6. Für den Fall, dass Innovationsaktivitäten die Kosten für Umweltschutz nicht kompensieren können (keine innovation offsets), sind Regulierungen notwendig, um die Umweltqualität zu verbessern.

Die Art der Umweltinnovation, die durch Regulierungen ausgelöst wird, hängt nach Porter und van der Linde jedoch auch davon ab, wie stringent die Regulierungen formuliert sind. Strenge Regulierungen, so die Autoren, haben einen stärkeren Effekt auf Innovationen als lockere Regulierungen. Darüber hinaus regen lockere Regulierungen zumeist die Nutzung von additiven End-of-Pipe-Technologien an, während strengere Regulierungen die Nutzung von nachhaltigeren integrierten Cleaner-Production Technologien fördern.

Die Porter-Hypothese ist aus politischer Perspektive äußerst relevant, da sie impliziert, dass strenge Umweltpolitik zu wirtschaftlichen Vorteilen führen kann. Die wissenschaftlichen Erkenntnisse zur Porter-Hypothese sind jedoch nicht eindeutig und eine pauschale Bestätigung der starken Version der Hypothese liegt bislang nicht vor. Der Konsens in der Forschung besteht vielmehr darin, dass die schwache Version der Porter-Hypothese zutrifft, während die starke Version der Porter-Hypothese davon abhängt, wie Regulierungen formuliert sind und welche Art Umweltinnovation genutzt wird (Rexhäuser und Rammer 2014). Zusammenfassend lösen Regulierungen also Umweltinnovationen in Unternehmen aus, diese führen allerdings nicht in jedem Fall zu Produktivitätssteigerungen der Unternehmen.

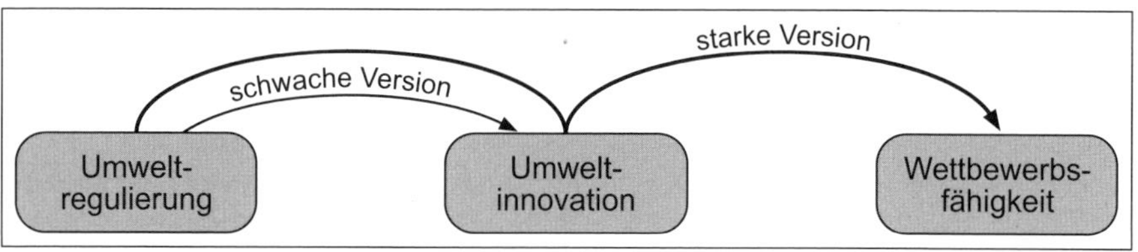

Abbildung 4.3.4: Porter-Hypothese (Eigene Darstellung)

Räumliche Relevanz von Umweltinnovationen

Obgleich Umweltinnovationen insbesondere in der Innovationsforschung und der Umweltökonomik untersucht werden, sind sie auch für die Wirtschaftsgeographie von großer Relevanz. Umweltinnovationen sind ein inhärent geographisches Phänomen, da regionale Faktoren sowohl zur Entwicklung von Umweltinnovationen beitragen wie auch zur Anwendung und Diffusion. Um die Bedeutung einer regionalen Perspektive auf Umweltinnovationen zu verstehen, hilft eine schematische Übersicht der Einflussfaktoren von Umweltinnovationen, die insbesondere von Jens Horbach (2008) geprägt wurde. Horbach fasst die Determinanten von Umweltinnovationen in drei Gruppen zusammen, ähnlich der von Rennings (2000) genannten Faktoren in Abbildung 4.3.3: 1) Angebotsseitige Determinanten, 2) Nachfrageseitige Determinanten, 3) Institutionelle und politische Determinanten. Die angebotsseitigen Determinanten beinhalten insbesondere die Innovationskapazitäten des Innovators, beispielsweise die internen Aufwendungen und das Personal für Forschung und Entwicklung. Die nachfrageseitigen Determinanten beinhalten beispielsweise die Konsumpräferenzen für nachhaltige Produkte und Dienstleistungen oder ein hohes Umweltbewusstsein. Die institutionellen und politischen Determinanten beschreiben primär Umweltpolitik und Regulierungen. Diese Determinanten wirken in erster Linie auf der Ebene von Unternehmen, Organisationen und Individuen. Aus einer wirtschaftsgeographischen Perspektive wird jedoch deutlich, dass die drei Faktoren zusätzlich auf regionaler Ebene eine Rolle spielen. Auf der Angebotsseite können regionale Inputfaktoren wie regionales Humankapital und intra-regionale FuE-Kooperationen zur Entwicklung von Umweltinnovationen beitragen (s. Kap. 3.2.2). Auch die Nachfrage nach bestimmten Umweltinnovationen ist stark vom regionalen Kontext abhängig. Beispiele dazu sind Umweltinnovationen zur Reduktion lokaler Umweltprobleme, etwa in der Abfallwirtschaft, bei lokaler Belastung durch Schadstoffe, oder bei Luft- und Wasserverschmutzungen. Auch die Nachfrage nach Umweltinnovationen im Bereich der erneuerbaren Energien hängt stark von den regionalen Umweltbedingungen ab (z. B. Solar- und Windenergie oder Wasserkraft). Neben diesen natürlichen Faktoren sind auch gesellschaftliche Faktoren auf regionaler Ebene für die Nachfrage nach Umweltinnovationen von hoher Bedeutung. So variieren beispielsweise das Umweltbewusstsein oder die Einstellungen zum Klimawandel teilweise erheblich zwischen Regionen und auch die Akzeptanz von Umweltinnovationen unterscheidet sich zwischen Regionen, was nicht zuletzt durch prominente Beispiele im Bereich Windkraft deutlich wird. Die institutionellen und politischen Determinanten von Umweltinnovationen haben ebenfalls eine explizite geographische Dimension, da Umweltpolitik und Regulierungen an administrative Gebiete (z. B. Nationen, Bundesländer, etc.) gebunden sind. Das bedeutet demnach, dass Regionen und Nationen mit strenger Umweltpolitik und Regulierungen vorteilhafte Bedingungen für die Entwicklung und Diffusion von Umweltinnovationen bieten.

Für die Wirtschaftsgeographie sind neben der Untersuchung geographischer bzw. regionaler Einflussfaktoren von Umweltinnovationen auch die Folgen von Umweltinnovationen für die Regionalentwicklung von Relevanz. Die möglichen positiven Effekte von Umweltinnovationen und grünen Industrien auf die Wirtschaftsaktivitäten in einer Region werden unter dem Konzept des grünen Wachstums zusammengefasst (s. Kap. 5.4.1).

Abschließend ist hervorzuheben, dass Umweltinnovationen und verwandte Begriffe wie Nachhaltigkeitsinnovationen generell von einer doppelten Normativität geprägt sind, da sowohl der Begriff der Innovation in gesellschaftlichen Diskursen zumeist positiv konnotiert ist wie auch der Begriff der Nachhaltigkeit oder Umweltverträglichkeit. Hierbei muss beachtet werden, dass Umweltinnovationen auch kritischer diskutiert werden können. So haben viele Umweltinnovationen nur relative positive Effekte, wenn beispielsweise durch die Innovation Treibhausgasemissionen verringert werden, diese jedoch nicht gänzlich vermieden werden. Andere Umweltinnovationen, etwa im Bereich der Elektromobilität, erzeugen zwar positive Effekte für die Umwelt, schaffen jedoch zusätzliche Nachhaltigkeitskonflikte, beispielsweise im Fall des Abbaus von Metallen der Seltenen Erden im globalen Süden. Andere Innovationen, die zum Klimaschutz beitragen könnten, sind gesellschaftlich stark umstritten, so beispielsweise Technologien im Bereich der CO_2-Speicherung.

4.3.2 Technologische und globale Innovationssysteme

Technologische Innovationssysteme

Das Konzept der Innovationssysteme hilft dabei zu verstehen, wie durch das systemische Zusammenwirken verschiedener privater und öffentlicher Akteure und Institutionen auf regionaler oder nationaler Ebene Innovationen entstehen (s. Kap. 3.2.2). Diese Perspektive auf Innovationssysteme regt zwar dazu an, mit politischen Maßnahmen zur Systemverbesserung die Innovationskapazität von Regionen und Nationen zu erhöhen und folglich Wachstum und Wettbewerbsfähigkeit zu sichern, die Richtung der Innovationsentstehung ist dabei jedoch offen. So entstehen als Folge von technologischem Wandel häufig negative Auswirkungen, z. B. für die Umwelt, während einige Technologien und Innovationen (Umweltinnovationen) andererseits zur Verbesserung der Umweltqualität beitragen können (s. Kap. 4.3.1). Um den technologischen Wandel in eine gesellschaftlich wünschenswerte Richtung zu lenken, ist es folglich notwendig, Funktionen und Mechanismen in Innovationssystemen zu analysieren. Diese unterscheiden sich jedoch nicht nur zwischen Regionen und Nationen, sondern vielmehr zwischen unterschiedlichen Technologien. Die Abgrenzung von Innovationssystemen entlang von Technologien wurde von Bo Carlsson und Rikard Stankiewicz (1991) vorgeschlagen. Der Untersuchungsgegenstand von Innovationssystemen ist vor dem Hintergrund dieser Perspektive nicht auf regionale oder nationale Grenzen beschränkt, sondern orientiert sich an einer bestimmten Technologie bzw. Technologiegruppe. Die Richtung von technologischem und gesellschaftlichem Wandel hängt aus dieser Sichtweise also nicht nur vom Wettbewerb unterschiedlicher Innovationen ab, wie dem Wettbewerb zwischen fossilen Energieträgern (z. B. Braunkohle) und regenerativen Energieträgern (z. B. Windkraft), sondern vom Wettbewerb etablierter und neuer Technologischer Innovationssysteme (TIS) sowie deren Wirkungsweisen und Mechanismen. Um technologischen Wandel verstehen und steuern zu können, bedarf es also der Analyse von Technologischen Innovationssystemen, die um neue, umweltfreundliche Innovationen entstehen und der Analyse von Innovationssystemen, die die Weiterentwicklung bestehender umweltschädlicher Technologien fördern.

Der Vorteil einer technologiespezifischen Abgrenzung gegenüber einer geographischen Abgrenzung von Innovationssystemen (national, regional) liegt außerdem in der reduzierten Komplexität der Systeme. Marko Hekkert et al. (2007) argumentieren, dass insbesondere Nationale Innovationssysteme aufgrund der Vielzahl beteiligter Akteure, der Netzwerke und relevanten Institutionen äußerst komplex sind und deren Analyse daher häufig auf die statische Struktur beschränkt werden muss. In der Tat werden in der Forschung zu Nationalen Innovationssystemen weitestgehend technologieunspezifische Indikatoren betrachtet wie die Qualität des Bildungs- und Hochschulsystems, Institutionen, FuE Aufwendungen, Patente sowie das systemische Zusammenwirken unterschiedlicher

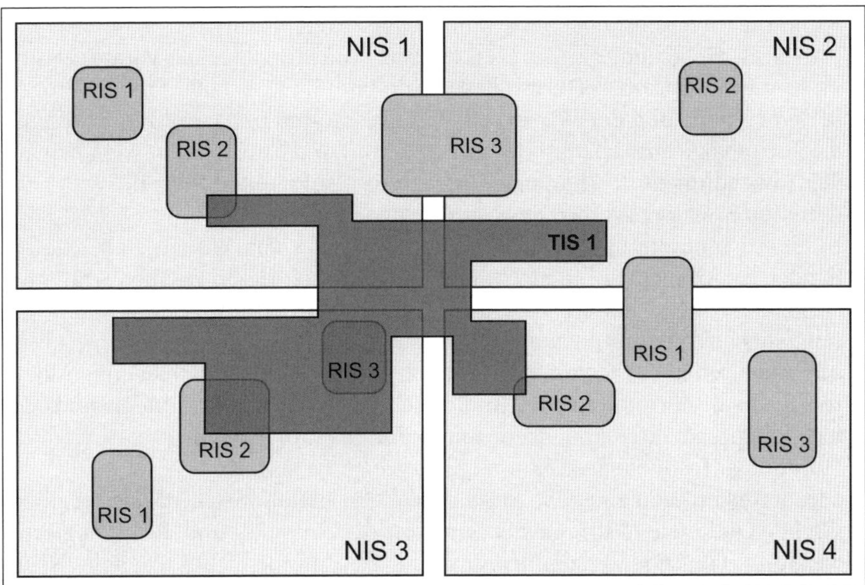

Abbildung 4.3.5: Territoriale Abgrenzung Regionaler, Nationaler und Technologischer Innovationssysteme (Eigene Darstellung nach Hekkert et al. 2007, Seite 417)

privater und öffentlicher Akteure. Hekkert et al. (2007) stellen fest, dass die Anzahl der relevanten Akteure und Institutionen sowie die Komplexität des Innovationssystems bei einer technologiespezifischen Perspektive deutlich geringer ist und daher dynamische Analysen möglich werden. In Forschungsarbeiten zu Technologischen Innovationssystemen wird daher häufig nicht die Struktur untersucht, sondern die Dynamik. Der Fokus liegt also darauf zu verstehen, wie und weshalb neue Technologien im Zeitverlauf entstehen und wie sich diese auf dem Markt durchsetzen. Zur Analyse dieser Dynamiken im Innovationssystem verweisen Hekkert et al. (2007) auf sieben zentrale Mechanismen bzw. Funktionen. Das Zusammenspiel dieser Funktionen als dynamischer Prozess erklärt die Struktur eines TIS.

- Funktion 1: Unternehmerische Aktivitäten (entrepreneurial activities)
  Unternehmerische Aktivitäten spielen eine zentrale Rolle in Innovationssystemen, da sie (technologisches) Wissen in tatsächliche Innovationen übersetzen. Unternehmerische Aktivitäten finden sowohl in Form von Entrepreneurship, also in neu gegründeten Unternehmen, als auch im Rahmen etablierter Unternehmen statt. Wichtiger Bestandteil unternehmerischer Aktivitäten ist das Experimentieren und Testen neuer Technologien. Dies trägt dazu bei, Unsicherheiten in der Technologieentwicklung und auf dem Markt zu reduzieren. Unternehmerische Aktivitäten sind eine notwendige Bedingung für ein funktionierendes TIS.

- Funktion 2: Wissensentstehung (knowledge development)
  Wissen ist ein grundlegendes Element und eine grundlegende Voraussetzung im Innovationsprozess. Die zweite Funktion im TIS fasst insbesondere Prozesse des Lernens und der Wissensentstehung zusammen, sowohl in Bezug auf die Technologieentwicklung durch Forschung und Entwicklung wie auch auf die Anwendung der Technologie und daraus resultierende Lerneffekte.
- Funktion 3: Wissensverbreitung (knowledge diffusion)
  In einem Innovationssystem findet der Austausch von Wissen statt. Hierbei handelt es sich nicht nur um technologisches Wissen, das in FuE Kooperationen ausgetauscht wird, sondern auch um Informationsaustausch zwischen unterschiedlichen Akteuren, etwa zwischen Akteuren in der Technologieentwicklung und Akteuren in der Technologienutzung oder zwischen verschiedenen Akteuren, die in die Formulierung technologischer Standards eingebunden sind oder technologiespezifische politische Maßnahmen erarbeiten.
- Funktion 4: Technologieselektion (guidance of the search)
  Die vierte Funktion eines TIS beschreibt die Selektion verschiedener technologischer Optionen. Während die Funktion der Wissens- und Technologieentwicklung (Funktion 2) dazu beiträgt, eine Vielzahl möglicher technologischer Varianten zu entwickeln und zu testen, bedarf es eines Filtermechanismus, um die im Innovationssystem präferierte technologische Option zu identifizieren und um die limitierten Ressourcen auf diese zu konzentrieren. Die Steuerung der Suche nach der überlegenen technologischen Option ist ein interaktiver Prozess, in welchem verschiedene Akteure im Innovationssystem Erwartungen an die Technologie stellen und Vor- und Nachteile gegenübergestellt werden. Beispiele für die Steuerung des Suchprozesses sind etwa von Regierungen formulierte Ziele zur Nutzung einer bestimmten Technologieoption. In einem effizienten TIS filtert der Suchprozess stark genug, um Ressourcen auf wenige technologische Varianten zu konzentrieren während gleichzeitig eine ausreichende technologische Offenheit gewährleistet wird.
- Funktion 5: Marktentstehung (market formation)
  Neue Technologien können sich im Wettbewerb mit etablierten Technologien häufig nicht auf dem Markt durchsetzen. Dies gilt insbesondere für grüne Technologien aufgrund des Problems der doppelten Externalität und fehlender Skalenerträge beim Markteintritt. Aufgrund der Tatsache, dass Lerneffekte durch die Nutzung neuer Technologien jedoch kritisch für die Weiterentwicklung einer Technologie sind (s. Funktion 2 und 3), sind geschützte Märkte, sogenannte Nischenmärkte, von hoher Bedeutung für ein entstehendes Innovationssystem. Solche Nischenmärkte können durch politische Maßnahmen geschaffen werden, etwa durch Subventionen oder andere preisbeeinflussende Instrumente.
- Funktion 6: Mobilisierung von Ressourcen (resources mobilization)
  Ausreichende Ressourcen sind eine notwendige Bedingung für Dynamik im TIS – sowohl Finanzkapital als auch Humankapital. Ressourcen sind insbesondere notwendig, um die Wissensentstehung zu ermöglichen (Funktion 2).

- Funktion 7: Legitimation der Technologie (creation of legitimacy)
  Damit sich neue Technologien auf dem Markt durchsetzen und diffundieren, müssen sie sich in ein bestehendes Regime einfügen oder dieses ersetzen (s. Kap. 3.1.1. und 4.3.3). An dieser Stelle entsteht eine Konfliktsituation zwischen Akteuren des bestehenden Regimes mit starken Eigeninteressen und den Akteuren der Interessensgruppen der neuen Technologie. Letztere können im Innovationssystem als Katalysator wirken und unterstützen unterschiedliche Mechanismen wie den Suchprozess (Funktion 4), die Marktentstehung (Funktion 5) und die Mobilisierung von Ressourcen (Funktion 6). Gleichzeitig tragen Interessensgruppen dazu bei, neue Technologien gesellschaftlich zu legitimieren.

Aus der Beschreibung der sieben Funktionen in Technologischen Innovationssystemen geht bereits hervor, dass diese interdependent wirken. Die Interaktion und daraus resultierende Synergien sind ein wichtiges Indiz für ein funktionierendes Innovationssystem und sozio-technischen Wandel. Während die Zusammenhänge in der empirischen Realität weitaus komplexer sind und sich zwischen verschiedenen Technologien unterscheiden, lassen sich grundlegende Einflüsse identifizieren. Ein solcher Zusammenhang ist beispielsweise die positive Wirkung des Suchprozesses und der Auswahl weniger technologischer Optionen auf die weitere Wissensentstehung, die in Folge unternehmerische Aktivitäten erlaubt (s. Abb. 4.3.6).

Zusammenfassend hilft das Konzept der Technologischen Innovationssysteme dabei, technologischen Wandel als dynamischen gesellschaftlichen Prozess besser zu verstehen. Das Konzept bietet Erklärungsansätze, weshalb neue Technologien

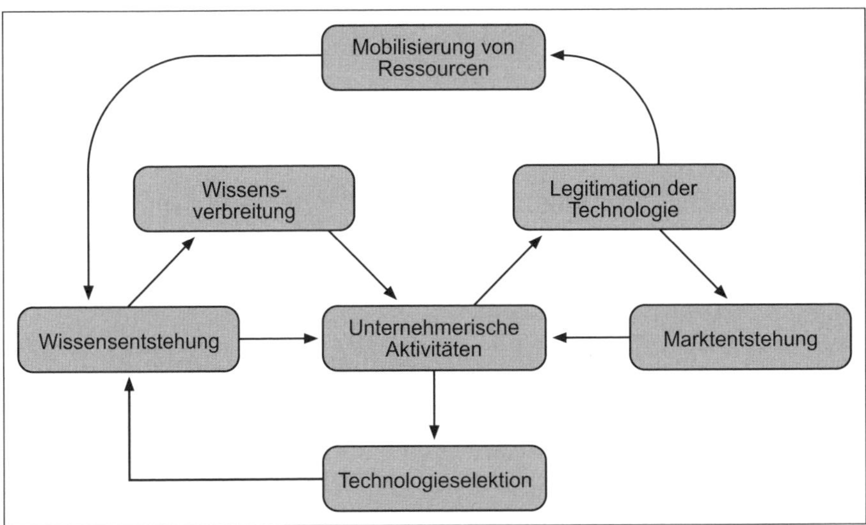

Abbildung 4.3.6: Zusammenhänge der Funktionen im TIS (Eigene Darstellung nach Hekkert et al. 2007, Seite 426)

schneller oder langsamer entstehen und diffundieren und eine Analyse der Funktionen im Innovationssystem erlaubt darüber hinaus, politische Maßnahmen zu entwickeln, die technologischen Wandel in eine gesellschaftlich erwünschte Richtung lenken können. Entsprechend werden TIS häufig als Heuristik genutzt, um neue umweltfreundliche Technologien zu untersuchen (z. B. Dewald und Fromhold-Eisebith 2015; Quitzow 2015).

Aus Sicht der Wirtschaftsgeographie weist das Konzept der Technologischen Innovationssysteme jedoch deutliche Schwächen auf. Es ignoriert die in der Literatur zu Regionalen Innovationssystemen identifizierte Bedeutung regionaler Institutionen und regionaler Akteursnetzwerke, insbesondere in Bezug auf die Wissensentstehung und unternehmerische Aktivitäten. Ferner geht das Konzept nicht darauf ein, wie sich weitere Funktionen im Innovationssystem räumlich organisieren. So entstehen Nischenmärkte oftmals auf lokaler Ebene und auch die Legitimität von Technologien unterscheidet sich teilweise erheblich zwischen Regionen, beispielsweise bei Windkraft oder Atomenergie (Rohe und Chlebna 2021). Das Konzept der Technologischen Innovationssysteme wird zwar explizit von administrativen Grenzen entkoppelt (s. Abb. 4.3.5), viele empirische Studien nutzen jedoch weiterhin einzelne Nationen als Untersuchungsgegenstand. Rohe und Mattes (2022) diskutieren in diesem Kontext die Bedeutung von Regionen innerhalb Technologischer Innovationssysteme.

Globale Innovationssysteme

Aus dem Kontrast der Erläuterungen zu Technologischen Innovationssystemen und den Erläuterungen zu Regionalen Innovationssystemen (s. Kap. 3.2.2) wird deutlich, dass unterschiedliche Sichtweisen auf Innovationssysteme existieren, die jeweils in unterschiedlichen wissenschaftlichen Disziplinen verankert sind. Während die Wirtschaftsgeographie und die Regionalwissenschaften die Relevanz einer regionalen Abgrenzung von Innovationssystemen betonen, spricht sich die nichtgeographische Transitionsforschung für eine technologiespezifische Abgrenzung aus. In der gegenwärtigen Diskussion zu Innovationssystemen ist mit der Konzeptualisierung sogenannter Globaler Innovationssysteme (GIS) ein Ansatz entstanden, der sowohl der Technologiespezifität als auch der Räumlichkeit von Innovationsystemen Rechnung trägt (Binz und Truffer 2017). In diesem Ansatz argumentieren Christian Binz und Bernhard Truffer (2017), dass die Funktionen eines Technologischen Innovationssystems auf unterschiedlichen geographischen Ebenen wirken und ein Innovationssystem daher aus einer multi-skalaren Perspektive untersucht werden sollte. Für dieses Argument fassen die Autoren zunächst die sieben Systemfunktionen (s. o.) zu vier zentralen Systemressourcen zusammen: Wissen (knowledge creation), Marktentstehung (market formation), Investitionen (investment mobilization), Legitimation (technology legitimation). Diese Ressourcen entstehen auf unterschiedlichen räumlichen Ebenen in Subsystemen und konstituieren im Zusammenspiel das Globale Innovationssystem einer

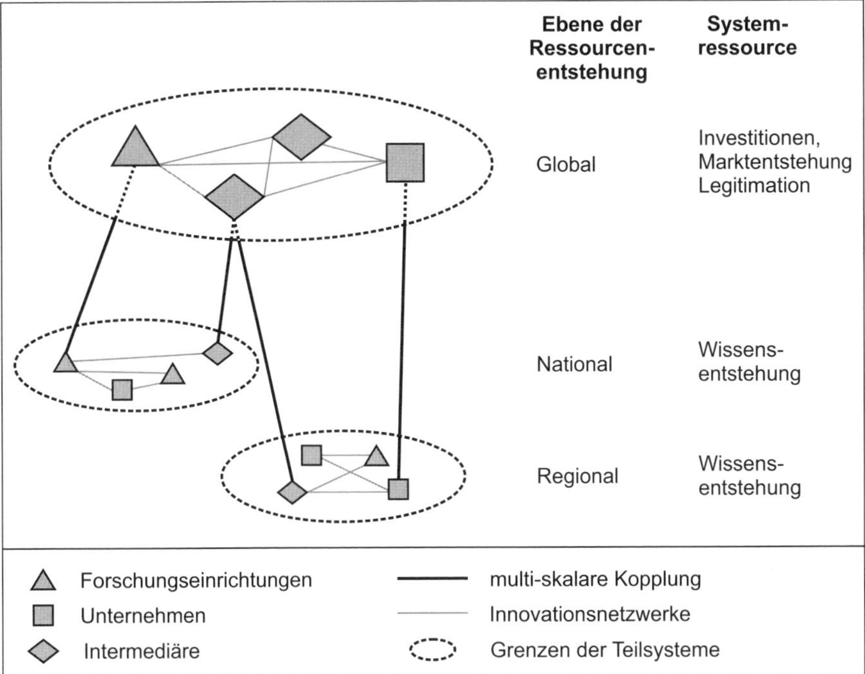

Abbildung 4.3.7: Beispielhafte Struktur eines GIS (Eigene Darstellung nach Binz und Truffer 2017, Seite 1288)

Technologie. Für ein funktionierendes Globales Innovationssystem ist es demnach entscheidend, dass die Systemressourcen multi-skalar zusammenwirken (structural couplings). Es ist also nicht nur die Qualität der Funktionen im Innovationssystem relevant (TIS), sondern zusätzlich die Kopplung der durch die Funktionen generierten Ressourcen im Raum. Diese Kopplungen können beispielsweise multinationale Unternehmen oder andere Schlüsselakteure übernehmen (s. Abb. 4.3.7). So kann ein multinationales Unternehmen Wissensressourcen aus einem Regionalen Innovationssystem, in welchem das Unternehmen ein Forschungszentrum unterhält, in andere Märkte transferieren.

Die für die vier Systemressourcen relevanten räumlichen Ebenen unterscheiden sich zwischen verschiedenen Technologien. Während zum Beispiel für eine Technologie die Wissensentstehung in einer Region konzentriert sein kann, kann für eine andere Technologie das notwendige Wissen auf globaler Ebene entstehen. Ähnliche räumliche Konfigurationen lassen sich abhängig von der zu untersuchenden Technologie für andere Funktionen und Ressourcen identifizieren. So können sich für manche Technologien Nischenmärkte nur in wenigen Regionen bilden, während andere Technologien Massenmärkte auf globaler Ebene schaffen. Um die räumlichen Konfigurationen eines Globalen Innovationssystems auf Basis der technologiespezifischen Systemressourcen abbilden zu können, fassen Binz und Truffer (2017) die vier Ressourcen erneut zusammen und kontrastieren deren lokale und globale Ausprägung. Die Aggregation der Systemfunktionen bzw. Systemressourcen, ausgehend von den ursprünglich sieben Funktionen von Hekkert et al. (2007) wird in Tabelle 4.3.2 dargestellt.

Tabelle 4.3.2: Aggregation der Systemressourcen in Innovationssystemen (Eigene Darstellung nach Hekkert et al. 2007 und Binz und Truffer 2017)

<table>
<tr><th>Systemfunktionen im TIS (Hekkert et al. 2007)</th><th>Systemressourcen im GIS (Binz und Truffer 2017)</th><th>Dimensionen eines GIS (Binz und Truffer 2017)</th></tr>
<tr><td>Unternehmerische Aktivitäten (entrepreneurial activities)</td><td rowspan="4">Wissen (knowledge creation)</td><td rowspan="4">Innovationsmodus (innovation mode): DUI vs. STI</td></tr>
<tr><td>Wissensentstehung (knowledge development)</td></tr>
<tr><td>Wissensverbreitung (knowledge diffusion)</td></tr>
<tr><td>Technologieselektion (guidance of the search)</td></tr>
<tr><td>Marktentstehung (market formation)</td><td>Marktentstehung (market formation)</td><td rowspan="3">Wertfindung (valuation): standardisiert vs. spezifisch</td></tr>
<tr><td>Mobilisierung von Ressourcen (resources mobilization)</td><td>Investitionen (investment mobilization)</td></tr>
<tr><td>Legitimation der Technologie (creation of legitimacy)</td><td>Legitimation (technology legitimation)</td></tr>
</table>

Für die Ressource der Wissensentstehung nutzen die Autoren den von Jensen et al. (2007) entwickelten Ansatz unterschiedlicher Innovationsmodi. Jensen et al. (2007) unterscheiden Lern- und Innovationsprozesse im DUI Modus und im STI Modus. Erstere beschreiben Innovationen, die verstärkt durch doing, using, interacting (DUI) generiert werden, also Innovationen, die maßgeblich durch den Einfluss von Partnern, Nutzer*innen und Konsument*innen entstehen. Der STI Modus beschreibt Innovationen, die durch science und technology (STI) generiert werden, also Innovationen, die maßgeblich durch Forschung und Entwicklung entstehen. Binz und Truffer (2017) argumentieren, dass Technologien entweder verstärkt im STI oder im DUI Modus entwickelt werden. Für STI Innovationen findet, so die Autoren, die Wissensentstehung primär auf globaler Ebene statt, während für DUI Innovationen die regionale Ebene von höherer Relevanz ist. Die anderen drei Systemressourcen (Marktentstehung, Investitionen und Legitimati-

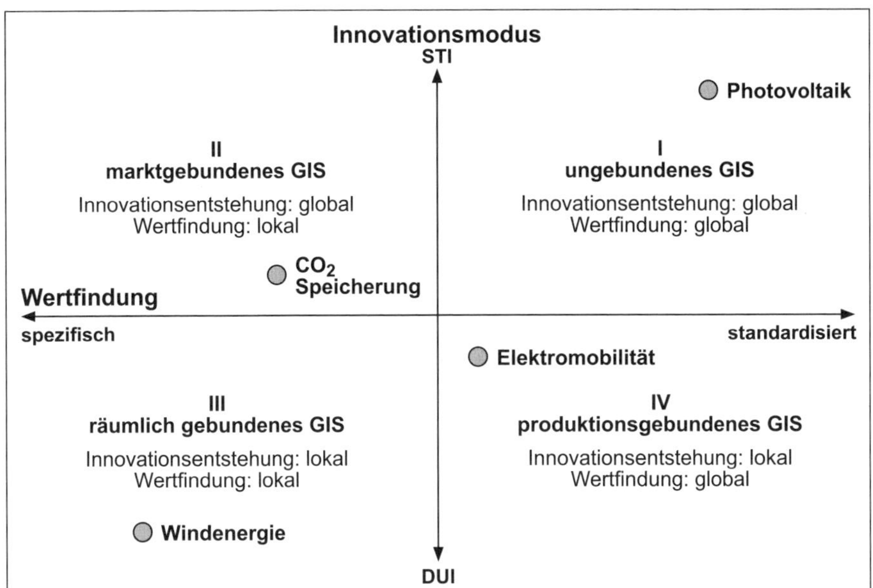

Abbildung 4.3.8: Typisierung unterschiedlicher GIS (Eigene Darstellung nach Binz und Truffer 2017, Seite 1290)

on) fassen die Autoren unter dem Ansatz der Wertfindung (valuation) einer Innovation zusammen. Die drei Ressourcen prägen gemeinsam den Prozess, in welchem eine Technologie zu einem für bestimmte Marktsegmente relevanten Produkt wird. Der Wertfindungsprozess einer Innovation beinhaltet entsprechend den Marktzugang, die Finanzierung sowie die gesellschaftliche Legitimation und Akzeptanz. Unterschiede existieren in dieser Dimension entlang einer standardisierten Wertfindung und einer spezifischen Wertfindung. Bei Innovationen, die einer standardisierten Wertfindung folgen, existieren globale Massenmärkte. Innovationen, die durch eine spezifische Wertfindung gekennzeichnet sind, adressieren lokale Nischenmärkte für spezifische Kundenbedürfnisse (s. Abb. 4.3.8).

Auf Basis dieser beiden Dimensionen (Innovationsmodus und Wertfindung), lassen sich räumliche Ausprägungen für verschiedene Innovationen untersuchen (s. Abb. 4.3.9). Die räumliche Konfiguration eines Globalen Innovationssystems kann folglich vier idealtypische Formen annehmen. Die frühe Windenergieindustrie beispielsweise war durch eine spezifische Wertfindung und den DUI Innovationsmodus gekennzeichnet und ist daher stark regionalisiert (Rohe 2020). Ein solches GIS bezeichnen die Autoren als räumlich gebunden (spatially sticky). Für Elektrofahrzeuge ist die Wertfindung eher standardisiert, während die Innovationsentstehung stärker im DUI als im STI Modus organisiert ist. Entsprechend sind Elektrofahrzeuge in einem sogenannten produktionsgebundenen (production-anchored) GIS organisiert, mit lokaler Innovationsentstehung und globaler Wertfindung. In der Photovoltaikindustrie entstehen Innovationen primär im STI Modus auf globaler Ebene und auch die Wertfindung ist standardisiert und damit global, da Massenmärkte bedient werden und die Technologien keine lokalisierte Legitimierung benötigen. Hierbei handelt es sich folglich um ein ungebundenes (footloose) GIS. Als marktgebunden (market-anchored) ist das GIS bei Technologien zur CO_2-Abscheidung und -Speicherung konfiguriert, da die Innovations- und Lernprozesse zwar global im STI Modus organisiert sind, die Technologien jedoch starken regionalen Legitimations- und Marktenstehungsprozessen unterliegen und daher kundenspezifisch und lokal ausgeprägt sind (Binz und Truffer 2017).

Die Klassifizierung in vier indealtypische räumliche Konfigurationen eines GIS kann dazu genutzt werden, verschiedene Technologien miteinander zu vergleichen. Das Konzept der Globalen Innovationssysteme ist daher eine hilfreiche Erweiterung zur Erforschung von Innovationssystemen in der Wirtschaftsgeographie und liefert das theoretische Grundgerüst für die Untersuchung neuer umweltfreundlicher Technologien aus geographischer Perspek-

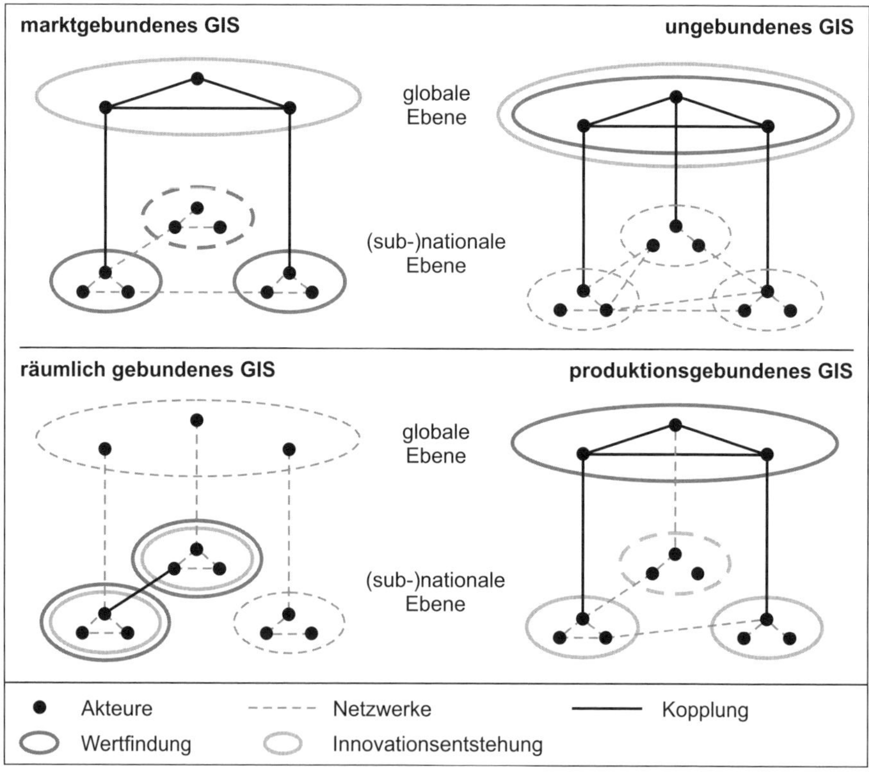

Abbildung 4.3.9: Räumliche Konfiguration unterschiedlicher GIS Typen (Eigene Darstellung nach Binz und Truffer 2017, Seite 1291 -1294)

tive. Nichtsdestotrotz sollte das Konzept der GIS kritisch diskutiert werden. An dieser Stelle ist anzumerken, dass die beiden Dimensionen (Innovationsmodus und Wertfindung) sowie die implizierten geographischen Ausprägungen (lokal und global) ein stark abstrahiertes Bild der Realität bieten. In der Tat benötigen viele Innovationen sowohl Lernprozesse im DUI wie auch im STI Modus und auch die Geographie der Wertfindungsprozesse ist in der Realität komplexer als es im Konzept von Binz und Truffer dargestellt wird. Auch die empirische Erfassung beider Dimensionen ist in der Forschungspraxis komplexer als das Konzept suggeriert (z. B. Alhusen et al. 2021). Gleichzeitig ist ein GIS nicht als statisches Modell zu verstehen, sondern vielmehr ändert sich die räumliche Konfiguration im Industrielebenszyklus. So merken Binz und Truffer exemplarisch an, dass sich im Verlauf der Entwicklung der Windenergieindustrie der Wertfindungsprozess verändert hat und dieser nun standardisiert auf globalen Märkten organisiert ist und nicht in lokalen Nischen. Die Art und Weise wie die Kopplung der Funktionen in einem GIS (structural couplings) verläuft, ist darüber hinaus unklar.

4.3.3 Leitmärkte für Umweltinnovationen

Global erfolgreiche Innovationen werden häufig zuerst in einer Region oder Nation genutzt, bevor sie sich international durchsetzen. Solche Regionen oder Nationen, in denen eine später erfolgreiche Innovation früh genutzt und weiterentwickelt wird, kann als Leitmarkt bezeichnet werden. Andere Nationen, die dem Vorbild des Leitmarktes folgen und in denen die Innovation zu einem späteren Zeitpunkt erfolgreich diffundiert, werden als Folgemärkte bezeichnet. Prominente empirische Beispiele für Leitmarktstrukturen sind die Entwicklung der frühen Mobiltelefonie in Skandinavien oder die Windenergieindustrie in Norddeutschland und Dänemark. Das Konzept der Leitmärkte wurde insbesondere von Marian Beise (2004) erarbeitet und später gemeinsam mit Klaus Rennings auf die Besonderheiten von Umweltinnovationen angepasst (Beise und Rennings 2005). Es suggeriert ein simples räumliches Diffusionsmuster von Innovationen, in welchem ausgehend von der frühen Anwendung einer Innovation im Leitmarkt weitere Märkte in anderen Nationen erschlossen werden. Der Leitmarkt ist also in der Lage, globale Standards zu beeinflussen und dominante Innovationsdesigns zu etablieren. Gleichzeitig profitieren Unternehmen im Leitmarkt von frühen Lernprozessen zur Verbesserung einer Innovation sowie von Erstanbietervorteilen und daraus resultierenden Marktanteilen. Die Diffusionskurven für eine Innovation im Sinne des Leitmarktkonzepts sind in Abbildung 4.3.10 skizziert. Die Abbildung nutzt die in Kapitel 3.3.3, Abbildung 3.3.2 dargestellten S-Kurven der Innovationsdiffusion und überträgt sie auf verschiedene Märkte bzw. Regionen.

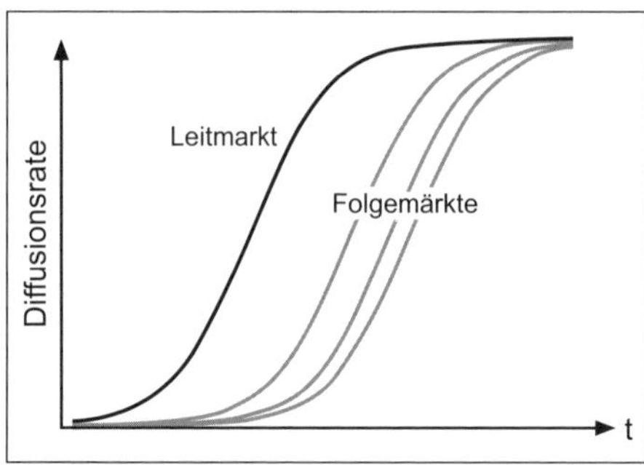

Abbildung 4.3.10: Internationale Diffusion von Innovationen (Eigene Darstellung nach Beise 2004, Seite 999)

Marian Beise (2004) betont in den Erläuterungen seines theoretischen Konzepts explizit, dass der Leitmarkt nicht zwingend auch der Ort der Erfindung einer Innovation sein muss. Gleichzeitig muss die frühe Nutzung einer Innovation nicht implizieren, dass ein Leitmarkt entsteht, da im frühen Lebenszyklus einer Technologie oder Innovation häufig konkurrierende Innovationsdesigns existieren. Leitmarkt wird die Region oder Nation, die das lokal genutzte Innovationsdesign international durchsetzen kann. Dieser Sachverhalt wird in Abbildung 4.3.11 dargestellt. Die Abbildung zeigt Diffusionsraten für zwei konkurrierende Innovationsdesigns, wobei sich Innovation B im Zeitverlauf gegen Innovation A durchsetzt, da der Folgemarkt die zunächst lokal erfolgreiche Innovation A aufgibt, sobald der Leitmarkt die Vorteile von Innovationsdesign B demonstriert.

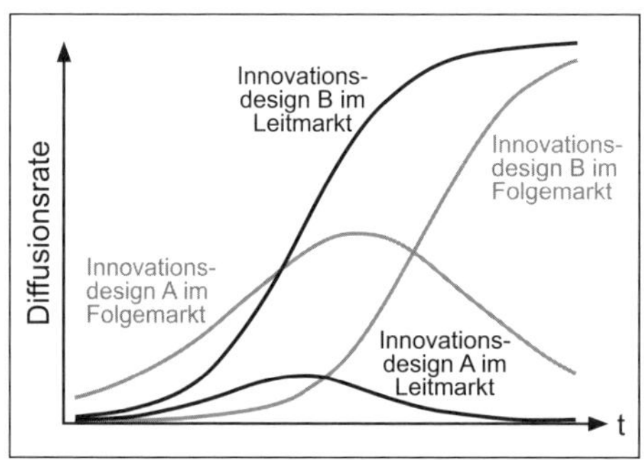

Abbildung 4.3.11: Internationale Diffusion von konkurrierenden Innovationsdesigns (Eigene nach Beise 2004, Seite 1000)

Beise (2004) argumentiert, dass fünf Faktoren entscheidend für das Entstehen eines Leitmarkts sind:

1. Preis- und Kostenvorteile:
   Der Preis- bzw. Kostenvorteil ergibt sich aus länderspezifischen Bedingungen, die zu relativ niedrigen Preisen für das national bevorzugte Innovationsdesign führen. Marktgröße und -wachstum können einen solchen Preisvorteil aufgrund von Skaleneffekten bewirken. Der Preisvorteil basiert theoretisch auf der Globalisierungshypothese von Levitt (1983), die besagt, dass Konsument*

innen im Ausland ihr bevorzugtes Innovationsdesign aufgeben und das relativ günstigere Design aus dem Leitmarkt übernehmen.

2. Nachfragevorteile:
   Ein Nachfragevorteil beschreibt nationale Bedingungen, die die Nachfrage nach einer Innovation erhöhen und die sich im Laufe der Zeit auch in anderen Ländern herausbilden. Nachfragevorteile ergeben sich aus länderspezifischen Nachfragebedingungen (z. B. Folgen des Klimawandels). Folgemärkte antizipieren die Vorteile der Innovation, die zuerst auf dem Leitmarkt eingeführt wird, erst später.
3. Transfervorteile:
   Transfervorteile sind als länderspezifische Bedingungen zu verstehen, die Demonstrations- und Mitläufereffekte für ein Innovationsdesign verursachen (Mansfield 1968). Andere Länder nehmen ein geringeres Risiko für die Nutzung eines Innovationsdesigns wahr, sobald der Leitmarkt den Nutzen der Innovation beweist. Der Transfervorteil folgt einer ähnlichen Argumentation wie der von Rogers (1962) erläuterte soziale Prozess der Innovationsdiffusion – lediglich auf internationaler Ebene.
4. Exportvorteile:
   Exportvorteile beruhen auf der Einbeziehung ausländischer Nachfragepräferenzen in das vom Leitmarkt eingeführte Innovationsdesign. Der Exportvorteil resultiert im Wesentlichen aus drei Mechanismen. Erstens, die inländische Nachfrage ist ähnlich der Bedürfnisse im Ausland. Zweitens, inländische Unternehmen haben Erfahrungen im internationalen Handel und arbeiten exportorientiert. Drittens, die nationalen Marktbedingungen sind den ausländischen Marktbedingungen in Bezug auf soziokulturelle und wirtschaftliche Eigenschaften ähnlich (Vernon 1979).
5. Marktstrukturvorteile:
   Ein starker Wettbewerb zwischen inländischen Unternehmen erhöht die Wahrscheinlichkeit, dass der lokale Markt ein Innovationsdesign ermittelt, das aufgrund seiner technischen Vorteile, seiner Praxistauglichkeit oder seines überlegenen Kosten-Nutzen-Verhältnisses weltweit überzeugt. Darüber hinaus drückt die Konkurrenzsituation die Kosten und erhöht die Wettbewerbsfähigkeit einer Innovation gegenüber anderen Innovationsdesigns im Ausland und gegenüber etablierten Technologien.

Diese fünf Leitmarktfaktoren sind interdependent, wirken teilweise wechselseitig verstärkend und beeinflussen im Zusammenspiel das Leitmarktpotential einer Region oder Nation. Insbesondere für Umweltinnovationen ist das Konzept eines Leitmarktes von hoher Relevanz, da diese kritischen Diffusionsbarrieren ausgesetzt sind, aber gleichzeitig global diffundieren müssen, um Umweltkrisen entgegen zu wirken. Entstehen Leitmärkte für Umweltinnovationen, kann deren Diffusion auf globaler Ebene angestoßen werden. Aufgrund der Charakteristika von Umweltinnovationen (s. Kap. 4.3.1) sind die fünf genannten Leitmarktfaktoren für diese Art Innovation jedoch nicht ausreichend. So argumentieren Beise und Rennings (2005), dass aufgrund des Problems der doppelten Externalität der Marktstrukturvorteil bei Leitmärkten für Umweltinnovationen nicht wirken kann. Solange der Markt die Nutzung von Umweltinnovationen gegenüber umweltschädlichen Alternativen nicht belohnt bzw. letztere bestraft, bleibt der Wettbewerb zwischen umweltfreundlichen und umweltschädlichen Innovationen unausgeglichen. Es bedarf, entsprechend der Hypothesen von Porter und van der Linde (1995) sowie Rennings (2000), einer Regulation, um die Wettbewerbsfähigkeit von Umweltinnovationen zu erhöhen. Für das Konzept der Leitmärkte bedeutet das, dass eine Nation mit stringenter Umweltpolitik und Regulation ein erhöhtes Leitmarktpotential aufweist. Bei Umweltinnovationen substituiert der sogenannte regulatorische Vorteil daher den Marktstrukturvorteil. Für die Entwicklung eines Leitmarktes für Umweltinnovationen ist es daher auch wichtig, dass sich die Regulationen und umweltpolitischen Maßnahmen einer Nation international durchsetzen. Ein Beispiel dafür sind Einspeisevergütungen für erneuerbare Energien, die früh in Deutschland, Dänemark und Spanien eingeführt wurden und dort maßgeblich zum Erfolg der Windenergieindustrie bzw. Solarindustrie beigetragen haben. Dass diese Nationen Leitmärkte wurden, lässt sich auch dadurch erklären, dass die umweltpolitischen Maßnahmen (z. B. Einspeisevergütungen) später von anderen Nationen übernommen wurden (Beise und Rennings 2005).

Das Konzept der Leitmärkte für Umweltinnovationen ist für die Wirtschafts- und Innovationspolitik vieler Länder von Interesse. Da durch das Entstehen eines Leitmarkts für Umweltinnovationen die nationale Wettbewerbsfähigkeit gesichert wird und lokale Unternehmen Marktvorteile erwarten können, während gleichzeitig die Diffusion von Umweltinnovationen zur Lösung von Umweltproblemen beitragen kann, findet sich die Idee der Leitmärkte in vielen politischen Strategien wieder – beispielsweise in Deutschlands nationaler Bioökonomiestrategie (Prochaska und Schiller 2021).

In der jüngeren wissenschaftlichen Auseinandersetzung mit Leitmärkten sind zwei wichtige Erweiterungen entstanden, die das Verständnis zu Leitmarktstrukturen und Vorteilen für die Entwicklung global erfolgreicher Innovationen schärfen. Erstens kritisieren Quitzow et al. (2014), dass das Konzept der Leitmärkte nach Beise (2004) bzw. Beise und Rennings (2005) angebotsseitige Faktoren weitestgehend vernachlässigt. Dies mag an der expliziten Nachfrageorientierung des Konzepts liegen, wird der Bedeutung von technologischen Kapazitäten, die für die Entstehung eines Leitmarktes relevant sind, jedoch nicht gerecht. Quitzow et al. (2014) ergänzen entsprechend einen technologischen Vorteil als sechsten Leitmarktfaktor. Dieser bildet unter anderem ab, wie gut das Innovationssystem eines Leitmarktes funktioniert. Die zweite kritische Erweiterung des Leitmarktkonzepts stammt aus einer wirtschaftsgeographischen Perspektive. Losacker und Liefner (2020) kritisieren, dass der wissenschaftliche Diskurs zu Leitmärkten die nationale Ebene voraussetzt. Nach Losacker und Liefner (2020) können Leitmärkte für

Umweltinnovationen auch auf regionaler Ebene entstehen und sowohl die Diffusion einer Innovation in anderen Regionen des Landes beeinflussen als auch die globale Diffusion. Zusätzlich erläutern Losacker und Liefner (2020), dass die räumliche Ebene, auf der Leitmarktfaktoren wirken, variiert. So kann der Nachfragevorteil für Umweltinnovationen regional konzentriert sein und auch der technologische Vorteil nach Quitzow et al. (2014) wird in einigen Fällen durch Regionale Innovationssysteme geprägt. Der regulatorische Vorteil für Umweltinnovationen kann darüber hinaus, je nach empirischem Kontext, auf lokale oder regionale Regulationen zurückzuführen sein. Das Konzept der Leitmärkte bietet zusammenfassend ein hilfreiches theoretisches Gerüst für wirtschaftsgeographische Forschung zur Diffusion von Umweltinnovationen und umweltorientierter Regionalentwicklung.

4.3.4 Sozio-technische Systeme und die Multi-Level-Perspektive

Sozio-technische Systeme

Der Energiesektor, der Verkehrssektor oder auch andere Sektoren, deren Transformation unabdingbar für eine nachhaltigere Zukunft ist, können als komplexe sozio-technische Systeme verstanden werden. Sozio-technische Systeme dienen in der Gesellschaft der Erfüllung notwendiger Aufgaben, wie der Versorgung mit Energie im Energiesektor oder der Möglichkeit zu Mobilität und Transport im Verkehrssektor. Zentral am Begriff der sozio-technischen Systeme ist, dass er betont, dass Technologie nicht unabhängig von ihrer gesellschaftlichen Einbettung existiert. Eine sozio-technische und systemische Perspektive auf unterschiedliche Sektoren bietet Antworten auf die Frage, wieso sich umweltfreundliche Technologien, beispielsweise erneuerbare Energien, in vielen Sektoren nur schwer durchsetzen können. Sozio-technische Systeme umfassen unterschiedliche Akteure und deren Netzwerke (Individuen, Unternehmen, Organisationen), Institutionen (gesellschaftliche Normen, technologische Standards, Regulierungen, Verhalten), Materielles (Infrastruktur, Produkte) und Immaterielles (Wissen) (Geels 2002; 2004). Diese Systemelemente beeinflussen und bedingen sich gegenseitig, was der Transformation eines sozio-technischen Systems entgegenwirken kann und dessen Komplexität definiert. Eine sozio-technische Transition, beispielsweise die Transition des Energiesektors, beschreibt alle Prozesse die dazu führen, ein sozio-technisches System fundamental zu ändern. Diese Transitionsprozesse beinhalten Änderungen entlang unterschiedlicher Dimensionen wie die Entwicklung und Nutzung neuer Technologien (z. B. Windenergie), die Anpassung der Infrastrukturen (z. B. dezentrale Stromerzeugung), Änderungen in gesellschaftlichen Normen und Verhalten (z. B. Energie- und Umweltbewusstsein), Änderungen in Wirtschaft und Arbeitsmarkt (z. B. Gründungen, Unternehmensauflösungen) oder politische Änderungen (z. B. neue Umweltgesetze). Sozio-technische

Transitionen unterscheiden sich dementsprechend von technologischem Wandel indem sie explizit gesellschaftliche Prozesse berücksichtigen. Es interessiert hierbei also nicht nur die Frage, wie Technologien in Innovationssystemen entstehen, sondern der Fokus liegt vielmehr auf der Einbettung dieser Technologien in die Gesellschaft. Sind Transitionsprozesse auf eine nachhaltige Änderung sozio-technischer Systeme ausgerichtet, spricht man von Nachhaltigkeitstransitionen. Nachhaltigkeitstransitionen sind langfristige, multidimensionale und fundamentale Transformationsprozesse, durch welche sich etablierte sozio-technische Systeme zu nachhaltigeren Produktions- und Konsumweisen wandeln (Geels 2002; 2004; Markard et al. 2012). In Abbildung 4.3.12 sind die Elemente der Konfiguration eines sozio-technisches Systems am Beispiel des persönlichen Transports dargestellt, welches im Detail von Frank W. Geels (2002) diskutiert wird.

Das sozio-technische System für den persönlichen Transport konzentriert sich in den vergangenen Dekaden auf das zentrale Verkehrsmittel, den PKW. Das Verkehrsmittel selbst besteht aus unterschiedlichsten Komponenten wie dem Motor, der Federung, der Brems- und Lenksysteme und vielen weiteren Technologien und Komponenten. Damit die Funktion des persönlichen Transports im Sektor jedoch erfüllt werden kann, sind weitere Elemente im sozio-technischen System notwendig, etwa die Infrastruktur wie Straßen und Tankstellen. Zusätzlich werden

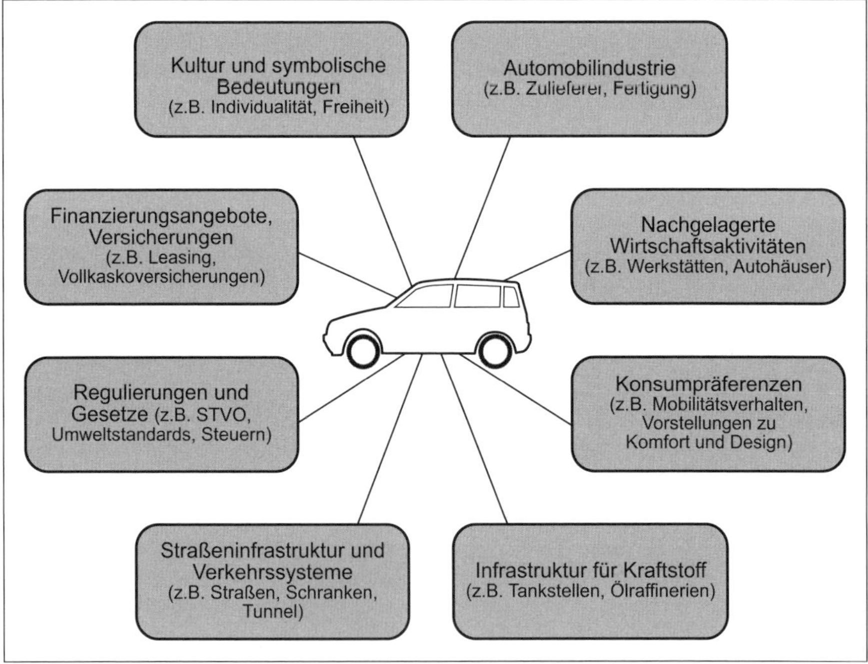

Abbildung 4.3.12: Einbettung des Automobils in das sozio-technische System des Verkehrssektors (Eigene Darstellung nach Geels 2002, Seite 1258)

regulatorische und institutionelle Elemente benötigt, wie Verkehrsordnungen, Fahrschulen, Umweltstandards, KFZ-Steuern, Finanzierungsmodelle, Versicherungen und Weiteres. Zur Produktion von Fahrzeugen oder deren Komponenten wird eine entsprechende Automobilindustrie benötigt und eine Industriestruktur, die vor- und nachgelagerte Aktivitäten erfüllt. Darunter fallen beispielsweise spezialisierte Automobilzulieferer aber auch Autohäuser und Händler oder Werkstätten. Die gesellschaftliche Vorstellung, wie persönlicher Transport im sozio-technischen System funktionieren soll, ist ebenfalls Systemelement. Hiermit sind sowohl Praktiken und Routinen in der Gesellschaft gemeint, also beispielswiese das Mobilitätsverhalten und Konsumpräferenzen, aber auch kulturelle Vorstellungen über die Funktion des persönlichen Transports, beispielsweise der PKW als Symbol für Freiheit und Individualismus (Geels 2002). Aus dieser simplifizierten Zusammenfassung des persönlichen Transports wird deutlich, welche komplexen Zusammenhänge zwischen Systemelementen bestehen und wie umfassend, tiefgreifend und damit schwierig eine Transformation der etablierten Konfiguration des sozio-technischen Systems sein kann. In einer Nachhaltigkeitstransition wird die Konfiguration des sozio-technischen Systems verändert und umweltfreundlicher gestaltet, etwa durch die Nutzung von Elektrofahrzeugen und Fahrrädern oder durch reduzierte Mobilität und Car-Sharing. Zu diesem Zweck müssen sich jedoch verschiedene Elemente des sozio-technischen Systems grundlegend wandeln oder ersetzt werden.

Die Multi-Level-Perspektive

Wie eine solche Nachhaltigkeitstransition verläuft, kann mithilfe der Multi-Level-Perspektive (MLP) untersucht werden. Die Multi-Level-Perspektive ist der zentrale theoretische Ansatz in der Forschung zu Nachhaltigkeitstransitionen und wurde durch die Arbeiten von Geels (2002; 2004) geprägt. In der Multi-Level-Perspektive wird zwischen drei Ebenen unterschieden, die die Struktur und Konfiguration sozio-technischer Systeme bestimmen: Nischen, Regime, und Landschaften. Sozio-technische Regime sind hierbei die relevanteste Untersuchungsebene und bilden die etablierte und gefestigte Konfiguration des sozio-technischen Systems ab. Die drei Ebenen sind hierarchisch organisiert, wobei Entwicklungen auf Ebene der Landschaft mehrere Regime beeinflussen und für jedes Regime unterschiedliche Nischen entstehen können (s. Abb. 4.3.13).

Die grundlegende Annahme in der Multi-Level-Perspektive ist, dass Regime weitestgehend starr sind und fundamentale Veränderungen der Systemkonfigurationen, also Transitionsprozesse, verhindern. Diese Annahme impliziert, dass Innovationen im Regime lediglich inkrementeller Natur sind und das bestehende Regime nicht ändern, sondern festigen. So existieren bei der Entwicklung von Innovationen feste technologische Paradigmen und Pfade, die den technologischen Wandel beeinflussen. Werden verschiedene technologische Optionen ent-

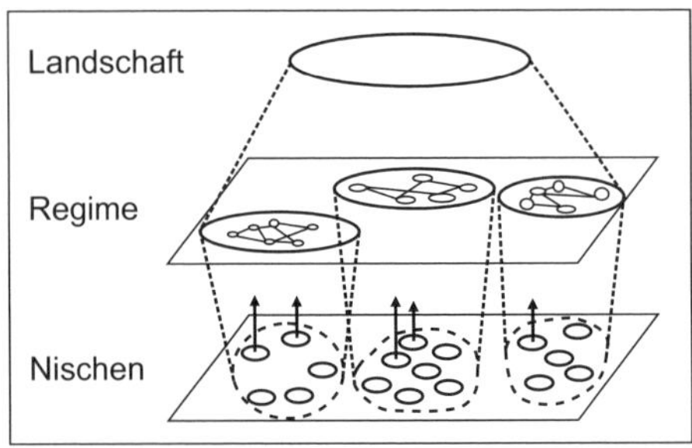

Abbildung 4.3.13: Hierarchie in der Multi-Level-Perspektive (Eigene Darstellung nach Geels 2002, Seite 1258)

wickelt, setzen sich in einem Selektionsprozess häufig die Technologien durch, die durch Akteure im Innovationssystem unterstützt werden (s. Funktion 4 in Kap. 4.3.2). Ein Beispiel für eine solche Innovation im Bereich des persönlichen Transports sind energieeffiziente Verbrennungsmotoren. Bei diesen führen technologischer Fortschritt und inkrementelle Innovation zwar dazu, den notwendigen Einsatz fossiler Energieträger für Verkehrsmittel zu reduzieren, diese stärken jedoch die bestehende Konfiguration des sozio-technischen Systems, also das Regime, da die Systemelemente nicht wesentlich verändert werden. So existiert weiterhin die gleiche Infrastruktur (z. B. Tankstellen) und das bestehende Mobilitätsverhalten wird unterstützt. Radikale und disruptive Innovationen, die die Transformation des etablierten sozio-technischen Regimes bewirken, entstehen hingegen in Nischen. Im Beispiel des Transports ist die Elektromobilität eine solche Nischenentwicklung. Elektrofahrzeuge setzen eine andere Industriestruktur voraus (z. B. Batterieproduzenten), transformieren die vor- und nachgelagerte Industrie (z. B. keine Reparatur von Verbrennungsmotoren in Werkstätten), benötigen eine andere Infrastruktur (z. B. Ladestationen an Parkplätzen und Gebäuden) und können zu einem veränderten Mobilitätsverhalten führen (z. B. Langstreckenmobiltät mit Bahn und nicht mit PKW). In den folgenden Abschnitten werden die drei Ebenen der Multi-Level-Perspektive ausführlicher erläutert.

1. Sozio-technische Nischen:
   Damit disruptive Innovationen entstehen, die gefestigte Regime transformieren können, werden sozio-technische Nischen benötigt. Nischen bieten einen geschützten Raum für die Entwicklung und Anwendung von Innovationen, isoliert von den Strukturen des Regimes. Solche Nischen können in einzelnen Regionen oder Marktsegmenten entstehen, in Leitmärkten, in sozialen Netzwerken und kulturellen Milieus oder unter sonstigen regimefernen Rahmenbedingungen. Als plakatives Beispiel nennt Geels (2002) das Militär, das in der Vergangenheit, unabhängig von Regimestrukturen, die Voraussetzungen für die Entstehung diverser radikaler Innovationen bot (z. B. Computer, Radartechnologie). In Nischen sind ebenso wie in Regimen die unterschiedlichen Elemente des sozio-technischen Systems relevant, diese sind jedoch weniger gefestigt und institutionalisiert. Das bedeutet, dass aufgrund der fehlenden Normen, Regeln und Institutionen Entwicklungen in Nischen durch Unsi-

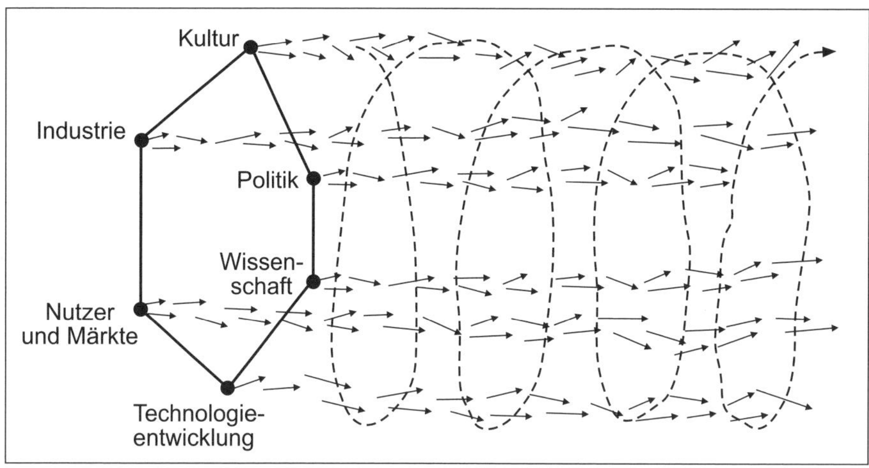

Abbildung 4.3.14: Prozesse und Dimensionen im sozio-technischen Regime (Eigene Darstellung nach Geels 2004, Seite 1261)

cherheiten gekennzeichnet sind. Entsprechend sind viele Innovationen in Nischen nicht erfolgreich und scheitern, während nur wenige Innovationen aus der sozio-technischen Nische dazu in der Lage sind, Regimestrukturen zu verändern. An dieser Stelle muss angemerkt werden, dass für Transitionsprozesse selten nur wenige Nischeninnovationen verantwortlich sind, sondern vielmehr regt die Kombination und Kumulation von Innovationen in der Nische einen Systemwandel an (Geels 2002).

2. Sozio-technische Regime:
   Die etablierte Konfiguration eines sozio-technischen Systems, die dazu beiträgt, eine gesellschaftliche Funktion zu erfüllen, wird als Regime bezeichnet (s. Beispiel zu persönlichem Transport). Ein Regime gibt somit das „Regelwerk" vor, wie ein sozio-technisches System funktioniert und reproduziert dadurch bestehende Normen und Institutionen. Die Regimestruktur eines sozio-technischen Systems verfestigt sich in unterschiedlichen Dimensionen (s. Abb. 4.3.14). Zusätzlich zu den oben genannten technologischen Pfaden und Paradigmen eines Regimes lassen sich ähnliche Pfadabhängigkeiten laut Abbildung 4.3.14 auch in der Wissenschaft feststellen. Regime werden außerdem durch Konsumpräferenzen (Nutzer und Märkte), durch weitere gesellschaftliche Vorstellungen und durch die Politik geprägt. Die Konfiguration eines sozio-technischen Systems wird entsprechend dieser interdependenten Dimensionen im Zeitverlauf stabilisiert. Geels (2004) spricht jedoch von einer „dynamischen Stabilität" von Regimen. Obgleich Regime als starre Konfigurationen definiert werden, existieren partiell dynamische Entwicklungen in den unterschiedlichen Dimensionen und Systemelementen. So können beispielsweise neue politische Regulierungen

oder inkrementelle Innovationen im Regime leichte Instabilitäten erzeugen, die zur Rekonfiguration der Systemelemente führen. Instabilitäten können außerdem auf Ebene der sozio-technischen Landschaft entstehen und schaffen eine Gelegenheit für Nischen, das Regime zu transformieren und langfristige Transitionsprozesse anzustoßen. Geels (2002) nennt dieses Phänomen „windows of opportunity".

3. Sozio-technische Landschaft:
   In der Multi-Level-Perspektive wird die sozio-technische Landschaft als übergeordnete und strukturierende Ebene für Regime und Nischen verstanden. Prozesse auf der Ebene der Landschaft verlaufen weitestgehend unabhängig von Regimen und beeinflussen die Gesellschaft sektorübergreifend. Darunter fallen beispielsweise der demographische Wandel, der Klimawandel und Umweltveränderungen, oder politischer und kultureller Wandel. Das Konzept der sozio-technischen Landschaft ist daher nicht zu verwechseln mit dem physisch-geographischen Verständnis einer Landschaft. Prozesse auf Ebene der Landschaft üben Druck auf die Konfiguration des sozio-technischen Systems im Regime aus und können dadurch sowohl inkrementelle Innovation und Transformation im Regime auslösen, vor allem öffnen sie aber „Windows of Opportunity" für Nischen. Auf der anderen Seite kann die Landschaftsebene aber auch dazu beitragen, Regimestrukturen weiter zu festigen. Für Nachhaltigkeitstransitionen üben derzeit Landschaftsprozesse wie Klima- und Biodiversitätskrisen, steigendes Umweltbewusstsein in der Gesellschaft aber auch Schockereignisse wie die Nuklearkatastrophe in Fukushima, Umweltkatastrophen, Pandemien und Kriege Druck auf nicht-nachhaltige Regime in unterschiedlichen Sektoren aus. Das Konzept der Multi-Level-Perspektive ist in Abbildung 4.3.15 skizziert.

Die Multi-Level-Perspektive ist ein wichtiges Konzept, um Nachhaltigkeitstransitionen oder Diffusionsprozesse von Umweltinnovationen zu analysieren. Smith et al. (2010) erläutern, dass die Multi-Level-Perspektive dazu in der Lage ist, zunehmend komplexe Fragestellungen im Bereich der Nachhaltigkeit zu strukturieren und zu simplifizieren. Dabei sind vor allem die drei Ebenen Landschaft, Regime und Nische konzeptionell leicht verständlich und bilden ein einfaches Vokabular zur Diskussion von Transitionen. Dies ist jedoch gleichzeitig ein wichtiger Kritikpunkt, da die Multi-Level-Perspektive vor der Herausforderung steht, komplexe Phänomene und Zusammenhänge so zu strukturieren, dass auf der einen Seite das Gesamtbild einer Transition dargestellt wird und auf der anderen Seite dieses nicht zu stark vereinfacht wird. Smith et al. (2010) sprechen in diesem Zusammenhang von einem Spannungsverhältnis zwischen der vollständigen Erfassung der Komplexität von Transitionen und dem Prinzip der Parsimonie (Sparsamkeit in der Theoriebildung). Smith et al. (2010) fassen weitere Kritikpunkte zur Multi-Level-Perspektive zusammen. Beispielsweise suggeriert die MLP, dass Veränderungen aus Nischen

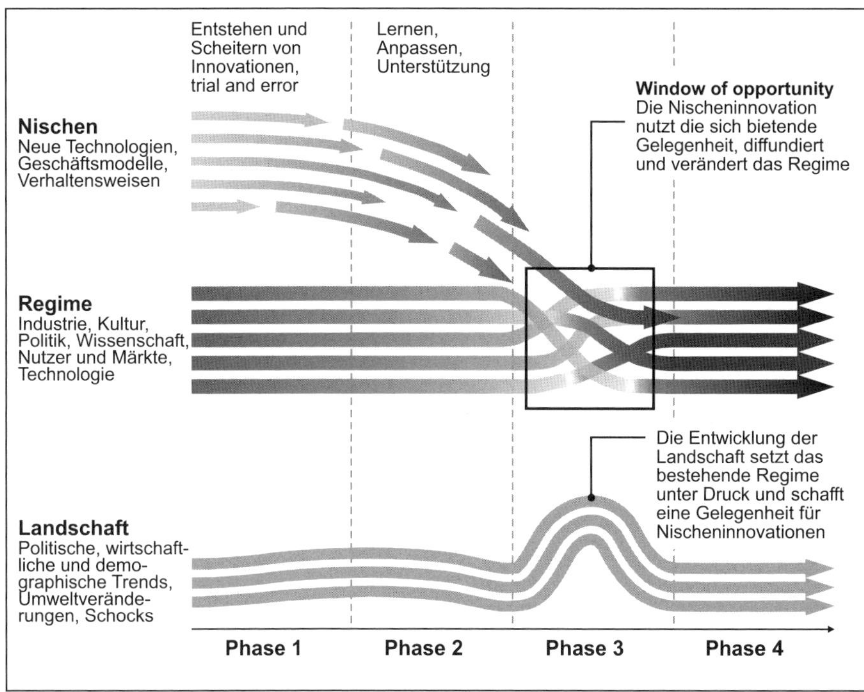

Abbildung 4.3.15: Multi-Level-Perspektive auf die Transition sozio-technischer Systeme (Eigene Darstellung nach Geels et al. 2017, Seite 1244)

kommen müssen, obgleich auch inkrementelle Innovationen im Regime langfristig sozio-technische Systeme rekonfigurieren können. Darüber hinaus lassen sich für viele Transitionsprozesse Nischen und Regime nicht so gut unterscheiden, wie die MLP impliziert.

Die wichtigste Kritik aus wirtschaftsgeographischer Perspektive ist jedoch die Vernachlässigung räumlicher Prozesse und Strukturen in der Konzeptualisierung der MLP. Coenen et al. (2012) argumentieren vor diesem Hintergrund, dass in Studien zur MLP häufig Nationen als Untersuchungsebene dienen, in welchen Interaktionen zwischen Nischen und Regimen stattfinden. Damit vernachlässigt die MLP sowohl räumliche Unterschiede in Regimestrukturen als auch die regionale Heterogenität in der Entstehung von Nischen. Für die Wirtschaftsgeographie ist es daher relevant zu untersuchen, weshalb Nachhaltigkeitstransformationsprozesse in einigen Regionen oder Nationen schneller und einfacher verlaufen als in anderen. Hansen und Coenen (2015) fassen vor diesem Hintergrund fünf regionale Faktoren zusammen:

1. Regionale Politik: Regionsspezifische Maßnahmen in der Umwelt- und Innovationspolitik sind entscheidend dafür, ob Nischen in einer Region entstehen können und inwiefern sich diese durchsetzen können.

2. Regionale Institutionen: Insbesondere informelle Institutionen wie soziale Praktiken, die auf lokaler und regionaler Ebene existieren, tragen zu regionalen Unterschieden in Nachhaltigkeitstransformationsprozessen bei.
3. Natürliche Ressourcen: Die Ausstattung mit natürlichen Ressourcen und weitere physisch-geographische Eigenschaften bedingen Transformationsprozesse in Regionen. Ein einfaches Beispiel dazu ist die Nutzung von Wind- und Solarenergie, die stark von solchen regionalen Bedingungen abhängt.
4. Regionalwirtschaftliche Spezialisierungen: Die Spezialisierung einer Region in bestimmten Technologien und Industrien determiniert, inwiefern in dieser Region Umweltinnovationen entwickelt und angewendet werden können.
5. Regionale Marktentstehung: Nischenmärkte entstehen häufig lokal und beeinflussen regionale Transformationsprozesse.

Diese Faktoren, ähnlich wie die genannten regionalen Leitmarktfaktoren (s. Kap. 4.3.3), sind interdependent. So beeinflusst die regionale Politik die regionalwirtschaftliche Spezialisierung und die lokalen Institutionen, wird von diesen Faktoren jedoch ihrerseits mitgestaltet. Nachhaltigkeitstransformationsprozesse können sich, abhängig von diesen regionalen Faktoren, stark zwischen Regionen unterscheiden. Gleichzeitig stellt sich die Frage, wie regionale Faktoren und Prozesse einer Nachhaltigkeitstransformation von globalen Entwicklungen abhängen („local node, global network", Coenen et al. 2012). Auch diese multi-skalaren Wirkungen werden in der MLP nicht berücksichtigt. Die geographische Kritik an der Multi-Level-Perspektive ähnelt folglich der Kritik am Konzept der Technologischen Innovationssysteme. In den vergangenen Jahren ist die „Geographie der Nachhaltigkeitstransitionen" daher zu einem einflussreichen Forschungsgebiet in der Wirtschaftsgeographie geworden. Jüngere Arbeiten untersuchen beispielsweise, wie sich Regimestrukturen auf globaler Ebene manifestieren (Fuenfschilling und Binz 2018).

4.4 Ökologische Raumwirtschaftspolitik

In diesem Kapitel werden verschiedene Ansätze und Instrumente aus der Politik vorgestellt, die zu einer ökologischen Regionalentwicklung beitragen können. Zunächst werden Instrumente der Umweltpolitik vorgestellt (4.4.1), die primär das Ziel verfolgen, Umweltzerstörungen entgegenzuwirken. In Kapitel 4.4.2 folgt eine Fortsetzung der in Kapitel 3.6 diskutierten Innovationspolitik, wobei insbesondere die transformative Innovationspolitik vorgestellt wird, deren Instrumente dazu beitragen sollen, dass Innovationen sozio-technischen Wandel anregen. Beide Politikfelder, Umweltpolitik und Innovationspolitik, werden häufig auf nationaler oder internationaler Ebene gestaltet, haben jedoch direkte Folgen für die Regionalentwicklung. In diesem Lehrbuch wird daher der Begriff der ökologischen Raumwirtschaftspolitik genutzt, um die aus wirtschaftsgeographischer Perspektive relevanten politischen Instrumente zusammenzufassen. In Kapitel 4.4.3 erfolgt eine kritische Diskussion nicht-intendierter Effekte bei der politischen Förderung von nachhaltigen Innovationen, sogenannte Rebound-Effekte.

4.4.1 Instrumente der Umweltpolitik

Ziel von Umweltpolitik ist es, Umweltzerstörungen zu vermeiden oder zu reduzieren. Dies kann gelingen, wenn externe Kosten internalisiert werden (s. Kap. 4.2.1). Der Erfolg eines umweltpolitischen Instruments wird nicht nur daran bemessen, inwiefern negative Umweltauswirkungen reduziert werden, sondern zusätzlich daran, in welchem Ausmaß die Vermeidung negativer Umweltauswirkungen mit Kosten verbunden ist. Diese Kosten werden als Vermeidungskosten bezeichnet und stehen den (externen) sozialen Kosten der Umweltzerstörung gegenüber. Umweltpolitische Instrumente versuchen, die Umweltzerstörung in gesellschaftlich optimalem Ausmaß zu reduzieren, sodass der Nutzen der Vermeidung von Umweltzerstörung höher ist als die damit verbundenen Kosten. Wird dieses Verhältnis optimiert, spricht man von einer effizienten Lösung (Sturm und Vogt 2018; Hanley et al. 2019). Zur Internalisierung externer Kosten und damit zur Vermeidung von Umweltzerstörungen in gesellschaftlich optimalem Umfang existieren aus umweltökonomischer Perspektive drei grundlegende Handlungsoptionen. Erstens verständigen sich der Verursacher der externen Kosten und der Kostentragende und verhandeln die Internalisierung der externen Kosten ohne Eingriff des Staates (Coase-Theorem). Zweitens werden negative externe Effekte durch staatlichen Eingriff über Umweltauflagen begrenzt, beispielsweise durch Emissionshöchstwerte oder technologische Standards (Auflagenpolitik). Drittens werden externe Kosten über ökonomische Instrumente internalisiert, beispielsweise durch Steuern oder Handel von Zertifikaten (Marktorientierte Instrumente). Diese drei umweltpolitischen Handlungsoptionen werden im Folgenden vorgestellt.

Das Coase-Theorem

In Kapitel 4.2.1 wurde gezeigt, dass externe Effekte zu Marktversagen führen und staatliche Eingriffe erfordern. Das Coase-Theorem, benannt nach seinem Begründer Ronald H. Coase (1960), zeigt jedoch, dass zur Internalisierung externer Kosten Eingriffe in den Markt nicht in jedem Fall nötig sind. Das Coase-Theorem besagt, dass die an den Externalitäten beteiligten Akteure, also Verursacher und Geschädigte über bilaterale Verhandlungen eine Internalisierung der externen Kosten erreichen können (Sturm und Vogt 2018; Feess und Seeliger 2021).

Zur Erläuterung des Theorems dient erneut das Beispiel aus 4.2.1, wobei ein Industrieunternehmen durch seine wirtschaftlichen Aktivitäten Umweltverschmutzungen erzeugt und dadurch die Erträge eines benachbarten Landwirtschaftsbetriebs sinken. Das Industrieunternehmen verursacht also externe Kosten, die vom Landwirtschaftsbetrieb getragen werden müssen. Im Coase-Theorem besteht daher für den Landwirtschaftsbetrieb der ökonomische Anreiz, Verhandlungen mit dem Industrieunternehmen zu führen. Ein Lösungsvorschlag in einer solchen Verhandlung wäre, dass der Landwirtschaftsbetrieb dem Industrieunternehmen eine Kompensation zahlt, wenn dieses die Produktion und damit die Umweltverschmutzungen verringert. Das Industrieunternehmen stimmt dieser Lösung zu, sollte die Kompensation höher sein als die Kosten zur Vermeidung der Umweltverschmutzung. Auf Seite des Landwirtschaftsbetriebs ergibt sich die Höhe der Kompensation aus dem erwarteten Ertrag bei reduzierter Umweltverschmutzung. In diesem Szenario kann es zu einer effizienten Internalisierung der externen Kosten kommen.

Eine solche Lösung scheint paradox, da der Verursacher der Umweltverschmutzung Kompensationszahlungen erhält, wenn er die Verschmutzung reduziert (Sturm und Vogt 2018). Grund dafür ist, dass im Beispiel davon ausgegangen wird, dass das Industrieunternehmen das Recht besitzt, die Umwelt zu verschmutzen. Die Rechte an den Umweltgütern liegen also beim Industrieunternehmen. Das Coase-Theorem greift jedoch auch im umgekehrten Fall, wenn die Rechte der Umweltgüter beim Landwirtschaftsbetrieb liegen. In diesem Fall liegt die Motivation für Verhandlungen beim Industrieunternehmen, das dem Landwirtschaftsbetrieb Kompensationen für Umweltverschmutzungen zahlt. Die Höhe dieser Kompensation und damit die Internalisierung der externen Kosten werden ebenfalls effizient ermittelt. Sie orientiert sich auf der Seite des Landwirtschaftsbetriebs am Ertrag in Abhängigkeit der zugelassenen Umweltverschmutzung und auf der Seite des Industrieunternehmens am Gewinn durch die Produktion in Abhängigkeit dafür anfallender Kompensationszahlungen für die Umweltverschmutzung.

In beiden Fällen, unabhängig davon ob die Rechte an Umweltgütern beim Verursacher der Verschmutzung oder beim Geschädigten liegen, kann es durch Verhandlungen zu einer effizienten Internalisierung der externen Kosten kommen. Das Coase-Theorem zeigt zusammenfassend, dass Umweltzerstörung durch liberale Märkte reduziert werden kann und ein Eingriff des Staates nicht notwendig sein muss. Die umweltpolitische Maßnahme im Sinne des Coase-Theorems ist daher lediglich, die Verschmutzungs- bzw. Unversehrtheitsrechte zu klären. In der Realität ist das Coase-Theorem jedoch kaum anwendbar. Dies liegt zum einen daran, dass die tatsächlichen externen Kosten oftmals nicht ermittelt werden können und in den meisten Fällen zahlreiche Akteure beteiligt sind – sowohl als Verursacher von Umweltzerstörungen als auch als Geschädigte. Darüber hinaus sind reale Verhandlungen von unvollständigen Informationen und opportunistischem Verhalten geprägt. So könnte der Landwirtschaftsbetrieb beispielsweise die durch den sinkenden Ertrag entstehenden Kosten in der Verhandlung höher angeben als sie eigentlich sind. Der hauptsächliche Grund, weshalb das Coase-Theorem in der Realität nicht funktioniert, sind jedoch die mit den Verhandlungen verbundenen Transaktionskosten, die häufig höher sind als die Effizienzgewinne der Beteiligten durch die Verhandlungen (Sturm und Vogt 2018; Buchholz und Rübbelke 2019). Ein Eingriff in den Markt wird also nicht nur dann sinnvoll, wenn das Coase-Theorem nicht greift, sondern auch, wenn die Effizienzgewinne bei staatlichem Eingriff höher sind als die durch die Verhandlung erzielte Effizienz unter Berücksichtigung der Transaktionskosten. Eine umfangreiche Kritik am Coase-Theorem diskutieren Hahnel und Sheeran (2009).

Auflagenpolitik

Eine einfache Möglichkeit, wie ein Markteingriff durch den Staat zur Vermeidung von Umweltschäden beitragen kann, ist die Auflagenpolitik. Eine Umweltauflage kann entweder über ein Gebot oder ein Verbot erfolgen und wird auch als Umweltstandard oder command and control Regulierung bezeichnet. Klassische Umweltauflagen sind Grenzwerte für die Emission von Schadstoffen, Gebote zur Verwendung umweltfreundlicher Technologien oder Verbote und Mengenbegrenzungen bestimmter umweltschädlicher Stoffe. Wird eine Umweltauflage verletzt, werden beispielsweise Bußgelder erhoben. Auflagen dienen vornehmlich dazu, negative Umweltauswirkungen direkt zu reduzieren, ohne Preismechanismen zur Internalisierung externer Kosten zu nutzen (Sturm und Vogt 2018; Feess und Seeliger 2021; Buchholz und Rübbelke 2019). Umweltauflagen sind das wohl am häufigsten genutzte Instrument der Umweltpolitik vieler Länder und Regionen. Umweltauflagen, die als Gebote ausgerichtet sind, können die Diffusion umweltfreundlicher Technologien erzwingen. Ein Beispiel für ein solche Umweltauflage ist die verpflichtende Nutzung von Katalysatoren zur Abgasreinigung in Autos. Verbote und Grenzwerte hingegen sind technologieoffener und erlauben diverse Lösungsansätze. Wird beispielsweise ein Grenzwert für CO_2 Emissionen pro gefahrenem Kilometer eines Autos festgelegt, kann dieser Grenzwert unterschiedlich erreicht werden, etwa durch energieeffizientere Motoren, durch die Verwendung von Biokraftstoffen oder durch den Wechsel zu einem Elektromotor. Technologieoffene Umweltauflagen sind vor dem Hintergrund der in Kapitel 4.3.1 erläuterten Porter-Hypothese innovationsfreundlicher als Gebote zur Nutzung bestimmter technologischer Lösungen.

Auflagen haben als politisches Instrument einige Vorteile. Zum einen können sie dazu dienen, explizit das Verhalten von Akteuren zu steuern und somit Schäden für andere sowie für die Umwelt zu verhindern. Dies wird beispielsweise durch Verbote gefährlicher Schadstoffe deutlich. Darüber hinaus folgen Umweltauflagen dem Verursacherprinzip, wobei der Verursacher von negativen Umweltauswirkungen auch dafür verantwortlich ist, diese zu vermeiden. Gleichzeitig weisen Auflagen auch einige Nachteile auf. So ist die Kontrolle zur Einhaltung von Umweltauflagen mit hohen Kosten verbunden und kann durch Missbrauch umgangen werden (z. B. Dieselskandal). Andererseits sind Umweltauflagen aus ökonomischer Sicht weniger effizient als marktorientierte Instrumente wie Steuern oder Zertifikate (Sturm und Vogt 2018; Feess und Seeliger 2021; Buchholz und

Rübbelke 2019). Dies resultiert aus der Inflexibilität der Auflagen, da diese häufig mit hohen Emissionsvermeidungskosten verbunden sind. Wenn beispielsweise eine Auflage in der Landwirtschaft zur Begrenzung von Methanemissionen eingeführt wird, sind die Vermeidungskosten für einen großen diversifizierten Betrieb, der Rinder züchtet und Getreide anbaut, relativ gering, da der Betrieb sehr einfach die Viehhaltung reduzieren kann und zukünftig mehr Getreide anbauen kann. Ein kleiner spezialisierter Betrieb hingegen, der ausschließlich Rinder züchtet, hat höhere Emissionsvermeidungskosten, da er für eine Reduzierung des Viehbestands und einen Wechsel des Geschäftsmodells (z. B. Anbau von Getreide) zusätzliche Investitionen tätigen muss, etwa den Kauf von landwirtschaftlichen Geräten. Ein marktorientiertes Instrument (z. B. Steuern oder Handel mit Zertifikaten) würde dazu führen, dass in den Betrieben die Schadstoffemissionen auch in unterschiedlichem Ausmaß vermieden werden, abhängig von den jeweiligen Vermeidungskosten. Eine Umweltauflage hingegen führt bei gleicher Reduzierung der Umweltauswirkungen in Summe zu höheren Kosten, da die Betriebe Schadstoffe auf gleichem Niveau vermeiden müssen, während die Kosten dafür aber variieren. Man spricht in diesem Zusammenhang von einer fehlenden Angleichung der Grenzvermeidungskosten.

Aus geographischer Sicht können Auflagen erheblich dazu beitragen, lokale Umweltauswirkungen zu reduzieren. Insbesondere bei Schadstoffen, die bei der Emission zu lokalen Schäden führen (z. B. Smog, Verunreinigung des Grundwassers etc.) sind Auflagen notwendig, um eine regionale Konzentration der Schäden zu vermeiden. Marktorientierte Instrumente hingegen können dazu beitragen, dass die regionale Konzentration negativer Umweltauswirkungen zunimmt. Bei globalen Schadstoffen (z. B. CO_2) ist es für den Umweltschutz irrelevant, wo die Emissionen vermieden werden. In diesem Fall sind marktorientierte Instrumente den Umweltauflagen vorzuziehen (Sturm und Vogt 2018).

Marktorientierte Instrumente

In der Umweltökonomik herrscht weitestgehend Konsens, dass marktorientierte Instrumente in der Regel zu einer effizienteren Lösung von Umweltproblemen beitragen als Auflagenpolitik. Zwei Instrumente sind vor diesem Hintergrund besonders relevant: die Pigou-Steuer und der Handel mit Zertifikaten.

Die Pigou-Steuer geht auf die Arbeiten von Arthur Pigou (1920) zurück und beschreibt die Idee, dass der Staat zur Vermeidung externer Effekte bei der Nutzung und Verschmutzung von Umweltgütern eine Steuer zur Internalisierung dieser externen Kosten einführen sollte. Eine Pigou-Steuer setzt typischerweise den Preis für eine Emissionseinheit fest. Die Steuer wirkt entsprechend wie ein Preis für Umweltgüter. Das Marktversagen durch externe Effekte wird somit korrigiert, da bei ökonomischen Entscheidungen die Kosten für Umweltzerstörungen berücksichtigt werden können. In der Theorie ergibt sich die Höhe der Pigou-Steuer für einen Schadstoff aus dem Schnittpunkt der Kosten für die Vermeidung von Emissionen und den Kosten für den durch Emissionen verursachten Schaden. Der Staat muss dementsprechend über Informationen verfügen, die ihm erlauben, den optimalen Steuersatz auf Basis der Vermeidungskosten und der Kosten durch Umweltschäden zu ermitteln. Ist dies möglich, führen die ökonomischen Entscheidungen der Akteure, beispielsweise von Unternehmen, zu einer effizienten Vermeidung von Umweltschäden. Da die Kosten für die Vermeidung von Emissionen zwischen Unternehmen variieren, passen Unternehmen ihre Emissionen entsprechend der individuellen Vermeidungskosten an. Es wird also Vermeidung betrieben, solange die Vermeidungskosten geringer sind als die Steuer. Daher entsteht eine effizientere Lösung als im Fall einer Umweltauflage, bei welcher Unternehmen unabhängig von dem individuellen Vermeidungskosten ihre Emissionen anpassen müssten (Sturm und Vogt 2018; Feess und Seeliger 2021; Buchholz und Rübbelke 2019).

Für den wahrscheinlichen Fall, dass der Staat die optimale Höhe der Pigou-Steuer nicht ermitteln kann, da in der Realität sowohl Kosten für die Vermeidung von Umweltschäden nicht genau quantifiziert werden können als auch die Kosten durch die Umweltschäden selbst, kann es trotzdem durch eine Steuer zu einer kosteneffizienten Lösung kommen. In diesem Fall werden jedoch lediglich die Vermeidungskosten optimiert, nicht aber das Emissionsniveau (Baumol und Oates 1971).

Die Pigou-Steuer kann neben den positiven Effekten durch die effiziente Internalisierung externer Kosten und der damit verbundenen Reduzierung von Umweltschäden auch weitere Vorteile für eine Volkswirtschaft generieren. So besagt die Hypothese der doppelten Dividende, dass zusätzlich zur Reduzierung der Umweltschäden (erste Dividende) ein weiterer Vorteil entsteht sofern der Staat die Einnahmen der Pigou-Steuer für eine Entlastung der Bevölkerung und Marktakteure nutzt (zweite Dividende). Dies kann etwa im Rahmen einer Senkung anderer Steuern oder durch Rückvergütungen gelingen (Parry und Bento 2000).

Steuern können zusammenfassend dazu beitragen, dass Preise für Umweltgüter entstehen und Marktversagen korrigiert wird. Ein anderes umweltpolitisches Instrument zur Korrektur des Marktversagens bei Umweltgütern ist die Idee des Handels mit Zertifikaten zu Emissionsrechten. Der Emissionshandel unterscheidet sich insofern von einer Steuer als die Steuer einen Preis für Emissionen festlegt (Preissteuerung) und der Emissionshandel auf einer festgelegten Menge an Emissionen basiert (Mengensteuerung). Beim Emissionshandel soll ein Markt für Umweltgüter künstlich geschaffen und dadurch die Eigenschaften dieser Güter (Nicht-Ausschließbarkeit, teilweise Nicht-Rivalität, s. Kap. 4.2.1) angepasst werden, sodass Preismechanismen den Markt koordinieren. Dieser künstliche Markt funktioniert beispielsweise für Schadstoffe wie Treibhausgase. Der Staat vergibt Zertifikate für die Emission des Schadstoffs und ermöglicht so das Prinzip der Ausschließbarkeit. Ein Unternehmen darf also nur emittieren, wenn für die Emissionen auch Zertifikate, also Emissionsrechte, existieren. Für die Implementierung eines Emissionshandelssystems legt der Staat eine feste Menge des Schadstoffs fest, die emittiert werden darf. Nun vergibt der Staat Zertifikate an emittierende Unternehmen, beispielsweise in Abhängigkeit der historischen Emissionen der Unternehmen. Wenn ein Unternehmen nun eine bestimmte Menge Schadstoff emittieren möchte, muss es dazu die vorhandenen Zertifikate einlösen. Sollte ein Unternehmen keine weiteren Zertifikate besitzen, muss es entweder Zertifikate von anderen Unternehmen erwerben, oder es wird eine Strafzahlung fällig, ähnlich einer klassischen Umweltauflage. Wie auch bei der Pigou-Steuer kann davon ausgegangen werden, dass die Vermeidungskosten für Emissionen zwischen Unternehmen variieren. Weist ein Unternehmen hohe Vermeidungskosten auf, wird es vermutlich zusätzliche Zertifikate nachfragen. Weist ein Unternehmen geringe Vermeidungskosten auf, wird es vermutlich eigene Zertifikate anbieten. Dementsprechend werden Emissionen, wie auch bei der Steuer, dort vermieden, wo sie die geringsten Kosten verursachen. Insofern erzielt auch der Emissionshandel eine kosteneffiziente Lösung. Analog zur Pigou-Steuer führt auch der Emissionshandel zu einer effizienten Gestaltung der Vermeidungskosten, auch wenn die optimale Höhe der Emissionsmenge aufgrund unvollständiger Informationen nicht genau ermittelt werden kann. Steuer und Emissionshandel gleichen sich dementsprechend grundsätzlich in ihrer Wirkung (Sturm und Vogt 2018; Feess und Seeliger 2021; Buchholz und Rübbelke 2019).

An dieser Stelle bleibt offen, ob der Handel mit Zertifikaten oder eine Steuer das sinnvollere umweltpolitische Instrument ist, wenn weder der Steuersatz noch die maximale Emissionsmenge vom Staat genau ermittelt und festgelegt werden kann. Weitzman (1974) verdeutlicht in diesem Zusammenhang, dass diese Frage auf Basis der Verläufe der Vermeidungskosten und der Kosten für Umweltschäden beantwortet werden sollte.

Die Einführung der marktorientierten Instrumente ist in der Realität äußerst komplex, nicht nur aufgrund der fehlenden Informationen zur Festlegung von Steuersatz oder Emissionsmenge. Beide Instrumente (Emissionshandel und Steuer) gewinnen jedoch zunehmend an Bedeutung in der Klima- und Umweltpolitik vieler Nationen. Beispielsweise hat die EU 2005 den Emissionshandel für CO_2 Zertifikate eingeführt (Emissions Trading System, ETS). Der Emissionshandel gilt für Unternehmen in der Energiewirtschaft und für Unternehmen in emissionsstarken Industrien wie Stahl, Chemie, Zement oder Luftverkehr. In Summe fallen etwa 11.000 Anlagen unter das ETS, die für jede emittierte Tonne CO_2 ein Zertifikat einlösen müssen. Jedes Jahr wird von der EU eine begrenzte Menge an Zertifikaten bereitgestellt („Cap"), wobei ein Großteil direkt an die Anlagenbetreiber vergeben wird, der Rest wird versteigert. Die Anzahl der Zertifikate wird dabei jährlich leicht reduziert. Die Anlagenbetreiber können nun mit den Zertifikaten über Börsen handeln (z. B. die EEX in Leipzig) und sind durch die Reduzierung der Anzahl der Zertifikate sowie durch steigende Preise der Zertifikate zunehmend dazu motiviert, Emissionen zu vermeiden. In Ergänzung zum Emissionshandel in o. g. Industrien auf europäischer Ebene hat die deutsche Bundesregierung 2021 eine CO_2-Bepreisung für Verkehr und Wärme eingeführt. Die Bepreisung folgt der Logik einer Pigou-Steuer, ist jedoch de facto keine Steuer, sondern ein Emissionshandelssystem mit zusätzlicher Preissteuerung. So hat die Bundesregierung beschlossen, dass der Preis pro Tonne CO_2 2021 zunächst bei 25 € liegen soll und bis 2025 sukzessive auf 55 € erhöht wird.

In der Transitionsforschung werden diese klassischen Instrumente der Umweltpolitik insbesondere in Bezug auf den Klimawandel stark kritisiert, da sie lediglich dem Marktversagen entgegenwirken, jedoch die Veränderung sozio-technischer Systeme nicht ausreichend unterstützen (Rosenbloom et al. 2020; van den Bergh und Botzen 2020).

4.4.2 Transformative Innovationspolitik

In Kapitel 4.4.1 wurden klassische Instrumente der Umweltpolitik vorgestellt, die dazu beitragen sollen, dass negative Umweltauswirkungen durch die Nutzung umweltschädlicher Technologien, Produkte und Prozesse reduziert werden. Diese Instrumente adressieren primär Marktversagen aufgrund externer Effekte und der Eigenschaften von Umweltgütern (s. Kap. 4.2.1). Umweltpolitische Maßnahmen unterstützen dementsprechend indirekt auch, dass Umweltinnovationen entstehen und diffundieren. Sie reagieren auf das Problem der Externalität von Umweltinnovationen in der Diffusionsphase. Klassische Instrumente der Innovationspolitik (s. Kap. 3.4) hingegen wirken den externen Effekten in der Entstehungsphase von Umweltinnovationen entgegen. In der jüngeren Zeit wird in der Innovations- und Transitionsforschung zunehmend auf eine Koordinierung dieser politischen Maßnahmen in einem sogenannten „Policy-Mix" hingewiesen, um Nachhaltigkeitstransformationsprozesse zu unterstützen (Kivimaa und Kern 2016; Rogge und Reichardt 2016; Schot und Steinmueller 2018; Rosenbloom et al. 2020).

In einem Policy-Mix werden verschiedene politische Instrumente kombiniert, um die Transformation sozio-technischer Systeme zu steuern. Der Grundgedanke dieser Strategie ist, dass Innovationspolitik nur zur Nachhaltigkeitstransition beitragen kann, wenn bestehende Regime destabilisiert werden. Auf der anderen Seite kann Umweltpolitik nur zur Nachhaltigkeitstransition beitragen, wenn gleichzeitig disruptive Innovationen in Nischen gefördert werden. Die relative Bedeutung von destabilisierender Umweltpolitik und nischenfördernder Innovationspolitik variiert im Laufe des langfristigen Transitionsprozesses, wobei Letztere an relativer Bedeutung gewinnt und Erstere an Bedeutung verliert (s. Abb. 4.4.1)

In der Praxis lassen sich zahlreiche Beispiele für einen Policy-Mix finden. Etwa die Kombination unterschiedlicher politischer Instrumente im Rahmen der deutschen Energiewende. Die deutsche Bundesregierung kombiniert seit vielen Jahren unterschiedliche Instrumente zur Destabilisierung der fossilen Energien (z. B. Ökosteuern, CO_2 Bepreisung, Kohleausstieg) und zur Förderung von nach-

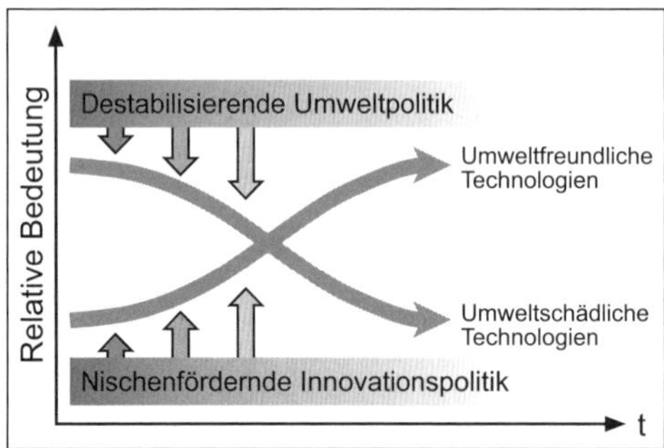

Abbildung 4.4.1: Policy-Mix für Nachhaltigkeitstransformationsprozesse (Eigene Darstellung nach Rosenbloom et al. 2020, Seite 8667)

haltigen Nischentechnologien für erneuerbare Energien (z. B. Forschungsförderung wie die Wasserstoff-Leitprojekte, Erneuerbare-Energien-Gesetz und Einspeisevergütungen). Auf regionaler Ebene zeigt sich ein erfolgreicher Policy-Mix zur Unterstützung von Nachhaltigkeitstransformationen etwa im Fall des nachhaltigen Bauens in Freiburg. So wurde in den vergangenen Jahren in Freiburg Innovationspolitik (z. B. Forschungsförderung für nachhaltiges Bauen und Energieeffizienz) erfolgreich mit Umweltpolitik (z. B. Umweltauflagen im Bausektor) kombiniert (Fastenrath und Braun 2018).

Die Instrumente in der Innovationspolitik für Nachhaltigkeitstransitionen unterscheiden sich von den in Kapitel 3.4. genannten klassischen Instrumenten der ersten und zweiten Generation der Innovationspolitik, die in erster Linie zur Korrektur des Marktversagens (1. Generation) und zur Korrektur von Systemversagen (2. Generation) beitragen. In einer dritten Generation der Innovationspolitik wird nunmehr versucht, gesellschaftlichen Herausforderungen wie Umweltkrisen durch Innovationen zu begegnen. Diese dritte Generation der Innovationspolitik bedeutet nicht, dass Instrumente der ersten beiden Generationen obsolet werden. Vielmehr handelt es sich um eine Lenkung dieser innovationspolitischen Instrumente, um gesellschaftliche Herausforderungen zu bewältigen und Transformationsprozesse zu unterstützen (Schot und Steinmueller 2018; Weber und Rohracher 2012). Die dritte Generation der Innovationspolitik wird auch als transformative Innovationspolitik bezeichnet. Maßnahmen in der transformativen Innovationspolitik orientieren sich an den großen gesellschaftlichen Herausforderungen (z. B. Klimawandel, Armut, etc.) und verfolgen sogenannte Missionen. Der Begriff der Missionsorientierung in der (transformativen) Innovationspolitik wurde insbesondere von Marianna Mazzucato (2018) geprägt und lässt sich anhand eines einfachen Beispiels nachvollziehen. Eine große gesellschaftliche Herausforderung ist beispielsweise die Verschmutzung der Ozeane mit Plastik und die daraus resultierende Beeinträchtigung von Ökosystemen und Gefährdung der Biodiversität (s. Kap. 4.1). Eine beispielhafte Mission für die Innovationspolitik lautet daher, plastikfreie und saubere Ozeane zu schaffen: „Reduzierung von 90 % der in die marine Umwelt gelangenden Kunststoffe und Entfernung von mehr als der Hälfte der in den Ozeanen, Meeren und Küstengebieten vorhandenen Kunststoffe bis 2025". Ziel der Innovationspolitik ist es nun, Forschungs- und Innovationsprojekte zu unterstützen, die zum Erfolg der Mission beitragen. Darunter fallen unter anderem Projekte zur Entfernung von Plastik aus den Ozeanen, Projekte zur Erfassung und Verwertung von Mikroplastik, Projekte zur Abfallwirtschaft an Land und Projekte im Bereich der Kunststoffvermeidung und Kreislaufwirtschaft. Projekte, die zum Erfolg einer Mission beitragen, fokussieren dabei nicht wenige Sektoren (z. B. Verpackungsindustrie), sondern sind für verschiedene Sektoren oder sogar sektorübergreifend angelegt. Darüber hinaus sind Innovationsprojekte nicht zwingend technologischer oder wissenschaftlicher Natur, sondern beinhalten auch soziale Innovationen (Mazzucato 2018). Ein großer Unterschied zur Innovationspolitik der ersten und zweiten Generation ist, dass missionsorientierte bzw. transformative Innovationspolitik wesentlich ergebnisoffener angelegt ist. Das bedeutet, dass nicht eine bestimmte Technologie oder Innovation unterstützt wird, sondern das unterschiedliche Lösungen zum Erfolg einer Mission beitragen können. Während also das Ziel der Mission klar formuliert ist, bleibt der Weg zum Erfolg der Mission undefiniert. Die Innovationspolitik vertraut demnach verstärkt auf Experimente und bottom-up Lösungen, wobei das Fehlschlagen einiger Projekte nicht negativ, sondern vielmehr als Lernprozess verstanden werden soll. Dieses Prinzip wird auch der Unsicherheit im Forschungsprozess gerecht (s. Kap. 3.1).

Eine weitere Besonderheit der transformativen Innovationspolitik ist die Bedeutung nachfrageseitiger Instrumente (Schot und Steinmueller 2018). Die klassische Innovationspolitik der ersten und zweiten Generation nutzt insbesondere angebotsseitige Instrumente wie die Subventionierung von FuE, die Förderung von Unternehmensgründungen oder die Förderung der Vernetzung von Akteuren zur Entwicklung von Innovationen. Diese Instrumente begünstigen zwar die Entstehung von Innovationen, nicht jedoch ihren Markterfolg und ihre Anwendung. Nachfrageseitige Instrumente hingegen sollen Innovationen beim Markteintritt unterstützten und ihre Diffusion beeinflussen (Edler und Fagerberg 2017; Boon und Edler 2018). So wirken viele der in Kapitel 4.4.1 diskutierten umweltpolitischen Maßnahmen (Regulierung, Standards, etc.) nachfrageseitig. Sie unterstützen die Nutzung von umweltfreundlichen Technologien. Weitere Maßnahmen auf der Nachfrageseite sind beispielsweise die Subventionierung der Nutzung einer Innovation, um die private Nachfrage anzuregen (z. B. Kaufprämie für Elektroautos, Einspeisevergütung etc.). Eine andere Maßnahme ist die öffentliche Beschaffung von Innovationen. Darunter fällt die Nachfrage von staatlichen bzw. öffentlichen Einrichtungen. Wird die öffentliche Beschaffung nicht nur an Preise, sondern auch an bestimmte Auflagen gebunden (z. B. technologische Standards, Umweltkriterien), kann die Diffusion von Innovationen gefördert werden. An dieser Stelle wird deutlich, dass der Staat nicht nur zur Entwicklung von Innovationen beitragen kann, er kann auch dabei helfen, dass Märkte für Nischeninnovationen entstehen. Ein einfaches Beispiel dazu ist der Bau öffentlicher Gebäude unter Berücksichtigung von Nachhaltigkeitskritieren (Holzbau, Energieeffizenz etc.).

4.4.3 Rebound-Effekte

Die bisherigen Ausführungen haben gezeigt, dass es häufig staatlicher Eingriffe in den Markt und Regulierung bedarf, damit sich umweltfreundliche Produkte und Prozesse gegenüber umweltschädlichen Alternativen durchsetzen können. Viele politische Instrumente zu diesem Zweck sind so gestaltet, dass sie entweder die Preise für umweltfreundliche Güter relativ zu umweltschädlichen Gütern reduzieren, beispielsweise durch Subventionen, oder die Preise für umweltschädliche Güter erhöhen, beispielsweise durch Steuern oder Auflagen. Ziel solcher Strategien ist, dass der Konsum von umweltfreundlichen Gütern steigt, während der Konsum umweltschädlicher Güter sinkt. Problematisch ist jedoch, dass Konsument*innen ihr Konsumverhalten an die geringeren Preise für umweltfreundliche Güter anpassen. So kann die Preissenkung zur Folge haben, dass der Konsum der umweltfreundlichen Güter den ursprünglichen Konsum der umweltschädlichen Güter übersteigt oder dass zusätzlich zum Konsum der umweltfreundlichen Güter andere Güter konsumiert werden, deren Konsum nur durch die Preissenkung ermöglicht wird. In beiden Fällen werden die positiven Umwelteffekte durch den insgesamt steigenden Konsum reduziert und in einem pessimistischen Szenario entstehen negative Umweltauswirkungen in höherem Ausmaß als durch den Konsum der umweltschädlicheren Güter mit höheren Preisen. Diese Situation wird in der Literatur als Rebound-Effekt definiert.

Die Idee des Rebound-Effekts geht auf William Stanley Jevons (1865) zurück und wird daher auch als Jevons Paradoxon bezeichnet. Seither erfährt das Problem des Rebound-Effekts große Aufmerksamkeit in der ökonomischen Literatur und zahlreiche Studien versuchen, unterschiedliche Wirkungsweisen zu identifizieren und das Ausmaß von Rebound-Effekten zu quantifizieren (Khazzoom 1980; Brookes 1990; Greening et al. 2000). Das Phänomen des Rebound-Effekts wird in der Literatur oftmals am Beispiel von Energieeffizienztechnologien untersucht, die Mechanismen des Effekts sind allerdings auch auf andere Umweltinnovationen übertragbar, deren Preis im Vergleich zu umweltschädlichen Alternativen sinkt (s. o.). In den folgenden Erläuterungen beziehen wir uns auf den Fall von Energieeinsparungen.

Lange et al. (2021) erläutern in diesem Zusammenhang den Unterschied zwischen dem Rebound-Effekt und sogenannten Rebound-Mechanismen. Rebound-Mechanismen sind die kausalen Wirkungen, die von Verbesserungen in der Energieeffizenz ausgehen und den Konsum beeinflussen. Der Rebound-Effekt hingegen beschreibt das Ausmaß des Einflusses der Rebound-Mechanismen auf den Konsum im Vergleich zu den potentiellen Energieeinsparungen durch die Effizienzsteigerung. Der Rebound-Effekt quantifiziert demnach die Reduktion der möglichen Einsparungen aufgrund steigenden Konsums (s. Abb. 4.4.2). Wenn der Rebound-Effekt die möglichen Einsparungen übertrifft, entstehen negative Umweltauswirkungen. Rebound-Mechanismen können auf unterschiedlichen Ebenen wirken, etwa auf der Ebene von Endkonsument*innen, aber auch auf internationaler Ebene (Lange et al. 2021). Letztere sind aus wirtschaftsgeographischer Perspektive interessant, da Energieeinsparungen eines Landes oder einer Region ein steigendes Angebot auf dem Weltmarkt implizieren, das international zu sinkenden Energiepreisen und dadurch zu erhöhter Nachfrage und Konsum führt. Auf der Mikroebene von Endkonsument*innen wird zwischen zwei grundlegenden Rebound-Mechanismen unterschieden. Der direkte Rebound-Mechanismus beschreibt den erhöhten Konsum des energieeffizienten Gutes, der indirekte Rebound-Mechanismus beschreibt den Konsum zusätzlicher Güter.

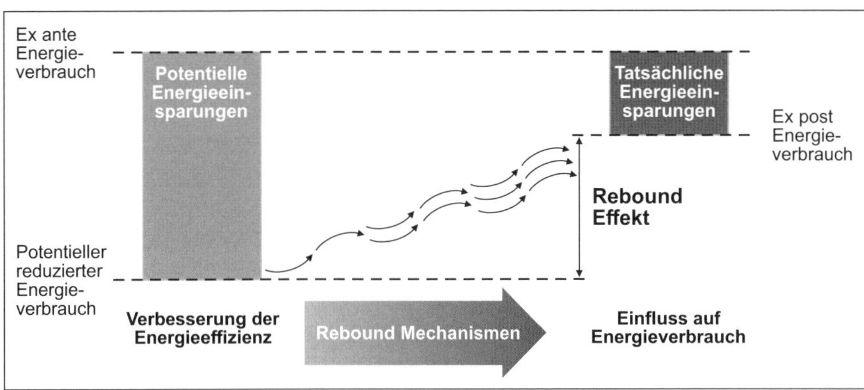

Abbildung 4.4.2: Rebound-Effekte (Eigene Darstellung nach Lange et al. 2021, Seite 2)

Für ein Beispiel wird angenommen, dass eine neue Technologie die Energieeffizienz von PKWs erhöht. Das bedeutet, der Energieverbrauch von PKWs pro gefahrenem Kilometer sinkt. Bei konstanten Energiepreisen entstehen für Endkonsument*innen kurz- und mittelfristig positive Einkommenseffekte, da für die zurückgelegte Entfernung weniger Kosten entstehen. Der direkte Rebound-Mechanismus beschreibt nun die Situation, dass Endkonsument*innen aufgrund der geringen Kosten für Mobilität ihr Konsumverhalten ändern und zusätzliche Strecken mit dem PKW zurücklegen bzw. den PKW häufiger nutzen. Der indirekte Rebound-Mechanismus beschreibt die Situation, dass Endkonsument*innen aufgrund der gesparten Kosten für Energie andere Güter und Dienstleistungen konsumieren, beispielsweise einen Urlaub mit Langstreckenflügen. In beiden Situationen entsteht durch die Mechanismen ein Rebound-Effekt, der die potentiellen Energieeinsparungen durch die neue Technologie reduziert.

Für die politische Förderung von Energieeffizienztechnologien und anderen Umweltinnovationen ist demnach zu berücksichtigen, dass der Rebound-Effekt die potentiellen positiven Effekte auf die Umwelt teilweise deutlich reduzieren kann. Klassische innovationspolitische Instrumente zur Förderung von Umweltinnovationen und Energieeffizienz sowie Instrumente zur Beeinflussung der Preismechanismen implizieren Rebound-Effekte, die durch zusätzliche umweltpolitische Instrumente kontrolliert werden müssen. Darunter fallen beispielsweise Obergrenzen für Emissionen, Umweltstandards und Umweltabgaben (s. Kap. 4.4.1). Damit Energieeffizienztechnologien und andere grüne Technologien zu einer Nachhaltigkeitstransition beitragen können, wird folglich ein Policy-Mix benötigt, der die negativen Konsequenzen des Rebound-Effekts berücksichtigt (Kivimaa und Kern 2016; Rogge und Reichardt 2016; Schot und Steinmueller 2018; Rosenbloom et al. 2020).

5 Herausforderungen nachhaltiger regionalökonomischer Entwicklung

Eine zukünftige nachhaltige Wirtschaft soll ökologische Anforderungen (Klimaneutralität und niedrigen Ressourcenverbrauch) mit sozialen Anforderungen (der umfassenden Verwirklichung möglichst hoher menschlicher Entwicklungsstandards) verbinden. Aufgrund der etablierten Produktionstechnologie und der vorherrschenden Konsumgewohnheiten ist die Beziehung zwischen Ökologie und menschlicher Entwicklung von Zielantinomie geprägt und die Frage, wie Zielharmonie erreicht werden kann, ist noch nicht umfassend geklärt. Die zahlreichen Überlegungen, die die Kapitel 2, 3 und 4 vorgestellt haben, betonen in der Regel entweder sozioökonomische oder ökologische Erfolgsparameter. Aufgrund der fehlenden Integration dieser Partialansätze stellen sie noch keine umfassende Theorie der nachhaltigen regionalökonomischen Entwicklung dar.

Abbildung 5.1 veranschaulicht die Herausforderungen nachhaltiger Wirtschaftsentwicklung anhand der Verschiebung der Potenzialkurve von T0 nach T1. Die heute gültige Potenzialkurve T0 soll zeigen, in welchem Umfang sich sozioökonomische Ziele und ökologische Ziele gleichzeitig und in Abhängigkeit voneinander erreichen lassen. Welcher Punkt auf der Kurve angestrebt wird, folgt aus der gesellschaftlichen Prioritätensetzung. Natürlich werden in der Realität oftmals nur Punkte links von der Potenzialkurve erreicht, wenn z. B. Kriege und Bürgerkriege, Korruption, politische Fehlentwicklungen, Partikularinteressen usw. verhindern, das mögliche Maß an Nachhaltigkeit zu erreichen. Nachhaltige Wirtschaftsentwicklung soll die Potenzialkurve immer weiter nach rechts verschieben, angedeutet durch T1, und damit neue Möglichkeiten eröffnen, ökologische und soziale Anliegen zugleich zu berücksichtigen.

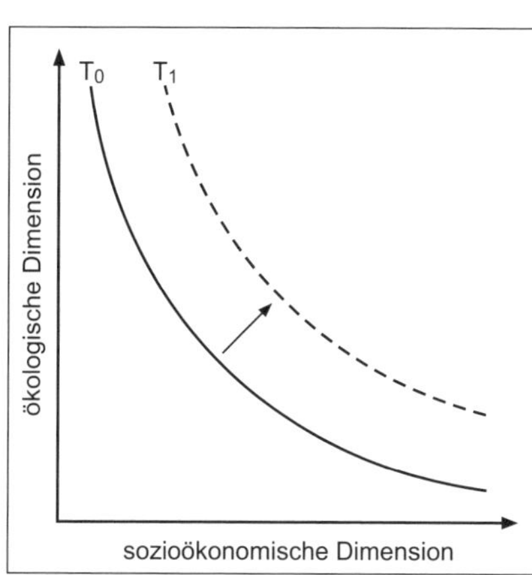

Abbildung 5.1: Entwicklung zur Nachhaltigkeit (Eigene Darstellung)

Die Bearbeitung der Probleme einer tatsächlich sozioökonomisch und ökologisch integrierten, umfassenden und grundsätzlichen Hinwendung zu Nachhaltigkeit nimmt weder in der Wirtschaftsgeographie noch in anderen Wissenschaften großen Raum ein. Die Bearbeitung konkreter Probleme und naheliegender Lösungen steht, aufgrund der Notwendigkeit rascher Veränderungen, zurecht im Vordergrund. Dennoch gibt es wissenschaftliche Diskussionsstränge, die die ungelösten Probleme, die teilweise unzutreffenden Voraussetzungen und die institutionellen Defizite unserer Wirtschaftssysteme aufgreifen. Im Folgenden werden Überlegungen aus drei Bereichen vorgestellt, die in enger Verbindung mit regionalen Faktoren stehen. Dies sind Überlegungen zu räumlich differenzierter Verantwortung für ökologische Nachhaltigkeit (Kap. 5.1), zu Innovationen für Nachhaltigkeit (Kap. 5.2) sowie zu wirtschaftssystemischen Alternativen (Kap. 5.3 und 5.4).

5.1 Räumlich differenzierte Schadensverantwortung und Schadensvermeidung

In Kapitel 4.1 wurden grundlegende empirische Daten zur Biodiversitäts- und zur Klimakrise beschrieben und aus wirtschaftsgeographischer Perspektive kommentiert. Eine der Hauptaussagen dieses Kapitels ist, dass die Ursachen und Folgen der Umweltkrisen auf globaler Ebene ungleich verteilt sind, beispielsweise die Emission von Treibhausgasen. Auf Basis dieser Tatsache wird in der internationalen Politik, zum Beispiel auf den jährlich stattfindenden UN-Klimakonferenzen und den Weltbiodiversitätskonferenzen, intensiv diskutiert, welche Verantwortung die einzelnen Nationen für die Umweltkrisen tragen und welcher Beitrag zur künftigen Schadensvermeidung daraus resultiert. In diesem Kapitel wird die Verantwortung für die Klima- und die Biodiversitätskrise auf Basis kumulativer (historischer) Umweltbeeinträchtigung der Nationen bemessen und diskutiert. Im Anschluss erfolgt eine Erörterung, ob Entwicklungs- und Schwellenländer die Nachhaltigkeitstransformation ihrer Wirtschaftsstruktur frühzeitig gestalten sollten oder ob sie zunächst andere Ziele, z. B. Wirtschaftswachstum auf Basis verschmutzender Industrien, verfolgen sollten („greening now“ vs. „grow first, clean up later“).

Verantwortung für Klima- und Biodiversitätskrisen

Die Verantwortung für den anthropogenen Treibhauseffekt und für den daraus entstehenden Klimawandel lässt sich auf Grundlage der Emissionen von Treibhausgasen beziffern. Die folgenden Ausführungen basieren auf den Berechnungen von Hickel (2020) (s. auch Matthews 2016). Hickel argumentiert, dass die Verantwortung für den Klimawandel die Berücksichtigung der historischen Emissionen erfordert, da der Treibhauseffekt durch die langfristige und kumulative Konzentration der Treibhausgase (insb. CO_2) in der Atmosphäre entsteht. Hickel orientiert sich für seine Kalkulation der Klimaverantwortung an den Erkenntnissen zu den planetaren Grenzen des Klimawandels (s. Kap. 4.1), nach welchen eine Konzentration von mehr als 350 ppm CO_2 in der Atmosphäre die Existenz der menschlichen Zivilisation gefährdet. Diese Konzentration wurde bereits 1990 erreicht. Das bedeutet, dass alle zusätzlichen Emissionen nach 1990 zur Überschreitung der planetaren Grenzen führen. Hickel erklärt, dass die kumulativen Emissionen von 1850 (Industrialisierung) bis 1990 (bzw. bis 350 ppm) im Umkehrschluss als globales CO_2 Budget aufzufassen sind, das ohne drastische Auswirkungen auf das Klima emittiert werden konnte. Anhand der Bevölkerung der Länder berechnet Hickel nun eine faire Verteilung des Budgets (sog. „fair shares"). Die Gegenüberstellung des fair shares mit den tatsächlichen kumulativen Emissionen einer Nation (hier bis 2015) zeigt, ob eine Nation ihren fair share überschritten hat und folglich zum „Klimaschuldner" wird, oder ob sie ihren fair share bislang unterschreitet und damit zum „Klimagläubiger" wird.

Tabelle 5.1 listet die Nationen auf, die nach der Berechnung von Hickel (2020) zu den größten Klimaschuldnern oder Klimagläubigern gehören. In der Tabelle wird deutlich, dass insbesondere Länder des globalen Nordens ihren fair share deutlich überschritten haben, während viele Länder des globalen Südens ihren fair share 2015 noch unterschreiten. Hickel (2020) wertet dieses Ergebnis so, dass der globale Norden einen Großteil der Verantwortung für die Klimakrise trägt und entsprechend nicht nur schneller klimaneutral werden muss, sondern zusätzlich auch in der Verantwortung steht, die Transformation zur Klimaneutralität in Ländern des globalen Südens zu fördern, etwa durch finanzielle Unterstützung. In diesem Zusammenhang zeigen Bruckner et al. (2022), dass die globalen CO_2 Emissionen nur unwesentlich (ca. 1,6 % – 2,1 %) stiegen, wenn im globalen Süden eine Milliarde Menschen von Armut befreit würden. Das bedeutet, dass an dieser Stelle nur ein geringer Zielkonflikt zwischen sozioökonomischer und ökologischer Dimension der Nachhaltigkeit besteht. Auch Bruckner et al. (2022) ziehen das Fazit, dass insbesondere reiche Länder Verantwortung zur Reduktion der Treibhausgasemissionen tragen, während in armen Ländern vielmehr die Bekämpfung von Armut im Vordergrund stehen sollte. Dass dieser potentielle Zielkonflikt sehr komplex ist, zeigen die Ausführungen im folgenden Abschnitt zur Schadensvermeidung.

Neben der diskutierten Klimaverantwortung (Hickel 2020) zeigen Hickel et al. (2022) in einer Folgestudie eine ähnliche Verteilung der Verantwortung für die Biodiversitätskrise, die maßgeblich auf die Verwendung von biotischen (z. B. Biomasse) und abiotischen (z. B. Erze, fossile Energieträger) Ressourcen (und ihren Folgeprodukten) für den Konsum zurückzuführen ist. In der Studie nutzen Hickel et al. (2022) Daten zum materiellen Fußabdruck bzw. zum Rohstoffkonsum der Nationen, bereinigt um Importe und Exporte, für den Zeitraum 1970 bis 2017. In Ergänzung zu den Ergebnissen der nationalen Verantwortung, welche relativ ähnlich zu den Ergebnissen der Klimaverantwortung sind, zeigen Hickel et al. (2022), dass reiche Nationen insbesondere den fair share für abiotische Ressourcen überschreiten.

Tabelle 5.1: Über- und Unterschreitung nationaler CO_2 Budgets (Eigene Darstellung nach Hickel 2020, Seite 402)

	Land	**Faires CO_2 Budget (in Gt)**	**Tatsächliche Kumulative CO_2 Emissionen (in Gt)**	**Über- oder Unterschreitung des Budgets (in Gt)**	**Anteil der gesamten Über- oder Unterschreitung (in %)**
Welt	..	830,1	1516,2	686,1	..
Klimaschuldner (Überschreitung)					
1	USA	41,5	420,4	378,9	40%
2	Russland	27,2	105,1	78,0	8%
3	Deutschland	18,4	91,3	72,9	8%
4	Vereinigtes Königreich	13,0	79,3	66,4	7%
5	Japan	21,5	70,0	48,6	5%
6	Frankreich	13,3	42,6	29,4	3%
7	Kanada	4,1	30,2	26,2	3%
8	Ukraine	9,6	30,2	20,6	2%
Restliche Klimaschuldner	..	..	..	228,7	24%
Überschreitung gesamt	..	..	..	949,6	100%
Klimagläubiger (Unterschreitung)					
1	Indien	133,4	43,2	-90,2	34%
2	China	189,0	159,6	-29,4	11%
3	Bangladesch	15,9	1,3	-14,5	5%
4	Indonesien	25,1	10,7	-14,4	5%
5	Nigeria	13,4	2,1	-11,2	4%
6	Pakistan	14,5	3,8	-10,7	4%
7	Äthiopien	7,0	0,1	-6,9	3%
8	Vietnam	9,4	2,9	-6,4	2%
Restliche Klimagläubiger	..	..	..	-81,3	31%
Unterschreitung gesamt	..	..	..	-265,0	100%

Schadensvermeidung in Entwicklungs- und Schwellenländern

Die Verantwortung für die gegenwärtigen Umweltkrisen tragen zwar größtenteils die Länder des globalen Nordens, jedoch ist die Bewältigung der Krisen eine globale Herausforderung, die auch eine Transformation der Wirtschaftsstrukturen in Entwicklungs- und Schwellenländern erfordert. Diese Länder sind einerseits stark von Umweltveränderungen betroffen, andererseits fehlen dort aber auch die finanziellen und institutionellen Voraussetzungen für eine Nachhaltigkeitstransformation (Peri und Robert-Nicoud 2021; Pegels und Altenburg 2020). Die Volks- und Regionalwirtschaften in Entwicklungs- und Schwellenländern könnten zwar von neuen Beschäftigungsmöglichkeiten profitieren und ihre Abhängigkeit von (grünen) Technologien aus dem globalen Norden reduzieren, gleichzeitig könnten Wohlfahrtverluste durch den Verlust bestehender Industriezweige eintreten und es entstehen Investitionskonflikte mit anderen Bereichen, die der Verbesserung der Lebensverhältnisse dienen (z. B. Bildung, Gesundheitssystem, Infrastrukturen). Pegels und Altenburg (2020) erläutern vor diesem Hintergrund, dass Entwicklungs- und Schwellenländer die Wahl zwischen zwei gegensätzlichen Strategien haben. Entweder sie investieren frühzeitig in die Transformation ihrer Wirtschaftsstruktur („greening now") oder sie verfolgen zunächst andere Ziele wie schnelles Wirtschaftswachstum auf Basis verschmutzender Industrien und investieren erst in der Zukunft in den Umweltschutz und die Transformation der Wirtschaftsstruktur („grow first, clean up later"). Für beide Strategien nennen Pegels und Altenburg (2020) Argumente. Für eine politische Strategie des greening now sprechen unter anderem folgende Argumente:

1. Vermeidung irreversibler Umweltzerstörungen: Wenn Länder ihre Wirtschaftsstrukturen frühzeitig nachhaltig gestalten, können irreversible Umweltzerstörungen vermieden werden, die langfristig die Wirtschaftsentwicklung und den Wohlstand gefährden (z. B. „climate tipping points"). Auch wenn einige Umweltzerstörungen nicht irreversibel sind, so steigen die Kosten für die Wiederherstellung von Ökosystemen und Umweltgütern je länger der Schaden andauert. Eine frühzeitige Vermeidung von Umweltzerstörungen ist demnach mit weniger Kosten verbunden als eine nachträgliche Wiederherstellung.
2. Verringerung der Kosten für sozio-technischen Wandel: In Entwicklungs- und Schwellenländern ist der Lock-in der sozio-technischen Systeme in vielen Sektoren nicht so ausgeprägt wie in Industrienationen. Die Anpassung der Regimestrukturen (s. Kap. 4.3) ist demnach einfacher und mit weniger Kosten verbunden. Durch die Pfadabhängigkeit und die Festigung nicht-nachhaltiger Regimestrukturen steigen die Kosten für sozio-technischen Wandel im Zeitverlauf.
3. Verfall von Vermögensanlagen (stranded assets): Die Umweltveränderungen und die damit verbundenen (notwendigen) Anpassungen der globalen Märkte können dazu führen, dass Vermögenswerte (assets) drastisch an Marktwert

verlieren. Beispiele dafür sind der Wertverfall von Kohlekraftwerken oder der Wertverfall von Humankapital (z. B. technisches Wissen zur Reparatur von Verbrennungsmotoren).

4. Mögliche Wettbewerbsvorteile und Wachstumspotentiale in grünen Industrien: Eine strengere Umweltpolitik kann, entsprechend der Porter-Hypothese (s. Kap. 4.3), dazu führen, dass die Kosten für die Anpassung an neue Umweltvorschriften durch Innovationen kompensiert werden. Zusätzlich besteht die Chance, dass Entwicklungs- und Schwellenländer Wettbewerbsvorteile in grünen Technologien entwickeln können, wenn sie frühzeitig in die Entwicklung und Nutzung dieser Technologien investieren („green windows of opportunity"). Dies wird u. a. am Beispiel der Photovoltaikindustrie in China deutlich (Lema et al. 2021). Die Wirtschaftsentwicklung kann insofern auch von zusätzlichen Beschäftigungsmöglichkeiten profitieren, die den Verlust von Arbeitsplätzen in verschmutzenden Industrien ausgleichen, beispielsweise in arbeitsintensiven Bereichen wie in der Errichtung und Instandhaltung regenerativer Energien, im Bereich der Kreislaufwirtschaft oder in der sehr arbeitsintensiven ökologischen Landwirtschaft.
5. Verbesserte Finanzierungsmöglichkeiten durch Umweltpolitik: Da Entwicklungs- und Schwellenländer verstärkt von (globalen) Umweltveränderungen betroffen sind, sinken ihre Ratings auf den Finanzmärkten und entsprechend verschlechtern sich nationale Finanzierungsbedingungen (erhöhte Zinssätze). Demnach ist nicht nur die Einführung einer strengen Umweltpolitik für diese Länder von Vorteil, sondern auch die Durchsetzung strenger Umweltstandards auf internationaler Ebene. Die Allianz der kleinen Inselstaaten (AOSIS) verfolgt eine solche Strategie bereits. Darüber hinaus existieren zunehmend internationale Finanzierungsmöglichkeiten für die Nachhaltigkeitstransformation von Entwicklungs- und Schwellenländern, zum Beispiel der Green Climate Fund der UN. Die relativ kostengünstige Einführung von Pigou-Steuern kann diesen Ländern zusätzlichen finanziellen Spielraum bieten, etwa um Investitionen in anderen Wohlfahrtsbereichen wie Bildung und Gesundheit zu tätigen (doppelte Dividende der Umweltpolitik, s. Kap. 4.4).

Neben diesen Argumenten, die für eine Strategie des greening now sprechen, führen Pegels und Altenburg (2020) auch einige Argumente auf, die eher eine Strategie des grow first, clean up later unterstützen:

1. Sicherung der Wettbewerbsfähigkeit in verschmutzenden Industrien: Das wohl stärkste Argument für die grow first, clean up later Strategie ist die Sicherung der Wettbewerbsfähigkeit und der Beschäftigung in verschmutzenden Industrien. Laut der Pollution-Haven-Hypothese (s. Kap. 4.2) können viele Güter in Entwicklungs- und Schwellenländer kostengünstiger produziert werden, da die Kosten zur Einhaltung von Umweltstandards dort geringer sind. Diese Länder besitzen demnach Wettbewerbs- und Exportvorteile in Gütern aus verschmutzenden Industrien und können Investitionen aus dem

Ausland anlocken. Die Transformation der Wirtschaftsstruktur Richtung Nachhaltigkeit und die Einführung strenger Umweltpolitik würde die Beschäftigung und die Wertschöpfung in diesen Industrien gefährden.
2. Vermeidung von Opportunitätskosten in Bereichen der Wohlfahrt: Da Entwicklungs- und Schwellenländer häufig unzureichende öffentliche Mittel bzw. finanzielle Ressourcen für Investitionen in die Verbesserung der Lebensbedingungen (Bildung, Gesundheit, Infrastruktur, etc.) haben, könnten Investitionen in Nachhaltigkeitstransformationsprozesse Opportunitätskosten hervorrufen. Es könnte einen Finanzierungskonflikt zwischen den genannten Bereichen der Wohlfahrt und der Umweltpolitik geben.
3. Transformation der Wirtschaft erfolgt automatisch: Laut der Environmental Kuznets Curve nimmt das Ausmaß der Umweltzerstörung eines Landes mit zunehmender Wirtschaftsentwicklung ab (s. Kap. 4.2). Eine einfache Schlussfolgerung wäre, dass die Transformation der Wirtschaftsstruktur automatisch im Zeitverlauf erfolgt, wenn sich Länder wirtschaftlich entwickeln.

Zusammenfassend überwiegen die Argumente für eine greening now Strategie von Entwicklungs- und Schwellenländern (Pegels und Altenburg 2020; Lema et al. 2021). Die Transformation der Wirtschaftsstrukturen Richtung Nachhaltigkeit eröffnet nicht nur die Möglichkeit, das Ausmaß der gegenwärtigen Umweltkrisen zu verringern, sondern es entstehen außerdem Chancen zur Reduzierung der Armut in diesen Ländern und zum Ausgleich sozioökonomischer Disparitäten auf globaler Ebene.

5.2 Innovationen für Nachhaltigkeit

Die Kapitel 3 und 4 dieses Lehrbuchs haben Innovation als den Hauptantrieb der Wirtschaftsentwicklung hervorgehoben und gleichzeitig verdeutlicht, dass von Innovationen ein essentieller Beitrag zur Nachhaltigkeitstransition zu erwarten ist. Jedoch haben diese Kapitel auch gezeigt, dass Innovationen in vielen Fällen regionale Disparitäten verschärfen, da ihre Erträge sich oftmals auf wenige Personen, Unternehmen und Regionen konzentrieren (Milanovic 2016; Knorringa et al. 2016). Ausgeprägte regionale Disparitäten im sozioökonomischen Entwicklungsstand beeinträchtigen die Diffusion von Innovationen, denn Innovationen entsprechen technologisch vor allem den Bedürfnissen ihrer Herkunftsregionen. Da es sich bei diesen zumeist um Regionen in wohlhabenden Industrieländern handelt, lässt sich das ökonomische und ökologische Potenzial von Innovationen in ärmeren Ländern nicht automatisch ausschöpfen (Kaplinsky 2011). Dort sind zumindest Adaptionen nötig, wodurch die Diffusion Zeit und zusätzlichen Ressourceneinsatz erfordert (Viotti 2002).

Eine Zielharmonie, d. h. ein Zustand, in dem ökologisch wünschenswerte Innovationen sich rasch verbreiten und gleichzeitig sozioökonomische Disparitäten verringern, setzt voraus, das Umweltinnovationen verstärkt in armen Regionen entstehen. Das allgemein begrenzte Innovationspotenzial von ärmeren Regionen in Entwicklungs- und Schwellenländern steht dem zwar entgegen, dennoch gibt es Innovationen, die diesen Anforderungen entsprechen.

5.2.1 Inklusive Innovationen

Die im Folgenden beschriebenen Innovationen positionieren sich in vielerlei Hinsicht anders als konventionelle Innovationen. Ihre Protagonisten bemängeln das Verfolgen privater Interessen zu Lasten öffentlicher Interessen, das bei vielen konventionellen Innovationsakteuren zu beobachten ist, ebenso wie einen fehlenden Weitblick öffentlicher Akteure. Die Alternative sehen sie in Innovationen, die Herausforderungen durch Armut, Ungleichheit und Umweltzerstörung sowie die davon besonders gekennzeichneten Regionen bewusst adressieren (Tracey und Stott 2017; Stott und Tracey 2018; Kroll und Neuhäusler 2019).

Der englische Begriff „Inclusive Innovation" wird in der Fachliteratur nicht einheitlich definiert. Die meisten Arbeiten untersuchen unter der Bezeichnung „inklusive Innovation" solche Neuerungen, die auf die Bedürfnisse marginalisierter und vulnerabler Bevölkerungsgruppen eingehen (Foster und Heeks 2013; George et al. 2012). Die Berücksichtigung dieser Bedürfnisse kommt in den folgenden Anliegen zum Ausdruck (Foster und Heeks 2013):

- Inklusivität der Vorüberlegungen: Inklusive Innovationen adressieren Probleme, die für arme, marginalisierte und vulnerable Bevölkerungsgruppen besonders drängend sind.
- Inklusivität der Innovationsprozesse: Inklusive Innovationen beziehen Personen aus armen und vulnerablen Gruppen direkt in die Innovationsentstehung ein.
- Inklusivität der Innovationsadoption: Die angesprochenen Bevölkerungsgruppen verfügen über die Möglichkeiten, die entstandenen Innovationen aufzunehmen und zu nutzen.
- Inklusivität der Wirkungen der Innovation: Die neuen Güter und Dienstleistungen entsprechen den Bedürfnissen der vulnerablen Gruppen und erweisen sich für diese als insgesamt vorteilhaft.

Inklusive Innovation weckt zunehmend das weltweite öffentliche Interesse (Kroll und Neuhäusler 2019). NGOs und universitäre Einrichtungen bringen sich daher vielfach in die entsprechenden Innovationsprozesse ein (Dijksterhuis et al. 2015). Es gibt jedoch auch inklusive Innovationen, die allein aus privatem Antrieb heraus entstanden sind, und dabei allen oben genannten Anliegen entsprechen. Das wohl prominenteste Beispiel ist die Nutzung von kostengünstigen Mobiltelefonen und darauf fußende internetbasierte Dienstleistungen wie M-Pesa:

Der Wandel der Kommunikationstechnologien hat in etablierten Industrieländern zur weitgehenden Ablösung der festnetzgebundenen Telefonie durch die Mobiltelefonie geführt. In vielen Regionen von Schwellen- und Entwicklungsländern existierte vor der Einführung der Mobiltelefonie jedoch gar kein flächendeckendes Festnetz. Diese Regionen haben in den vergangenen Jahrzehnten Mobilfunknetze aufgebaut und sind damit direkt in die neuere Kommunikationstechnologie eingestiegen. Durch dieses technologische Leapfrogging (Soete 1985; 1990) konnten sie erhebliche Investitionen in die Festnetzinfrastruktur vermeiden. Die mobilen Endgeräte im 2G-Standard der 1990er Jahre und ebenso in den jüngeren Gerätegenerationen 3G, 4G und 5G wurden und werden jedoch als Produktinnovationen in Europa, den USA und Ostasien entwickelt und auf die Kaufkraft der Konsument*innen in wohlhabenden Industrieländern ausgerichtet. Der hohe Preis dieser Endgeräte hätte die Diffusion der Mobiltelefonie in arme Regionen deutlich erschwert. Die entstehende Marktlücke beim Zugang armer Konsumentenschichten zu Mobiltelefonen haben in den 1990er und 2000er Jahren vor allem chinesische Hersteller erkannt. Viele dieser Hersteller sind den sogenannten Shanzhai-Firmen zuzurechnen, deren kostengünstige Mobiltelefone standardisierte Prozessoren (Turnkey-Chips) nutzten, z. T. kopierte oder imitierte Komponenten ergänzten, und die Geräte auf die Kaufkraft und die Bedürfnisse ihrer Kund*innen abstimmten (Chen und Wen 2016; Keane und Zhao 2012; Kroll und Liefner 2021). Mithilfe der Händler von Mobiltelefonen ist es den Herstellern gelungen, fortlaufend die Bedürfnisse ihrer Kund*innen zu erfassen (Foster und Heeks 2013). Die Absatzgebiete für Shanzhai-Telefone befanden sich u. a. in den ärmeren ländlichen Regionen Chinas, aber ebenso in Südasien und Afrika. Letztlich handelte es sich um den Verkauf von Produkten aus einer Region des globalen Südens in andere Regionen des globalen Südens.

Die Shanzhai-Unternehmen haben ihr Verständnis für Bedürfnisse ihrer armen Kundengruppen dafür genutzt, in ihrer Marktnische Gewinne zu erzielen. Gleichzeitig haben sie der Bevölkerung vieler Länder mit niedrigen und mittleren Einkommen mobile Kommunikationsmöglichkeiten eröffnet. Ebenso wichtig wie dieser Vorgang sind Folgeentwicklungen, die funktionierende Mobiltelefonie voraussetzen und nutzen. Ein Beispiel ist der 2007 vom Mobilfunkunternehmen Safaricom in Kenia entwickelte mobile Bezahldienst M-Pesa. M-Pesa hat weiten Teilen der afrikanischen Bevölkerung, vor allem in ländlichen Regionen, in denen kaum jemand über ein Girokonto verfügt, einen Zugang zu Finanzdienstleistungen verschafft (Mbiti und Weil 2016). Damit eröffnen sich Möglichkeiten, Kredite für Kleingewerbe aufzunehmen, den Kauf und Verkauf von Waren abzuwickeln, Geldbeträge zwischen Familienangehörigen oder Bekannten zu verschicken usw. M-Pesa gilt daher als inklusive Innovation, die die Erwerbsmöglichkeiten und Einkommen armer und marginalisierter Personen grundlegend verbessert hat (Foster und Heeks 2013). Wenngleich Nutzer*innen aus urbanen Räumen quantitativ überwiegen (Mbiti und Weil 2016), haben vulnerable Gruppen, beispielsweise Frauen im ländlichen Raum, nachweislich erhebliche Vorteile durch die Nutzung von M-Pesa (Morawczynski und Pickens 2009).

Die genannten Beispiele zeigen, dass inklusive Innovationen großmaßstäbig angewandt und kommerziell erfolgreich sein können. Die diskutierten Neuerungen sind dabei nicht in erster Linie technologisch neu, sondern als nutzerorientierte Innovationen vor allem sehr gut an die Bedürfnisse und Möglichkeiten der Adressaten angepasst (Chen und Wen 2016). In der einschlägigen Fachliteratur wird inklusive Innovation in erster Linie mit sozialem Fortschritt in Verbindung gebracht. Die hier vorgestellten Beispiele zeigen zusätzlich, dass sie in vielen Fällen in der Praxis geeignet ist, sozialen Fortschritt zu erreichen, ohne dabei die Umwelt ähnlich stark zu beeinträchtigen, wie dies bei vielen konventionellen Erwerbsmöglichkeiten der Fall wäre.

5.2.2 Frugale Innovationen und frugales Design

Frugale Innovationen und frugales Design verbinden sozialen Nutzen und ökologischen Nutzen unmittelbar miteinander. Bei frugalen Innovationen handelt es sich um Innovationen, die auf systematische Weise den Ressourcenbedarf eines Produkts minimieren. Diese Minimierung wird auf folgende Weise erreicht (Rao 2013; 2019):

- Das Produkt wird auf seine Kernfunktionalität hin ausgerichtet, d. h. frugale Innovationen verzichten z. B. auf optische Ausschmückungen und komfortorientierte Elemente.
- Der sogenannte Sicherheitsfaktor wird minimiert, d. h. das Produkt wird exakt so leistungsstark und robust gestaltet, wie es für die angestrebte Beanspruchung nötig ist.
- Der Materialeinsatz im Produkt wird für alle Bauteile und über die gesamte Wertschöpfungskette minimiert.
- Die Minimierung betrifft ebenso den Material- und Energiebedarf bei Herstellung und Betrieb.
- Frugale Innovationen werden reparaturfähig, weiter- und wiederverwendbar sowie zerlegbar konzipiert.
- Sie wenden modernste Verfahren zur Optimierung an, z. B. Biomimetik.

Diese Art der Produktgestaltung setzt umfassende technische Expertise und die Fähigkeit voraus, Produkte mit Fokus auf Reduktion und Minimierung hin auszurichten, d. h. ein frugales Design zu entwickeln. Je nach Perspektive steht daher eher die Produktinnovation im Fokus oder aber die Frugalisierung bestehender Produkte. Die Frugalisierung, d. h. Neukonzeption bekannter Produkte mit frugalem Design, lässt sich theoretisch auf alle bekannten Produkte und ebenso auf viele Infrastrukturen und Dienstleistungen anwenden (Rao 2017).

Die Effekte von frugalen Innovationen bzw. der Anwendung frugaler Designprinzipien sind erstens eine erhebliche Verminderung von Material- und Energieaufwand sowie Abfallvermeidung. Eine konsequente Frugalisierung könnte daher den weltweiten Ressourcenverbrauch erheblich reduzieren ohne eine Einschränkung der materiellen Güterversorgung zu bedingen. Mit der Minimierung von Material- und Energieeinsatz gehen zweitens erhebliche Kosteneinsparungen einher, die frugale und frugalisierte Produkte günstiger und damit erschwinglicher für ärmere Konsumentenschichten machen (Albert 2019; von Janda et al. 2020). Zwei negative Folgen treten jedoch auf: Erstens ziehen frugale Innovationen und Frugalisierungen bestehender Produkte Rebound-Effekte nach sich (s. Kap. 4.4). Zweitens sind längst nicht alle frugalen Innovationen fortschrittlich im Sinne ihrer technischen Ausgestaltung. Viele vereinfachte und kostengünstige Produkte, die mit dem Adjektiv „frugal“ in Verbindung gebracht werden, sind improvisierte und technisch stark vereinfachte Produkte (Prabhu und Jain 2015). Diese Produkte sind nicht zuverlässig nutzbar, gehen eventuell mit Sicherheitsrisiken und Umweltrisiken einher, lassen sich nicht großmaßstäbig herstellen, und sind daher keine langfristig erstrebenswerte Option (Hossain 2021; Rao 2018).

Frugale Innovationen haben einen explizit räumlichen Bezug. Das Wissen um die gezielte Vereinfachung und Reduktion von Produkten ist in Ländern wie beispielsweise Indien tief verwurzelt, in denen einerseits Alltagserfahrungen mit Armut und Ressourcenbeschränkungen weit verbreitet sind und Einfachheit andererseits einen gesellschaftlichen Wert darstellt (Soni und Krishnan 2014; Ananthram und Chan 2021). Dies drückt sich sowohl in der Erstellung improvisierter frugaler Produkte aus als auch in der Nutzung wissenschaftlich-technischer Kapazitäten für frugale Innovationen. Dieses Wissen ist als raumgebundene Ressource aufzufassen, denn multinationale Unternehmen aus Industrieländern führen FuE-Aktivitäten in Ländern wie Indien durch, um dort Produkte mit frugalen Eigenschaften herzustellen (Zeschky et al. 2014). Aus diesem Grund dürften frugale Innovationen relativ leicht zwischen ärmeren Ländern diffundieren. Ihre Schwierigkeit liegt eher bei der großmaßstäbigen Umsetzung (Liefner et al. 2020).

5.3 Ethisches Verhalten der Wirtschaftssubjekte

5.3.1 Konsumentensouveränität und nachhaltiger Konsum

Die Vereinfachung von Produkten durch frugales Design deutet an, dass sich auch die Haltung zu Produkten und deren Nutzung ändern und Einfachheit als Gewinn aufgefasst werden kann. Der Konsum frugaler Produkte ist für ärmere Konsument*innen ein Weg zu höherem Lebensstandard und zu mehr Teilhabe. Bei kaufkräftigen Konsument*innen deutet sich darin jedoch ein wertorientiertes Konsumverhalten an, das auch die Auswirkungen des eigenen Konsums berücksichtigt und den Verzicht auf unnötigen Konsum als Wert erfährt.

In Kapitel 4 wurde mehrfach angedeutet, dass eine beschleunigte Adoption und Diffusion von Umweltinnovationen die Nachfrageseite zu berücksichtigen hat. Aber auch unabhängig vom Fokus auf Umweltinnovationen gilt, dass die Verwendung der gesamtwirtschaftlichen Wertschöpfung zu großen Teilen in den Konsum von Gütern und Dienstleistungen fließt und dass sich die heutigen westlichen Gesellschaften als Konsumgesellschaften charakterisieren lassen (Keat et al. 1994). Der Übergang zur Nachhaltigkeit lässt sich daher auch aus Perspektive des Konsums betrachten. Da diese Perspektive in der Wirtschaftsgeographie bisher relativ wenig Widerhall findet (Gibbs 2006), beschränken sich die folgenden Ausführungen auf wenige grundsätzliche Erkenntnisse und Erklärungsmuster.

Den Beitrag eines ethisch begründeten Konsumverhaltens zur Nachhaltigkeit diskutieren u. a. Ursula Hansen und Ulf Schrader (1997). Sie stellen dem vorherrschenden Begriff der Konsumentensouveränität den neuen Begriff des nachhaltigen Konsums gegenüber.

Konsumentensouveränität ist eine der Standardannahmen wirtschaftswissenschaftlicher Theorien. Diese Annahme besagt, dass die Bereitstellung von Gütern und Dienstleistungen dazu dient, Bedürfnisse zu befriedigen und individuellen Nutzen zu schaffen. Dies setzt voraus, dass Konsument*innen ihre Bedürfnisse erkennen, daraus eine konkrete Güter- oder Dienstleistungsnachfrage entwickeln und schließlich kaufen und konsumieren. Weiterhin wird vorausgesetzt, dass Konsumentscheidungen frei sind und unter Anbietern Wettbewerb herrscht. Unter diesen Bedingungen bestimmt die freie Entscheidung der Konsument*innen, welche Produkte abgesetzt werden, welche Unternehmen profitabel arbeiten, in welche Richtung sie ihre Innovationsaktivitäten ausrichten und wohin sich die gesamte Wertschöpfung einer Region orientiert. Nach dieser Vorstellung führt die individuelle Konsumfreiheit zur maximalen Bedürfnisbefriedigung und ist daher gleichzeitig gesellschaftlich erstrebenswert. Konsumentensouveränität ist daher eine politische Leitlinie. Das Konsummuster, das aus der Summe der individuellen Entscheidungen entsteht, gilt als optimal (Hansen und Schrader 1997).

Allerdings spricht eine Reihe von Argumenten gegen diese Vorstellung von Konsumentensouveränität. Dazu gehört erstens die Existenz gravierender Informationsdefizite: Niemand kann alle Konsumoptionen und deren Nutzen kennen und einschätzen, weder bezogen auf die Eigenschaft der Produkte und Dienstleistungen noch auf das Erkennen und Interpretieren der eigenen Bedürfnisse. Dies gilt umso mehr, als dass das Formulieren eigener Bedürfnisse immer auch abhängig ist vom Verhalten anderer Personen. Zweitens sind die Absatzstrategien von Unternehmen auf die Beeinflussung des Konsumverhaltens ausgerichtet. Sie bewirken eher eine Erhöhung der Nachfrage als eine Befriedigung der Bedürfnisse. Und drittens sind mit dem Konsum unterschiedlicher Produkte und Dienstleistungen unterschiedlich geartete und unterschiedlich hohe externe Kosten verbunden, die den Konsument*innen nicht vollumfänglich bekannt sind. Aus diesen Gründen folgern Hansen und Schrader (1997), dass die Annahme, Konsumentensouveränität garantiere optimale Bedürfnisbefriedigung, obsolet ist. Die Auswirkungen des Massenkonsums auf Ressourcenverbrauch und Klimawandel sind offenkundig (s. Kap. 4.1) und unterstützen diese Ansicht.

Das Gegenmodell zur Konsumentensouveränität nennen Hansen und Schrader „Nachhaltigen Konsum". Dieses Modell ersetzt die Annahme eines ethisch neutralen Konsumverhaltens durch die Annahme, dass Konsument*innen eine Mitverantwortung für die Folgen ihres Konsumverhaltens tragen. Dies setzt voraus, dass externe Kosten soweit wie möglich internalisiert werden, und dass sich der Informationsstand der Konsument*innen über Produkte und Dienstleistungen umfassend verbessert. Beiträge hierzu leisten beispielsweise Öko-Labels und Standards ebenso wie staatliche Bildungsangebote. Nachhaltiges Konsumverhalten als solches drückt sich in vier Verhaltensweisen aus: dem Verzicht auf Konsum, der Reduktion von Konsum, der Wahl nachhaltiger Formen des Konsums und der Wahl nachhaltigerer Produktvarianten (Hansen und Schrader 1997).

Die vier genannten Verhaltensweisen eines nachhaltigen Konsums führen in der Summe zu einer Verringerung des Konsums. Unter diesen Bedingungen würde das ökonomische Gesamtsystem eine Orientierung auf übermäßigen Konsum durch eine Orientierung auf hinreichenden Konsum ersetzen. Letzteres wird durch den Begriff der Suffizienz beschrieben (Bocken und Short 2016).

Eine konkrete Möglichkeit zur Verringerung des Konsums und deren wirtschaftliche Folgen diskutiert Tim Cooper (2005). Seine Überlegungen visualisiert Abbildung 5.2.

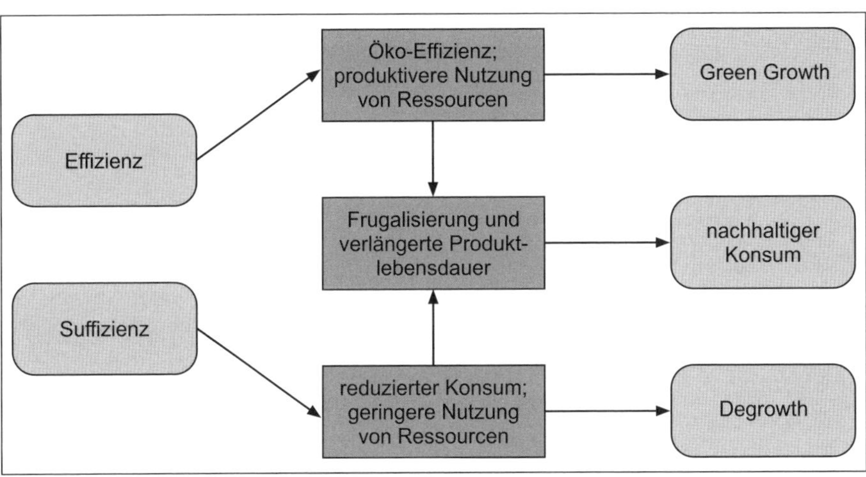

Abbildung 5.2: Einordnung und Folgen nachhaltigen Konsums (Eigene Darstellung nach Cooper 2005, Seite 55)

Abbildung 5.2 postuliert, dass der Übergang in eine nachhaltige Wirtschaft angebotsseitig durch Effizienzstreben geprägt sein sollte, unter Berücksichtigung ökologischer Rahmenbedingungen. Öko-Effizienz resultiert in green growth (s. Kap. 5.4.1). Green growth ist erwünscht, aufgrund von Rebound-Effekten jedoch nicht hinreichend ohne ein konsumseitiges Korrektiv (Cooper 2005). Die notwendige Umstellung des Konsums auf Suffizienz würde jedoch zu einer Verringerung der Nachfrage nach Gütern und Dienstleistungen führen (hier bezeichnet als Degrowth), in eine Rezession münden und gesellschaftlich kaum umsetzbar sein (Bocken und Short 2016). Eine Möglichkeit, nachhaltigen Konsum ohne gravierende negative Folgen zu erreichen, sieht Cooper (2005) in der Herstellung und dem Konsum von frugalen Produkten mit langer Lebensdauer. Durch eine Verlängerung der Produktlebensdauer würden sich Ressourcen- und Energiebedarf verringern und ökologische Nachhaltigkeitsziele erreichen lassen. Negative ökonomische und soziale Folgen würden vermieden, wenn Reparatur und Instandhaltung der konsumierten Produkte in hinreichendem Maß Wertschöpfung und Arbeitsplätze schaffen.

Cooper begründet sein Modell des nachhaltigen Konsums durch detaillierte Beschreibungen von Produkteigenschaften im Hinblick auf deren Nutzungsdauer. Hier bestehen Parallelen zum Begriff der Kreislaufwirtschaft (Kirchherr et al. 2017), der ebenfalls auf Möglichkeiten zur Reduktion der Ressourcennutzung verweist, sowie zu komplexeren Konzepten nachhaltigen Konsums (Geiger et al. 2018). Dennoch stehen die Überlegungen zur Ausgestaltung von nachhaltigem Konsum und dessen Folgen für eine Regionalwirtschaft noch in ihren Anfängen. Unter anderem ist bisher völlig ungeklärt, ob sich ein solcher Wandel der Konsummuster regional differenziert entwickelt und wie sich dies auf Regionalwirtschaften auswirkt.

5.3.2 Kritik an der Ethik westlicher Marktwirtschaften

Die im vorigen Abschnitt vorgestellten Überlegungen besagen, dass das Ausblenden individueller Verantwortung für die Folgen des eigenen Konsums durch das Konzept der Konsumentensouveränität eine Ursache der gegenwärtigen Krisen ist. Ähnliche Argumente werden auch mit Blick auf die Marktwirtschaft westlicher Prägung als Gesamtsystem vorgebracht. Das wirtschaftswissenschaftliche Theoriegebäude fußt in weiten Teilen auf der Annahme, dass der Marktmechanismus die Eigeninteressen der Wirtschaftssubjekte auf effektive Art und Weise koordiniert, und dass auf dieser Basis ein fortwährender und umfassender Wohlstandszuwachs erreichbar ist. Diese Verhaltensannahmen und ihre Funktion innerhalb der Wirtschaftswissenschaft wurden und werden vehement kritisiert (Polanyi 1944; Sen 1977). Laut Bina und Vaz (2011) führt gerade die Annahme, das menschliche Wohlergehen hänge von der Verwirklichung von Eigeninteresse und von immer größerer Güterverfügbarkeit ab, zur Zerstörung der natürlichen Lebensgrundlagen. Dass die Marktwirtschaft westlicher Prägung auf das Generieren von übermäßig hohem Konsum ausgerichtet und dabei durch ein Desinteresse am Erhalt der natürlichen Lebensgrundlagen gekennzeichnet ist, diskutieren auch Beiträge aus anderen Blickrichtungen, u. a. aus der Sozial- und Religionswissenschaft (Weber 1922; Amery 1972; Zaman und Qadir 2020).

Einerseits ist die Annahme der Wirksamkeit von Eigeninteresse und Rationalverhalten lediglich eine vereinfachende Annahme der Theoriebildung (Sen

1977). Nach Ansicht von Ramazzotti (2019) prägt sie andererseits, im Zusammenspiel mit den Aussagen über die optimale koordinative Funktion von Märkten, unsere Vorstellung vom idealen Funktionieren der Wirtschaft. Dies wiederum hat erhebliche Auswirkungen auf die Wirtschaftspolitik und das Selbstverständnis der Wirtschaftssubjekte, die sich oftmals über ihre Rolle in der Wirtschaft definieren und das politisch nicht beeinflusste freie Spiel der Marktkräfte als hohen Wert ansehen (Ramazzotti 2019). In diesem Umfeld gelingt es manchen Akteuren, z. B. aus der Finanzwirtschaft, ihre Eigeninteressen erfolgreich und systematisch zu Lasten anderer zu verfolgen (Lazonick und Mazzucato 2013). Friedland und Cole (2019) argumentieren, dass die faktische Orientierung an egoistischen Verhaltensweisen ebendiese Verhaltensweisen legitimiert und die Entwicklung zu einem ethisch höher entwickelten Verhalten verhindert.

Bislang diskutieren nur wenige Arbeiten, wodurch die stark vereinfachte Vorstellung vom Menschen als einem nur durch Eigennutz motivierten ökonomischen Akteur ersetzt werden könnte. Bina und Vaz (2011) schlagen vor, darauf hinzuwirken, dass sich die Einzelnen in ihrem Handeln an ihrem Verantwortungsgefühl für ihre Mitmenschen und ihre Umwelt orientieren. Friedland und Cole (2019) argumentieren ähnlich, indem sie die Entwicklung des moralischen Selbstbewusstseins als Grundlage einer nachhaltigen Wirtschaft betonen. Sie argumentieren, dass ökonomische Akteure nicht nur aus materieller Güterversorgung einen Nutzen ziehen können, sondern auch daraus, hohen Ansprüchen an verantwortungsvolles Handeln gerecht zu werden.

5.4. Alternative Wirtschaftsformen

5.4.1 Nachhaltiges Wachstum und Postwachstum

Die bisherigen Ausführungen haben gezeigt, dass sowohl das Ausmaß der aktuellen und historischen sozioökonomischen Ungleichheiten (Kapitel 2 und 3) als auch das Ausmaß der globalen Umweltzerstörungen (Kapitel 4) weder dem Prinzip der intragenerativen Nachhaltigkeit noch dem Prinzip der intergenerativen Nachhaltigkeit folgen. Vor diesem Hintergrund stellt sich die grundlegende Frage, inwiefern das Erreichen sozialer und ökologischer Nachhaltigkeit mit dem gegenwärtigen wirtschaftspolitischen Paradigma und Wirtschaftssystem generell vereinbar ist. In diesem Kapitel wird diese Diskussion in ihren Grundzügen dargestellt, wobei zwei konträre Positionen erläutert werden. Auf der einen Seite steht die Idee eines nachhaltigen Wirtschaftswachstums und auf der anderen Seite steht die Idee, das Wirtschaftswachstum als gesellschaftliches und politisches Paradigma zu verwerfen und Wachstum entsprechend zu reduzieren.

Ökologische Modernisierung und nachhaltiges Wachstum (Green Growth)

Nachhaltiges Wachstum (green growth) beschreibt die Annahme, dass Wirtschaftswachstum und Umweltschutz sich nicht gegenseitig ausschließen, sondern dass beide Ziele gleichzeitig erreicht werden können. Dazu wird davon ausgegangen, dass eine Entkopplung von Wirtschaftsleistung und Umweltzerstörung notwendig ist. Das bedeutet, dass die negativen Umweltauswirkungen sinken während die Wirtschaftsleistung wächst. Das Konzept des nachhaltigen Wachstums suggeriert, dass die Umweltqualität bei wachsender Wirtschaftsleistung durch zunehmende Effizienz in der Produktion und in der Ressourcennutzung sowie durch technischen Fortschritt gesichert werden kann. Einige der in Kapitel 4 beschriebenen Konzepte unterstützen diese Perspektive, etwa das Konzept der Environmental Kuznets Kurve, die Porter-Hypothese und das Konzept der Leitmärkte für Umweltinnovationen.

Technischer Fortschritt, der die Vereinbarkeit von Wirtschaftswachstum und Sicherung der Umweltqualität verspricht, wird unter dem Begriff der ökologischen Modernisierung diskutiert. Ökologische Modernisierung meint in diesem Zusammenhang alle Maßnahmen, die zur Entwicklung und Diffusion von Umweltinnovationen beitragen, wobei insbesondere integrierte Umweltinnovationen (Cleaner-Production Technologien) im Vordergrund stehen. Es handelt sich also um einen technologiebasierten und innovationsorientierten Ansatz zur Lösung von Umweltkrisen, der ein fortwährendes Wachstum der Wirtschaftsleistung nicht ausschließt. Die Idee der ökologischen Modernisierung wurde insbesondere von Martin Jänicke in den späten 1980er Jahren begründet und ist bis heute Grundlage vieler Entscheidungen in der Umwelt- und Innovationspolitik (Jänicke 1985; 2008; Huber 2008).

Das Konzept der ökologischen Modernisierung ist die grundlegende Bedingung für nachhaltiges Wachstum, denn bei wachsender Wirtschaftsleistung müssen die mit den zusätzlichen bzw. effizienteren Wirtschaftsaktivitäten verbundenen Umweltauswirkungen durch umweltfreundlichere Produktionsweisen kompensiert werden. Nachhaltiges Wachstum beschreibt also die Situation, in der das Wirtschaftswachstum nicht schneller verläuft als der technische Fortschritt zur Kompensation der mit dem Wirtschaftswachstum verbundenen Umweltzerstörungen. Hohe Wachstumsraten sind also nur nachhaltig, wenn sie mit weitreichendem umweltfreundlichen technischen Fortschritt einhergehen. Bei inkrementellem technischen Fortschritt sind entsprechend nur geringere Wachstumsraten nachhaltig (Jänicke 2012). Diese Definition von nachhaltigem bzw. grünem Wachstum wird jedoch häufig missverstanden und der Begriff Green Growth wird weitläufig als das Wachstum von Umweltindustrien (z. B. Windenergie) interpretiert. So haben zahlreiche Nationen und supranationale Organisationen wie die Europäische Union, die Vereinten Nationen oder die OECD Green Growth Strategien erarbeitet. Diese fokussieren jedoch primär den Ausbau von grünen Industrien und damit verbundene Beschäftigungseffekte. Ein nachhaltiges Wachstum wird mit solchen

Strategien allerdings nur dann erzielt, wenn die mit den Wirtschaftsaktivitäten grüner Industrien einhergehenden (negativen) Umweltauswirkungen geringer sind als die mit der Nutzung der produzierten Güter und Technologien generierten positiven Umwelteffekte.

In der Wirtschaftsgeographie wird die umweltorientierte Regionalentwicklung auf Basis des Konzepts des nachhaltigen Wachstums zunehmend diskutiert, wobei Regionen aufgrund ihrer Industriestruktur und Zentralität unterschiedliche Möglichkeiten haben, umweltorientierte Regionalentwicklung zu verfolgen (Grillitsch und Hansen 2019; Tödtling et al. 2021).

Postwachstumskonzepte

Eine im Sinne eines nachhaltigen Wachstums absolute Entkopplung von Wirtschaftswachstum und Umweltauswirkungen ist gegenwärtig auf globaler Ebene nicht erreichbar. Während Green-Growth-Szenarien für die Lösung der Klimakrise realisierbar sein können, halten einige Wissenschaftler*innen eine Entkopplung des Wirtschaftswachstums von der Ressourcennutzung und den damit einhergehenden Umweltbelastungen für unmöglich (Hickel und Kallis 2020). Im Zuge dieser Kritik an der Idee des Green Growth sind in jüngerer Zeit vermehrt Postwachstumskonzepte entstanden, die grundlegend hinterfragen, ob Wirtschaftswachstum mit Nachhaltigkeitszielen vereinbar ist. Auch in der Wirtschaftsgeographie werden solche Postwachstumskonzepte intensiv diskutiert und untersucht (Schulz und Braun 2021). Unter dem Begriff „Degrowth“ werden Wirtschaftssysteme entworfen, die etwa eine Wachstumsrücknahme des Bruttoinlandsprodukts, des Konsums oder der Arbeitszeit vorsehen. Das Argument ist, dass nur eine Reduzierung der Wirtschaftsleistung dazu beitragen kann, negative Umweltauswirkungen durch Produktion und Konsum zu mindern, da eine absolute Entkopplung von Wirtschaftsaktivitäten und Umweltzerstörung nicht möglich sei. Das Konzept des Degrowth meint dabei nicht per se die Abkehr von Wachstum in allen Bereichen, sondern vielmehr eine Restrukturierung der Wirtschaft und eine Konzentration auf gesellschaftlich notwendige Aktivitäten, auch um globalen Ungleichheiten entgegenzuwirken (Kallis 2011). Andere Postwachstumsansätze sind weniger radikal und fordern beispielsweise lediglich eine Abkehr vom Bruttoinlandsprodukt als Indikator für Wohlstand (Van den Bergh 2011).

Ein weiteres Konzept in der Postwachstumsdebatte, das in den vergangenen Jahren intensiv diskutiert wurde, ist die Idee der Doughnut-Ökonomie von Kate Raworth (2017). Raworth erläutert, dass sich die globalen Wirtschaftsaktivitäten an zwei Grenzen orientieren müssen: einer planetarischen ökologischen Grenze, die nicht überschritten werden soll, und an einer sozialen Untergrenze, die nicht unterschritten werden soll. Den Raum, der zwischen diesen beiden Grenzen existiert, bezeichnet Raworth als sicheren und gerechten Handlungsraum für die wirtschaftlichen Aktivitäten der Menschheit. Der Name der Doughnut-Ökonomie resultiert aus der Visualisierung der Grenzen (s. Abb. 5.3). Raworth definiert die in Kapitel 4.1 beschriebenen planetaren Grenzen als ökologische Obergrenze, die durch wirtschaftliche Aktivitäten nicht überschritten werden darf. Die soziale Untergrenze in der Doughnut-Ökonomie orientiert sich an den Zielen nachhaltiger Entwicklung der Vereinten Nationen.

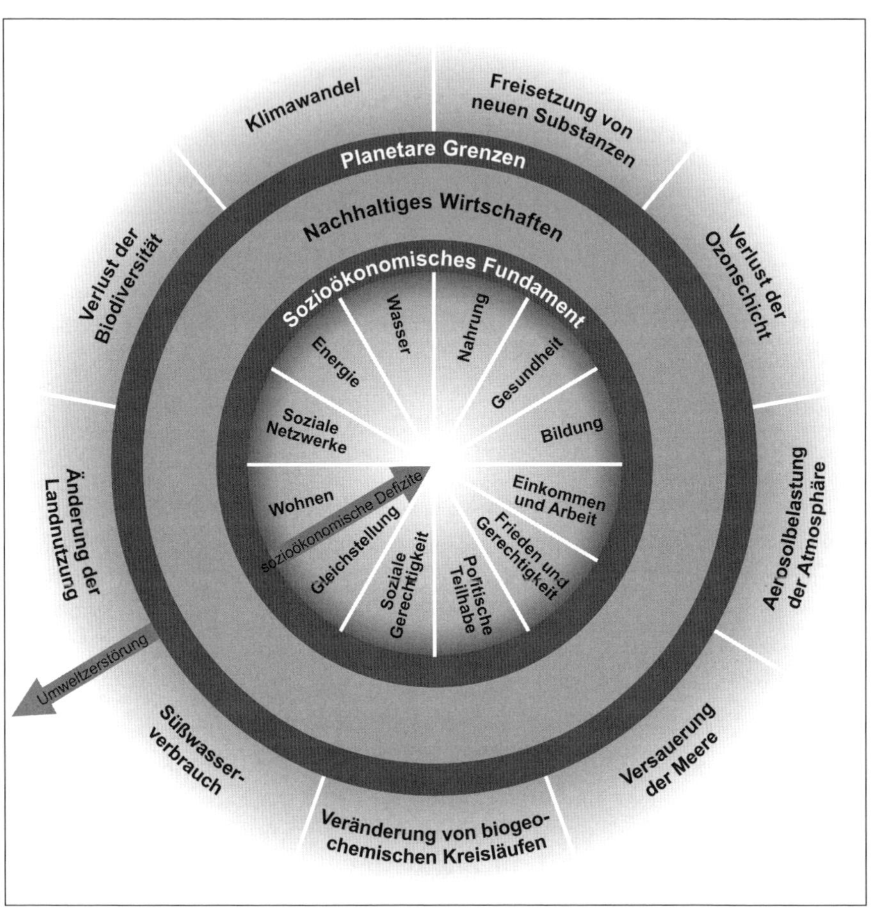

Abbildung 5.3: Prinzipien der Doughnut-Ökonomie (eigene Darstellung nach Raworth 2017, Seite 48)

Zu Postwachstumskonzepten als Lösung für Umweltkrisen ist anzumerken, dass viele dieser Diskussionen primär ideologischer und nicht wissenschaftlicher Natur sind. Ob die Idee des Postwachstums nicht nur Lösungen für Umweltkrisen, sondern auch Lösungen für die existierenden sozioökonomischen Disparitäten und die bestehende Armut in vielen Regionen bietet, bleibt ebenso unklar wie die Frage, inwiefern sich radikalere Postwachstumssysteme in der Realität im global dominierenden Kapitalismus durchsetzen könnten (Milanovic 2019).

5.4.2 Alternativen zur Marktwirtschaft westlicher Prägung

Im Folgenden werden drei ausgewählte alternative Konzeptionen von Wirtschaftssystemen vorgestellt, die den Vorstellungen von Bina und Vaz (2011), Friedland und Cole (2019) sowie der Vorstellung von nachhaltigem Konsum nahekommen. Sie stammen aus Weltregionen, deren Denken anders geprägt ist als das westliche. Aus diesem Grund setzen sie eigentlich eine Auseinandersetzung mit ihrem räumlichen und kulturellen Entstehungskontext voraus, die im Rahmen dieses Buches jedoch nicht geleistet werden kann. Wir gehen davon aus, dass sich die interessierten Leser*innen das nötige Kontextwissen selbst erschließen können.

Gandhian Economics

Mohandas K. Gandhi ist heutzutage in erster Linie für seinen Beitrag zur indischen Unabhängigkeitsbewegung und für seine Ideen von gewaltlosem Widerstand bekannt. Er hat jedoch auch Vorstellungen zur Gestaltung des Wirtschaftssystems entwickelt, die ihrerseits in die indische Ethik eingebettet sind. In der westlichen Wirtschaftswissenschaft liegt der Wert der Natur darin, dem Menschen einen Nutzen zu stiften. Gandhis Konzept sieht den Menschen dagegen als Teil der Natur und spricht natürlicher Vegetation, Biodiversität, Naturkräften usw. eine eigenständige Bedeutung zu, unabhängig vom konkreten Nutzen, der sich daraus erzielen lässt (Saravanamuthu 2006).

Gandhis Vorstellung von der Wirtschaft lässt sich in sechs Aussagen und Forderungen zusammenfassen (Nadkarni 2013):

- Der Zweck der Wirtschaft besteht in der Förderung menschlicher und moralischer Entwicklung, nicht in Nutzen- und Gewinnmaximierung.
- Die ständige Vergrößerung von Bedürfnissen sollte zugunsten einer bewussten Beschränkung der Wünsche aufgegeben werden.
- Der Schutz der Natur gehört zur moralischen Verantwortung des Menschen.
- Der Wunsch nach individuellem Wohlstand ist legitim. Verfügt jemand jedoch über mehr Einkommen und Besitz als notwendig, so ist dieses Vermögen treuhänderisch zu verwalten und zum Wohle vieler einzusetzen.
- Die Produktion einer Regionalwirtschaft sollte vorrangig auf die Bedienung der lokalen Nachfrage ausgerichtet werden; Überschussproduktion mag jedoch überregional abgesetzt werden. Gandhi sieht das Ausnutzen von Agglomerationsvorteilen, die überregionale Absatzmärkte voraussetzen und nutzen, als wesentliche Ursache für regionale Disparitäten an. Um diese zu vermeiden, favorisiert er Produktion zur lokalen Bedürfnisbefriedigung (Nadkarni 2013).
- Technischer Fortschritt sollte nicht darauf zielen, den Einsatz von Arbeitskraft im Produktionsprozess zu minimieren, sondern darauf, den Einsatz natürlicher Ressourcen zu minimieren.

Die genannten sechs Aspekte charakterisieren ein Wirtschaftssystem, das inhärent auf Nachhaltigkeit ausgerichtet ist. Saravanamuthu (2006) diskutiert, wie aus diesen Überlegungen konkrete Instrumente zur Lösung von ökologischen Problemen entwickelt werden können. Zu beachten ist jedoch, dass Gandhis Konzept zwar Leitlinien für ökonomisches Handeln vorgibt, aber selbst in Indien nicht umgesetzt wurde. Die indische Wirtschaftspolitik priorisiert seit der Unabhängigkeit staatliche Investitionen in den urban-industriellen Sektor und betont davon ausgehende Wachstums- und Beschäftigungseffekte (Balakrishnan 2007; Jodhka 2002).

Islamische Wirtschaftsethik

Wirtschaftsethische Vorstellungen lassen sich auch aus dem Islam heraus entwickeln. Diese Vorstellungen sind im Koran begründet und es wird kontrovers diskutiert, wie sie heute zeitgemäß auszugestalten sind (Kuran 1995; Noy 2011). Im Unterschied zu den Gandhian Economics gibt es jedoch eine ganze Reihe von Staaten und Unternehmen, die sich an den wirtschaftsethischen Vorstellungen des Islam orientieren. Vor allem Banken und andere Akteure der Finanzwirtschaft, die nach islamischen Grundsätzen arbeiten, erreichen mittlerweile in einigen Staaten relativ hohe Marktanteile.

Laut Timur Kuran (1995) kennzeichnen folgende drei Elemente eine Wirtschaft, die nach islamischen Vorstellungen aufgebaut ist:

- Islamisches Finanzwesen: Für Banken und andere Akteure der Finanzwirtschaft gilt ein Zinsverbot. An die Stelle des Zinses treten Vereinbarungen zur Aufteilung von Risiken und Erträgen zwischen Kreditnehmern und Kreditgebern sowie Gebühren für Finanzdienstleistungen. Oftmals unterscheiden sich die Kreditkosten und die Erträge aus Anlagen für die Kund*innen islamischer Banken jedoch nicht wesentlich von den Zinskosten und Zinserträgen der Kund*innen konventioneller Banken (Kuran 1995).
- Almosensteuer: Die im Koran beschriebene Almosensteuer gibt es heute in manchen islamischen Ländern als staatlich erhobene Abgabe, in anderen als freiwillige Leistung. Die Almosensteuer betrifft wohlhabende Personen und soll für soziale Vorhaben und religiöse Anliegen verwendet werden.
- Beachtung islamischer Normen: Akteure in der islamischen Wirtschaft sind aufgefordert, ihre Handlungen auf Übereinstimmung mit islamischen Normen zu prüfen. Unbedingt zu vermeiden sind Verschwendung, Prunk und Prahlerei, erwünscht sind harte Arbeit, faires Verhalten und Großzügigkeit.

Aktuelle Publikationen, z. B. von Zaman und Qadir (2020), unterstreichen die Bedeutung des letztgenannten Elements und weisen auf eine fundamentale Andersartigkeit von islamischer Ökonomie und westlicher Marktwirtschaft hin. Zaman und Qadir (2020) kritisieren, die westliche Marktwirtschaft habe sowohl Menschen als auch den Planeten zu nutzbaren Ressourcen degradiert und sie auf fortwährende Produktionssteigerungen ausgerichtet. In einer Wirtschaft, die lediglich auf die Koordination von individuellen Eigeninteressen und Habgier ausgerichtet ist, sei Nachhaltigkeit unerreichbar. Dem stellt die islamische Ökonomie die Vorstellung gegenüber, dass das Streben nach spiritueller Fortentwicklung die Intentionen der einzelnen Wirtschaftssubjekte dahingehend verändert, das Eigeninteresse zu bremsen und die individuellen Wünsche auf essentielle Bedürfnisse zu reduzieren. Diese ethische Orientierung führe automatisch zu einer auf Nachhaltigkeit ausgerichteten Wirtschaft. Zu den erwarteten Ergebnissen zählen ein Verzicht auf Wachstum, sozialer Fortschritt, Naturschutz und Erhalt der natürlichen Lebensgrundlagen.

Insgesamt verbindet die nach islamischen Vorstellungen gestaltete Wirtschaft Religion, Ethik und ökonomische Aktivitäten miteinander und es wird postuliert, dass sie von sich aus für Nachhaltigkeit sorgt. Ein empirischer Nachweis hierzu steht jedoch aus und jüngere Untersuchungen zum Finanzwesen, für das eine umfangreiche Datenbasis zur Verfügung steht, deuten keine auffälligen Befunde an. Beispielsweise beobachten Julia und Kassim (2020) allenfalls graduelle Vorteile islamischer Banken bei der Einführung eines grünen Finanzwesens. Daher überwiegen bei manchen Autor*innen insgesamt kritische Beurteilungen der islamischen Wirtschaft. Ihre Kritik zielt u. a. auf die fehlende Eindeutigkeit wirtschaftspolitischer Implikationen und auf eine Vereinnahmung islamischer Wirtschaftsethik durch den Fundamentalismus (Kuran 1995).

Genügsamkeitsökonomie

Die grundlegenden Ideen der Genügsamkeitsökonomie (sufficiency economy) hat der thailändische König Bhumipol Adulyadej (1927–2016) entwickelt. Sie entstanden im Rahmen von Projekten zur ländlichen Entwicklung und vor dem Hintergrund der fortschreitenden globalen Integration der thailändischen Wirtschaft. Laut Noy (2011) handelt es sich bei der Genügsamkeitsökonomie um eine Theoretisierung und Anwendung buddhistischer Lehre in modernem Kontext. Die Genügsamkeitsökonomie zielt auf die Vermeidung von Extremen und das Verfolgen eines mittleren Wegs der Wirtschaftsentwicklung. Ihr liegen im Kern drei Prinzipien zugrunde (Noy 2011):

- Prinzip der Mäßigung: Das Prinzip der Mäßigung betrifft vor allem die spirituelle Beschränkung weltlicher Wünsche.
- Prinzip der Achtsamkeit: Alle Wirtschaftssubjekte sollen die Konsequenzen ihrer wirtschaftlichen Handlungen bedenken.
- Prinzip der Absicherung: Alle Wirtschaftssubjekte sollen sich vor Risiken schützen.

Die Beachtung dieser Prinzipien verursacht eine positive Verhaltensänderung der Wirtschaftssubjekte. Der Genügsamkeitsökonomie liegt die Vorstellung zugrunde, dass Lebensfreude vorwiegend durch ethisches Verhalten und die Beschränkung von Konsumwünschen entsteht. Es wird argumentiert, dass durch Mäßigung, Achtsamkeit und Absicherung soziale Verwerfungen und Umweltzerstörung vermieden und Thailands Kultur bewahrt werden könne (Noy 2011).

Auch wenn die Genügsamkeitsökonomie zum Teil sehr konkrete Vorschläge für ländliche Entwicklung beinhaltet, betont sie vorrangig die Haltung, mit der Wirtschaftssubjekte agieren sollten. Bisweilen wird die Genügsamkeitsökonomie daher als ein politisches Mittel angesehen, der Unzufriedenheit der ärmeren Bevölkerungsschichten zu begegnen, ohne das thailändische Wirtschaftssystem zu reformieren und die Position des Königs zu hinterfragen. Unabhängig von diesem Vorwurf lässt sich die Genügsamkeitsökonomie als eine Variante buddhistisch geprägter Vorstellungen der Wirtschaft ansehen. Weitere Varianten aus Thailand diskutiert Speece (2019). Eine detaillierte Beschreibung der Anwendung der Genügsamkeitsökonomie im lokalen ländlichen Kontext, eine Diskussion ihres Einflusses auf Nachhaltigkeit und eine Diskussion der Grenzen kleinräumiger Umsetzungsversuche liefert Parnwell (2006).

Die drei vorgestellten Varianten von ethischen Grundlagen für Wirtschaftssysteme stehen beispielhaft für eine Integration höherer ethischer Maßstäbe in das Wirtschaftsverhalten, vor allem für eine Abkehr vom Prinzip der Nutzenmaximierung. Sie unterscheiden sich dagegen beispielsweise im Grad der Konkretisierung ihrer Aussagen sowie in der Betonung unterschiedlicher Wirtschaftssektoren und räumlicher Bezüge. Die vorliegenden Untersuchungen zu diesen drei Ansätzen zeigen auf, wie sich Wirtschaftsethik auf Nachhaltigkeit auswirken kann. Alle drei Ansätze postulieren, dass ihnen die Integration sozioökonomischer und ökologischer Anliegen gelingt. Ihr Mangel besteht darin, dass sie bisher nicht systematisch darlegen, wie sich ethisches Verhalten auf ökonomische Parameter, wie z. B. Wettbewerbsfähigkeit, Wachstum oder Effizienz auswirkt. Vor diesem Hintergrund sollte das Potenzial dieser Ansätze, die regionale Wirtschaftsentwicklung und die Wirtschaftspolitik zu beeinflussen, nicht überschätzt werden.

Den genannten drei Alternativen steht die faktische Effektivität der Marktwirtschaft gegenüber, die ja auch dafür eingesetzt werden kann, Armut zu beseitigen oder die Umwelt zu schützen. Vor diesem Hintergrund liegt es näher, marktwirtschaftliche Mechanismen im Hinblick auf ihren Beitrag zum Erreichen von Nachhaltigkeitszielen weiterzuentwickeln. Eine Möglichkeit hierzu ist die Nutzung eines starken staatlichen Korrektivs in der Marktwirtschaft, das Fehlentwicklungen verhindert, die sich beispielsweise durch unerwünschtes Konsumverhalten ergeben. Ein Beispiel hierfür bietet das chinesische Modell der Marktwirtschaft, zu dem u. a. tiefgreifende staatliche Eingriffe in den Marktmechanismus, in das Konsumverhalten und in die Innovationsprozesse gehören (Lauer und Liefner 2019). Auf diese Weise ersetzt der Staat unzureichende ethische Maßstäbe durch politische Vorgaben.

5.5 Schlussbemerkungen

Das fünfte Kapitel – und das Lehrbuch insgesamt – sollte zeigen, dass die Entwicklung hin zur Nachhaltigkeit erst am Anfang steht. Trotz immenser regionaler Disparitäten im sozioökonomischen Entwicklungsstand und weit fortgeschrittener Zerstörung der natürlichen Lebensgrundlagen ist die globale gesellschaftliche Reaktion hierauf in der Praxis noch nicht wirksam. Dem benötigten fundamentalen Wandel der etablierten sozio-technischen Regime, der Diffusion von Umweltinnovationen und der Bekämpfung von Armut und Ungleichheit fehlt es an Geschwindigkeit und Nachdruck.

Nach Überzeugung der Verfasser kann die Wirtschaftsgeographie in dieser Situation eine wichtige Funktion ausfüllen. Aufgrund ihres Interesses an konkreten regionalökonomischen Strukturen und Prozessen ist sie prädestiniert, in Forschung und Lehre wichtige Erkenntnisse zu liefern und Impulse zu geben. Dies betrifft v. a. das Generieren und Durchsetzen von Innovationen, die Nachhaltigkeit fördern, das Erfassen und Erklären der räumlichen Kontextabhängigkeit der Veränderungsprozesse und die Ausdehnung der Perspektive über die eigene Region hinaus mit dem Ziel, Erfahrungen und Ansätze aus anderen Regionen systematisch zu verstehen und ggf. anzuwenden. Auf diese Weise liefert die Wirtschaftsgeographie auch für andere Fächer wissenswerte Grundlagen.

Die Autoren hoffen, dass zukünftige Wirtschaftsgeographinnen und Wirtschaftsgeographen den im Lehrbuch offengebliebenen Fragen in Forschung und Praxis nachgehen und somit dazu beitragen, Raumwirtschaftssysteme nachhaltiger zu gestalten.

Verzeichnis der Tabellen und Abbildungen

Literaturverzeichnis

Acemoglu, D., Johnson, S. und Robinson, J. A. (2001). The colonial origins of comparative development: An empirical investigation. *The American Economic Review 91*(5), 1369–1401.

Albert, M. (2019). Sustainable frugal innovation – The connection between frugal innovation and sustainability. *Journal of Cleaner Production 237*, 117747.

Alhusen, H., Bennat, T., Bizer, K., Cantner, U., Horstmann, E., Kalthaus, M., Proeger, T., Sternberg, R. und Töpfer, S. (2021). A new measurement conception for the 'doing-using-interacting' mode of innovation. *Research Policy 50*(4), 104214.

Alonso, W. (1960). A theory of the urban land market. *Papers and Proceedings of the Regional Science Association 6*(1), 149–157.

Altenburg, T. und Meyer-Stamer, J. (1999). How to promote clusters: Policy experiences from Latin America. *World Development 27*(9), 1693–1713.

Amery, C. (1972). *Das Ende der Vorsehung: die gnadenlosen Folgen des Christentums.* Reinbek: Rowohlt.

Amin, A. (2001). Moving on: Institutionalism in Economic Geography. *Environment and Planning A 33*, 1237–1241.

Ananthram, S. und Chan, C. (2021). Institutions and frugal innovation: The case of Jugaad. *Asia Pacific Journal of Management 38*, 1031–1060.

Anderson, P. und Tushman, M. L. (1990). Technological discontinuities and dominant designs: A cyclical model of technological change. *Administrative Science Quarterly 35*(4), 604–633.

Anselin, L., Varga, A. und Acs, Z. (1997). Local geographic spillovers between university research and high technology innovations. *Journal of Urban Economics 42*(3), 422–448.

Archibugi, D. (1992). Patenting as an indicator of technological innovation: A review. *Science and Public Policy 19*(6), 357–368.

Arora, A., Fosfuri, A. und Gambardella, A. (2001). Markets for technology and their implications for corporate strategy. *Industrial and Corporate Change 10*(2), 419–452.

Arrow, K. J. (1969). Classificatory notes on the production and transmission of technological knowledge. *The American Economic Review 59*(2), 29–35.

Arthur, W. B. (1989). Competing technologies, increasing returns, and lock-in by historical events. *The Economic Journal 99*(394), 116–131.

Azote for Stockholm Resilience Centre (2022). *PB pollutants 2022 update.* Verfügbar unter: https://www.stockholmresilience.org/research/research-news/2022-01-18-safe-planetary-boundary-for-pollutants-including-plastics-exceeded-say-researchers.html

Balakrishnan, P. (2007). The recovery of India: economic growth in the Nehru era. *Economic and Political Weekly 42*(45–46), 52–66.

Baldwin, R. (2006). Globalisation: the great unbundling(s). In Secretariat of the Economic Council (Hrsg.), *Globalisation Challenges for Europe. Report by the Secretariat of the Economic Council – PART I* (S. 11–54). Helsinki: Prime Minister's Office.

Bartlett, C. A. und Ghoshal, S. (2000). Going global. Lessons from late movers. *Harvard Business Review 78*(2), 132–142.

Bathelt, H. und Glückler, J. (2002). *Wirtschaftsgeographie* (1. Auflage). Stuttgart: Ulmer.

Bathelt, H., Malmberg, A. und Maskell P. (2004). Clusters and knowledge: Local buzz, global pipelines and the process of knowledge creation. *Progress in Human Geography 28*(1), 31–56.

Baumol, W. J. und Oates, W. E. (1971). The use of standards and prices for protection of the environment. *The Swedish Journal of Economics 73*(1), 42–54.

Beise, M. und Rennings, K. (2005). Lead markets and regulation: A framework for analyzing the international diffusion of environmental innovations. *Ecological Economics 52*(1), 5–17.

Beise, M. (2004). Lead markets: Country-specific drivers of the global diffusion of innovations. *Research Policy 33*(6–7), 997–1018.

Bergh, J. C. J. M. van den (2011). Environment versus growth – A criticism of "degrowth" and a plea for "a-growth." *Ecological Economics 70*(5), 881–890.

Bergh, J. C. J. M. van den und Botzen, W. (2020). Low-carbon transition is improbable without carbon pricing. *Proceedings of the National Academy of Sciences 117*(38), 23219–23220.

Bijker, W. E., Hughes, T. P. und Pinch, T. (1987). *The social construction of technological systems: New directions in the sociology and history of technology*. Cambridge (USA): MIT Press.

Bina, O. und Vaz, S. G. (2011). Humans, environment and economies: From vicious relationships to virtuous responsibility. *Ecological Economics 72*, 170–178.

Binz, C. und Truffer, B. (2017). Global Innovation Systems—A conceptual framework for innovation dynamics in transnational contexts. *Research Policy 46*(7), 1284–1298.

Birdsall, N. und Wheeler, D. (1993). Trade policy and industrial pollution in Latin America: Where are the pollution havens? *The Journal of Environment & Development 2*(1), 137–149.

Blomström, M. und Kokko, A. (1998). Foreign investment as a vehicle for international technology transfer (S. 279–311). In G. B. Navaretti, P. Dasgupta, K.-G. Mäler·und D. Siniscalco (Hrsg.), *Creation and Transfer of Knowledge*. Berlin: Springer.

Blomström, M. und Kokko, A. (2001). Foreign direct investment and spillovers of technology. *International Journal of Technology Management 22*(5), 435–454.

Blotevogel, H. H. (1996). Zentrale Orte: Zur Karriere und Krise eines Konzepts in der Regionalforschung und Raumordnungspraxis. *Informationen zur Raumentwicklung 10*, 617–629.

Bocken, N. M. P. und Short, S. W. (2016). Towards a sufficiency-driven business model: Experiences and opportunities. *Environmental Innovation and Societal Transitions 18*, 41–61.

Bolt, J. und Zanden, J. L. van (2014). The Maddison Project: collaborative research on historical national accounts. *Economic History Review 67*(3), 627–651.

Boon, W. P. C. und Edler, J. (2018). Demand, challenges, and innovation. Making sense of new trends in innovation policy. *Science and Public Policy 45*(4), 435–447.

Borts, G. H. und Stein, J. L. (1964). *Economic growth in a free market*. New York: Columbia University Press.

Boschma, R. (2005). Proximity and innovation: A critical assessment. *Regional Studies 39*(1), 61–74.

Boschma, R., Coenen, L., Frenken, K. und Truffer, B. (2017). Towards a theory of regional diversification: Combining insights from Evolutionary Economic Geography and Transition Studies. *Regional Studies 51*(1), 31–45.

Bossert, A. und Knorring, E. von (2016). *VWL für Sozialwissenschaftler*. Stuttgart: UTB.

Bown, C. P. und Irwin, D. A. (2015). The GATT's starting point: Tariff levels circa 1947 (National Bureau Of Economic Research Working Paper, Bd. w21782), Cambridge (USA): NBER.

Brakman, S., Garretsen, H. und Marrewijk, C. van (2001). *An introduction to geographical economics*. Cambridge: Cambridge University Press.

Bramwell, A. und Wolfe, D. A. (2008). Universities and regional economic development: The entrepreneurial University of Waterloo. *Research Policy 37*(8), 1175–1187.

Braun, B. und Schulz, C. (2012). *Wirtschaftsgeographie*. Stuttgart: Ulmer.

Breschi, S. und Lissoni, F. (2001). Knowledge spillovers and local innovation systems: A critical survey. *Industrial and Corporate Change 10*(4), 975–1005.

Breul, M. und Revilla Diez, J. (2018). An intermediate step to resource peripheries: The strategic coupling of gateway cities in the upstream oil and gas GPN. *Geoforum 92*, 9–17.

Brookes, L. (1990). The greenhouse effect: The fallacies in the energy efficiency solution. *Energy Policy 18*(2), 199–201.

Bruckner, B., Hubacek, K., Shan, Y., Zhong, H. und Feng, K. (2022). Impacts of poverty alleviation on national and global carbon emissions. *Nature Sustainability 5*, 311–320.

Buchholz, W. und Rübbelke, D. (2019). *Foundations of Environmental Economics*. Berlin: Springer.

Buckley, P. J. und Casson, M. (1976). *The Future of the Multinational Enterprise*. London: Homes and Meier Press.

Burkhard, B., Kroll, F., Nedkov, S., und Müller, F. (2012). Mapping ecosystem service supply, demand and budgets. *Ecological indicators 21*, 17–29.

Calignano, G., Fitjar, R. D. und Kogler, D. F. (2018). The core in the periphery? The cluster organization as the central node in the Apulian aerospace district. *Regional Studies 52*(11), 1490–1501.

Camagni, R. und Capello, R. (2013). Regional competitiveness and territorial capital: A conceptual approach and empirical evidence from the European Union. *Regional Studies 47*(9), 1383–1402.

Carlsson, B. und Stankiewicz, R. (1991). On the nature, function and composition of technological systems. *Journal of Evolutionary Economics 1*(2), 93–118.

Chaminade, C. und Vang, J. (2008). Globalisation of knowledge production and regional innovation policy: Supporting specialized hubs in the Bangalore software industry. *Research Policy 37*(10), 1684–1696.

Chen, S.-H. und Wen, P.-C. (2016). The evolution of China's mobile phone industry and good-enough innovation. In Y. Zhou, W. Lazonick und Y. Sun (Hrsg.), *China as an innovation nation* (S. 261–282). Oxford: Oxford University Press.

Christaller, W. (1933). *Die zentralen Orte in Süddeutschland. Eine ökonomischgeographische Untersuchung über die Gesetzmäßigkeit der Verbreitung und Entwicklung der Siedlungen mit städtischen Funktionen*. Reprographischer Nachdruck, Darmstadt 1968: Wissenschaftliche Buchgesellschaft.

Christopherson, S., Michie, J. und Tyler, P. (2010). Regional resilience: theoretical and empirical perspectives. *Cambridge Journal of Regions, Economy and Society 3*, 3–10.

Coase, R. H. (1937). The nature of the firm. *Economica 4*(16), 386–405.

Coase, R. H. (1960). The problem of social cost. *The Journal of Law and Economics 56*(4), 837–877.

Coenen, L., Benneworth, P. und Truffer, B. (2012). Toward a spatial perspective on sustainability transitions. *Research Policy 41*(6), 968–979.

Cohen, W. M. und Levinthal, D. A. (1989). Innovation and learning: The two faces of R&D. *The Economic Journal 99*(397), 569–596.

Cohen, W. M. und Levinthal, D. A. (1990). Absorptive capacity: A new perspective on learning and innovation. *Administrative Science Quarterly 35*(1), 128–152.

Collier, P. und Gunning, J.W. (1999). The IMF's role in structural adjustment. *The Economic Journal 109*(459), 634–651.

Cooke, P. (1998). Introduction. Origins of the concept. In H.-J. Braczyk, P. Cooke und M. Heidenreich (Hrsg.), *Regional Innovation Systems. The role of governances in a globalized world* (S. 2–25). London: Routledge.

Cooke, P., Gomez Uranga, M. und Etxebarria, G. (1997). Regional innovation systems: Institutional and organisational dimensions. *Research Policy 26*(4–5), 475–491.

Cooper, T. (2005). Slower consumption. Reflections on product life spans and the "throwaway society". *Journal of Industrial Ecology 9*(1–2), 51–67.

Copeland, B. R. und Taylor, M. S. (1994). North-South trade and the environment. *The Quarterly Journal of Economics 109*(3), 755–787.

Copeland, B. R. (2008). The pollution haven hypothesis. In K. P. Gallagher (Hrsg.), *Handbook on trade and the environment* (S. 60–70). Cheltenham: Edward Elgar Publishing Ltd.

Cormier, B. und Manger, M.S. (2022). Power, ideas, and World Bank conditionality. *The Review of International Organizations 17*, 397–425.

Dasgupta, P. (2021). *The economics of biodiversity: The Dasgupta Review*. London: HM Treasury.

David, P. A. (1985). Clio and the economics of QWERTY. *The American economic review 75*(2), 332–337.

Dedrick, J. und Kraemer, K. L. (2011). *Value capture in the global wind energy industry*. Working Paper. Irvine: PCIC.

Deutsche Bundesbank (2016). *Zur Karriere und Krise eines Konzepts in der Regionalforschung und Raumordnungspraxis* (Monatsbericht, Bd. Juni 2016, S. 55–69), Frankfurt am Main: Deutsche Bundesbank.

Dewald, U. und Fromhold-Eisebith, M. (2015). Trajectories of sustainability transitions in scale-transcending innovation systems: The case of photovoltaics. *Environmental Innovation and Societal Transitions 17*, 110–125.

Dicken, P. (1992). *Global shift. The internationalization of economic activity* (2. Auflage). London: Chapman.

Dicken, P. (1998). *Global shift. Transforming the world economy* (3. Auflage). London: SAGE Publications Ltd.

Dijksterhuis, M., Botha L. und Tijssen, R. (2015). African universities and inclusive innovation: Case studies in the western cape province of South Africa (Centre for Frugal Innovation in Africa Working Paper Series, Bd. 2), Leiden: CFIA.

Dijkstra, L., Poelman, H. und Rodríguez-Pose, A. (2018). The geography of EU discontent. *Regional Studies 54*(6), 737-753.

Doh, J. P. (2005). Offshore outsourcing: Implications for international business and strategic management theory and practice. *Journal of Management Studies 42*(3), 695–704.

Domanski, B. und Gwosdz, K. (2010). Multiplier effects in local and regional development. *Quaestiones Geographicae 29*(2), 27–37.

Dosi, G. (1988). The nature of the innovative process. In G. Dosi, C. Freeman, R. Nelson, G. Silverberg und L. Soete (Hrsg.), *Technical Change and Economic Theory* (S. 221–238). London: Pinter.

Dreher, A. (2009). IMF conditionality: theory and evidence. *Public Choice 141*, 233–267.

Dunford, M. und Liu, W. D. (2019). Chinese perspectives on the Belt and Road Initiative. *Cambridge Journal of Regions, Economy and Society 12*(1), 145–167.

Dunn, E. S. jr. (1954). *The location of agricultural production*. Gainesville: University of Florida Press.

Dunning, J. H. (1979). Explaining changing patterns of international production: in defence of the eclectic theory. *Oxford Bulletin of Economics and Statistics 41*(4), 269–295.

Dunning, J. H. (1988). *Explaining International Production*. London: Unwin Hyman.

Dunning, J. H. (2000). The eclectic paradigm as an envelope for economic and business theories of MNE activity. *International Business Review 9*, 163–190.

Edler, J. und Fagerberg, J. (2017). Innovation policy: What, why, and how. *Oxford Review of Economic Policy 33*(1), 2–23.

Edler, J., Blind, K., Frietsch, R., Kimpeler, S., Kroll, H., Lerch, C., et al. (2020). *Technology sovereignty: From demand to concept* (Perspectives – Policy Brief, Bd. 02/2020), Karlsruhe: Fraunhofer Institute for Systems and Innovation Research (ISI).

Edquist, C. (1997). Systems of innovation approaches–their emergence and characteristics. In C. Edquist (Hrsg.), *Systems of innovation: Technologies, institutions and organizations* (S. 1–35). London: Routledge.

Ellis, F. (1993). *Peasant Economics. Farm households and agrarian development* (2. Edition). Cambridge: Cambridge University Press.

Engel, E. (2021). Die vorherrschenden Gewerbszweige in den Gerichtsämtern mit Beziehung auf die Productions- und Consumtionsverhältnisse des Königreichs Sachsen. In Statistisches Bundesamt (Destatis), Wiesbaden: *WISTA – Wirtschaft und Statistik*, 73(2), S. 126–136 (im Original erschienen 1857 in: Zeitschrift des Statistischen Bureaus des Königlich Sächsischen Ministeriums des Innern, 6–8).

Enos, J., Lall, S. und Yun, M. Y. (1997). Transfer of technology: An Update. *Asian-Pacific Economic Literature 11*(1), 56–66.

Ernst, D. und Kim, L. (2002). Global production networks, knowledge diffusion, and local capability formation. *Research Policy 31*(8–9), 1417–1429.

Ernst, D. (2008). Innovation offshoring and Asia's electronics industry – the new dynamics of global networks. *International Journal of Technological Learning, Innovation and Development 1*(4), 551–576.

EuroGeographics Association (2021). *Investment for jobs and growth goal (ERDF and ESF+) eligibility, 2021–2027.* Verfügbar unter: https://ec.europa.eu/regional_policy/sources/graph/poster2021/eu27.pdf

European Commission (2008). *Arbeiten für die Regionen: EU-Regionalpolitik 2007–2013.* Brüssel: Europäische Kommission.

European Commission (2022). *Cohesion Policy 2021–2027.* Brüssel: Europäische Kommission.

European Commission, International Monetary Fund, Organisation for Economic Co-operation and Development, United Nations und World Bank (2009). *System of national accounts 2008.* New York.

Eurostat (2016, 29. April). Patent applications to the EPO by priority year by NUTS 3 regions (Annual, Number) [*PAT_EP_RTOT__custom_2269775*].

Eurostat (2021a, 03. Juni). Population on 1 January by broad age group, sex and NUTS 3 region [*DEMO_R_PJANAGGR3__custom_2332963*].

Eurostat (2021b, 14. Dezember). R&D personnel and researchers by sector of performance, sex and NUTS 2 regions [*RD_P_PERSREG__custom_2269720*].

Eurostat (2022, 30. März). Gross domestic product (GDP) at current market prices by NUTS 2 regions [*nama_10r_2gdp*].

Farhauer, O. und Kröll, A. (2013). *Standorttheorien. Regional- und Stadtökonomik in Theorie und Praxis.* Wiesbaden: SpringerGabler.

Fastenrath, S. und Braun, B. (2018). Sustainability transition pathways in the building sector: Energy-efficient building in Freiburg (Germany). *Applied Geography 90*, 339–349.

Feess, E. und Seeliger, A. (2021). *Umweltökonomie und Umweltpolitik.* München: Vahlen.

Ferchen, M. (2013). Whose China model is it anyway? The contentious search for consensus. *Review of International Political Economy 20*(2), 390–420.

Foray, D., David, P. A. und Hall, B. (2009). *Smart specialisation–the concept* (Knowledge economists policy brief, Bd. 9). Brüssel: Europäische Kommission.

Foster, C. und Heeks, R. (2013). Conceptualising inclusive innovation: Modifying systems of innovation frameworks to understand diffusion of new technology to low-income consumers. *European Journal of Development Research 25*(3), 333–355.

Fourastié, J. (1954). *Die große Hoffnung des zwanzigsten Jahrhunderts.* Köln: Bund.

Freeman, C. (1995). The 'National System of Innovation' in historical perspective. *Cambridge Journal of Economics 19*(1), 5–24.

Friedland, J. und Cole, B. M. (2019). From homo-economicus to homo-virtus: A system-theoretic model for raising moral self-awareness. *Journal of Business Ethics 155*, 191–205.

Fromhold-Eisebith, M. (2002). Regional cycles of learning: foreign multinationals as agents of technological upgrading in less developed countries. *Environment and Planning A 34*(12), 2155–2173.

Fuchs, M., Henn, S., Franz, M. und Mudambi, R. (Hrsg.). (2017). *Managing culture and interspace in cross-border investments: Building a global company.* New York: Routledge.

Fuenfschilling, L. und Binz, C. (2018). Global socio-technical regimes. *Research Policy 47*(4), 735–749.

Fujita, M. (2012). Thünen and the New Economic Geography. *Regional Science and Urban Economics 42*(6), 907–912.

Fujita, M., Krugman, P. und Venables, A. J. (1999). *The spatial economy. Cities, regions, and international trade.* Cambridge (USA): MIT Press.

Galbraith, J. K. (2012). *Inequality and instability. A study of the world economy just before the great crisis.* New York: Oxford University Press.

Geels, F. W. (2002). Technological transitions as evolutionary reconfiguration processes: A multi-level perspective and a case-study. *Research Policy 31*(8–9), 1257–1274.

Geels, F. W. (2004). From sectoral systems of innovation to socio-technical systems. *Research Policy 33*(6–7), 897–920.

Geels, F. W., Sovacool, B. K., Schwanen, T. und Sorrell, S. (2017). Sociotechnical transitions for deep decarbonization. *Science 357*(6357), 1242–1244.

Geiger, S. M., Fischer, D und Schrader, U. (2018). Measuring what matters in sustainable consumption: An integrative framework for the selection of relevant behaviors. *Sustainable Development 26*(1), 18–33.

George, G., McGahan, A. M. und Prabhu, J. (2012). Innovation for inclusive growth: Towards a theoretical framework and a research agenda. *Journal of Management Studies 49*(4), 661–683.

Gereffi, G. (1994). The organization of buyer-driven global commodity chains: How US retailers shape overseas production networks. In G. Gereffi und M. Korzeniewicz (Hrsg.), *Commodity chains and global capitalism* (S. 95–122). Westport: Praeger.

Gereffi, G. (1999). International trade and industrial upgrading in the apparel commodity chain. *Journal of International Economics 48*(1), 37–70.

Gereffi, G., Humphrey, J. und Sturgeon, T. (2005). The governance of global value chains. *Review of International Political Economy 12*(1), 78–104.

Gerschenkron, A. (1962). *Economic backwardness in historical perspective.* New York: Belknap Press.

Gertler, M. (2010). Rules of the game: the place of institutions in regional economic change. *Regional Studies 44*(1), 1–15.

Gibbs, D. (2006). Prospects for an environmental economic geography: Linking ecological modernization and regulationist approaches. *Economic Geography 82*(2), 193–215.

Giese, E. (1987). Regionalwirtschaftliche Bedeutung von Hochschulen in der Bundesrepublik Deutschland. In E. Giese (Hrsg.), Aktuelle Beiträge zur Hochschulforschung (Gießener Geographische Schriften, Bd. 62, S. 51–78). Gießen: Institut für Geographie der Justus-Liebig-Universität Gießen.

Gini, C. (1912). Variabilità e mutabilità. In E. Pizetti und T. Salvemini (Hrsg.) (1955), *Memorie di metodologica statistica.* Rome: Libreria Eredi Virgilio Veschi.

Goddard, J. B. (1997). Managing the university/regional interface. *Higher Education Management 9*(3), 7–27.

Görg, H. und Greenaway, D. (2004). Much ado about nothing? Do domestic firms really benefit from foreign direct investment? *The World Bank Research Observer 19*(2), 171–197.

Greening, L. A., Greene, D. L. und Difiglio, C. (2000). Energy efficiency and consumption — the rebound effect — a survey. *Energy Policy 28*(6–7), 389–401.

Grillitsch, M. und Hansen, T. (2019). Green industry development in different types of regions. *European Planning Studies 27*(11), 1–21.

Grossman, G. M. und Krueger, A. B. (1991). *Environmental impacts of a North American free trade agreement* (National Bureau of Economic Research Working Paper, Bd. 3914), Cambridge (USA): NBER.

Grossman, G. M. und Krueger, A. B. (1995). Economic growth and the environment. *The Quarterly Journal of Economics 110*(2), 353–377.

Haasis, T. I., Liefner, I. und Garg, R. (2018). The organization of knowledge transfer in the context of Chinese cross-border acquisitions in developed economies. *Asian Business & Management, 17*(4), 286–311.

Hackerman, N. und Ashworth, K. H. (1996). *Conversations on the uses of science and technology.* Denton: University of North Texas Press.

Hägerstrand, T. (1967). *Innovation diffusion as a spatial process.* Chicago: Univ. Chicago Press.

Hahnel, R. und Sheeran, K. A. (2009). Misinterpreting the Coase theorem. *Journal of Economic Issues 43*(1), 215–238.

Hanley, N., Shogren, J. und White, B. (2019). *Introduction to environmental economics.* Oxford: Oxford University Press.

Hansen, T. und Coenen, L. (2015). The geography of sustainability transitions: Review, synthesis and reflections on an emergent research field. *Environmental Innovation and Societal Transitions 17*, 92–109.

Hansen, U. und Schrader, U. (1997). A modern model of consumption for a sustainable society. *Journal of Consumer Policy 20*, 443–468.

Hardin, G. (1968). The tragedy of the commons: The population problem has no technical solution; it requires a fundamental extension in morality. *Science 162*(3859), 1243–1248.

Harris, J. H. und Todaro, M. P. (1970). Migration, unemployment and development: A two-sector analysis. *The American Economic Review 60*(1), 126–142.

Harvey, D. (1990). *The condition of postmodernity. An enquiry into the origins of cultural change.* Cambridge (USA): Blackwell.

Hassink, R. und Kiese, M. (2021). Solving the restructuring problems of (former) old industrial regions with smart specialization? Conceptual thoughts and evidence from the Ruhr. *Review of Regional Research 41*(2), 131–155.

Hassink, R. (2010). Regional resilience: a promising concept to explain differences in regional economic adaptability? *Cambridge Journal of Regions, Economy and Society 3*(1), 45–58.

Heckscher, E. F. (1919). The Effect of Foreign Trade on the Distribution of Income. *Ekonomisk Tidskrift 21*, 497–512. (Englische Übersetzung in H. S. Ellis und Metzler, L. A. (Hrsg.) (1950), Readings in the Theory of International Trade (S. 272–300). London: George Allen and Unwin Ltd.).

Heeks, R., Foster, C. und Nugroho, Y. (2014). Introduction: New models of inclusive innovation for development. *Innovation and Development 4*(2), 175–185.

Heindl, A. B. und Liefner, I. (2019). The Analytic Hierarchy Process as a methodological contribution to improve regional innovation system research: Explored through comparative research in China. *Technology in Society 59*, 101197.

Hekkert, M. P., Suurs, R. A. A., Negro, S. O., Kuhlmann, S. und Smits, R. E. H. M. (2007). Functions of innovation systems: A new approach for analysing technological change. *Technological Forecasting and Social Change 74*(4), 413–432.

Henderson, J., Dicken, P., Hess, M., Coe, N. und Yeung, H. W.-C. (2002). Global production networks and the analysis of economic development. *Review of International Political Economy 9*(3), 436–464.

Henderson, R. M. und Clark, K. B. (1990). Architectural innovation: The reconfiguration of existing product technologies and the failure of established firms. *Administrative science quarterly* 35(1), 9–30.

Henderson, V. (1997). Externalities and industrial development. *Journal of Urban Economics* 42(3), 449–470.

Hesse, H. (1988). Außenhandel I: Determinanten. In W. Albers, K. E. Born, E. Dürr, H. Hesse, A. Kraft, H. Lampert et al. (Hrsg.), *Handwörterbuch der Wirtschaftswissenschaft (HdWW)* (S. 364–388). Stuttgart: Gustav Fischer.

Hickel, J. und Kallis, G. (2020). Is green growth possible? *New Political Economy* 25(4), 469–486.

Hickel, J. (2020). Quantifying national responsibility for climate breakdown: An equality-based attribution approach for carbon dioxide emissions in excess of the planetary boundary. *The Lancet Planetary Health* 4(9), e399–e404.

Hickel, J., Neill, D. W. O., Fanning, A. L. und Zoomkawala, H. (2022). National responsibility for ecological breakdown: A fair-shares assessment of resource use, 1970 – 2017. *The Lancet Planetary Health* 6(4), e342–e349.

Hippel, E. von (1994). 'Sticky Information' and the locus of problem solving: implications for innovation. *Management Science* 40(4), 429–439.

Hippel, E. von (1988). *The sources of innovation*. New York: Oxford University Press.

Hirschman, A. O. (1958). *The Strategy of Economic Development*. New Haven: Yale University Press.

Hobday, M. (2000). East versus Southeast Asian Innovation systems: Comparing OEM- and TNC-led growth in electronics. In L. Kim und R. R. Nelson (Hrsg.), *Technology, learning, and innovation: experiences of newly industrializing economies* (S. 129–169). Cambridge: Cambridge University Press.

Holtzmann, H.-D. (1997). *Regionalpolitik der Europäischen Union: Eine Erfolgskontrolle in theoretischer und empirischer Sicht*. Berlin: Duncker&Humblot.

Hook, S. W. und Rumsey, J. G. (2016). The development aid regime at fifty: Policy challenges inside and out. *International Studies Perspectives* 17(1), 55–74.

Hoover, E. M. jr. (1937). *Location theory and the shoe and leather industries* (Harvard Economic Studies, Bd. 55), Cambridge (USA): Harvard University Press.

Hopwood, B., Mellor, M. und O'Brien, G. (2005). Sustainable development: Mapping different approaches. *Sustainable Development* 13, 38–52.

Horbach, J. (2008). Determinants of environmental innovation—New evidence from German panel data sources. *Research Policy* 37(1), 163–173.

Horn, H. und Mavroidis, P. C. (2001). Economic and legal aspects of the Most-Favored-Nation clause. *European Journal of Political Economy* 17(2), 233–279.

Hossain, M. (2021). Frugal innovation: Unveiling the uncomfortable reality. *Technology in Society* 67, 101759.

Howells, J. (1996). Tacit knowledge, innovation and technology transfer. *Technology Analysis & Strategic Management* 8(2), 91–106.

Huber, J. (2008). Pioneer countries and the global diffusion of environmental innovations: Theses from the viewpoint of ecological modernisation theory. *Global Environmental Change* 18(3), 360–367.

Humphrey, J. und Schmitz, H. (2002). How Does Insertion in Global Value Chains Affect Upgrading in Industrial Clusters? *Regional Studies* 36, 1017–1027.

IPCC (2022). *AR6 Synthesis Report: Climate Change 2022*. Verfügbar unter: https://www.ipcc.ch/

Jaffe, A. B., Trajtenberg, M. und Henderson, R. (1993). Geographic localization of knowledge spillovers as evidenced by patent citations. *Quarterly Journal of Economics* 108(3), 577–598.

Janda, S. von, Kuester, S., Schuhmacher, M. C. und Shainesh, G. (2020). What frugal products are and why they matter: A cross-national multi-method study. *Journal of Cleaner Production 246*, 118977.

Jänicke, M. (1985). Preventive environmental policy as ecological modernisation and structural policy (IIUG Discussion Paper, Bd. 85–2), Berlin: IIUG.

Jänicke, M. (2008). Ecological modernisation: new perspectives. *Journal of Cleaner Production 16*(5), 557–565.

Jänicke, M. (2012). "Green growth": From a growing eco-industry to economic sustainability. *Energy Policy 48*, 13–21.

Jensen, M. B., Johnson, B., Lorenz, E. und Lundvall, B. A. (2007). Forms of knowledge and modes of innovation. *Research Policy 36*(5), 680–693.

Jevons, W. S. (1865). *The coal question: An inquiry concerning the progress of the nation, and the probable exhaustion of our coal mines*. London: Macmillan.

Jodhka, S. S. (2002). Nation and village: Images of rural India in Gandhi, Nehru and Ambedkar. *Economic and Political Weekly 37*(32), 3343–3353.

Jonge, A. de (2017). Perspectives on the emerging role of the Asian Infrastructure Investment Bank. *International Affairs 93*(5), 1061–1084.

Julia, T. und Kassim, S. (2020). Exploring green banking performance of Islamic banks vs conventional banks in Bangladesh based on Maqasid Shariah framework. *Journal of Islamic Marketing 11*(3), 729–744.

Kallis, G. (2011). In defence of degrowth. *Ecological Economics 70*(5), 873–880.

Kaplinsky, R. (2000). *Spreading the gains from globalisation: What can be learned from value chain analysis?* (Institute of Development Studies Working Paper, Bd. 110), Brighton: Institute of Development Studies.

Kaplinsky, R. (2011). Schumacher meets Schumpeter: Appropriate technology below the radar. *Research Policy 40*(2), 193–203.

Keane, M. und Zhao, E. J. (2012). Renegades on the frontier of innovation: The Shanzhai grassroots communities of Shenzhen in China's creative economy. *Eurasian Geography and Economics 53*(2), 216–230.

Keat, R., Whiteley, N. und Abercrombie, N. (Hrsg.). (1994). *The authority of the consumer*. London: Routledge.

Kemp, R., Arundel, A., Rammer, C., Miedzinski, M., Taipa, C., Barbieri, N., et al. (2019). *Maastricht manual on measuring eco-innovation for a green economy*. Maastricht: Innovation for sustainable development network.

Keynes, J. M. (1936). *The general theory of employment, interest and money*. London: Palgrave Macmillan.

Khazzoom, J. D. (1980). Economic implications of mandated efficiency in standards for household appliances. *The Energy Journal 1*(4), 21–40.

Kiese, M. und Wrobel, M. (2011). A public choice perspective on regional cluster and network promotion in Germany. *European Planning Studies 19*(10), 1691–1712.

Kiese, M. (2008). Stand und Perspektiven der regionalen Clusterforschung. In M. Kiese und L. Schätzl (Hrsg.), *Cluster und Regionalentwicklung. Theorie, Beratung und praktische Umsetzung* (S. 9–50). Dortmund: Rohn.

Kim, L. (1991). Pros and cons of international technology transfer: a developing country´s view. In T. Agmon und M. A. von Glinow, (Hrsg.), *Technology transfer in international business* (S. 223–239). Oxford: Oxford University Press.

Kirchherr, J., Reike, D. und Hekkert, M. (2017). Conceptualizing the circular economy: An analysis of 114 definitions. *Resources, Conservation and Recycling 127*, 221–232.

Kivimaa, P. und Kern, F. (2016). Creative destruction or mere niche support? Innovation policy mixes for sustainability transitions. *Research Policy 45*(1), 205–217.

Klasen, S. und Waibel, H. (Hrsg.). (2013). *Vulnerability to poverty theory, measurement and determinants, with case studies from Thailand and Vietnam.* London: Palgrave McMillan.

Klasen, S. (2011). *Maßstäbe gesetzt. 20 Jahre Berichte über die menschliche Entwicklung* (Vereinte Nationen, Bd. 2/2011, S. 67–71), New York: Vereinte Nationen.

Kleinknecht, A., Montfort, K. van und Brouwer, E. (2002). The non-trivial choice between innovation indicators. *Economics of Innovation and New Technology 11*(2), 109–121.

Kline, S. J. und Rosenberg, N. (1986). An overview of innovation. In R. Landau und N. Rosenberg (Hrsg.), *The positive sum strategy: harnessing technology for economic growth* (S. 275–305). Washington D.C.: National Academy Press.

Knorringa, P., Pesa, I., Leliveld, A. und Beers, C. van (2016). Frugal innovation and development: Aides or adversaries? *European Journal of Development Research 28*(2), 143–153.

Kogut, B. und Zander, U. (1992). Knowledge of the firm, combinative capabilities, and the replication of technology. *Organization Science 3*(3), 383–397.

Kogut, B. (1985). Designing global strategies: comparative and competitive value-added chains. *Sloan Management Review 26*, 15–28.

Koschatzky, K. (2001). *Räumliche Aspekte im Innovationsprozess. Ein Beitrag zur neuen Wirtschaftsgeographie aus Sicht der regionalen Innovationsforschung* (Wirtschaftsgeographie, Bd. 19), Münster: LIT Verlag.

Kraas, F., Hackenbroch, K., Sterly, H., Heintzenberg, J., Herrle, P. und Kreibich, V. (Hrsg.). (2019). *Mega cities – mega challenge. Informal dynamics of global change.* Stuttgart: Bornträger.

Kragelund, P. (2008). the return of non-DAC donors to Africa: new prospects for African development? *Development Policy Review 26*(5), 555–584.

Kroll, H. und Liefner, I. (2021). User-driven innovation with frugal characteristics: a multi-case analysis of China's innovation-driven economy. In N. Agarwal und A. Brem (Hrsg.), *Frugal innovation and its implementation. Leveraging constraints to drive innovations on a global scale* (S. 95–116). Berlin: Springer.

Kroll, H. und Neuhäusler, P. (2019). *Inclusive innovation atlas.* Gütersloh: Bertelsmann Stiftung.

Kroll, H. (2006). *Entstehung und Entwicklung universitärer Spin-off-Aktivitäten in China: Eine regional vergleichende Analyse.* Münster: LIT Verlag.

Krugman, P. (1991a). *Geography and trade.* Cambridge (USA): MIT Press.

Krugman, P. (1991b). Increasing returns and Economic Geography. *Journal of Political Economy* 99(3), 483–499.

Krugman, P. (1998). What's new about the New Economic Geography? *Oxford Review of Economic Policy 14*(2), 7–17.

Kuemmerle, W. (1997). Building effective R&D capabilities abroad. *Harvard Business Review 75*(2), 61–70.

Kuemmerle, W. (1999). Foreign direct investment in industrial research in the pharmaceutical and electronics industries – results from a survey of multinational firms. *Research Policy 28*(2–3), 179–193.

Kulke, E. (2004). *Wirtschaftsgeographie.* Paderborn: Schöningh.

Kulke, E. (2009). *Wirtschaftsgeographie* (4. Auflage). Paderborn: Schöningh.

Kuran, T. (1995). Islamic economics and the Islamic subeconomy. *The Journal of Economic Perspectives 9*(4), 155–173.

Kutschker, M. und Schmid, S. (2008). *Internationales Management* (6. Auflage). Oldenburg: Wissenschaftsverlag.

Kuznets, S. (1955). Economic growth and income inequality. *The American Economic Review 45*(1), 1–28.

Laaser, C.-F. und Rosenschon, A. (2019). *Kieler Subventionsbericht.* Kiel: Institut für Weltwirtschaft.

Lall, S. (1993). Promoting technology development: The role of technology transfer and indigenous effort. *Third World Quarterly 14*(1), 95–108.

Lange, S., Kern, F., Peuckert, J. und Santarius, T. (2021). The Jevons paradox unravelled: A multi-level typology of rebound effects and mechanisms. *Energy Research & Social Science 74*, 101982.

Lauer, J. und Liefner, I. (2019). State-led innovation at the city level: Policy measures to promote new energy vehicles in Shenzhen, China. *Geographical Review 109*(3), 436–456.

Lay, J. und Nolte, K. (2018). Determinants of foreign land acquisitions in low-and middle-income countries. *Journal of Economic Geography 18*(1), 59–86.

Lazonick, W. und Mazzucato, M. (2013). The risk-reward nexus in the innovation-inequality relationship: Who takes the risks? Who gets the rewards? *Industrial and Corporate Change 22*(4), 1093–1128.

Lema, R., Fu, X. und Rabellotti, R. (2021). Green windows of opportunity: latecomer development in the age of transformation toward sustainability. *Industrial and Corporate Change 29*(5), 1193–1209.

Lengyel, B., Bokányi, E., Clemente, R. Di, Kertész, J. und González, M. C. (2020). The role of geography in the complex diffusion of innovations. *Scientific Reports 10*(1), 15065.

Levitt, T. (1983). The globalization of markets. *Harvard Business Review 61*(3), 92–102.

Leydesdorff, L. und Etzkowitz, H. (1996). Emergence of a Triple Helix of university—industry—government relations. *Science and Public Policy 23*(5), 279–286.

Liao, C., Nolte, K., Sullivan, J. A., Brown, D. G., Lay, J., Althoff, C. und Agrawal, A. (2021). Carbon emissions from the global land rush and potential mitigation. *Nature Food 2*, 15–18.

Liefner, I. und Schätzl, L. (2012). *Theorien der Wirtschaftsgeographie* (10. Auflage), Paderborn: Schöningh.

Liefner, I. und Schätzl, L. (2017). *Theorien der Wirtschaftsgeographie* (11. Auflage), Paderborn: Schöningh.

Liefner, I. (2010). Regionale Disparitäten sowie regionale und kommunale Wirtschaftspolitik. In E. Kulke (Hrsg.), *Wirtschaftsgeographie Deutschlands* (2. Auflage) (S. 17–42). Heidelberg: Springer Spektrum.

Liefner, I., Hennemann, S. und Xin, L. (2006). Cooperation in the innovation process in developing countries: empirical evidence from Zhongguancun, Beijing. *Environment and Planning A 38*(1), 111–130.

Liefner, I., Losacker, S. und Rao, B.C. (2020). Scale up advanced frugal design principles. *Nature Sustainability 3*, 772.

Liefner, I., Wei, Y. D. und Zeng, G. (2013). The innovativeness and heterogeneity of foreign-invested hightech companies in Shanghai. *Growth and Change 44*(3), 522–549.

Losacker, S. und Liefner, I. (2020). Regional lead markets for environmental innovation. *Environmental Innovation and Societal Transitions 37*, 120–139.

Lundvall, B.-Å. (2007). National innovation systems—analytical concept and development tool. *Industry and innovation 14*(1), 95–119.

Lundvall, B.-Å. (Hrsg.). (1992). *National systems of innovation: towards a theory of innovation and interactive learning.* London: Anthem Press.

MacKinnon, D., Cumbers, A., Pike, A., Birch, K. und McMaster, R. (2009). Evolution in Economic Geography: institutions, political economy, and adaptation. *Economic Geography 85*(2), 129–150.

Maddison Project Database (2020). Siehe Bolt, J. und Zanden J. L. van (2020). *Maddison style estimates of the evolution of the world economy. A new 2020 update* (Maddison-Project Working

Paper, Bd. 15), Groningen: University of Groningen. Retrieved from: https://www.rug.nl/ggdc/historicaldevelopment/maddison/releases/maddison-project-database-2020?lang=en

Maddison, A. (2010). Historical Statistics of the World Economy: 1-2008 AD. Verfügbar unter: https://www.rug.nl/ggdc/historicaldevelopment/maddison/releases/maddison-database-2010

Maier, G, Tödtling, F. und Trippl, M. (2006). *Regional- und Stadtökonomik 2. Regionalentwicklung und Regionalpolitik* (3. Auflage). Wien: Springer.

Malý, J. (2016). Impact of Polycentric Urban Systems on Intra-regional Disparities: A Micro-regional Approach. *European Planning Studies 24*(1), 116–138.

Man, A.-P. de (2008). *Knowledge Management and Innovation in Networks*. Cheltenham: Edward Elgar.

Mankiw, N. G. und Taylor, M. P. (2021). *Grundzüge der Volkswirtschaftslehre* (8. Auflage). Stuttgart: Schäffer-Poeschel.

Manning, S., Massini, S. und Lewin, A. Y. (2008). A dynamic perspective on next-generation offshoring: The global sourcing of science and engineering talent. *Academy of Management Perspectives 22*(3), 35–54.

Mansfield, E. (1968). *Industrial research and technological innovation: An econometric analysis*. New York: Norton.

Markard, J., Raven, R. und Truffer, B. (2012). Sustainability transitions: An emerging field of research and its prospects. *Research Policy 41*(6), 955–967.

Markusen, A. (1996). Sticky places in slippery space: A typology of industrial districts. *Economic Geography 72*(3), 293–313.

Marshall, A. (1961). Principles of economics. An introductory volume (Nachdruck der 8. Auflage von 1920). London: Macmillan.

Martin, R. und Sunley, P. (2006). Path dependence and regional economic evolution. *Journal of Economic Geography* 6(4), 395–437.

Martin, R. und Sunley, P. (2015). On the notion of regional economic resilience: Conceptualization and explanation. *Journal of Economic Geography 15*(1), 1–42.

Martin, R. (1999). The new 'geographical turn' in economics: Some critical reflections. *Cambridge Journal of Economics 23*(1), 74–80.

Martin, R. (2000). Institutional approaches in Economic Geography. In E. S. Sheppard und T. J. Barnes (Hrsg.), *A companion to Economic Geography* (S. 77–94), Oxford: Blackwell.

Martin, R. (2012). Regional economic resilience, hysteresis and recessionary shocks. *Journal of Economic Geography 12*(1), 1–32.

Mathews, J. A. und Cho, D.-S. (1999). Combinative capabilities and organizational learning in latecomer firms: The case of the Korean semiconductor industry. *Journal of World Business 34*(2), 139–156.

Mathews, J. A. (2002). Competitive advantages of the latecomer firm: A resource-based account of industrial catch-up strategies. *Asia Pacific Journal of Management 19*(4), 467–488.

Mathews, J. A. (2006). Dragon multinationals: New players in 21st century globalization. *Asia Pacific Journal of Management 23*(1), 5–27.

Matthews, H. D. (2016). Quantifying historical carbon and climate debts among nations. *Nature Climate Change* 6(1), 60–64.

Mazzucato, M. (2018). Mission-oriented innovation policies: Challenges and opportunities. *Industrial and Corporate Change 27*(5), 803–815.

Mbiti, I. und Weil, D. N. (2016). Mobile banking. The impact of M-Pesa in Kenya. In S. Edwards, S. Johnson und D. N. Weil (Hrsg.), *African successes, Volume III: Modernization and development* (S. 247–296). Chicago: University of Chicago Press.

McCann, P. und Ortega-Argilés, R. (2013a). Modern regional innovation policy. *Cambridge Journal of Regions, Economy and Society* 6(2), 187–216.

McCann, P. und Ortega-Argilés, R. (2013b). Transforming European regional policy: A results-driven agenda and smart specialization. *Oxford Review of Economic Policy* 29(2), 405–431.

McCann, P. (2001). *Urban and regional economics*. Oxford: Oxford University Press.

McCann, P. (2008). Globalization and economic geography: The world is curved, not flat. *Cambridge Journal of Regions, Economy and Society* 1(3), 351–370.

Menzel, M. P. und Fornahl, D. (2010). Cluster life cycles—dimensions and rationales of cluster evolution. *Industrial and Corporate Change* 19(1), 205–238.

Meusburger, P. (1998). *Bildungsgeographie. Wissen und Ausbildung in der räumlichen Dimension*. Heidelberg: Spektrum Akademischer Verlag.

Mewes, L. und Broekel, T. (2020). Subsidized to change? The impact of R&D policy on regional technological diversification. *The Annals of Regional Science* 65(1), 221–252.

Milanovic, B. (2016). *Global inequality. A new approach for the age of globalization*. Cambridge: Harvard University Press.

Milanovic, B. (2019). *Capitalism, alone: The future of the system that rules the world*. Cambridge: Harvard University Press.

Mitze, T. und Reinkowski, J. (2011). Testing the neoclassical migration model: Overall and age-group specific results for German regions. *Zeitschrift für Arbeitsmarktforschung* 43(4), 277–297.

Morawczynski, O. und Pickens, M. (2009). *Poor people using mobile financial services: Observations on customer usage and impact from M-PESA* (Consultative Group to Assist the Poor (CGAP) Brief, Bd. August 2009), Washington DC: CGAP.

Morse, J. C. und Keohane, R. O. (2014). Contested multilateralism. *The Review of International Organizations* 9(4), 385–412.

Mowery, D. C. und Oxley, J. E. (1995). Inward technology transfer and competitiveness: The role of national innovation systems. *Cambridge Journal of Economics* 19(1), 67–93.

Mulligan, G. F., Partridge, M. D. und Carruthers, J. I. (2012). Central place theory and its reemergence in regional science. *Annals of Regional Science* 48, 405–431.

Murmann, J. P. und Frenken, K. (2006). Toward a systemic framework for research on dominant designs, technological innovations, and industrial change. *Research Policy* 35(7), 925–952.

Myrdal, G. (1957). *Economic theory and underdeveloped regions*. London: G. Duckworth.

Myrdal, G. (1974). *Ökonomische Theorie und unterentwickelte Regionen* (Deutsche Übersetzung). Frankfurt am Main: Fischer.

Nadkarni, M. V. (2013). *Integrating ethics into economics. Third Founder's Day lecture*. Dharwad: Centre for multidisciplinary development research (CMDR).

Nahm, J. und Steinfeld, E. S. (2014). Scale-up nation: China's specialization in innovative manufacturing. *World Development* 54, 288–300.

Nelson, R. und Winter, S. (1982). *An evolutionary theory of economic change*. Cambridge (USA): Harvard University Press.

Nelson, R. R. (Hrsg.). (1993). *National innovation systems: a comparative analysis*. Oxford: Oxford University Press.

Neuenfeldt, S., Kirschke, D. und Franke, C. (2012). *Was sagt der Human Development Index über Entwicklung aus? Kritik und Erweiterung auf der Grundlage eines faktoranalytischen Ansatzes* (Working Paper, Bd. 91/2012), Berlin: Humboldt Universität zu Berlin.

Nolte, K. und Ostermeier, M. (2017). Labour market effects of large-scale agricultural investment: conceptual considerations and estimated employment effects. *World Development* 98, 430–446.

Nolte, K. und Väth, S. J. (2015). Interplay of land governance and large-scale agricultural investment: evidence from Ghana and Kenya. *Journal of Modern African Studies* 53(1), 69–92.

Nolte, K. (2014). Large-scale agricultural investments under poor land governance in Zambia. *Land Use Policy 38*, 698–706.

Nordhaus, W. (2011). Designing a friendly space for technological change to slow global warming. *Energy Economics 33*(4), 665–673.

North, D. C. (1989). Institutions and economic growth: an historical introduction. *World Development 17*(9), 1319–1332.

Noy, D. (2011). Thailand's sufficiency economy: Origins and comparisons with other systems of religious economics. *Social Compass 58*(4), 593–610.

OECD und Eurostat (2018). *Oslo Manual 2018: guidelines for collecting, reporting and using data on innovation* (4. Auflage). Paris: OECD.

OECD (2021). *COVID-19 spending helped to lift foreign aid to an all-time high in 2020. Detailed note.* Paris: OECD.

OECD (2022). *Patent applications filed under the PCT* (Inventor(s)'s country(ies) of residence; Priority Date; Total Patents; Number, 2017). Dataset: Patents by technology. Verfügbar unter: https://stats.oecd.org/

Ohlin, B. G. (1933). *Interregional and international trade* (Harvard Economic Studies, Bd. 39), Cambridge (USA): Harvard University Press.

Oinas, P. und Malecki, E. J. (2002). The evolution of technologies in time and space: From national and regional to spatial innovation systems. *International Regional Science Review 25*(1), 102–131.

Ostrom, E. (1990). *Governing the commons: The evolution of institutions for collective action.* Cambridge: Cambridge University Press.

Ouma, S. (2016). From financialization to operations of capital: Historicizing and disentangling the finance–farmland-nexus. *Geoforum 72*, 82–93.

Ouma, S. (2020). This can ('t) be an asset class: The world of money management, "society", and the contested morality of farmland investments. *Environment and Planning A: Economy and Space 52*(1), 66–87.

Pack, H. und Saggi, K. (1997). Inflows of foreign technology and indigenous technological development. *Review of Development Economics 1*(1), 81–98.

Parnwell, M. J. G. (2006). Eco-localism and the shaping of sustainable social and natural environments in North-East Thailand. *Land Degradation & Development 17*(2), 183–195.

Parr, J. B. (2002). Agglomeration economies: ambiguities and confusions. *Environment and Planning A 34*(4), 717–731.

Parry, I. W. H. und Bento, A. M. (2000). Tax deductions, environmental policy, and the "Double Dividend" hypothesis. *Journal of Environmental Economics and Management 39*(1), 67–96.

Pavitt, K. (1984). Sectoral patterns of technical change: Towards a taxonomy and a theory. *Research Policy 13*(6), 343–373.

Peck, J. (2008). Remaking laissez-faire. *Progress in Human Geography 32*(1), 3–43.

Pegels, A. und Altenburg, T. (2020). Latecomer development in a "greening" world: Introduction to the Special Issue. *World Development 135*, 105084.

Peri, G. und Robert-Nicoud, F. (2021). On the economic geography of climate change. *Journal of Economic Geography 21*(4), 487–491.

Perruchas, F., Consoli, D. und Barbieri, N. (2020). Specialisation, diversification and the ladder of green technology development. *Research Policy 49*(3), 103922.

Persson, L., Carney Almroth, B. M., Collins, C. D., Cornell, S., de Wit, C. A., Diamond, M. L., et al. (2022). Outside the safe operating space of the planetary boundary for novel entities. *Environmental Science & Technology 56*(3), 1510–1521.

Pigou, A. C. (1920). *The economics of welfare.* London: Macmillan.

Piketty, T. (2014). *Das Kapital im 21. Jahrhundert.* München: C.H.Beck.

Pinch, T. J. und Bijker, W. E. (1984). The social construction of facts and artefacts: Or how the sociology of science and the sociology of technology might benefit each other. *Social Studies of Science 14*(3), 399–441.

Piore, M. J. und Sabel, C. F. (1989). *Das Ende der Massenproduktion. Studie über die Requalifizierung der Arbeit und die Rückkehr der Ökonomie in die Gesellschaft.* Frankfurt am Main: Fischer.

Polanyi, K. (1944). *The great transformation. The political and economic origins of our time.* New York: Rinehart.

Polanyi, M. (1967). *The tacit dimension.* New York: Doubleday.

Porter, M. E. und Linde, C. van der (1995). Toward a new conception of the environment-competitiveness relationship. *Journal of Economic Perspectives* 9(4), 97–118.

Porter, M. E. (1998). Clusters and the new economics of competition. *Harvard Business Review 76*(6), 77–90.

Porter, M. E. (2000). *Location, competition, and economic development: Local clusters in a global economy. Economic Development Quarterly 14*(1), 15–34.

Prabhu, J. und Jain, S. (2015). Innovation and entrepreneurship in India: Understanding jugaad. *Asia Pacific Journal of Management 32*(4), 843–868.

Prahalad, C. K. und Hamel, G. (1990). The core competence of the corporation. *Harvard Business Review 68*, 79–91.

Prebisch, R. (1959). Commercial policy in the underdeveloped countries. *The American Economic Review 49*(2), 251–273.

Prochaska, L. und Schiller, D. (2021). An evolutionary perspective on the emergence and implementation of mission-oriented innovation policy: The example of the change of the leitmotif from biotechnology to bioeconomy. *Review of Evolutionary Political Economy 2*(1), 141–249.

Quinn, J. B. und Hilmer, F. G. (1994). Strategic outsourcing. *Sloan Management Review 35*(4), 43–55.

Quitzow, R. (2015). Dynamics of a policy-driven market: the co-evolution of technological innovation systems for solar photovoltaics in China and Germany. *Environmental Innovation and Societal Transitions 17*, 126–148.

Quitzow, R., Walz, R. und Köhler, J. (2014). The concept of "lead markets" revisited: Contribution to environmental innovation theory. *Environmental Innovation and Societal Transitions 10*, 4–19.

Ramazzotti, P. (2019). Homo Oeconomicus returns: Neoliberalism, socio-political uncertainty and economic policy. *Journal of Economic Issues 53*(2), 456–462.

Ramo, J. C. (2004). *The Beijing Consensus.* London: The Foreign Policy Centre.

Rao, B. C. (2013). How disruptive is frugal? *Technology in Society 35*(1), 65–73.

Rao, B. C. (2017). Advances in science and technology through frugality. *IEEE Engineering Management Review 45*(1), 32–38.

Rao, B. C. (2018). Science is indispensable to frugal innovations. *Technology Innovation Management Review* 8(4), 49–56.

Rao, B. C. (2019). The science underlying frugal innovations should not be frugal. *Royal Society Open Science* 6, 180421.

Raworth, K. (2017). A Doughnut for the Anthropocene: Humanity's compass in the 21st century. *The Lancet Planetary Health 1*(2), e48–e49.

Rennings, K. (2000). Redefining innovation — eco-innovation research and the contribution from ecological economics. *Ecological Economics 32*(2), 319–332.

Rexhäuser, S. und Rammer, C. (2014). Environmental innovations and firm profitability: Unmasking the Porter Hypothesis. *Environmental and Resource Economics 57*(1), 145–167.

Richardson, H. W. (1969). *Regional economics: location theory, urban structure and regional change.* London: Weidenfeld and Nicolson.

Richardson, H. W. (1977). City size and national spatial strategies in developing countries (World Bank Staff Working Paper, Bd. 252). Washington D.C.: World Bank.

Richardson, H. W. (1980). Polarization reversal in developing countries. *Papers of the Regional Science Association 45*(1), 67–85.

Ritchie, H. und Roser, M. (2021). *The world has lost one-third of its forest since the last ice age.* Retrieved from: https://ourworldindata.org/world-lost-one-third-forests

Ritchie, H. und Roser, M. (2022). *Annual deforestation, 2015.* Verfügbar unter: https://ourworldindata.org/grapher/annual-deforestation

Ritchie, H., Roser, M. und Rosado, P. (2022a). *Annual CO_2 emissions from fossil fuels, by world region.* Verfügbar unter: https://ourworldindata.org/grapher/annual-co-emissions-by-region

Ritchie, H., Roser, M. und Rosado, P. (2022b). *Per capita CO_2 emissions, 2020.* Verfügbar unter: https://ourworldindata.org/grapher/co-emissions-per-capita

Rockström, J., Steffen, W., Noone, K., Lambin, E., Lenton, T. M., Scheffer, M., et al. (2009a). Planetary boundaries: Exploring the safe operating space for humanity. *Ecology and Society 14*(2), 32.

Rockström, J., Steffen, W., Noone, K., Persson, Å., Chapin, F. S., Lambin, E. F., et al. (2009b). A safe operating space for humanity. *Nature 461*(7263), 472–475.

Rodríguez-Pose, A. (2013). Do institutions matter for regional development? *Regional Studies 47*(7), 1034–1047.

Rogers, E. M. (1962). *Diffusion of Innovations.* New York: The Free Press.

Rogers, E. M. (2003). *Diffusion of Innovations* (5. Auflage). New York: The Free Press.

Rogge, K. S. und Reichardt, K. (2016). Policy mixes for sustainability transitions: An extended concept and framework for analysis. *Research Policy 45*(8), 1620–1635.

Rohe, S. und Chlebna, C. (2021). A spatial perspective on the legitimacy of a technological innovation system: Regional differences in onshore wind energy. *Energy Policy 151*, 112193.

Rohe, S. und Mattes, J. (2022). What about the regional level? Regional configurations of technological innovation systems. *Geoforum 129*, 60–73.

Rohe, S. (2020). The regional facet of a global innovation system: Exploring the spatiality of resource formation in the value chain for onshore wind energy. *Environmental Innovation and Societal Transitions 36*, 331–344.

Romer, P. M. (1990). Endogenous technological change. *Journal of Political Economy 98*(5, Part 2), 71–102.

Rose, K. und Sauernheimer, K. (2006). *Theorie der Außenwirtschaft* (14. Auflage). München: Vahlen.

Rosenbloom, D., Markard, J., Geels, F. W. und Fuenfschilling, L. (2020). Why carbon pricing is not sufficient to mitigate climate change—and how "sustainability transition policy" can help. *Proceedings of the National Academy of Sciences 117*(16), 8664–8668.

Rosenfeld, M. T. W., Franz, P. und Roth, D. (2005). Was bringt die Wissenschaft für die Wirtschaft einer Region? (Schriften des Instituts für Wirtschaftsforschung, Bd. 18). Halle: Nomos Verlagsgesellschaft.

Rostow, W. W. (1960). *The Stages of Economic Growth. A Non-Communist Manifesto.* Cambridge: Cambridge University Press.

Ruyter, A. de, Martin, R. und Tyler, P. (2021). Geographies of discontent: Sources, manifestations and consequences. *Cambridge Journal of Regions, Economy and Society 14*(3), 381–393.

Samuelson, P. A. und Nordhaus, W. D. (2016). *Volkswirtschaftslehre. Das internationale Standardwerk der Makro- und Mikroökonomie.* München: FBV.

Samuelson, P. A. (1954). The pure theory of public expenditure. *The Review of Economics and Statistics 36*(4), 387–389.

Saravanamuthu, K. (2006). Emancipatory accounting and sustainable development: A Gandhian–Vedic theorization of experimenting with truth. *Sustainable Development 14*(4), 234–244.

Schaefer, K. J. (2020). Catching up by hiring: The case of Huawei. *Journal of International Business Studies 51*(9), 1500–1515.

Schamp, E. W. und Zajontz, Y. (2010). Wissensorganisation Universität und regionale Entwicklung im afrikanischen Kontext, am Beispiel der Universität Ngaoundere, Nordkamerun. *Geographische Zeitschrift 98*(3), 133–154.

Schamp, E. W. (2000). *Vernetzte Produktion. Industriegeographie aus institutioneller Perspektive.* Darmstadt: wbg.

Schätzl, L. (1978). *Wirtschaftsgeographie 1 Theorie.* Paderborn: Schöningh.

Schätzl, L. (1991). *Wirtschaftsgeographie 3 Politik* (2. Aufl.). Paderborn: Schöningh.

Schätzl, L. (2000). *Wirtschaftsgeographie 2 Empirie* (3. Aufl.). Paderborn: Schöningh.

Schiller, D. (2006). Nascent innovation systems in developing countries: University responses to regional needs in Thailand. *Industry and Innovation 13*(4), 481–504.

Schmidt, H. (1966). *Räumliche Wirkung der Investitionen im Industrialisierungsprozeß. Analyse des regionalen Wirtschaftswachstums.* Köln: Opladen.

Schot, J. und Steinmueller, W. E. (2018). Three frames for innovation policy: R&D, systems of innovation and transformative change. *Research Policy 47*(9), 1554–1567.

Schrader, M. (1993). Altindustrieregionen der EG. In L. Schätzl (Hrsg.), *Wirtschaftsgeographie der Europäischen Gemeinschaft* (S. 111–166). Paderborn: F. Schöningh.

Schulz, C. und Braun, B. (2021). Post-growth perspectives in Economic Geography. *Die Erde 152*(4), 213–217.

Schumpeter, J. (1934). *Theorie der wirtschaftlichen Entwicklung. Eine Untersuchung über Unternehmergewinn, Kapital, Kredit, Zins und den Konjunkturzyklus* (4. Auflage). Berlin: Duncker& Humblot.

Schumpeter, J. A. (1939). *Business Cycles. A Theoretical, Historical and Statistical Analysis of the Capitalist Process.* New York: McGraw-Hill Book Company.

Scott, W. R. (2014). *Institutions and organizations. Ideas, interests, and identities* (4. Auflage). Los Angeles: SAGE.

Sen, A. K. (1977). Rational fools: a critique of the behavioral foundations of economic theory. *Philosophy & Public Affairs 6*(4), 317–344.

Senghaas, D. (1975). Strukturelle Abhängigkeit und Unterentwicklung. *Wirtschaftsdienst 55*(2), 99–108.

Shih, S. (1996). *Me-Too is not my style: Challenge difficulties, break through bottlenecks, create values.* Acer Inc.

Shin, N., Kraemer, K. L. und Dedrick, J. (2012). Value capture in the global electronics industry: Empirical evidence for the "Smiling Curve". *Industry and Innovation 19*(2), 89–107.

Si, Y. und Liefner, I. (2014). Cognitive Distance and Obstacles to Subsidiary Business Success The Experience of Chinese Companies in Germany. *Tijdschrift voor economische en sociale geografie 105*(3), 285–300.

Simmie, J. und Martin, R. (2010). The economic resilience of regions: Towards an evolutionary approach. *Cambridge Journal of Regions, Economy and Society 3*(1), 27–43.

Smith, A., Voß, J. P. und Grin, J. (2010). Innovation studies and sustainability transitions: The allure of the multi-level perspective and its challenges. *Research Policy 39*(4), 435–448.

Soete, L. (1985). International Diffusion of Technology, Industrial Development and Technological Leapfrogging. *World Development 13*(3), 409–422.

Soete, L. (1990). Opportunities for and limitations to technological leapfrogging. In United Nations (Hrsg.), *Technology, Trade Policy and the Uruguay Round, Papers and Proceedings of a round table held in Delphi, Greece, 22–24 April 1989* (S. 3–29). New York: United Nations.

Soni, P. und Krishnan, R. T. (2014). Frugal innovation: Aligning theory, practice, and public policy. *Journal of Indian Business Research 6*(1), 29–47.

Speece, M. W. (2019). Sustainable development and Buddhist economics in Thailand. *International Journal of Social Economics 46*(5), 704–721.

Stam, E. (2015). Entrepreneurial ecosystems and regional policy: a sympathetic critique. *European Planning Studies 23*(9), 1759–1769.

Steffen, W., Richardson, K., Rockström, J., Cornell, S. E., Fetzer, I., Bennett, E. M., et al. (2015). Planetary boundaries: Guiding human development on a changing planet. *Science 347*(6223), 1259855.

Stern, D. I. (2004). The rise and fall of the environmental Kuznets Curve. *World Development 32*(8), 1419–1439.

Sternberg, R. (1995). *Technologiepolitik und High-Tech Regionen: Ein internationaler Vergleich.* Münster: LIT Verlag.

Sternberg, R. (2021). Entrepreneurship and geography—some thoughts about a complex relationship. *The Annals of Regional Science*, 1–26.

Sternberg, R., Kramer, J. und Brandtner, A. (1990). *Regionalökonomische Wirkungen der Messen in Hannover* (Geographische Arbeitsmaterialien des Geographischen Instituts der Universität Hannover, Bd. 12), Hannover: Geographisches Institut der Universität Hannover.

Storper, M. und Walker, R. (1989). *The capitalist imperative. Territory, technology, and industrial growth.* New York: Blackwell.

Storper, M. (1997). *The regional world. Territorial development in a global economy.* New York: Guilford Press.

Stott, N. und Tracey, P. (2018). Organizing and innovating in poor places. *Innovation: Organization & Management 20*(1), 1–17.

Sturgeon, T. J. (2002). Modular production networks: A new American model of industrial organization. *Industrial and Corporate Change 11*(3), 451–496.

Sturm, B. und Vogt, C. (2018). *Umweltökonomik: Eine anwendungsorientierte Einführung* (2. Auflage). Wiesbaden: Springer Gabler.

Suits, D. B. (1985). U.S. Farm Migration: An Application of the Harris-Todaro Model. *Economic Development and Cultural Change 33*(4), 815–828.

Surana, K., Doblinger, C., Anadon, L. D. und Hultman, N. (2020). Effects of technology complexity on the emergence and evolution of wind industry manufacturing locations along global value chains. *Nature Energy 5*, 811–821.

Szulanski, G. (1996). Exploring internal stickiness: impediments to the transfer of best practice within the firm. *Strategic Management Journal 17*(S2), 27–43.

Taylor, M. S. (2005). Unbundling the pollution haven hypothesis. *Advances in Economic Analysis and Policy 4*(2).

Teece, D. J. (1977). Technology-transfer by multinational firms – resource cost of transferring technological know-how. *The Economic Journal 87*(346), 242–261.

Thailand Board of Investment (2021). *A guide to the board of investment 2021.* Bangkok: Thailand Board of Investment.

The World Bank (2021a). *World Bank Country and Lending Groups.* Verfügbar unter: https://datahelpdesk.worldbank.org/knowledgebase/articles/906519-world-bank-country-and-lending-groups

The World Bank (2021b). *World Bank open data.* Verfügbar unter: https://data.worldbank.org/

The World Bank (2022a). *GNI per capita, Atlas method (current US$).* Verfügbar unter: https://data.worldbank.org/indicator/NY.GNP.PCAP.CD

The World Bank (2022b). *GNI per capita, PPP (current international $).* Verfügbar unter: https://data.worldbank.org/indicator/NY.GNP.PCAP.PP.CD

The World Bank (2022c). *GNI, Atlas method (current US$).* Verfügbar unter: https://data.worldbank.org/indicator/NY.GNP.ATLS.CD

The World Bank (2022d). *GNI, PPP (current international $)*. Verfügbar unter: https://data.worldbank.org/indicator/NY.GNP.MKTP.PP.CD

The World Bank (2022e). *Population, total*. Verfügbar unter: https://data.worldbank.org/indicator/SP.POP.TOTL

Thünen, J. H. von (1875). *Der isolierte Staat in Beziehung auf Landwirtschaft und Nationalökonomie* (1. Auflage). Berlin.

Todaro, M. P. und Smith, S. C. (2015). *Economic development* (12. Auflage). Philadelphia: Trans-Atlantic Publications.

Todaro, M. P. (1969). A model of labor migration and urban unemployment in less developed countries. *The American Economic Review 59*(1), 138–148.

Tödtling, F. und Trippl, M. (2005). One size fits all?: Towards a differentiated regional innovation policy approach. *Research Policy 34*(8), 1203–1219.

Tödtling, F., Trippl, M. und Frangenheim, A. (2021). Policy options for green regional development: Adopting a production and application perspective. *Science and Public Policy 47*(6), 865–875.

Tracey, P. und Stott, N. (2017). Social innovation: a window on alternative ways of organizing and innovating. *Innovation: Organization & Management 19*(1), 51–60.

Tsai, S.-L. (2002). The other half of the globalization story: reverse leverage as witnessed in the manufacturing sector of Taiwan IT industry. *Perspectives on Global Development and Technology 1*(1), 1–33.

Turpin, T., Liu, X. L., Garrett-Jones, S. und Burns, P. (Hrsg.). (2002). *Innovation, technology policy and regional development. Evidence from China and Australia*. Cheltenham: Edward Elgar.

UNDP (United Nations Development Program) (2011). *Towards human resilience: Sustaining MDG progress in an age of economic uncertainty*. New York: UNDP.

UNDP (United Nations Development Program) (2020). *Human Development Report 2020*. Verfügbar unter: http://www.hdr.undp.org/en/composite/HDI

UNDP (United Nations Development Program) (2021). *Human Development Report 2020, technical notes*. New York: UNDP.

UNDP (United Nations Development Program) (2022a). *Human Development Index (HDI)*. Verfügbar unter: https://www.hdr.undp.org/en/composite/HDI

UNDP (United Nations Development Program) (2022b). *Planetary pressures–adjusted Human Development Index (PHDI)*. Verfügbar unter: https://hdr.undp.org/planetary-pressures-adjusted-human-development-index#/indicies/PHDI

Unruh, G. C. (2000). Understanding carbon lock-in. *Energy Policy 28*(12), 817–830.

Utterback, J. M. und Abernathy, W. J. (1975). A dynamic model of process and product innovation. *Omega 3*(6), 639–656.

Vang, J. und Asheim, B. (2006). Regions, absorptive capacity and strategic coupling with high- tech TNCs: lessons from India and China. *Science Technology & Society 11*(1), 39–66.

Venkatesan, R. (1992). Strategic sourcing: To make or not to make. *Harvard Business Review 70*(6), 98–107.

Vernon, R. (1966). International investment and international trade in the product cycle. *Quarterly Journal of Economics 80*(2), 190–207.

Vernon, R. (1979). The product cycle hypothesis in a new international environment. *Oxford Bulletin of Economics and Statistics 41*(4), 255–267.

Viotti, E. B. (2002). National Learning Systems. A new approach on technological change in late industrializing economies and evidences from the case of Brazil and South Korea. *Technological Forecasting and Social Change 69*(7), 653–680.

Wagner, J. und Sternberg, R. (2004). Start-up activities, individual characteristics, and the regional milieu: Lessons for entrepreneurship support policies from German micro data. *The Annals of Regional Science 38*(2), 219–240.

Wallerstein, I. (1974). The rise and the future demise of the world capitalist system: Concepts for comparative analysis. *Comparative Studies in Society and History 16*(4), 387–415.

Walz, R., Pfaff, M., Marscheider-Weidemann, F. und Glöser-Chahoud, S. (2017). Innovations for reaching the green sustainable development goals – where will they come from? *International Economics and Economic Policy 14*(3), 449–480.

Wang, P., Tong, T. W. und Koh, C. P. (2004). An integrated model of knowledge transfer from MNC parent to China subsidiary. *Journal of World Business 39*(2), 168–182.

Weber, A. (1922). *Über den Standort der Industrie. 1. Teil. Reine Theorie des Standorts* (2. Auflage), Tübingen: J.C.B. Mohr. (1. Aufl. 1909).

Weber, K. M. und Rohracher, H. (2012). Legitimizing research, technology and innovation policies for transformative change: Combining insights from innovation systems and multi-level perspective in a comprehensive "failures" framework. *Research Policy 41*(6), 1037–1047.

Weber, M. (1920). *Die protestantische Ethik und der „Geist" des Kapitalismus* (2. Aufl.) Tübingen: J.C.B. Mohr.

Weitzman, M. L. (1974). Prices vs. quantities. *Review of Economic Studies 41*(4), 477–491.

Williamson, J. (1990). What Washington means by policy reform. In J. Williamson (Hrsg.), *Latin American adjustment: How much has happened?* (S. 7–20). Washington, D.C.: Institute for International Economics.

Williamson, O. E. (1990). *Die ökonomischen Institutionen des Kapitalismus. Unternehmen, Märkte, Kooperationen* (Die Einheit der Gesellschaftswissenschaften, Bd. 64), Tübingen: Mohr Siebeck.

Wood, G. und Gough, I. (2006). A comparative welfare regime approach to global social policy. *World Development 34*(10), 1696–1712.

Woods, N. (2008). *Governing the global economy: Strengthening multilateral institutions.* New York: The International Peace Institute.

World Commission on Environment and Development (1987). *Our common future.* Oxford, New York: Oxford University Press.

World Resources Institute (2020). *World greenhouse gas emissions: 2016.* Verfügbar unter: https://www.wri.org/data/world-greenhouse-gas-emissions-2016

Young, S. und Lan, P. (1997). Technology transfer to China through foreign direct investment. *Regional Studies 31*(7), 669–679.

Zaman, A. und Qadir, J. (2020). Islamic approaches to sustainable development. In M. Sarac, M. K. Hassan (Hrsg.), *Islamic perspective for sustainable financial system* (S. 57–74). Istanbul: Istanbul University Press.

Zeng, G., Liefner, I. und Si, Y. (2011). The role of high-tech parks in China's regional economy: Empirical evidence from the IC industry in the Zhangjiang High-Tech Park, Shanghai. *Erdkunde 65*(1), 43–53.

Zeschky, M. B., Winterhalter, S. und Gassmann, O. (2014). From cost to frugal and reverse innovation: Mapping the field and implications for global competitiveness. *Research-Technology Management 57*(4), 20–27.

Register